E.
18
A double V.

228

O vitæ Philosophia dux! O virtutis indagatrix, expultrixque vitiorum! Quid non modo nos, sed omnino vita hominum, sine te esse potuisset? Tu Urbes peperisti. Tu dissipatos homines in Societatem vitæ convocasti. Tu eos inter se primo domiciliis, deinde conjugiis, tum litterarum, & vocum communione junxisti. Tu inventrix legum, Tu magistra morum, & disciplinæ fuisti. Ad Te confugimus, a Te opem petimus. Tibi nos, ut antea magnâ ex parte, sic nunc penitus totosque tradimus. EST AUTEM UNUS DIES, EX PRÆCEPTIS TUIS ACTUS, PECCANTI IMMORTALITATI ANTEPONENDUS. *Cujus igitur potius opibus utamur, quam tuis; quæ &* VITÆ TRANQUILLITATEM *largita nobis es, &* TERROREM MORTIS *sustulisti?*

Tusculan. Quest. L. 5.

Divine Philosophie, Maitresse respectable, Guide fidelle de nos pas, dans touts les moments de nôtre vie! Aimable Sagesse, qui nous sollicitez continuellement à l'acquisition de toutes les vertus, & qui nous preservez de touts les vices! Que serions nous, helas! nous qui voïons la Republique dans le plus eminent peril: C'est trop peu dire; que seroit le Genre humain, sans vous? Il etoit dispersé: vous l'avez rassemblé dans les Villes. Quelle autre que vous, lui fit sentir la douceur de ces liens tendres, par lesquels aujourdhui nous y vivons enchaînés de toutes les manieres les uns aux autres; & sçut donner à la Société raisonnable mille agreements; par l'introduction d'un commerce mutuel de language, & de politesse, par l'etablissement des Arts, & des Sçiences? D'où nous sont venues les Loix, augustes guardiennes de touts nos biens, que de vos pures suggestions? N'est-ce pas auprès de vous qu'on puise à souhait ces lumieres, egalement capables de consoler, & de conduire; à vôtre ecole qu'on s'affectionne aux bonnes mœurs? Nous nous rejettons par consequent avec ardeur entre vos bras. De vous nous attendons generalement touts les secours, & touts les remedes. Le mouvement des affaires nous deroboit autrefois en partie à vous. Presentement, incapables d'y remettre l'ordre, & de soutenir de près aussi la vue des maux terribles, qui nous menacent; nous nous livrons à vous sans partage, & sans reserve. De tout temps nous avons pensé, qu'UN SEUL JOUR, OU L'ON AURA VECU DANS UNE EXACTE OBEISSANCE A VOS PRECEPTES, DONNE A L'AME UNE PLUS GRANDE ABONDANCE DE PLAISIRS, QUE NE FEROIT UNE ETERNITE' TOUTE ENTIERE, PASSE'E DANS LES FAUSSES JOIES DU CRIME. Auprès de qui donc chercherions nous des consolations, dans nôtre situation presente, & du soutien, qu'auprès de vous; de vous, à qui nous avons l'obligation inexprimable, de nous avoir heureusement rendus au port de la VIE TRANQUILLE, & parfaitement gueris des FRAIEURS DE LA MORT?

Ciceron, dans ses Tusculanes, Liv. 5.

LA
REPUBLIQUE
DE
PLATON;
OU
DU JUSTE, ET DE L'INJUSTE.

Traduit,
Par *Mr. DE LA PILLONNIERE.*

Imprimé à LONDRES, aux frais, & sous les yeux du Traducteur.
M DCC XXVI.

AU ROI.

SIRE,

J'Apporte à Vos pieds, comme une espece de Tribut, le Chef-d'œuvre le plus fameux de l'Antiquité; Traduit dans une Langue, dont les beautés ne se font pas moins sentir à VOTRE

MA-

EPITRE DEDICATOIRE.

MAJESTE', que celles de la sienne propre. Vous y verrez, SIRE, les maximes d'une Politique bienfaisante au plus haut point, etablies sur les principes d'une Morale admirable, & d'une Theologie sublime. Rois, Sujets, n'auront de faveur auprès du SOUVERAIN ETRE, & ne jouïront du Bonheur, que ses arrangements favorables mettent si parfaitement à leur portée, qu'autant qu'ils aimeront la JUSTICE, & qu'ils auront l'INJUSTICE en horreur. *Platon*, SIRE, n'oublie pas les Recompenses, & les Chatiments d'une autre vie; dont, en finissant, il laisse dans les Esprits une peinture des plus animées, & des plus ressemblantes à celles, qu'on en fait dans le Christianisme. Mais, jusqu'au moment de les etaler aux yeux de son Lecteur, il ose les perdre entierement de vue; pour s'attacher uniquement à montrer que le VICE est le plus grand Mal, & la VERTU, le plus grand Bien de la vie presente.

Ce

EPITRE DEDICATOIRE.

Ce n'eſt point trop dire à V. M. SIRE, que toute la force du raiſonnement eſt jointe à touts les charmes de l'Eloquence, pour l'execution d'un ſi beau Deſſein. Quand on voit tant d'efforts, depuis vingt Siecles faits par le DIEU DES ECRIVAINS, comme *Ciceron* l'appelle,* pour apprendre aux Hommes les moïens d'être Heureux, & pour leur perſuader qu'avant tout il faudroit devenir Meilleurs; on a peine à comprendre que, par une eſpece de fatalité, le nombre des Mechants ſurpaſſe toûjours celui des Gens de bien. Mon Auteur, SIRE, prouve que les premiers ſont Miſerables, dans les deux parties qui compoſent leur durée; & que la Mort acheve la Felicité, qui fait, en deçà même du Trepas, le partage infaillible des autres.

J'ai cru, SIRE, qu'un Ouvrage, rempli de touts les ſentiments de ce genre, plairoit à V. M. Ceux d'un GRAND PRINCE, auxquels

* Deus ille noſter Plato.

toute

EPITRE DEDICATOIRE.

toute l'Europe applaudit en Elle, m'en affûrent; & m'ont fait prendre cette nouvelle occafion d'exprimer que je fuis, avec un très profond refpect,

SIRE,

DE VOTRE MAJESTÉ,

Le très humble, & très obeïffant
Serviteur, & Sujet,

DE LA PILLONNIERE.

l'aff.e de S.t Evêq.e de Bangor, et celle du S.t des la Pillonnere Pag. 318 du 15.e Tom.
de la Bib.e Cri.iq.e de en.t Masson.

AVANT-PROPOS.

NOUS croïons devoir, pour l'EDIFICATION PUBLIQUE, & pour l'INSTRUCTION d'un GRAND NOMBRE, achever ici de raconter la maniere, dont il a plu à DIEU de benir la sincere ardeur, qu'il nous inspira dès notre plus tendre jeunesse pour la RECHERCHE de la VERITÉ; en nous faisant trouver enfin les CLEFS du SANCTUAIRE de la NATURE, & de la GRACE; où, sans une direction particuliere de sa main, jamais nous ne les aurions cherchées. Aujourd'hui que nous y contemplons à souhait les merveilles ineffables de l'une, & de l'autre; nous regrettons non seulement le temps, qui nous a, comme à Tous les Hommes, eté, quand la lumiere commençoit à poindre, derobé par mille MAITRES D'ERREUR; mais encore celui, que nous ne croïons pas avoir assez bien emploïé, depuis qu'il nous a fallu, pour nous satisfaire, quelque chose de plus que des AUTORITE'S RESPECTE'ES, des OPINIONS REÇUES, des VRAI-SEMBLANCES, & des CONJECTURES. Nous rendrons, comme nous avons dejà fait autrefois, la justice au P. MALEBRANCHE, (aux bonnes graces particulieres duquel nous nous ferons toûjours un grand honneur d'avoir eu part, & dont nous honorons tendrement la memoire,) de reconnoître que c'est lui, qui le premier nous a fait entrer dans cette precieuse disposition d'esprit. Nous avons un droit d'en être crus, plus grand peut-être que personne; après les divers dangers que nous avons couru, en respirant autour de nous le mauvais air des Prejugés; lorsque nous dirons, qu'il n'est point d'Auteur, plus propre à guerir un Commençant de cette Lepre, insinuante dans sa contagion, opiniâtre dans sa malignité, innombrable dans ses genres. Il n'en est point, qui puisse mieux lui rendre, ni lui conserver cet etat de santé parfaite; si necessaire, pour aller, sans interruption, à la decouverte de ce qu'il importe le plus de connoître au Monde, & de pratiquer. On peut tirer beaucoup d'autres excellents fruits de ses Ouvrages; pour la Pieté surtout. Mais il faut avoüer que ce Grand Homme cesse beaucoup d'être lui-même; presque aussi-tôt qu'une DOCTRINE REÇUE, en matiere de RELIGION, se presente à lui: pendant que chacun doit alors être d'autant plus en garde, pour n'être pas trompé miserablement, avec le gros du Genre humain, que le sujet est de sa nature plus interessant que tout autre; & que l'ARTICLE DE FOI PRETENDU est aussi plus fierement annoncé. De plus, en Theologien-Philosophe, quand il parle de DIEU, & de l'AME; il est certain qu'il n'a fait qu'entrevoir d'assez loin, du plus haut cependant où pussent le conduire la MORALE, & les MATHEMATIQUES pures, ce que, placé dans un point de vûe encore plus avantageux, plus etendu, il auroit consideré des mêmes yeux que l'Avare fait son thresor; & compris, developpé, mieux que personne. Mais le Monde n'a malheureusement pu sçavoir tout ce qu'il valoit; parcequ'il ne sçavoit pas lui-même que la FOI

IMPLI-

AVANT-PROPOS.

IMPLICITE, qu'il vante souvent, donna moïen d'introduire, & fait regner les erreurs, & les abus, au point qu'on le voit, dans toute l'etendue de la Chretienté. Il eût encore fallu ne pas ignorer, qu'il ne pouvoit bien arriver à son but, que par la NATURE. Mais, effleurée, à la façon de l'illustre Mr. DESCARTES, ou même prodigieusement approfondie, à celle de l'incomparable Mr. NEWTON, elle ne peut donner aucune connoissance du PREMIER ESPRIT, tel qu'il est en lui-même; ni par consequent du notre; qui n'en est qu'une portion infiniment petite; & dans lequel, comme dans son Chef-d'œuvre, il a, beaucoup plus fidellement qu'ailleurs, exprimé son image. La NATURE, mesurée tant qu'on voudra, connue seulement par son dehors, il est vrai, fournit à notre admiration un nombre infini d'EFFETS, plus merveilleux les uns que les autres. Mais nous n'en sommes que plus jettés dans l'impatience d'en connoître, si je l'ose dire, personnellement la CAUSE.

Longtemps nous fûmes dans la grande erreur, de penser, qu'Elle vouloit demeurer pour nous Mortels inconnue à ce haut point. Arrétés de ce côté là; nous avons, pour un temps, cru ne pouvoir mieux faire, que de nous rafraîchir la lecture des Philosophes anciens; & l'estime que nous avons conçue pour le Chef-d'œuvre du plus reveré d'entre eux, nous a fait entreprendre de le traduire. Mais, à peine avions nous fini; qu'une TROUPE DE MAITRES NOUVEAUX, beaucoup trop oubliée, quoique fort nombreuse, & fort illustre, parcequ'elle mene par des chemins longs, fatiguants, bordés même, pour ecarter le Vulgaire, presque à chaque pas de fausses enseignes, est venue nous arracher (j'allois dire aussi les NEWTONS, & les MALEBRANCHES,) nous arracher PLATON des mains. Pour efficacement tourner sur eux les yeux du Public, divertis, offusqués, fascinés, de toutes les manieres; nous communiquerons un PLAN d'Ouvrage, qu'il nous ont entierement suggeré; & dans l'execution duquel nous ne ferons guères, lorsque le temps sera venu, qu'exercer encore à leur egard l'humble office de Traducteurs. Nous nous tiendrons assez honorés, de prêter notre orgâne à des THAUMATURGES; qui n'ont qu'un corps immense de VERITE'S, nouvelles pour la plûpart des Hommes, & plus propres dans la bouche des ANGES, que dans les notres, appuiées sur des OEUVRES MIRACULEUSES de toutes les sortes, & sans nombre, à nous presenter.

PLAN D'UN OUVRAGE NOUVEAU;

Infiniment propre à diminuer la confiance des ESPRITS FORTS; à consoler, rejouïr, & confirmer les VRAIS CHRETIENS; à ranimer les TIEDES; à remettre, affermir les CHANCELANTS; à faire naître fortement le goût d'une reformation aux MAUVAIS; à faire trembler, couvrir de honte les HYPOCRITES; enfin à reünir TOUTS CEUX QUI CROIENT EN J. C. DE BONNE FOI, & qui n'esperent le Salut que par lui. Ces derniers auront l'equité pour les autres, & se feront à eux-mêmes aussi la justice d'avouer, qu'une connoissance EXPERIMENTALE, IMPLICITE, plûtôt que SCIENTIFIQUE, & DEMONSTRATIVE, de ce que DIEU est en lui-même, & de toute sa Conduite sur nous, mise à profit par un grand nombre de SEDUCTEURS, entraînée par les CHALEURS, toûjours malignes, du FAUX ZELE, au gré d'un plus grand nombre encore d'ESPRITS ARDENTS, embrouillée, bien loin d'être eclaircie, par les fausses explications de GUIDES, Fiers très souvent d'avoir appris à l'ECOLE de l'HOMME, ce qu'on meprise, & que l'on condamne, à celle du SAINT ESPRIT: Ils reconnoîtront, dis-je, que c'est là veritablement la CAUSE, aussi pardonnable en eux, qu'elle est inexcusable dans leurs CONDUCTEURS, qui les a si cruellement divisés. On s'assûre qu'ils se trouveront par là, tout à fait engagés à

finir

AVANT-PROPOS.

finir leurs SCHISMES. Ils le feront; principalement s'ils confiderent en même temps, qu'à la CHARITÉ, qu'à la DOUCEUR, à TOUTES les VERTUS CHRETIENNES, on connoît un DISCIPLE DE J. C. comme l'ARBRE à fes FRUITS; & que TOUTE l'HERESIE PRETENDUE confifte feulement, à ne pas entendre CERTAINS PASSAGES embaraffants de l'ECRITURE les uns comme les autres : Pendant que TOUTS ils declarent à l'envi, que CHACUN a DROIT, eft même OBLIGÉ de l'entendre toûjours fuivant fes propres lumieres; fans egard aux INTERPRETATIONS, à l'AUTORITÉ d'AUCUN HOMME fur la terre, ni même d'AUCUN SYNODE, & d'AUCUN CONCILE.

Voici le TITRE.

LA VERITÉ,

ET LA NECESSITÉ DE LA RELIGION CHRETIENNE,

DEMONTRÉES;

Par le MAL, qui fe manifefte partout dans l'Univers; & dont l'ORIGINE fut de tout temps le PLUS FAMEUX ECUEIL de la RAISON HUMAINE : Parcequ'Elle n'eft allé qu'à demi, par fes plus grands efforts, jufqu'au BIEN PUR; dont les traits echappés fe montrent à nos premiers regards, auffi partout; mais qui, du refte, eft CACHÉ, dans l'interieur de la NATURE, le plus inacceffible aux yeux du Vulgaire; d'où c'eft lui qui nous envoie ces foibles ecoulements, dont notre âme & notre corps font penetrés; & dont l'abfence feroit de notre Demeure, dejà trifte, incommode, affreufe même à bien des egards, une PRISON INFERNALE, un Sejour plein d'horreur.

Quand on remonte à la SOURCE UNIQUE, infiniment aimable, infiniment terrible, du BIEN, & du MAL; par une connoiffance beaucoup plus intime que l'ordinaire de l'ESPRIT HUMAIN, dont toute l'action eft de fe transporter de l'un à l'autre; & par une analyfe, auffi beaucoup plus complette, de la MATIERE, qui ne prefente à fon activité que l'un & l'autre, enfemble, ou tour à tour : On voit croître extraordinairement l'idée, que nous avons touts, du malheur de notre Condition prefente; pendant qu'à chaque pas on apperçoit, on fent, on manie, les gages les plus precieux, & les plus grands indices du Bonheur parfait, auquel alors la RAISON, dejà beaucoup retrouvée, eft la premiere à nous dire que nous fûmes originairement deftinés.

Le BIEN, & le MAL, plus avant contemplés, dans leur ENTIER DEBROUILLEMENT, à la verité nous montrent une alternative après cette vie, la plus à craindre pour nous; fi notre fort nous entraîne vers le MAL PUR. Mais nous decouvrons, en recompenfe, (auffi clairement que le Cœur humain, depuis qu'il a le fentiment de fa mifere, fans venir à bout de contenter que très imparfaitement fa plus violente paffion, l'a fouhaité,) une HEUREUSE PATRIE; qui nous recueille, quand notre LIEU D'EXIL nous echappe; fi le BIEN PUR a confervé fes droits fur nous. Nous apprenons même les plus grandes nouvelles de ces DEUX MONDES; incapables d'aucune communication entre eux; quoique, l'un dans l'autre, ils foient les DEUX AMES, toujours occupées à la conquête

AVANT-PROPOS.

quête de CELUI-CI; à la prochaine apparition desquels CELUI-CI ne sert que de Prelude; & dans le sein desquels, tout beau qu'il est, à touts moments il se hâte, comme un Ouvrage manqué sans ressource, d'aller entierement se distribuer.

La DEGRADATION de l'HOMME, & l'esperance de son RETABLISSEMENT, ou la crainte de sa PERTE ENTIERE, sont, comme on sçait, les trois BASES, qui characterisent la RELIGION CHRETIENNE. Après en avoir bien reconnu la solidité; nous venons à comprendre le BESOIN INDISPENSABLE que nous avions d'un HOMME-DIEU, SAINT, & SANS TACHE; pour nous delivrer tout à fait du MAL, & nous remettre en possession du BIEN. Nous ne tardons pas à voir, qu'il ne pouvoit y reüssir, que par un mouvement tout contraire à celui de l'HOMME PREVARICATEUR : Quand, par un mecontentement de cœur, dans l'exercice de son empire absolu sur tout le Monde Elementaire, dans la pleine jouïssance du Monde Angelique, de n'avoir essaïé que le BIEN; & par une recherche, ardente, perilleuse, horrible du MAL, au dedans, au dehors, partout concentré, pour le fuir; il creusa jusques dans ses abîmes, pour le forcer de se produire. Dans le Plan du CREATEUR; nous aurions sans fin joüi du BIEN PUR, en commun avec notre PREMIER PERE. Mais, ebloüi par un vain espoir, de reünir tout à la fois les DEUX MAGIES; (entreprise temeraire, pernicieuse, à DIEU lui-même impossible;) ennuïé de n'être TOUT-PUISSANT que dans le BON GENRE; au lieu de se conserver ARCH-ANGE, Habitant d'un CORPS GLORIEUX, Maître d'un Monde, rempli de toutes parts d'enchantement pour lui; ADAM se metamorphosa, pour l'AME, en DEMON, en BRUTE, pour le CORPS. Ainsi devenu MECHANT; & MONSTRUEUX, à rougir de lui-même, à ne penser plus qu'à se mettre à l'abri de sa honte; il nous avoit touts perdus, avec lui; sans le DON inestimable, que DIEU nous a fait d'un autre CHEF; entierement opposé dans ses demarches, & dans les soins tendres qu'il a pris de nous. FRERE CHARITABLE, & MAGNANIME, autant que MONARQUE NE', JUGE SOUVERAIN; par son empressement à descendre de ce haut THRÔNE, où les Anges même ont ordre de l'adorer; par une suppression generale de ses Prerogatives divines; par le sacrifice même douloureux de la CHAIR DU PECHE', dont le Chef-d'œuvre de la Misericorde l'avoit si meconnoissablement revêtu; par touts ces moïens, dis-je, marqués dans la nature même de notre chute, pour le faire arriver au bout de la grande Carriere qu'il a fourni; J. C. a pleinement triomphé du MAL, en notre faveur. Pour Touts les Hommes sans exception, qui n'arrêteront pas en eux-mêmes avec effort le cours naturel de sa victoire; mais en particulier pour ceux qui vaincront, à son exemple, & sous ses auspices; Il a REMIS la CREATION dans son PREMIER LUSTRE.

De ces verités, comme d'autant de Flambeaux, dont la Providence de Dieu va de siecle en siecle augmentant le nombre, & dont l'eclat dissipe beaucoup plus victorieusement que jamais les Tenebres de l'Incredulité; se repand la plus consolante lumiere sur toutes les autres, que nous enseigne le CHRISTIANISME. Mais prenons le par dessus tout dans son aimable simplicité; soigneusement dechargé de toutes les GLOSES HUMAINES: Par la multiplication journaliere desquelles en Touts lieux on l'a si prodigieusement OBSCURCI; à l'abri desquelles on le fait en touts lieux ignominieusement servir au LUCRE; &, par un Sacrilege plus affreux, plus enorme encore, on s'est, dans toutes les parties de la Chretienté, créé le droit de se damner, de s'anathematiser, de se haïr, de se regarder du plus mauvais œil, de se denigrer, de se PERSECUTER reciproquement, de ces autres manieres, que l'EVANGILE abhorre d'avantage, & que l'ENFER dans sa fureur a suggerées.

PREFACE.

eaucoup de gens ne connoissent pas tout le merite de Platon, ni toute l'excellence, en particulier, de l'Ouvrage, qu'on donne au Public. Ce qu'on en pourroit dire, seroit peut-être combattu par les uns, & tenu pour suspect par les autres. Il est donc mieux ici, pour engager les Esprits les moins favorablement disposés dans une Lecture, qui plaira beaucoup à touts les vrais Amateurs de la Vertu, de rapporter ce qu'en dit le celebre Mr. Dacier, dans la Preface de sa Traduction de Plutarque, p. 17, 40, & 44.

..... Je ne manquois pas de matiere pour des Ouvrages nouveaux. Outre les Morales de Plutarque, que je prepare; j'en ai actuellement un autre entre les mains, qui demanderoit un des plus sçavants hommes, & des plus consommés dans la Philosophie, & dans la Politique. C'est la Traduction de LA REPUBLIQUE, & des *Loix* de *Platon*, & des *Politiques d'Aristote*; dont j'espere de faire un corps de Politique entier, & parfait; où l'on verra le bon & le mauvais des Gouvernements, & la cause de leur decadence, & de leur durée. A mon âge, je ne puis guere esperer de finir des Ouvrages si longs, si considerables, & qui demandent de si profondes meditations. Mais je ferai ce que je pourrai; & j'aurai du moins la consolation de finir mes jours dans une Occupation utile, & digne d'un homme de bien. Quelqu'un a dit que c'etoit un beau Suaire que la Tirannie : mot horrible ; & moi je dis que le plus beau, & le plus honorable de touts les Suaires, c'est un Travail entrepris pour le bien public. La moisson est si riche; & il se presente tant de choses neuves, qu'on pourroit donner, & qui seroient très utiles, que rien ne marque davantage la disette

PRÉFACE.

disette où l'on est aujourdhui de gens sçavants & habiles, que cette infinité d'ouvrages frivoles, que l'on donne touts les jours au Public, au milieu de tant de choses excellentes, qu'on neglige.....

Theodore de Gaza, qui florissoit dans le XV. Siecle, & qui etoit un des plus sçavants hommes de son temps, interrogé un jour, si par une dure necessité, il etoit obligé de jetter dans la mer touts les Auteurs generalement, quel seroit celui qu'il y jetteroit le dernier, & qu'il voudroit sauver de ce naufrage, repondit que ce seroit *Plutarque*..... On peut appeller de ce jugement. Car quelque grande idée que j'aie du merite de Plutarque, je suis persuadé que les œuvres de *Platon* meriteroient encore davantage d'être reservées. Car, à mon avis, il n'y a point d'Auteur payen, qui puisse être plus utile aux hommes, ni qui ait plus servi à eclairer le genre humain.....

On voit, & je l'ai montré en quelques endroits, que c'est de la lecture de *Platon* que *Plutarque* a tiré cette profondeur de sens, cette solidité, cette sagesse, qui regnent dans ses Ouvrages.....

La plainte de cet Illustre Mort, illustre par sa pieté, plus encore que par sa grande erudition, n'est que trop bien fondée. Jamais on ne vit plus de sçavants, ni plus d'ecrits inutiles. Pendant que les Chefsd'œuvres de l'Esprit humain, en fait de Morale, & de Politique, ces Thresors, où les Cicerons autrefois, & les Fenelons, de nos jours, ont, pour ainsi dire, tout puisé, demeurent ensevelis dans le fond de nos Bibliotheques; un Roman, une Poësie, très souvent propre à corrompre les mœurs, un Commentaire d'une epaisseur enorme sur Petrône, un Livre de Parti, seront lus avec fureur, & reïmprimés un grand nombre de fois. Au milieu de toute la grande opinion, que nous avons de nos lumieres, superieures à celles de touts les Siecles precedents, tel est nôtre goût depravé!

On n'avoit en François qu'une fort mauvaise Traduction de la Republique, par le Roy; d'aussi vieille datte que 1600. Mr. Dacier en preparoit une, comme il vient de nous le dire; qui devoit être suivie des 14. Livres des Loix. Le Public a lieu de regretter, qu'il n'ait pu nous faire encore ces deux beaux presents. Entre nos deux anciennes Versions

PREFACE.

Latines, il donne, comme on l'a toûjours fait, l'avantage à celle de Marfile Ficin; de laquelle il parle cependant assez mal, dans un des avant-propos de la Traduction, que lui-même il publia de plusieurs des principaux Dialogues de Platon, en 1699. Nous rencherirons sur lui, pour dire, qu'elles sont l'une & l'autre si litterales, qu'estimables si l'on veut d'ailleurs, il est impossible d'en lire de suite quelques pages, sans un parfait degoût. A Cambrige, on voulut mieux faire, en 1713; mais on s'en acquitta beaucoup plus mal. Ainsi la Muse Attique, l'homme le plus eloquent qui fut jamais, est jusqu'ici, le peu que Mr. Dacier en a traduit excepté, un des Auteurs anciens, comme on le voit, les plus malheureux en Interpretes.

Ce n'est pas assez d'entendre les deux langues; si l'on ne fait du reste que rendre un Auteur admirable syllabe à syllabe. De cette façon, la plume, il est vrai, coule rapidement sur le papier. Mais on irritera bientôt un Lecteur habile; qui n'est point indulgent, pour qui n'a pas la hardiesse de lui plaire, avec l'heureux art, depuis le commencement jusqu'à la fin, de l'engager. Surtout on est coupable, d'être servile; quand un Original a tout ensemble de grandes beautés, & de grands defauts. L'application du Traducteur, comme de l'Artiste, qui copie un morçeau de peinture admiré, quoiqu'assez plein de fautes, doit être, de ne rien perdre des unes, de leur prêter même souvent de l'eclat, & de couvrir, s'il est possible, entierement les autres.

Sans dire que le genie des Langues est different; & que peu de chose offense la delicatesse très estimable de la nôtre; Platon n'est certainement pas exempt de negligences. Comment excuser, par exemple, je le demande, les dis-je, & les dit-il, repetés sans cesse; des vingt paroles, où trois diront tout; le tour à parler mal menagé d'Interlocuteurs, dont l'un occupera le dialogue un ou deux livres entiers quelquefois, pendant qu'un seul autre, chargé de cet office au hazard, ne repond à tout, qu'oui, & non; des obscurités embarassantes, des transitions froides, des redites ennüeuses; enfin dans les images, il en faut convenir, les mieux choisies, les plus vives, les plus majestueuses, les plus belles, une description étendue, & languissante, des assemblages de parties mal rapportées, qui les empêchent de se presenter avec toute leur justesse, leur force, leurs graces, à l'esprit?

Mais afin que nous ne soions pas accusés de vouloir, aux depens de nôtre Auteur, ici rehausser nôtre Travail, qui n'a pas assurement eté mediocre; voici le jugement d'un de nos plus celebres Ecrivains, agreablement exprimé, dans une Lettre, qu'il nous a fait l'honneur de nous ecrire sur le sujet..... " Quoique le fond de Platon soit très bon en lui-même;

PRÉFACE.

" *le Dialogue en est assez mal entendu, trop chargé de choses inutiles,*
" *languissant, à faire enrager l'impatience Moderne d'aller au fait,*
" *confus, & sans ordre.*"

Sans rien pretendre diminuer de la reputation, justement acquise, de Mr. Dacier, dont le stile est certainement recommendable à beaucoup d'egards; le sommeil prend à toute heure, pendant qu'il fait parler son Auteur. On en a cherché la cause; & l'on n'en a point vû d'autre, sinon qu'il paroît craindre de donner l'essor à son genie, & qu'il suit toûjours Platon de fort près. Pour eviter un inconvenient si redoutable; & pour satisfaire aux devoirs de Traducteur, aussi parfaitement qu'on les a conçûs; on a pris des libertés; on ose en avertir. On s'est, en esclave, attaché partout au sens de l'Original; & partout on s'est rempli des idées, qu'il a fourni. Mais on a du reste, sans aucun scrupule, negligé les tours, les expressions, & les manieres. C'est ainsi que les Interlocuteurs se taisent, jusqu'à ce qu'ils aient quelque chose à dire; & que, pour lier d'avantage le Dialogue, on leur a même quelquefois mis à la bouche un mot de reponse, presenté naturellement par le sujet.

Le Public jugera si les soins qu'on a pris, pour lui faire trouver des charmes dans une lecture, constamment des plus belles, & des plus instructives, egaux, superieurs même, s'il se pouvoit, à ceux qu'elle a dans le Grec, meritent son applaudissement; ou, sur un Ouvrage des plus difficiles à traduire, si l'on n'a pas toûjours reüssi. Du moins, à son Tribunal, obtiendrons nous les eloges, que Mr. Dacier promet à l'Homme zelé, qui se chargera d'un travail utile; ajoûtons, capable de faire une extrême honte aux Chretiens. Nous aurons, avant tout, la consolation d'opposer une digue à la corruption des mœurs; qui se manifeste beaucoup, par cette multitude infinie d'ecrits frivoles, ou pires encore, dont il se plaint.

On a cru faire plaisir, de commencer par quelque chose de la vie de Platon. Le travail eût eté grand, de la composer à neuf; &, puisqu'elle est déjà bien par Mr. Dacier, assez inutile. Mais plusieurs n'auront pas son Ouvrage; & peu l'achetteront volontiers. Nous avons seulement retranché quelques endroits, moins necessaires; avec les deux articles de la fin, qui sont fort etendus. Dans l'un, il repousse les traits de la Malignité; qui n'a pas epargné l'Homme divin, auquel il va servir d'organe; & dans l'autre, il fait une analyse de sa doctrine. Le tout, aussi bien que le Discours sur Platon, qui sert de frontispice, auroit orné ma Traduction, & rehaussé la gloire de ce Philosophe, après Socrate, le plus digne de touts nos hommages. Mais cela auroit trop augmenté les frais de l'impression, qui sont dans ce païs plus grands qu'ailleurs.

AVER-

AVERTISSEMENT.

ON a differé la publication de cet *Ouvrage*; parcequ'il etoit juste, par la voïe ordinaire des *Soufcriptions*, de s'affûrer au moins du rembourfement de fes frais, avant que de l'expofer à l'avidité connue des *Libraires de Hollande*, fuppofé que le Public ne le rejettât pas entierement; & que des occupations, d'un autre genre, qui fe font prefentées à nous, incontinent après qu'on y eût mis la derniere main, nous ont empêché d'y penfer plutôt. Nous fouhaitons qu'un livre ancien, qui montre, plus que pas un autre, combien *Dieu* ne s'eft point laiffé parmi les *Païens* fans temoignage, produife dans nôtre langue tout le fruit, que nous nous en fommes propofés ; & nous le prions d'y donner fa benediction, fans laquelle touts nos travaux font vains. Mais, quand on y reflechit tout de bon, & qu'on voit de nos jours à quel haut point la corruption eft montée; quelle apparence que *Platon*, quoique devenu (comme on le croit ordinairement) l'homme divin qu'il eft à l'ecole de *Moïfe*, reforme le Monde, par une Morale, où l'on remarque un fi grand defaut †; puifque *J. C.* qui, par des miracles eclatants, par des exemples de vertu, dans leur entier inimitables à la foibleffe humaine, a foutenu celle qu'il a prêchée, ne l'a point fait ? Cent defauts, fouvent condamnés dans la Morale même du *Portique*, la plus admirée de toutes, font bien voir, fans autres preuves, que l'Efprit humain, par le malheur de fon origine, eft trop avant tombé dans les tenebres, pour avoir pu jamais, par les lumieres naturelles feules, atteindre à la perfection de celle de l'*Evangile*; avec toute cette extrême fimplicité qu'on lui reproche. C'eft une obfervation, qui doit en rehauffer beaucoup le caractere dans nos efprits, par deffus tout ce dont l'Antiquité païenne fait gloire. Cependant il eft bon que les hommes extraordinaires, que *Dieu* a femés dans les differents fiecles, comme des *Aftres*, pour luire pendant la nuit affreufe du *Paganifme*, viennent eclairer ceux que parmi nous elle couvre encore de fon voïle; & menacer des chatiments les plus terribles ceux, qui ne font qu'un accueil mediocre au grand jour du *Chriftianifme*. C'eft le double but que nous avons en vûe, en donnant au Public ce fruit de nos veilles. Puiffe-t-il, encore une fois, contribuer à l'avancement du regne de *J. C.* fous les aufpices duquel, après qu'il aura fini de vaincre le Monde hypocrite, nous efperons un Monde, où, fans ennemis, regneront la *PAIX*, la *VERITE'*, la *JUSTICE!*

Si quelque Libraire juge prefentement à propos de s'emparer de ma Traduction; je le prie de ne le point faire, fans m'en avertir; afin que je la retouche en quelques endroits, pour le ftile. Je ne promets pas de la reformer à d'autres egards, fur les critiques juftes qu'on en pourroit faire; parceque la chofe demanderoit du temps peut-être; & que des etudes nouvelles, beaucoup plus intereffantes, plus chretiennes encore que celle-ci, m'occupent entierement.

† On veut parler de fa regle de politique favorite; par laquelle il etablit la communauté des femmes. Sans dire que cette regle eft impraticable; (comme il paroit d'abord, feulement de ce qu'en aucun lieu du monde elle ne fut jamais pratiquée;) elle favoriferoit trop la corruption de nôtre nature; qui ne fe declare par aucun endroit davantage, que par les dereglements enormes d'un penchant, qui, lors même qu'il eft le plus retenu, egale parfaitement l'homme à la brute. Le Mariage, tout fanctifié qu'il eft par l'inftitution divine, n'a que trop de quoi le faire rougir. Cette honte, que toute l'impudence même raifonnée des Cyniques autrefois n'a pu furmonter, (pour le dire en paffant,) d'où viendroit-elle, au delà d'un fentiment confus de fa dignité primitive? Elle doit, plus qu'aucune peut-être de ces miferes nombreufes, qu'il apporte en venant au monde, & dont les moindres le conduifent à la Mort avec rapidité, le faire fouvenir de l'etat Angelique, & bien different de celui-ci, dans lequel il auroit vecu; fi le premier plan du Createur, infiniment bon, infiniment jufte, n'eût eté tout à fait derangé; d'une maniere, qui n'eft connue qu'à certains grands depofitaires des fecrets les plus cachés, & les plus merveilleux, tant de la Nature, que de la Grace; & que l'Ecriture laiffe beaucoup dans l'obfcurité, pour donner lieu à l'exercice d'une foi foumife. Je dirai le contraire de la communauté des biens. Le parfait repos d'efprit, par rapport aux befoins de la vie, que devant nos yeux même elle procure à des millions de perfonnes, rivales des premiers Chrétiens, & les fujets innombrables de conteftation, qui fe trouvent par ce moïen retrenchés entre elles, fuffifent pour montrer, que l'etabliffement univerfel ne pourroit en être qu'extremement fouhaitable. Mais l'homme eft trop mauvais, pour efperer que jamais il recueille, avec tout le foin qu'il faudroit, les debris de fa premiere condition; trop mauvais, pour être, avec fes plans infinis de bonheur imaginaire, difons le, mediocrement heureux. Jufqu'au temps, après lequel tout ici bas foupire, de la feparation entiere du bien & du mal; dont l'eclypfe prefque abfolue du Souverain Bien, arrivée lorfqu'il en detourna premierement fon cœur, y a caufé le deplorable melange; il eft jufte que l'homme trouve fon propre fupplice dans fon defordre. Il faut, en affez grande partie, qu'il eprouve dejà l'Enfer; dont il couve l'effentiel dans les abimes profonds de fon ame; & dont il fent les flammes à toute heure, fans les connoitre, lors même fouvent qu'il les regarde comme chimeriques; moins adoucies, que ranimées, à mefure qu'il cherche avec plus d'ardeur fon Paradis hors de lui-même, ailleurs qu'en DIEU.

LA
VIE DE PLATON.

LATON descendoit d'un frere de Solon, & par consequent il estoit de la famille de Codrus Roy d'Athenes, & remontoit jusqu'à Neptune par Nelée Roy de Pylos cinquième ayeul de Codrus. Ainsi du costé de la naissance, voilà la plus grande noblesse dont l'orgueil des hommes se puisse flatter. Ariston ayant epousé sa cousine germaine Perictione, on pretend qu'Apollon luy apparut en songe, & luy ordonna de ne pas approcher de sa femme qui estoit grosse de luy. Ariston obeit à cet ordre : il regarda Perictione non pas comme sa femme mais comme une Déesse jusqu'à ce qu'elle accoucha de Platon le mesme jour que les Deliens asseuroient qu'Apollon estoit né. Sur cela Plutarque fait une reflexion qui merite de n'estre pas oubliée. Il dit que ceux qui ont donné à Platon Apollon pour pere, n'ont pas fait de deshonneur à ce Dieu en luy attribuant la generation d'un homme qui est le medecin des ames, & qui travaille à les guerir des plus violentes passions & des plus grandes maladies. Et saint Jerome remarque en quelque endroit, que les philosophes qui ont les premiers divulgué cette fable, n'ont pas crû que celuy qu'ils regardoient comme le Prince de la sagesse, pût naistre autrement que d'une vierge.

Platon nâquit la premiere année de la LXXXVIII. Olympiade, c'est à dire 426. ans avant la naissance de Jesus Christ. Il fut d'abord appellé Aristocles du nom de son grand pere : son maistre de palestre l'appella Platon, à cause de ses epaules larges & quarrées, & ce fut le nom qui lui resta. Pendant qu'il estoit encore au maillot, un jour qu'il dormoit sous un myrte on dit qu'un essaim d'abeilles se posa sur ses levres, d'où l'on augura que son style seroit d'une très-grande douceur. Il commença ses etudes chez un grammairien appellé Denys, fit ses exercices sous Ariston d'Argos, apprit la Musique sous Dracon l'Athenien, & sous Metellus d'Agrigente, s'appliqua à la Peinture & à la Poësie, & fit mesme des tragedies qu'il brûla à l'âge de 20. ans apres avoir entendu Socrate. Il s'attacha

tacha uniquement à ce Philofophe, & comme il eftoit merveilleufement né pour la vertu, il profita fi bien des difcours de cet homme jufte, qu'à 25. ans il donna des marques d'une fageffe extraordinaire, & fit voir qu'il eftoit deja capable de conduire un Eftat.

Les Lacedemoniens fe rendirent alors maiftres d'Athenes, & Lyfander y eftablit la domination des trente qui gouvernerent d'abord avec quelque forte de douceur, mais qui ufurperent bien-toft une autorité tyrannique. Dés ce temps-là Platon donna une marque tres-confiderable, d'une ame libre & qui ne pouvoit s'abaiffer à faire la cour à un Tyran. Lyfander, fous qui tout flechiffoit, & qui par fes cruautez s'eftoit rendu très-redoutable, tenoit aupres de luy des Poëtes qui celebroient fa gloire & encenfoient à fa vanité; Antimachus & Niceratus eftoient de ce nombre. Ils firent tous deux des vers à l'envi pour Lyfander, qui ayant efté pris pour juge, donna le prix à Niceratus. Antimachus au defefpoir de cet affront fupprima fon poëme. Platon, qui l'aimoit à caufe de fa belle poëfie, le confola, & fans craindre le reffentiment de Lyfander, il lui dit que le juge eftoit plus à plaindre que luy, car l'ignorance eft un auffi grand mal pour les yeux de l'efprit, que l'aveuglement pour les yeux du corps.

Le merite de Platon qui eftoit deja fort connu, porta les miniftres de la tyrannie à faire tous leurs efforts pour l'attirer & pour l'obliger à fe mefler du gouvernement. On ne luy propofoit rien là qui ne fût conforme à fon âge & à fes maximes. Toute fon ambition tendoit mefme à faire que les lumieres qu'il avoit acquifes fuffent utiles à fon pays; & flatté par les promeffes de ces trente Tyrans il ne defefperoit pas de les porter enfin à quitter ces manieres tyranniques, & à gouverner la ville avec toute la fageffe & avec toute la moderation de bons magiftrats. Occupé nuit & jour de ces penfées, & cherchant les moyens les plus propres pour reüffir dans ce deffein, il obfervoit avec foin toutes leurs demarches; mais il vid bien-toft que le mal ne faifoit qu'empirer, & que l'efprit de tyrannie eftoit fi enraciné qu'on ne pouvoit efperer de le detruire. Toute la ville eftoit remplie de meurtres & de profcriptions par ces trente Tyrans; & en ayant part aux affaires, il falloit eftre le complice de leurs crimes, ou la victime de leur paffion. Affligé de ce malheur, auquel il n'y avoit que Dieu qui puft remedier, il modera fon ambition, & attendit des temps plus favorables.

La Fortune parut bien toft vouloir feconder fes bonnes intentions; car les trente Tyrans furent chaffez, & la forme du gouvernement toute changée. Cela ranima un peu les efperances de Platon, qui eftoient deja prefque eteintes; mais il ne fut pas long-temps fans s'appercevoir que ce nouveau gouvernement n'eftoit pas meilleur, & qu'on faifoit touts les jours à l'Eftat de nouvelles playes. Socrate mefme fut immolé à ce changement. Les loix eftoient foulées aux pieds, il n'y avoit ni ordre ni difcipline, & toute l'autorité fe trouvoit entre les mains du peuple toûjours

plus

plus redoutable que tous les Tyrans. Il eſtoit impoſſible de remedier à ce deſordre; car pour l'entreprendre, il falloit avoir des amis, & dans une ſi grande confuſion la fidelité des anciens amis eſt auſſi ſuſpecte que celle des nouveaux eſt dangereuſe.

Platon ne ſçavoit à quoy ſe déterminer: Il ne voyoit aucun ſecours à attendre des villes voiſines où le deſordre ne regnoit pas moins qu'à Athenes. Dans un ſiecle où la Philoſophie eſtoit parvenuë à ſa plus haute perfection, l'injuſtice eſtoit portée à ſon dernier comble, effet ordinaire du mepris que les hommes font de la verité qu'ils ont devant les yeux. Ce debordement d'iniquité augmenta l'amour que Platon avoit pour la Philoſophie. Il ſe rejetta entre ſes bras comme dans un port aſſeuré, pleinement convaincu que le ſalut des villes & des particuliers depend d'elle, & qu'on ne peut eſtre heureux que par ſon moyen. Pendant ce temps-là il entendit Cratylus qui enſeignoit la philoſophie d'Heraclite, & Hermogene qui enſeignoit celle de Parmenide. Il alla enſuite à Mégare pour voir Euclide qui fonda la ſecte Megarique. De Megare il paſſa à Cyrene pour ſe perfectionner dans les Mathematiques ſous Theodore qui eſtoit le plus grand Mathematicien de ſon temps. Il viſita enſuite l'Egypte, & converſa long-temps avec les preſtres Egyptiens qui luy enſeignerent une grande partie de leurs traditions, & luy firent connoiſtre les livres de Moyſe & ceux des Prophetes.

Pendant qu'il eſtoit à Memphis, il arriva un Spartiate qui venoit de la part d'Ageſilaus prier le preſtre Connuphis, de vouloir expliquer certaine inſcription qu'on avoit trouvée ſur une plaque de cuivre dans le tombeau d'Alcmene. Ce preſtre apres avoir employé trois jours à feüilleter toutes ſortes de figures & de caracteres, repondit que les lettres de cette plaque eſtoient celles dont on uſoit en Egypte du temps de Protée, & qu'Hercule avoit portées en Grece, & qu'elles contenoient un avertiſſement que Dieu donnoit aux Grecs de vivre en paix, en inſtituant des jeux en l'honneur des Muſes par l'étude de la Philoſophie & des belles lettres, & en diſputant les uns contre les autres, avec des raiſons & des paroles de juſtice, ſeulement pour connoiſtre la verité & pour la ſuivre. Il y a de l'apparence que ce preſtre n'avoit pû lire cette inſcription, mais qu'il ſe ſervit habilement d'une occaſion ſi favorable pour appaiſer les guerres des Grecs, & cela eſt infiniment plus beau que de l'avoir luë.

Ce ſtratageme de Connuphis ſervit bien-toſt à Platon pour un ſemblable deſſein. Car comme il s'en retournoit avec Simmias, & qu'il coſtoyoit la Carie, il rencontra des hommes de Delos qui le prierent de leur expliquer un Oracle tres-faſcheux, qu'ils avoient reçu d'Apollon. Cet Oracle contenoit que les maux, dont les Grecs eſtoient affligez, ne ceſſeroient qu'après qu'ils auroient doublé l'Autel cubique qui eſtoit dans ſon Temple. Ils luy dirent qu'ils avoient voulu executer cet ordre, mais qu'ayant doublé chaque coté de l'Autel, au lieu de le faire double, comme ils l'a-

voient

LA VIE DE PLATON.

voient penfé & comme le Dieu le demandoit, ils l'avoient fait octuple, ce qui leur faifoit craindre la continuation de leurs maux. Platon fe fouvenant alors du preftre Egyptien, leur dit que Dieu fe moquoit des Grecs qui meprifoient les fciences, & qu'en leur reprochant leur ignorance & leur ftupidité, il les exhortoit à eftudier ferieufement la Geometrie, qui feule pouvoit leur faire trouver les deux lignes proportionnelles pour doubler un corps cubique en augmentant egalement toutes fes dimenfions, & il ajoûta que s'ils vouloient corriger leur ouvrage, ils n'avoient qu'à s'adreffer à Eudoxe ou à Helicon; mais que Dieu n'avoit que faire qu'ils doublaffent fon Autel, & que la feule chofe qu'il leur ordonnoit par cet Oracle, c'eftoit de quitter les armes pour s'entretenir avec les Mufes en adouciffant leurs paffions par l'eftude des lettres & des fciences, & en s'aimant & fe fervant les uns les autres, au lieu de fe hair & de fe detruire. Il alla enfuite en Italie où il entendit Philolaus & Eurytus Philofophes Pythagoriciens : de là il paffa en Sicile pour voir les merveilles de cette Ifle. Il avoit alors quarante ans.

Ce voyage qui n'eftoit qu'un pur effet de fa curiofité, jetta les premiers fondemens de la liberté de Syracufe, & prepara les grandes chofes qui furent executées par Dion beau frere & favori de l'ancien Denys.

C'eftoit alors un jeune homme qui avoit naturellement le courage grand & magnanime, mais qui eflevé dans des mœurs ferviles fous un Tyran, & accouftumé aux foûmiffions & à l'efclavage d'un Courtifan lâche & timide, & ce qui eft encore plus pernicieux, nourri dans le luxe, dans l'opulence & dans l'oifiveté auroit laiffé mourir ces precieufes femences, fi Platon ne les avoit reffufcitées par fes difcours. Il n'eût pas plûtoft entendu fes preceptes, qu'enflammé d'amour pour la vertu, il ne demanda qu'à la fuivre; & comme il voyoit avec qu'elle facilité Platon avoit changé fon cœur, il crut qu'il feroit de mefme de celuy de Denys, & il n'eut point de repos qu'il n'euft porté ce Prince à avoir une converfation avec luy. Denys, qui joüiffoit alors d'un grand loifir, confentit à cette entrevuë. Il n'y fut parlé que de la vertu, & l'on difputa d'abord fur la nature de la veritable force. Platon prouva qu'elle n'eftoit nullement le partage des Tyrans, qui bien loin d'eftre appellez vaillans & forts, font plus foibles & plus timides que des efclaves. On vint enfuite à parler de l'utilité & de la juftice. Platon fit voir qu'on ne peut veritablement appeller utile, que ce qui eft honnefte & jufte, & il montra que la vie des hommes juftes eftoit heureufe dans les plus grandes adverfitez, & que celle des hommes injuftes etoit malheureufe dans le fein de la profperite mefme. Denys, qui fe fentoit convaincu par fa propre experience, ne put foûtenir plus long temps la converfation, & faifant femblant de fe moquer de fa morale, il luy dit que *fes difcours fentoient le vieux:* Platon luy repondit que *les fiens fentoient le Tyran.* Ce Prince peu accoûtumé à entendre des veritez fi odieufes, luy demanda avec emportement *ce qu'il eftoit* estoit venu faire en Sicile ? Platon luy repondit, *qu'il y estoit venu chercher un homme de bien. A t'entendre parler,* reprit Denys, *on diroit que tu ne l'aurois pas encore trouvé?*

Dans une autre conversation qui ne fut pas moins vive, le Tiran, pour insinuer à Platon qu'il devoit se menager avec luy, & ne pas prendre de ces libertez odieuses, luy dit ces deux vers,

——— *à la Cour d'un Tyran,*
On est esclave né quoiqu'on y entre libre.

Platon luy rendit ces mesmes vers dont il changea le dernier,

——— *à la Cour d'un Tyran,*
Quand on y entre libre on n'est jamais esclave.

pour luy faire entendre qu'un veritable Philosophe ne peut jamais perdre sa liberté. Dion, qui craignoit que le mecontentement du Prince n'eust enfin quelque suite fascheuse, demanda le congé de Platon, afin qu'il pust profiter de l'occasion d'un vaisseau qui devoit ramener Poluides Ambassadeur de Lacedemone. Denys accorda le congé; mais il pria tres-instamment cet Ambassadeur, ou de faire perir Platon en chemin, ou tout au moins de le vendre, l'asseurant que cela ne luy feroit aucun tort; *car s'il est homme juste,* dit-il, *il sera aussi heureux esclave que libre.* On ecrit que Poluides le mena dans l'Isle d'Egine, où l'on avoit publié une loy qui ordonnoit que touts les Atheniens qui y aborderoient seroient mis à mort. Platon fut donc pris & mené devant les Juges. Il attendoit son arrest sans donner aucune marque de crainte, lors que quelqu'un s'avisa de dire que c'estoit un Philosophe & non pas un Athenien. Ce mot dit en riant luy sauva la vie: on le condamna seulement à estre vendu, & en mesme temps il fut acheté trente mines par un Cyrenien nomme Anniceris, qui le remit en liberté, le renvoya à Athenes, & ne voulut point estre remboursé, disant que les Atheniens ne connoissoient pas seuls le merite de Platon, & qu'ils n'estoient pas seuls dignes de luy rendre service. Platon ne dit pourtant rien de ces particularitez dans sa septième lettre où il parle de ce voyage de Sicile, & il y a de l'apparence qu'il n'auroit pas oublié de parler au moins de son bienfaicteur.

Aprés la mort de l'ancien Denys, son fils le jeune Denys luy succeda. Il avoit esté fort mal elevé; car son pere, à qui ses enfans mesme estoient suspects, l'avoit toujours tenu enfermé, de peur que s'il venoit à se connoitre ou à frequenter des hommes de bon esprit & las de la servitude, il ne conspirât contre luy. Ce jeune Prince ne fut pas plutost sur le throne, qu'ebloüi de sa grandeur, & ne se connoissant pas luy-mesme, il ne put s'empescher de tomber dans les pieges de ses Courtisans qui n'oublioient rien pour le corrompre, & qui devinrent les ministres & les artisans de

ses

LA VIE DE PLATON.

fes plaifirs. Ce n'eſtoit dans le Palais que diſſolutions & qu'excés horribles, on 'y faiſoit des debauches de trois mois, pendant leſquels l'entrée en eſtoit deffenduë à tout ce qu'il y avoit de gens ſages, dont la ſeule preſence auroit condamné ou troublé ces honteux divertiſſemens. Dion, qui craignoit encore plus pour l'Etat les voluptez du jeune Denys, qu'il n'avoit craint les cruautez de ſon pere, ne perdoit pas une occaſion de luy repreſenter les abyſmes où il ne pouvoit manquer de tomber ; & croyant que ſes vices ne venoient que d'ignorance & d'oyſiveté, il tâchoit de le jetter dans des occupations honneſtes & de luy faire aimer les ſciences, ſur tout celle qui peut reformer les mœurs. Il luy diſoit qu'il n'y avoit que la vertu qui pût le faire joüir d'une veritable felicité qui s'eſtendroit ſur tout ſon peuple ; que c'eſtoit en vain que ſon pere s'eſtoit flatté de luy laiſſer un empire lié avec des chaiſnes de diamant, que ces chaiſnes ſeroient bien-toſt amollies par ſes debauches ; que la crainte & la force n'eſtoient pas les veritables ſoutiens du thrône, mais l'affection & l'amour des ſujets, & que cet amour eſtoit toujours le fruict de la vertu & de la juſtice des Princes. Il luy repreſentoit que la veritable grandeur ne conſiſte pas à avoir de grands equipages, des palais ſuperbes, des meubles ſomptueux & des habits magnifiques, mais à avoir le palais de ſon ame royalement paré ; qu'il n'y avoit que Platon capable de luy communiquer toutes les vertus dont une ame royale doit eſtre ornée. En l'entretenant de ces diſcours, où il entremeſloit toûjours ainſi les grandes veritez qu'il avoit apriſes de ce Philoſophe, il luy inſpira un ſi violent, ou pluſtoſt un ſi furieux deſir de l'attirer aupres de luy & de ſe mettre entre ſes mains, qu'il envoya des couriers à Athenes avec des lettres tres-preſſantes, accompagnées d'autres lettres de Dion & de tous les philoſophes Pythagoriciens qui eſtoient dans la grande Grece, & qui le prioient tres-inſtamment de profiter d'une ſi belle occaſion que Dieu luy offroit de rendre un Roy philoſophe, le conjurant de ſe haſter avant que les debauches de la Cour puſſent faire changer Denys qui brûloit d'amour pour la Philoſophie.

Ces grandes promeſſes n'ebranlerent pas d'abord Platon qui connoiſſoit trop les jeunes gens pour ſe rien promettre d'aſſeuré des lueurs d'un jeune Prince dont les inclinations ſouvent oppoſées, paſſent d'ordinaire tres-promptement, & en qui l'amour de la vertu ne jette pas toûjours d'aſſez profondes racines pour reſiſter aux efforts des vices qui l'attaquent de tous coſtez. Platon ne pouvoit donc ſe reſoudre à faire ce voyage ; mais enfin aprés avoir conſideré qu'en gueriſſant un ſeul homme il rendroit tout un peuple heureux, & que Dieu luy ouvroit peut-eſtre là un moyen d'effectuer le parfait ouvernement dont il avoit deja donné l'idée dans les premiers livres de ſa Republique ; il ſe reſolut de partir, non pas par vanité ny pour acquerir des richeſſes, comme ſes ennemis l'en ont accuſé ; mais vaincu par le ſeul reſpect qu'il avoit pour luy-meſme, afin

LA VIE DE PLATON.

de ne pas donner occasion aux hommes de luy reprocher qu'il ne faisoit que discourir de la vertu, & qu'il ne s'estoit jamais mis volontairement en estat de la mettre en pratique.

A ces raisons se joignit encore un motif beaucoup plus pressant ; ce fut la honte d'abandonner Dion dans le danger où il se trouvoit, attaqué de tous costez par les calomnies de ses ennemis, qui ne pouvant supporter la severité de ses mœurs & la sagesse de sa vie, taschoient de le rendre suspect à Denys, & qui l'auroient infailliblement perdu si on eust donné à ce Prince le temps de retomber dans ses premiers desordres. Cela acheva de determiner Platon à quitter ses occupations à l'âge de soixante-quatre ans pour aller peut-estre avec trop de confiance, comme il le dit luy-même, essuyer les caprices d'un jeune Tyran.

Il fût reçeu en Sicile avec toutes sortes d'honneurs. Denys ne se contenta pas de luy envoyer, comme à une Divinité, une galere ornée de bandelettes, il alla luy-mesme le recevoir dans le port sur un char magnifique où il le fit monter, & par un sacrifice public, il remercia les Dieux de sa venuë, comme de la plus grande felicité qui pouvoit arriver à son Etat.

Un si heureux commencement eût des suites encore plus heureuses ; car comme si un Dieu avoit parû & qu'il eust pris plaisir à changer les cœurs, toute la cour se trouva si reformée, du moins en apparence, que le Palais de Denys ressembloit plutost à une ecole de philosophes ou à un saint Temple, qu'au palais d'un Tyran.

Quelques jours apres l'arrivée du Platon eschut le temps d'un sacrifice qu'on faisoit tous les ans dans le Chasteau pour la prosperité du Prince. Le Herault ayant prononcé à haute voix selon la coustume, la priere solemnelle, dont la formule estoit, *qu'il plust aux Dieux de maintenir long-temps la tyrannie & de conserver le Tyran*, Denys, à qui ces noms commençoient à estre odieux, luy dit tout haut, *ne cesseras-tu pas enfin de me maudire?* Ce mot fit juger que les discours de Platon avoient fait une veritable & forte impression sur son esprit : c'est pourquoy tous ceux qui favorisoient la tyrannie crurent qu'il n'y avoit pas de temps à perdre, & qu'il falloit ruiner Dion & Platon avant qu'ils eussent acquis assez d'autorité & de puissance auprés du Tyran, pour rendre touts leurs efforts inutiles. Ils en trouverent bien-tost une occasion tres-favorable, & dont ils ne manquerent pas de profiter. Platon avoit deja persuadé à Denys de congedier les dix mille estrangers qui composoient sa garde, de casser dix mille hommes de cheval avec la plus grande partie de son infanterie, & de reduire à un petit nombre les quatre cens galeres qu'il tenoit toûjours armées. Les mal-intentionnez empoisonnerent ce conseil en faisant entendre à Denys que Dion avoit aposté ce Sophiste pour luy persuader de se defaire de ses gardes & de ses troupes, afin que les Atheniens le trouvant sans deffense, pussent venir ravager la Sicile & se vanger des pertes qu'ils avoient faites sous Nicias, ou qu'il pust luy-mesme

l'en

LA VIE DE PLATON.

l'en chasser & prendre sa place. Cette calomnie, qui n'avoit que trop d'apparence pour surprendre un Tyran, ne fit pourtant que la moitié de l'effet qu'ils en avoient attendu ; Dion seul fut la victime de la colere de Denys, qui le fit mettre sur un vaisseau en sa presence, & le bannit honteusement.

En mesme temps le bruit courut aussi à Syracuse qu'il avoit fait mourir Platon, mais c'estoit sans aucun fondement ; car au contraire Denys redoubla pour luy ses caresses, soit qu'il crust qu'il avoit esté trompé le premier par les artifices de Dion, ou qu'il ne pust se passer veritablement de le voir & de l'entendre.

La passion qu'il avoit pour Platon augmentoit tous les jours, & elle monta à un tel excés qu'il en estoit jaloux comme d'une maistresse, & qu'il faisoit tous ses efforts pour l'obliger à preferer son amitié à celle de Dion. Mais, comme dit Platon, il se prenoit mal à obtenir cette preference ; car il ne taschoit de l'acquerir que par les demonstrations d'un amour ambitieux & tyrannique, au lieu de la meriter, si cela eût esté possible, par une conformité de mœurs, en profitant de ses maximes & en se liant à luy par les nœuds de la vertu. Sa timidité plus que son mechant naturel, l'empescha de prendre cette voye : car quoy qu'il aimast Platon avec fureur, il n'osoit presque le voir qu'à la derobée, de peur d'irriter ceux à qui ce commerce deplaisoit ; ainsi flottant toujours entre le desir & la crainte, il rendit inutiles toutes les exhortations de Platon, & demeura esclave du vice. Cependant comme il craignoit qu'il ne quitast la Sicile sans sa permission, il l'avoit fait loger au Chasteau, en apparence pour luy faire honneur, & en effet pour s'asseurer de sa personne. Là il taschoit de le gagner par les offres les plus magnifiques dont il pouvoit s'aviser. Il luy ouvroit ses tresors, & ne demandoit qu'à le rendre maistre de ses forces & de toute sa puissance, pourvû qu'il voulust l'aimer plus qu'il n'aimoit Dion : peu de Philosophes auroient resisté à des tentations si fortes. Platon qui ne pouvoit faire ceder dans son cœur la vertu au vice, disoit toujours à Denys qu'il l'aimeroit autant que Dion, quand il seroit aussi veritablement vertueux que Dion. Cela jettoit le Tyran dans des emportemens horribles ; il le menaçoit de le faire mourir, & un moment après il luy demandoit pardon de toutes ses violences. Platon auroit trouvé sa prison plus supportable si on l'avoit hay ; car il falloit tous les jours de nouveaux menagemens pour accorder les devoirs de l'hospitalité avec les interests de la Philosophie. Enfin la fortune le tira de cette captivité. Une guerre qui survint, força Denys à le renvoyer en Grece. A son depart il voulut le combler de presens, que Platon refusa, se contentant de la promesse qu'il luy fit de rappeller Dion dés que la guerre seroit finie. Comme il estoit prest à s'embarquer, Denys luy dit : *Platon, quand tu seras à l'Academie avec tes Philosophes, tu vas bien dire du mal de moy. A Dieu ne plaise,*

luy

luy repondit Platon, *que nous ayons assez de temps à perdre à l'Academie pour y parler de Denys.* Le desinteressement de Platon avoit paru en plusieurs rencontres: ses rivaux mesme en convenoient. Denys ayant voulu faire des presens aux Philosophes de sa Cour, & leur en ayant donné le choix, Aristippe prit de l'argent, & Platon ne demanda que des livres: & comme on railloit Aristippe de son avarice, il repondit, *Platon aime les livres, & moy j'aime l'argent.*

En s'en retournant en Grece il passa à Olympie pour voir les jeux; & ce fut là qu'il donna des marques d'une modestie qui approche fort de l'humilité, & qui merite d'estre remarquée. Il se trouva logé avec des estrangers considerables. Il mangeoit avec eux, passoit avec eux les journées entieres, & vivoit d'une maniere tres-simple & tres-commune, sans jamais leur parler ni de Socrate ni de l'Academie, & sans leur faire connoistre de luy autre chose, sinon qu'il s'appelloit Platon. Ces estrangers estoient ravis d'avoir trouvé un homme si doux & si sociable, mais comme il ne parloit que de choses fort ordinaires, ils ne crurent jamais que ce fust ce Philosophe dont le nom estoit si connû.

Les jeux finis, ils allerent avec luy à Athenes où il les logea; ils n'y furent pas plustost, qu'ils le prierent de les mener voir ce grand homme qui portoit le mesme nom que luy, & qui estoit disciple de Socrate. Platon leur dit en souriant, que c'estoit luy-mesme; & ces estrangers surpris d'avoir possedé un si grand personnage sans le connoistre, ne pouvoient assez admirer qu'il eust vescu avec eux d'une maniere si simple, & qu'il eust fait voir que par la seule douceur de ses mœurs, sans le secours de son esprit & de son eloquence, il pouvoit gagner l'amitié de touts les hommes avec lesquels il converseroit.

Quelque temps après il donna les jeux au peuple, & ce fut Dion qui fournit les habits & qui fit tous les frais, Platon ayant bien voulu luy ceder cet honneur afin que sa magnificence luy acquist encore plus la bienveillance des Atheniens. On ne sçait pas si Dion fit un long sejour à Athenes; on sçait seulement que Platon n'oublia rien pour le porter à moderer son ressentiment & à ne rien attenter contre Denys. Il luy representoit que l'injustice qu'on luy avoit faite, & la mauvaise conduite de ce Prince, n'estoient pas un sujet legitime de prendre les armes contre luy: qu'il falloit tascher de le ramener par la raison, ou attendre quelque changement de la fortune, qu'il ne pouvoit avoir recours à la force, sans se faire à luy-mesme un fort grand tort, & sans ruiner entierement la Sicile: & pour le mieux disposer à goûter ces maximes, il tascha d'egayer & d'adoucir ses mœurs par des plaisirs honnestes, & sur tout par la conversation de son neveu Pseusippus qui estoit tres-agreable, & cela reüssit pour quelque temps.

Apres que Denys eut fini la guerre, il craignit que le traitement qu'il avoit fait à Platon, ne le decriast parmi les Philosophes, & ne le fit passer pour

pour leur ennemi; c'est pourquoy il fit venir les plus sçavans hommes d'Italie, & il tenoit dans son Palais des assemblées où il s'efforçoit par une folle ambition de les surpasser tous en eloquence & en profondeur de sçavoir, debitant mal à propos les discours qu'il avoit retenus de Platon; mais comme ces discours n'estoient que dans sa memoire, & que le cœur n'en avoit point esté touché, la source en fut bien-tost tarie. Alors il connut ce qu'il avoit perdu, de n'avoir pas mieux profité de ce tresor de sagesse, & de ne l'avoir pas retenu, & il commença à le desirer avec une extrême impatience qu'il luy temoigna par de frequentes lettres. Platon s'excusoit sur son âge, & sur ce que Denys n'avoit rien fait de tout ce qu'il avoit promis. Enfin Denys ne pouvant plus supporter ce refus, obligea Archytas à luy ecrire, & à estre caution qu'il pouvoit venir en toute seureté, & qu'on luy tiendroit parole. Il fit partir en mesme temps une galere avec quelques-uns de ses amis, du nombre desquels estoit le philosophe Archidemus : ils asseurerent Platon de la forte passion que Denys avoit pour la Philosophie, & luy rendirent cette lettre de sa part.

Ce que je desire avec le plus d'ardeur, c'est que te laissant persuader, tu viennes promptement en Sicile. Je feray pour Dion tout ce que tu voudras, car je suis persuadé que tu ne voudras rien que de juste, à quoy je me rendray toûjours tres-volontiers. Mais si tu refuses de venir, je te declare que ni pour les affaires de Dion, ni pour toutes celles où tu prendras quelque interest, je ne feray jamais rien de tout ce qui pourra t'estre agreable, &c.

Cette lettre, qui estoit plus d'un Tyran que d'un Philosophe, auroit eu un effet contraire à ses desirs, si Dion n'eust joint ses sollicitations & ses prieres, en conjurant Platon de ne pas l'abandonner, & si tous les Philosophes d'Italie & de Sicile ne luy eussent ecrit, que s'il refusoit de venir, il les rendroit tous suspects à Denys qui ne manqueroit pas de croire qu'il ne les avoit insinuez dans ses bonnes graces, qu'afin qu'ils pussent le trahir. Et ce fut ce qui determina Platon à aller pour la troisiême fois en Sicile à l'âge de soixante & dix ans.

Son arrivée releva les esperances de tout le peuple qui se flattoit que sa sagesse vaincroit enfin la tyrannie, & Denys en temoigna une joye qu'on ne sçauroit exprimer. Il le fit loger dans l'appartement des jardins, & eut en luy tant de confiance, qu'il le laissoit approcher à toute heure sans le faire foüiller. Platon employa d'abord toute son adresse pour connoître s'il avoit un veritable desir de devenir vertueux. Il dit luy-mesme de quelle maniere il en fit l'epreuve; mais il connut bien-tost qu'on ne l'avoit appellé que par vanité, & pour eloigner de Dion un amy fidelle. Dés qu'il voulut proposer le rapel de cet exilé, bien loin de raccommoder ses affaires, il les gasta entierement. Denys deffendit à ses Intendans d'envoyer à Dion ses revenus, sous pretexte que tout ce bien appartenoit à son fils Hipparinus qui estoit son neveu, & dont par consequent il estoit le tuteur naturel. Platon outré de cette injuſtice demanda ſon congé. Denys luy promit de luy donner un vaiſſeau, mais il le remettoit de jour à autre; & aprés l'avoir amuſé aſſez long-temps, il luy dit un jour, *que pourvû qu'il vouluſt demeurer encore un an avec luy, il renvoyeroit à Dion tout ſon bien, à condition qu'il le placeroit dans le Peloponeſe ou à Athenes, qu'il ne joüiroit que du revenu, & qu'il ne pouroit lever le capital ſans le conſentement de Platon & de ſes amis.* Car dit-il, *je ne me fie point à luy, & il employeroit cet argent contre moy.* Platon accepta ce parti, mais Denys le trompa encore ; car aprés que la ſaiſon de s'embarquer fut paſſée, il dit qu'il ne vouloit plus donner que la moitié du bien de Dion, & qu'il vouloit retenir l'autre moitié pour ſon fils. Et quelque temps aprés il fit tout vendre à l'encan, au prix qu'on voulut, & ſans en parler à Platon, qui laſſé enfin de ſes feintes & de ſes menſonges, & convaincu que la Philoſophie eſtoit foible & molle, contre la dureté d'un Tyran, ne cherchoit qu'à quitter la Sicile. Mais il luy eſtoit impoſſible de partir ſans permiſſion, & tres-difficile d'obtenir ſon congé auquel on faiſoit naiſtre tous les jours de nouveaux obſtacles. Denys continuoit d'avoir pour luy en public toutes ſortes d'egards, & l'accabloit toûjours de careſſes. Mais enfin Platon ayant embraſſé avec chaleur les intereſts de Theodote & d'Heraclide qu'on accuſoit à tort d'avoir fait ſoulever les troupes, leur meſintelligence eclata. Denys donna ordre à Platon de quitter l'appartement des jardins, ſous pretexe que les femmes du Palais devoient y faire un ſacrifice qui dureroit dix jours, & le fit loger hors du Chaſteau au milieu de ſes Gardes; afin, diſoit-on, que ces ſoldats irritez de longue main contre luy de ce qu'il avoit voulu les faire caſſer ou diminuer leur paye, l'immolaſſent à leur reſſentiment. Quelques Atheniens avertirent Platon du danger où il eſtoit, & Platon en donna ſur l'heure meſme avis à Archytas qui eſtoit à Tarente. En meſme temps Archytas fit partir une Galere à trente rames, & ecrivit à Denys pour le faire reſſouvenir qu'il avoit promis une ſeureté entiere à Platon, & qu'il ne pouvoit ni le retenir, ni ſouffrir qu'on luy fiſt aucune inſulte, ſans manquer ouvertement à ſa parole dont il avoit voulu que luy & tout ce qu'il y avoit de gens de bien & d'honneur fuſſent les garents. Cela reveilla un reſte de pudeur dans l'ame du Tyran, qui permit enfin à Platon de retourner en Grece.

Voilà quel fut le ſujet de ce troiſième voyage, ſur lequel les ennemis de Platon ont fait tant d'efforts pour le decrier, comme s'il n'eſtoit retourné en Sicile que pour la bonne table de Denys, & pour ſe plonger dans toutes les voluptez qui regnoient à la Cour de ce Prince. Diogene qui avoit beaucoup d'eſprit, mais un eſprit tres-ſatirique, & qui ne voyoit pas ſans quelque envie le grand eclat de Platon, fut le premier qui s'aviſa de luy faire ce reproche ; car le voyant un jour ne manger que des olives à un grand repas, il luy dit *puiſque la bonne chere vous a fait aller en Sicile, pourquoy la mepriſez-vous tant icy? Je vous aſſeure, Diogene,* luy
repondit

répondit Platon, *que le plus souvent je ne mangeois que des olives en Sicile. Qu'estoit-il donc besoin d'aller à Syracuse?* reprit Diogene: *L'Attique ne portoit-elle point d'olives en ce temps-là?*

Jamais calomnie n'a esté plus mal fondée, aussi un ancien Philosophe en parlant des avantages de la vie active, n'a pas fait difficulté de loüer Platon sur ce voyage dont il rapporte le veritable motif; car il dit, *que ce fut pour un de ses amis depoüillé de ses biens, & banni que Platon eut le courage d'aller affronter un Tyran tres-redoutable, & s'exposer à sa haine & à tous les perils dont elle le menaçoit.* Dans la lettre que Platon ecrivit peu de temps aprés aux amis de Dion, il leur marque en propre termes *que les bonnes tables d'Italie & de Sicile luy deplurent extremement, & qu'il regarda avec horreur la coûtume de ces peuples, de se remplir de vin & de viandes deux fois le jour, & de se plonger dans toutes sortes de debauches. Dés qu'un homme est accoustumé à ces excés dés sa jeunesse, il n'est presque pas possible qu'il en revienne jamais, quelque bon naturel qu'il ait d'ailleurs, & qu'il soit jamais temperant & sage: encore moins doit-il pretendre aux autres vertus. La vie ne me seroit pas suportable,* ajouste-t-il dans la suite, *si j'estois ainsi l'esclave de ces passions.*

Platon en traversant le Peloponese trouva Dion aux Jeux Olympiques, & luy raconta tous les procedez de Denys. Dion plus touché des injures que Platon avoit receuës, & du peril qu'il avoit couru, que de toutes les injustices qu'on luy avoit faites, jura qu'il alloit travailler à se venger. Platon fit tout ce qu'il put pour le detourner de cette pensée; mais voyant que ses efforts estoient inutiles, il luy predit les malheurs qu'il alloit causer, & luy declara qu'il ne devoit attendre de luy ni secours ni conseil, & que puisqu'il avoit eu l'honneur d'estre commensal de Denys, de loger dans son Palais, & de participer aux mesmes sacrifices, il se souviendroit toûjours des devoirs ausquels cela l'engageoit, & que pour satisfaire d'ailleurs à l'amitié qu'il avoit pour Dion, il seroit neutre, toûjours prest à faire les fonctions d'un bon mediateur pour les reconcilier, & toûjours egalement opposé à leurs desseins quand ils chercheroient à se détruire.

Dion assembla quelques troupes, passa en Sicile, detruisit la tyrannie, chassa le Tyran, & rendit la liberté à sa patrie. On sçait tous les maux que cette entreprise causa. Comme il est difficile de conserver long-temps la justice & l'innocence parmy les desordres d'une guerre & d'une guerre civile, Dion eut le malheur de soüiller par une seule action la gloire de toutes les autres; car il permit le meurtre d'Heraclide, qui ne demeura pas long-temps impuni, Dion ayant esté assassiné par l'Athenien Callippus, au milieu de ses prosperitez & de ses triomphes.

Aprés la mort de Dion ses parens & ses amis particuliers ecrivirent à Platon pour le prier de leur donner conseil dans l'estat deplorable où ils se trouvoient; les uns voulant ressusciter la tyrannie, & les autres faisant tous leurs efforts pour retablir la domination du peuple. Platon leur ecrivit, *Qu'un Etat ne seroit jamais heureux, ni dans la tyrannie ni dans la*

trop

trop grande liberté; que le milieu estoit d'obeïr à des Rois qui fussent eux-mesmes sujets au loix; que la grande liberté & la grande servitude estoient egalement dangereuses, & produisoient à peu prés les mesmes effets; que l'obeïssance qu'on rendoit aux hommes estoit toûjours excessive & sans bornes, parceque leurs cupiditez n'en avoient point; qu'il n'y avoit de moderation que dans l'obeïssance qu'on rendoit à Dieu qui estant toûjours le mesme, ne demandoit toûjours que la mesme chose à ses sujets; que c'estoit la seule qui pouvoit faire la felicité des peuples, & que pour obeïr à Dieu, il falloit obeïr à la loy; que la loy estoit le Dieu des sages, & la licence le Dieu des fols: qu'il leur conseilloit donc d'establir trois Rois, le fils de Dion, le fils de Denys qu'on avoit chassé, & celuy de l'ancien Denys: de choisir sous leurs ordres tel nombre qu'ils voudroient de vieillards qui auroient soin de faire les loix & de regler le gouvernement de l'Etat, de maniere que les Rois auroient l'intendance des choses saintes & de la Religion, & de toutes les autres choses, qu'il est juste de laisser en la disposition des bienfaicteurs: qu'il falloit créer ensuite trente-cinq gardiens ou conservateurs des loix qui disposeroient de la paix & de la guerre conjointement avec le senat & avec le peuple; que les affaires criminelles seroient jugées par ces trente-cinq conservateurs des loix, ausquels on joindroit pour commissaires les plus anciens & les plus gens de bien des Senateurs qui seroient sortis de charge; que les Rois n'assisteroient point à ces jugemens, parce qu'estant Prestres ils ne pouvoient sans se soüiller & sans déroger à leur caractere, condamner personne à la mort, à l'exil, ou à la prison. Il leur enjoignoit aussi particulierement de chasser les barbares de touts les lieux qu'ils occupoient dans la Sicile, & d'y retablir les anciens habitans.

Platon ne survecut à Dion, que cinq ou six ans qu'il passa dans l'Academie, sans vouloir en aucune maniere s'entremettre du gouvernement, parce qu'il voyoit les mœurs de ses Citoyens trop depravées. Les Cyreniens luy envoyerent des deputez pour le prier d'aller leur donner des loix, ce qu'il refusa, leur disant, *qu'ils estoient trop attachez aux richesses, & qu'il ne croyoit pas possible qu'un peuple si riche pust estre soûmis aux loix.* Les Thebains luy firent la mesme priere, & il les refusa de mesme; *parce,* dit-il, *qu'il les voyoit trop ennemis de l'egalité.* Il envoyoit de ses disciples dans les lieux où l'on estoit en estat de se conformer à ses maximes.

Platon estoit naturellement ennemi du faste & de l'ostentation, & ne cherchoit que la verité, la simplicité & la justice. Il avoit les mœurs douces & meslées de gravité. Jamais on ne le vid rire immoderement, ni se mettre extremement en colere. On jugera de sa douceur par la maniere dont il corrigea son neveu Pseusippus qui estoit extremement debauché. Lorsque son pere & sa mere l'avoient chassé, il le retiroit dans sa maison, & vivoit avec luy comme s'il n'avoit jamais oüy parler de ses debauches: ses amis etonnez & choquez d'un procedé qui leur paroissoit si indolent, le blasmoient de ne pas travailler à corriger son neveu, & à le retirer de cet abysme: & il leur repondit qu'il y travailloit plus efficacement qu'ils

ne

LA VIE DE PLATON.

ne penſoient, en luy faiſant connoiſtre par ſa maniere de vivre, la difference infinie qu'il y a entre le vice, & la vertu, & entre les choſes honneſtes & les deshonneſtes. En effet cette methode luy réüſſit ſi bien, qu'il inſpira à Pſeuſippus un tres-grand reſpect pour luy, & un violent deſir de l'imiter & de s'adonner à la Philoſophie, dans laquelle il fit enſuite de fort grands progrés.

Sa maniere de parler eſtoit ſi agreable & ſi inſinuante, qu'il ne manquoit jamais de faire impreſſion ſur ceux qui l'écoutoient. Un jour qu'il ſe promenoit hors la ville avec quelques-uns de ſes diſciples & de ſes amis, Timothée General des Atheniens, revenant de l'Armée dans ſa plus grande fortune, & lorſque les Atheniens ne ſçavoient comment honorer ſon merite, pour luy temoigner toute l'admiration qu'ils avoient pour luy, le rencontra ; & s'eſtant arreſté, il voulut entendre ſes diſcours qui ne rouloient ni ſur les impoſitions ni ſur l'armement des vaiſſeaux, ni ſur la ſubſiſtance des troupes, mais ſur la vertu & ſur l'empire que l'homme doit avoir ſur ſes paſſions, & dans leſquels il ne cherchoit qu'à expliquer la nature du ſouverain bien. Timothée frappé de la verité & de la beauté de ſes maximes, s'ecrira, *O l'heureuſe vie, ô la veritable felicité !* faiſant connoiſtre par-là, qu'il eſtoit convaincu que toute la gloire & tous les honneurs dont il jouiſſoit, n'eſtoient rien au prix du bonheur d'un Philoſophe, & que hors l'etude de la ſageſſe, il n'y a point de veritable bien......

Une grande loüange qu'on donne à Platon, c'eſt d'avoir aimé ſes freres avec une extrême tendreſſe ; car comme on dit de Pollux qu'il ne voulut pas eſtre Dieu tout ſeul, & qu'il aima mieux n'eſtre que demi Dieu avec ſon frere, & partager avec luy la condition mortelle pour luy faire part de ſon immortalité ; Platon de meſme voulut communiquer à ſes freres la gloire qu'il eſtoit ſeul capable d'acquerir par ſes ouvrages. Dans les livres de la Republique il donne des rolles tres-conſiderables à Adimantus & à Glaucon ; & Antiphon le plus jeune de tous, il le fait parler dans ſon Parmenide, & par-là il les a rendus tous trois auſſi immortels que luy.

Il ne ſe ſervit jamais de ſon eſprit pour venger ſes injures particulieres, mais pour venger celles qu'on faiſoit à ſes amis ou à la verité. On ne trouvera pas qu'il ait dit un ſeul mot de Timon qui l'avoit ſouvent attaqué, & & il ne repondit aux bons mots de Diogene, que par quelque plaiſanterie, ſans jamais parler de luy dans ſes ecrits.....

Comme il eſtoit perſuadé que les hommes ne ſont pas nez pour eux-meſmes, mais pour leur patrie, pour leurs parens, & pour leurs amis, il n'avoit garde d'autoriſer l'opinion de ceux qui croyoient que la Philoſophie avoit le droit d'aneantir des obligations ſi eſſentielles ; & il enſeignoit que la vie d'un Philoſophe eſt la vie d'un homme entierement conſacré au public, qui ne taſche de devenir meilleur que pour eſtre plus utile, & qui ne fuit le tumulte des affaires que lors que ſa patrie refuſe ſes ſervices, ou qu'il ne peut la ſervir utilement, & c'eſt ce qu'il pratiqua toute ſa vie. Car on écrit qu'il ne ſe diſpenſa pas meſme de porter les armes, & qu'il combattit vaillamment

lamment à la journée de Tanagre, à celle de Corinthe, & à celle de Delium où il remporta une victoire confiderable; mais on ne fçait pas pour quelle occafion; car il ne faut pas confondre ce combat de Delium avec celuy qui avoit efté donné auparavant dans le mefme lieu, & auquel Socrate s'etoit trouvé & avoit fauvé la vie à Alcibiade, la premiere année de l'Olympiade LXXXIX. Platon n'ayant encore que cinq ou fix ans.

Il fervit de mefme fes amis avec auffi peu de menagement pour fa vie. Car non feulement il fit pour Dion, tout ce que nous avons vû, mais il deffendit encore en juftice Chabrias general des Atheniens; & comme fon accufateur Crobyle luy eut dit pour l'étonner, *tu viens deffendre les autres, & tu ne fçais pas que la Cigue de Socrate t'attend*; Il luy repondit, *autrefois quand ma patrie a eu befoin de ma vie, je l'ay expofée pour elle, aujourd'huy il n'y a point de danger qui m'eftonne & qui m'oblige à abandonner mon ami.*

Il difoit qu'il n'y a rien de plus indigne d'un homme fage, ni qui luy doive caufer plus de deplaifir que d'avoir donné à des chofes legeres, inutiles, ou de peu de confequence, plus de temps qu'elles ne meritoient. C'eft pourquoy il ne perdoit aucune occafion de corriger ceux qu'il voyoit enflez de vanité pour des qualitez dont ils auroient dû plûtoft avoir honte: & l'on raconte à ce fujet que le mefme Anniceris de Cyrene, dont nous avons déja parlé, qui eftoit confiderable par fa naiffance & par fon efprit, mais qui fe piquoit fur tout d'eftre le meilleur cocher du monde, & le plus adroit de tous ceux qui eftoient en reputation de bien mener un char, voulut faire devant luy montre de fon adreffe. Il mena donc un char dans le parc de l'Academie, & luy en fit faire plufieurs fois le tour avec tant de juftesse, que les roües ne marquerent jamais que le mefme endroit, roulant toûjours fur la mefme ligne. Tous les fpectateurs charmez, eleverent Anniceris jufqu'au Ciel par leurs loüanges: mais Platon le blafma ferieufement, & luy dit qu'il n'eftoit pas poffible qu'ayant employé tant de temps à une chofe fi petite & fi vaine, il n'eûft pas negligé celles qui eftoient tres-neceffaires & tres-importantes, & qu'un efprit entierement occupé de ces bagatelles, n'eft plus capable de s'appliquer à ce qui eft digne de noftre eftime, & qui merite veritablement noftre admiration.

Il eftoit fi eloigné du vice des flatteurs, & de la baffe foupleffe des Orateurs de ce temps-là, qui ne fe rendoient maiftres des peuples que par une lafche complaifance, & qu'en fe conformant à leurs paffions, qu'on l'a comparé à Epaminondas & à Agefilaüs, qui ayant voyagé dans plufieurs villes & vefcu avec des hommes dont la vie & les mœurs eftoient tres-differentes, retinrent pourtant par tout dans leurs habits, dans leurs difcours, & dans toutes leurs manieres ce qui eftoit digne d'eux & qui convenoit à leur caractere. Car Platon fut à Syracufe tel qu'il eftoit dans l'Academie, & tel avec Denys qu'il eftoit avec Dion; marque certaine que les maximes de la Philofophie pleines de force & de vertu, avoient penetré fon ame comme une forte teinture que rien ne peut ni effacer ni ternir.....

DE

PLATON,

DE LA

REPUBLIQUE;

OU

DU JUSTE, ET DE L'INJUSTE.

LIVRE PREMIER.

SOCRATE.

IER nous sortimes hors des murs, Glaucon, fils d'Ariston, & moi, pour aller au Pyrée, faire nos prieres à Minerve, & participer à la fête nouvelle, qu'on y devoit celebrer. Les Atheniens y firent la principale figure. Cependant les Thraces, qu'elle avoit attirés en grand nombre, ne furent point obscurcis. Aprés que nous eumes achevé nos devotions, & satisfait notre curiosité, nous reprimes le chemin de la ville. Polemarque, fils de Cephale, nous apperçut de loin; &

voïant que nous penſions à regagner Athenes, il nous depêcha ſon petit domeſtique, pour nous prier de lui donner le temps de nous joindre. Je ſentis qu'on me tiroit par l'habit; & je vis en me detournant le jeune valet, qui fit gracieuſement ſon meſſage. Vous venez, ſans votre maître, mon fils, lui dis-je, en cherchant moi-même Polemarque des yeux? Il approche … il vous ſupplie de l'attendre. Glaucon dit qu'on n'iroit pas ſi vite. Bientôt arrivent Polemarque, Adimante, frere de Glaucon, Nicerate, fils de Nicias, & quelques autres amis communs, qui venoient du Temple, comme nous.

Vous etes bien preſſés, nous dit Polemarque? Il eſt vrai, lui repondis-je, que nous nous hâtons un peu. Ce n'eſt pas le tout, repliqua-t-il. Comptez vous les nouveaux venus? Il s'agit de retourner ſur vos pas, ou d'être les plus forts. Quoi? Point de milieu! La voie de la perſuaſion nous ſera fermée?… Qu'alleguer à des gens, reſolus par avance de ne point ecouter vos raiſons?… Adimante, plus inexorable encore, loua Polemarque, & nous dit: Vous ignorez, je le vois, que la jeuneſſe nous prepare un carrouſel pour ce ſoir, en l'honneur de la Deeſſe. Un carrouſel, repris-je! C'eſt quelque choſe de fort nouveau. Y courra-t-on, je vous prie, la torche à la main? Dit-on que le vainqueur ait à conſerver la ſienne allumée, après en avoir changé cent fois avec ſes rivaux, & de plus à toucher le premier la borne? C'eſt la nouvelle, repondit Polemarque. Pour clôture même, on nous promet des ſacrifices nocturnes, qui meriteront d'être vus. Nous ſouperons, & nous irons enſuite au lieu du rendez-vous. Le plaiſir du ſpectacle n'y ſera pas l'unique. Nous cauſerons avec mille de ces jeunes gens aimables, avec qui l'on trouve toujours agreablement de quoi s'entretenir. Suivez nous donc, puiſque vous perdriez beaucoup à nous quitter. Qu'en dites vous, me demanda Glaucon? Je prevois, lui repondis-je, que nous aurons de la peine à nous en defendre. Croïez moi, rendons nous. Après avoir conteſté long temps, vous verriez qu'au bout il nous faudroit jouïr d'une ſi bonne compagnie.

Nous

LIVRE PREMIER.

Nous nous rendimes touts ensemble chez Polemarque; où nous trouvâmes ses deux freres, Euthydême, & Lysias, avec Thrasymaque de Chalcedoine, Charmantide de Peanie, & Clitophon, fils d'Aristonyme. Cephale, pere des trois premiers, se faisoit beaucoup remarquer dans la troupe. Je ne l'avois point vu depuis quelque années : ce qui me grossit plus que je n'aurois cru son grand âge. Il etoit negligemment etendu sur un siege. Une couronne de fleurs, dont il avoit la tête encore ceinte, nous fit comprendre qu'il venoit d'achever ses fonctions sacerdotales. On fit cercle autour de lui. Il ne m'eut pas plutôt apperçu, qu'il se leva, pour venir m'embrasser, & me dit : Mon cher Socrate, qu'il est rare de vous posseder au Pyrée ! Il sembleroit neanmoins que vous auriez des raisons, pour faire le petit voïage plus souvent. Si j'avois mes forces du temps passé, pour me transporter commodement à la ville, vous n'auriez point trop à sortir de chez vous ; & je ne souffrirois pas, comme je fais, de vos absences. Presentement que vous me sçavez retenu, ne seroit-ce pas à vous d'y suppleer ; & feriez vous mal de nous honorer plus souvent de vos visites ? Je vous dirai que plus la vieillesse me rend inaccessible aux plaisirs des sens, plus je goûte les delices de la Philosophie, & plus je sens croître en moi le desir d'apprendre. Que n'imitez vous un peu ces charitables jeunes gens, qui ne m'abandonnent point ? Negligez moins des amis, qui vous cherissent entierement.

Les reproches obligeants, mon cher Cephale, ne sont pas fort necessaires, lui repondis-je, pour m'attirer auprès de vous. Il ne me faudroit même qu'un certain goût particulier, que de tout temps j'eus pour les hommes avancés en âge. Je me les represente au bout d'un long chemin, que nous aurons peut-être à faire comme eux. Ils peuvent excellemment nous dire s'il est raboteux, uni, beau, desagreable. Je voudrois vous demander, à vous, plutôt qu'à tout autre, ce qu'il vous en semble ; à vous, qui, sans allarme, en etes presentement à ce que les Poëtes nomment la derniere marche de la vieillesse, après la quelle il ne reste que le tombeau ?

beau? Eſt-ce la ſaiſon aimable, ou le temps fâcheux, le fort ou le foible de la vie? De grace, quelle idée en avez vous?

CEPHALE. Voici, mon cher Socrate, naturellement ce que j'en penſe. Nous autres vieilles gens, nous ne verifions que trop l'ancien proverbe, qui nous accuſe de ne jamais être bien qu'enſemble. Quand nous ſommes entre nous, c'eſt à qui fera des lamentations, au ſouvenir de mille plaiſirs qui ne ſont plus, & dont celui de les regretter a pris la place. Dans nos beaux jours nous goûtions la vie; qui deſormais a pour nous perdu ſes agrements, & ſeroit mieux nommée une mort dans toutes les formes. Vous en verrez eclater ſur les froideurs, & ſur les duretés qu'ils eprouvent de la part de leurs proches. Ils ſe tournent enſuite avec chaleur contre la Vieilleſſe; qui revient toujours, à la fin d'une longue enumeration de leurs maux. Pour moi, je tiens en verité qu'ils ont tort. Si, comme ils ſe le perſuadent, l'accuſée etoit coupable; moi, mille autres perſonnes d'âge, nous aurions les mêmes plaintes à faire. Cependant combien n'en ai-je pas connu, dont le viſage marquoit ſeul un parfait contentement de leur ſort? Ne citons que le vieux Sophocle. Comment etes vous avec l'amour?... Le beau ſexe vous juge-t-il paſſable encore; lui demandoit un jour un curieux, en ma peſence?... Reflechiſſez, je vous prie, une autre fois, avant que de faire ainſi vos queſtions, lui repliqua-t-il? Je ne fus jamais ni plus en paix, ni plus à moi, que depuis la fuite du Tiran, dont vous me parlez. Le mot dans le temps me parut joliment dit; & j'y trouve un nouveau ſel encore aujourdhui. En effet le premier preſent du grand âge, c'eſt un cœur tranquille, un cœur affranchi du joug des paſſions. Quand leur regne eſt fini, qu'a-t-on perdu, que des maîtres nombreux, fiers, inſenſés, pleins de caprices? C'eſt la maniere dont les vieilles gens s'accoutumerent à penſer, qui leur inſpire ce degoût pour l'heureuſe liberté que la Vieilleſſe procure; & qui rend auſſi leur commerce parfaitement à charge. On a beau la decrier; elle n'a rien que d'engageant, lorſqu'on ſçait l'embellir par un peu de raiſon, de politeſſe, & de
douceur.

LIVRE PREMIER.

douçeur. Manque-t-on de ces qualités ? La jeuneſſe la plus brillante n'empêche point d'être inſupportable.

Charmé de ce debut ſententieux, & plein d'un violent deſir d'en ouïr d'avantage, pour exciter le reſpectable vieillard, je lui dis : vous flattez vous, mon cher Cephale, que le grand nombre vous en croira ? Opulent, comme vous etes, on dira plutôt que vous en diſcourez fort à l'aiſe; & qu'avec vos biens on ne ſeroit pas moins eloquent. Ignore-t-on que les richeſſes procurent mille douçeurs, très capables de temperer les amertumes, dont la vieilleſſe eſt une ſource feconde ? Vous avez raiſon, mon cher Socrate, repliqua-t-il. Beaucoup de gens ne ſouſcriront certainement pas à ce que j'avance. Je vous avouerai même qu'ils n'auront pas entierement tort. Mais je ne conviendrai point auſſi qu'ils aient le parfait bon droit qu'ils s'imaginent. La repartie fameuſe de Themiſtocle me ſera contre eux d'un bon ſecours. Un certain homme de Seriphe, dans le deſſein de lui faire un inſigne outrage, lui dit un jour; que ſi le nom de Themiſtocle etoit celebre par toute la Grece, il en etoit moins redevable à ſon merite perſonnel, qu'au luſtre qu'il avoit emprunté de ſa Patrie. Ce grand Capitaine lui repondit : rendons nous mieux juſtice les uns aux autres, je t'en conjure, mon cher ami. Si Themiſtocle etoit toi; j'entends, ſi le deſtin l'avoit fait naître à Seriphe; il n'auroit certainement jamais eté qu'un homme obſcur. Athenes auroit auſſi pu te donner la naiſſance mille fois; ſans que ton nom eût de tes jours excedé les bornes d'un mechant petit voiſinage. Ce trait magnanime s'applique fort naturellement aux vieillards peu riches, & chagrins tout enſemble. La vieilleſſe eſt ſans contredit un fardeau très dur à porter pour les plus ſages, lorſqu'il eſt appeſanti par la pauvreté. Pour les gens d'un mauvais tour d'eſprit, ils ne ſeront jamais bien, non pas même dans la plus grande abondance.

SOCRATE. Mon cher Cephale, ſouffrirez vous une autre queſtion ? Vos Ancêtres vous ont-ils laiſſé plus de bien, que vous n'en avez amaſſé vous même par vos ſoins ? CEPHALE. J'ai groſſi mon patrimoine de quelque choſe. Mon grand Pere, dont je porte le nom, augmenta le bien de famille par des acquifitions confiderables. Lyfanias mon Pere, y fit au contraire une brêche, que j'ai reparée avec avantage. Moins au large que le premier, plus à mon aife que le fecond, je n'ai d'autre ambition que de tranfmettre à mes enfants un heritage un peu meilleur, que je ne l'ai reçu moi même de mes Peres. SOCRATE. Ce qui m'enhardit à vous faire une demande, qui pourroit vous paroître curieufe, mon cher Cephale, c'eft que je ne remarque point en vous une paffion immoderée pour les biens du monde; & que ce detachement ne fe trouve gueres que dans ceux qui doivent tout au travail d'autrui. Mais les artifans de leur propre fortune ont pour leurs amas d'or precifement la même tendreffe, que nous voïons aux Poëtes pour leurs ouvrages. Les premiers aiment le bien, comme les autres hommes, pour les utilités qu'ils en tirent. Ils le cheriffent encore; parcequ'ils fe regardent comme les createurs de toute l'opulence qui les environne. De là fouvent leur mauvaife humeur, & leur parfait enivrement pour les richeffes. CEPHALE. Mon cher Socrate, votre obfervation eft jufte. SOCRATE. Il ne me refteroit que d'apprendre, quels avantages vous avez fçu tirer de celles dont vous avez fi long temps joüi?

CEPHALE. Peut-être n'en ferai-je cru tout de nouveau que d'un petit nombre de perfonnes. Vous n'ignorez pas, mon cher Socrate, qu'aux approches de la mort, une foule de craintes nouvelles, & d'allarmes inconnues auparavant, trouve entrée dans l'efprit des vieillards, qui font de l'argent leur idole. Leur âme effraïée ne peut enfin s'empêcher d'entrevoir du vrai dans tout ce qu'on nous dit d'une autre vie, & de l'accueil redoutable qu'on y prepare à l'injuftice: recits, que jufqu'alors ils avoient traités de fabuleux, & dont ils faifoient le fujet ordinaire de leurs railleries. Soit foibleffe, naturelle au grand âge, foit changement arrivé dans la diftance des objets; leur vue fe contraint, & fe reforme. Un de ces vieux infenfés, qui fe reveille en furfaut, comme un enfant, après un long fommeil, & qui fe juge interieurement coupable, tremble,

fremit,

LIVRE PREMIER.

frémit, & vit deformais dans une cruelle attente. Un homme au contraire, qui vers quelque endroit du passé qu'il retourne les yeux, ne voit rien à se reprocher, a le cœur, si je l'ose dire, noïé dans les sentiments de la plus douce esperance; que Pindare appelle agreablement la mere nourrice de la vieillesse. Penetré vivement de ces idées, mon cher Socrate, je n'ai jusqu'ici regardé les biens de la fortune comme des biens, que pour ceux qui sçavent en faire un usage legitime, pour les bons seulement. C'est beaucoup, lorsqu'il faut mourir, de n'avoir jamais eu la tentation de mentir, jamais de n'avoir même involontairement fait tort à personne ; d'avoir toujours fidellement rempli touts les devoirs exterieurs de la religion envers les Dieux, & ceux d'une exacte justice envers les hommes. Les esprits sages recueillent des richesses mille autres utilités; mais j'estimerois celles que je viens de vous dire les principales. SOCRATE. Je vous ecoute, mon cher Cephale, avec le plus grand plaisir. J'ai neanmoins encore un mot. Entendriez vous borner l'idée de la justice au soin de rendre à chacun le sien, & de respecter la verité dans toutes ses paroles ? Il me semble qu'en certaines rencontres on ne pourroit faire l'un & l'autre, sans blesser considerablement cette vertu. Il seroit mal, par exemple, de ne pas tromper un ami, dans un intervalle de fureur, & de lui remettre alors des armes qu'il nous auroit données en garde. CEPHALE. Trop de justice, mon cher Socrate, n'en doutons pas, seroit condamnable dans touts les cas pareils. SOCRATE. Elle dira donc quelque chose de plus, mon cher Cephale, que restituer aux autres ce qui leur appartient, & parler en toute occasion comme l'on pense ? Je suis tout à fait de votre sentiment, reprit Polemarque ; d'autant plus que nous avons le Poëte Simonide pour nous.

CEPHALE prit congé dans cet endroit ; parceque l'heure de retourner à ses fonctions Sacerdotales etoit venue, & l'avertissoit de nous quitter. Je vous laisse, nous dit-il, à developper entre vous autres la nature d'une vertu si necessaire. Nous nous levâmes avec lui. Je lui portai la parole au nom de touts; & je lui dis, en lui serrant la main : Polemarque nous reste ; & vous faites

votre

votre compte que c'eſt à lui de vous remplacer? Je l'entends bien comme vous, repliqua l'agreable vieillard, en ſouriant. Il ſortit enſuite, pour ſe rendre au lieu du ſacrifice.

Je me tournai vers Polemarque. He bien, vous donc, lui dis-je, Heritier nouvellement declaré, qui par la douçeur de votre converſation, nous empêcherez de trouver celle du plus excellent Pere trop à dire; que nous vantez vous comme un Oracle de Simonide? Que penſe-t-il de la juſtice? POLEMARQUE. L'idée qu'il en a, c'eſt qu'elle fait ſoigneuſement rendre à chacun ce qu'on lui doit. Mon cher Socrate, je vous l'avoue, c'eſt un mot que j'admire. SOCRATE. Il n'eſt pas facile, cher Polemarque, de tenir contre une ſi grande autorité. Simonide etoit ſans doute un homme ſage, un homme divin. Il ſe pourroit d'ailleurs que vous compriſſiez le beau ſens que renferme ſa maxime, entierement caché pour moi. Cependant je ne croirai point qu'il ait eu dans l'eſprit celui que nous condamnions tout à l'heure; ni qu'il ordonne de reſtituer un depôt, au prejudice de la perſonne qui nous l'auroit mis entre les mains. POLEMARQUE. Il a voulu dire que nous devons toujours bien ſervir nos amis, & jamais ne leur nuire. SOCRATE. Je vous entends. Si tel, qui vous auroit confié ſa bourſe, ne vous la redemandoit que pour executer quelque mauvais deſſein, mauvais pour lui, & s'il vous etoit cher, il faudroit la retenir. Mais s'il etoit votre ennemi? POLEMARQUE. La Regle de Simonide ſubſiſteroit encore. Que devroit-on aux gens qu'on hait, que de leur faire tout le mal qu'on peut? SOCRATE. Oh! oh! L'incomparable Simonide uſe, à ce que je vois, d'une licence poëtique toute particuliere, lorſqu'en termes aſſez miſterieux il nous apprend, que tout ce qu'un homme odieux meriteroit à la rigueur, ou comme vous parlez, ce qu'on lui doit, ſera juſte à ſon egard. POLEMARQUE. Vous paroît-il là quelque choſe à reprendre, mon cher Socrate? SOCRATE. J'ai des ſcrupules, je vous l'avoue, ſur la juſteſſe du ſentiment que vous attribuez à votre Poëte. Si quelqu'un lui demandoit quel art decharge, s'il eſt permis de le dire, ſes obligations envers

le

LIVRE PREMIER.

le corps humain, dans ſes etats d'infirmité; que repondroit-il, je vous prie? POLEMARQUE. Celui qui preſcrit un regime, & des remedes. SOCRATE. Interrogé pareillement ſur les autres arts, il feroit une reponſe pareille? POLEMARQUE. Oui. SOCRATE. Que dirons nous de l'art le plus excellent de touts; qui nous enſeigne à remplir à l'egard des autres hommes les devoirs de la juſtice? POLEMARQUE. Simonide le definiroit: celui qui nous fait connoître les moïens de ſervir nos Amis, & de perdre nos Ennemis. SOCRATE. De touts les Artiſtes, me direz vous les plus capables de ſauver la vie aux uns, & d'envoïer les autres au tombeau, de faire perir les derniers par le naufrage, & de rendre les premiers au port? POLEMARQUE. Le Medecin, & le Pilote. SOCRATE. Et l'homme juſte? Par quel talent s'acquittera-t-il le mieux envers ſes deux eſpeces de creanciers? POLEMARQUE. Par celui de la guerre, merveilleux pour defendre ceux-là, pour exterminer ceux-ci. SOCRATE. Fort bien. Mais prenez garde que vos deux habiles gens ſeront gens du moins fort inutiles à touts ceux qui ſe porteront bien, & qui n'auront point à paſſer les mers. Le troiſiême ne ſera pas d'un plus grand ſervice aux perſonnes, qui vivront ſans querelles? POLEMARQUE. Mon deſſein n'eſt pas de le borner à ce point. SOCRATE. La juſtice par conſequent, cher Polemarque, ſera bonne ailleurs qu'en bataille rangée; auſſi bonne en pleine paix que l'Agriculture, & que l'adreſſe à tailler le cuir. Bonne à quoi, je vous le demande? POLEMARQUE. Elle fera trouver aux hommes de grands avantages mutuels dans le commerce qu'ils auront enſemble. SOCRATE. Voïons. Si vous avez une maiſon à bâtir, vous appellerez ſans doute un Architecte; un Inſtrument, ſi vous voulez de la Muſique; un coureur de foires, ſi vous etes reſolu de voir ſortir votre fortune d'un cornet. POLEMARQUE. Dans le negoce, & dans le trafic, mon cher Socrate, il n'eſt rien tel qu'un honnête homme. SOCRATE. Je ne ſçai pas. S'il me falloit un cheval, ou ſi j'en avois un dont je voulûſſe me defaire; j'eſtimerois pour moi, je vous l'avoue, beaucoup d'avantage un Ma-

C quignon.

quignon. POLEMARQUE. Oui. Mais si, par exemple, on avoit une somme à confier; il est certain qu'elle seroit mieux entre les mains d'un homme de bien que d'un autre. SOCRATE. C'est à dire que l'utilité de la justice commencera precisément où celle de l'argent finit; puisqu'il ne produit rien, comme vous sçavez, tant qu'il demeure sain & sauf dans un coffre? Elle y fera tenir sous la clé très fidellement une serpette, une Lyre, un bouclier. Mais je ferai plus de cas de l'art du jardinage, de l'art citharistique, & de l'art militaire, qui les manient, & qui les emploient. Assurement votre vertu ne sera pas d'un fort grand prix; s'il est vrai qu'elle ne soit utile que par rapport aux choses qui ne seront plus d'aucun usage. POLEMARQUE. En verité, mon cher Socrate, je crois que j'ai tort. SOCRATE. Examinons encore. L'homme adroit à porter un coup, le sera necessairement plus qu'un autre à le parer. Qui sçait guerir, tuera, si bon lui semble. Enfin le General habile à cacher ses desseins, à couvrir son Armée, penetrera communement ceux de l'Ennemi, touts les jours enlevera ses quartiers. L'homme juste, habilissime à garder le bien d'autrui, le sera donc pareillement à le voler. C'est apparemment d'Homere que vous empruntez cette Morale. Dans un transport d'admiration pour Autolique, Oncle d'Ulysse du coté maternel, " il dit qu'en fait de jurements, & de larcins, il n'avoit pas son " pareil." Selon nos deux Poëtes, & selon vous, la justice, à ce compte là, ne sera qu'une heureuse tournure pour le brigandage; & le plus juste reviendra toujours le plus chargé de butin; sauf à le partager liberalement avec ses amis, à le mettre sagement à profit contre ses ennemis. N'est-ce pas votre sentiment? POLEMARQUE. Non; mais vous faites bien de me railler, parceque je ne sçais pas trop ce que je dis. Cependant, mon cher Socrate, je ne puis môter encore entierement de l'esprit, que la vertu dont nous parlons ne consiste à tout faire en faveur des uns, & tout au prejudice des autres. SOCRATE. Peut-être avez vous raison. Mais sçachons avant tout qui nous compterons pour Amis; ceux qui nous accablent de fausses demonstrations, ou ceux qui nous obligent,

sans

LIVRE PREMIER.

sans nous faire de grandes caresses ? Nos Ennemis ne seront pas difficiles à connoître ensuite. POLEMARQUE. Nous devons estimer nos amis, les personnes bienfaisantes pour tout le monde, & bien intentionnées pour nous. SOCRATE. N'arrive-t-il point de s'y meprendre ? POLEMARQUE. Fort souvent. SOCRATE. Cette erreur changera beaucoup les choses, mon cher Polemarque. Nos amis se trouveront chargés de toute notre haine; & nos ennemis auront toute notre tendresse. POLEMARQUE. Que voulez vous ? C'est un malheur inevitable. SOCRATE. Je le veux. Mais le devoir alors sera de faire du bien aux mechants, & du mal aux bons. Au gré de Simonide, on ne pourra donc assez nuire à des gens, qui jamais n'auront eu la pensée de nous desservir. POLEMARQUE. Vous etes un fin Disputeur, mon cher Socrate; & vous nous tournez, mon Poëte, & moi, comme bon vous semble. SOCRATE. Consultez vous; & si le parti vous plait, continuez à dire que nous ne sçaurions trop nous signaler par de bons offices envers ceux dont nous serons contents, ni trop aussi mal-traiter ceux dont nous aurons à nous plaindre. POLEMARQUE. Cette maniere de penser paroît fort dans le bon sens. SOCRATE. Oui. Mais, comme nous nous y tromperons à toute heure, de votre aveu; nous ferons encore une fois tout le bien à nos Ennemis, & tout le mal à nos Amis. Simonide, en vérité, ne seroit pas extraordinairement charmé de vous, s'il nous entendoit. POLEMARQUE. Je lui fais tort, mon cher Socrate. Il ne faut donner les noms d'Amis & d'Ennemis, de bons & de mechants, qu'à ceux qui sont reellement l'un & l'autre; quoiqu'ils soient en apparence. Nous placerons toujours bien ensuite notre aversion, & notre amour. SOCRATE. C'est à dire pour conclusion du tout, que nous servirons efficacement les personnes dont la bonne volonté ne nous sera point suspecte; & que nous travaillerons de tout notre pouvoir à perdre celles que nous connoîtrons mal intentionnées pour nous. POLEMARQUE. J'avois, ce me semble, dès le commencement cette explication dans l'esprit. SOCRATE. Elle me laisse un scrupule, que c'est à vous de lever.

Je ne puis voir qu'un homme de bien soit capable de faire du mal à personne. POLEMARQUE. Quoi ? Non pas même aux gens les plus mauvais, aux plus determinés à lui susciter des traverses ? SOCRATE. Non, cher Polemarque. Dites moi, je vous prie ; un cheval, un chien, assommés de coups, & mal-nourris, en seront-ils meilleurs ; en auront-ils dans un plus haut degré les bonnes qualités propres à leur espece ? POLEMARQUE. Ils ne seront au contraire bientôt plus d'aucun service. SOCRATE. En sera-t-il autrement de l'homme, aigri, maltraité ? N'en deviendra-t-il pas moins ce que la Nature vouloit en faire, plus aveugle, & plus injuste ? POLEMARQUE. Infailliblement. SOCRATE. Vit-on jamais le goût d'un auditeur pour l'harmonie diminué, par entendre excellemment toucher la Lyre ? Comment donc, par une exacte observance de la justice envers les autres, leur inspireroit-on de l'eloignement ou de l'indifference pour elle ? Comment augmenteroit-on en eux l'amour du vice, par un soin constant de pratiquer à leur egard toutes les regles de la vertu ? Si l'effet naturel de la chaleur n'est point de rafraichir, celui de la bonté ne sera pas de nuire : Amis, Ennemis, l'homme de bien, je le repete, ne sçait faire du mal à personne. Il en abandonne entierement aux mauvais esprits, & le talent, & le dessein. POLEMARQUE. J'entre avec un grand plaisir dans ces idées, mon cher Socrate. SOCRATE. Gardons nous donc, cher Polemarque, d'estimer Sage tout homme, qui nous donnera pour maxime, de cherir ceux qui nous aiment, & de perdre, s'il est possible, ceux qui nous haïssent, sous ombre de rendre à chacun ce qu'on lui doit. C'est un faux principe, qui ne s'accorde aucunement avec cette qualité. POLEMARQUE. Je le condamne avec vous. SOCRATE. Ne souffrons pas qu'on l'attribue à Simonide, à Bias, à Pittaque, à pas un des Hommes illustres, que la Grece revere. POLEMARQUE. Ils connoissoient trop la bonne Morale, ils l'avoient trop avant gravée dans le cœur, pour epouser un sentiment, qui la renverse. SOCRATE. Je le croirois beaucoup plutôt emané de la bouche d'un Periandre, d'un Perdiccas, d'un Xerxès, d'un Ismenius de Thebes, ou de quelque

LIVRE PREMIER.

que autre fameux Tiran, aveuglé par son orgueil, enivré de sa puissance. POLEMARQUE. Elle est parfaitement d'eux. SOCRATE. Je le pense fort comme vous. Mais si la justice est autre chose que tout ce que Simonide nous a dit; qui de la Compagnie voudra bien nous en donner une idée plus satisfaisante?

THRASYMAQUE, ennuié de garder le silence, brûloit d'envie de nous interrompre. Vingt fois il l'eût fait, si charitablement ceux qui se trouvoient auprès de lui, bien aises de nous entendre jusqu'au bout, ne l'eussent vingt fois tiré fortement par l'habit. Sitôt que nous eûmes achevé, il ne fut plus en son pouvoir de se contenir. Après toutes les demonstrations d'un Ours, au quel on ouvre sa grille, il s'elança, comme pour se jetter sur nous. Polemarque, & moi, nous en fimes deux ou trois pas en arriere. A peine etions nous un peu remis de notre fraïeur, que le Sophiste nous dit, avec sa voix rauque, dont toute la salle trembla : Gens de bien, à quelles epouvantables bagatelles vous amusez vous; depuis une heure que vous nous tenez, dix personnes que nous sommes ici, touts en suspens ? N'a-t-il pas fait beau vous voir, en Lutteurs au fond grands camarades, essaïer de surprendre nos applaudissements par vos feintes grossieres ? Socrate, car c'est à vous, qui faites ici le Maître, que j'en veux; si votre intention etoit veritablement de nous enseigner ce que c'est que la justice; vous retrencheriez vous à faire aux autres avec appareil questions pueriles sur questions pueriles ? Nous sçavons touts qu'il est beaucoup plus facile d'interroger cent fois à perte de vue, que de repondre à propos une seule. Cependant vous ferez le dernier, si vous le trouvez bon, à votre tour. Qu'est-ce que la justice ? Je vous somme, devant tout ce que nous voici d'habiles gens, de me la definir. Ne venez pas au reste, avec votre attirail ordinaire de termes vagues, me dire qu'elle consiste à remplir ses devoirs envers les autres hommes, à leur être utile, à leur faire du bien de toutes les manieres possibles. J'attends quelque chose de precis; & ne vous imaginez pas que Thrasymaque soit Philosophe à se païer de ces fadaises.

Attaqué

Attaqué de la forte, je demeurai quelques inftants fort interdit. Mon defordre s'accrut, lorfque j'ofai regarder mon Adverfaire en face. J'en aurois tout à fait perdu la parole, fi je n'euffe le premier eu le bonheur de porter les yeux fur lui. La colere lui faifoit rouler de toutes parts les fiens. Ainfi j'eus le moïen de le prevenir; & je lui repartis, d'un air à demi raffuré: Mon cher Thrafymaque, je vous en conjure, emportez vous moins contre nous. Si le pauvre Polemarque, & moi, nous avons le malheur de nous tromper; fçavant, comme vous etes, vous n'ignorez pas que ce n'eft jamais de gaieté de cœur que l'on fe trompe. S'il etoit queftion d'un threfor, vous ne nous accuferiez pas de fouiller, où nous fçaurions parfaitement qu'il ne feroit pas caché. Prefentement donc que nos recherches ont un objet infiniment preferable aux metaux les plus precieux; pouvez vous nous croire depourvus de fens, jufqu'à vouloir nous fatiguer envain, & ne rien faire ici que pour la montre? Il eft bien plus à prefumer que c'eft le talent, & non pas le bon deffein qui nous manque. Vous devriez donc bien, vous autres, Efprits d'une penetration furprenante, avoir de la compaffion pour nous; au lieu de vous aigrir contre des gens moins clairvoïants peut-être, mais trop intereffés à ne point tomber dans l'erreur, pour être foupçonnés d'errer par malice.

Thrafymaque, après m'avoir ecouté jufqu'au bout, fe prit à rire; & fes eclats forcés durerent longtemps. Grand Hercule! s'ecriat-il, quand la voix lui fut revenue; voici le divin Socrate, avec fon threfor de fines railleries, qui n'eft jamais a fec! Ne l'ai-je pas connu, lorfque j'ai predit à toute la Compagnie qu'il feroit dabord le mauvais plaifant; & que tout enfuite, pour ne point venir au fait?

Vous etes une homme paffablement difficile, bon Philofophe pourtant, mon cher Thrafymaque, luy repliquai-je. Vous fçavez donc que fi vous demandiez combien d'unités en douze, & fi vous enjoigniez en même temps de ne vous repondre, ni trois fois quatre, ni quatre fois trois, ni fix fois deux; parceque vous ne feriez pas homme à vous païer de fornettes pareilles; vous comprenez,

LIVRE PREMIER.

nez, dis-je, qu'à ces conditions, il n'est personne qui voulût entrer avec vous en lice. Le hazard vous fît-il rencontrer quelque Adversaire, il vous diroit: mais quoi, Philosophe incomparable? Si la chose en question est justement une de celles dont vous défendez qu'on vous parle; faudra-t-il vous en imaginer une autre; & pour vous plaire, trahira-t-on la verité? Que repondre, je vous en supplie? THRASYMAQUE. Le beau rapport! SOCRATE. Rapport, ou non; s'il en trouvoit entre votre conduite, & celle dont il vous auroit fait sentir le ridicule; il en jugeroit conformement à ses idées, sans respecter les votres. THRASYMAQUE. Auriez vous du goût, dites moi, Socrate, pour quelqu'une des absurdités, contre lesquelles je vous premunissois tout à l'heure? SOCRATE. S'il m'arrivoit de les regarder d'un autre oeil que vous, je ne verrois point la raison de ne les pas epouser sans honte. Notre maniere opposée de concevoir les choses ne me causeroit du reste aucune surprise; bien asseuré que nous ne serions pas les deux premiers grands hommes, qui n'auroient pas eu l'entendement fait l'un comme l'autre. THRASYMAQUE. Socrate, que diriez vous, sans tout ce verbiage, si l'on vous tiroit du labirinthe; & si l'on vous donnoit en trois paroles une definition merveilleuse de la justice? Quelle punition meriteriez vous, pour votre bêtise? SOCRATE. La seule qu'à mon sens ait droit d'infliger à tout ignorant un plus habile: celle d'être instruit. Je m'y soumets par avance de grand coeur. THRASYMAQUE. Ouidà. Vous croïez donc, Socrate, qu'on vient à mon ecole sans païer? SOCRATE. Quand mes finances, pour le present derangées, seront en meilleur ordre; l'argent ira bien, n'en doutez pas. GLAUCON. Thrasymaque, enseignez le de grace. Nous repondrons pour lui. THRASYMAQUE. Je le veux bien; mais à condition qu'il nous fera part avec le temps de ses decouvertes; & qu'il n'en sera pas toujours quitte pour essaïer de trouver les autres en defaut. SOCRATE. Bienheureux Thrasymaque, en bonne foi que pourroit vous apprendre un homme qui ne sçait rien, & qui jamais ne se piqua de rien sçavoir? D'ailleurs, comment s'y prendre avec un Philosophe,

fophe, aſſurement des moins à mepriſer, qui ne permet pas même de ſe retrencher à ce qui paroitroit de plus probable? Votre cas, Thraſymaque, eſt tout different. Vous pretendez ne rien ignorer; & toutes les difficultés ſont applanies pour vous. C'eſt donc à vous de nous reſoudre les notres; & vous auriez tort de nous envier, à Glaucon, à toute la Compagnie, à moi, le grand bien de vous entendre.

On voïoit que notre Sophiſte, plein de la penſée que touts ſes talents à la fois alloient briller, & qu'il avoit les plus belles choſes du monde à nous dire, auroit deja voulu toucher au bout de la harangue dont il nous menaçoit. Il fallut neanmoins encore beaucoup le prier. Enfin il ſe rendit.

Remarquez, nous dit-il en commençant, quoique Socrate parle aſſez, qu'il ne produit jamais rien de ſon propre fond. Il trouve plus commode infiniment d'aller prêter l'oreille en touts lieux, & piller un mot de l'un, un mot de l'autre, pour s'en faire honneur dans les occaſions; ſauf à n'avoir jamais aucune reconnoiſſance pour les habiles gens auxquels il doit tout. SOCRATE. Thraſymaque, vous avez raiſon de penſer que j'aime à profiter avec tout le monde. Mais vous avez tort de croire que je paie d'ingratitude ceux à qui je derobe quelque choſe de bon. La Fortune & moi, nous ſommes, je vous l'ai dit, mal enſemble. Ainſi je n'ai point de bourſes pleines à leur donner. En recompenſe, je m'acquitte envers eux pleinement par mes eloges. Vous ne vous imagineriez pas facilement à quel point j'en ſuis prodigue, toutes les fois que je rencontre quelque eſprit aſſez genereux, pour me faire part de ſes lumieres. Vous eprouverez par vous même tout à l'heure combien je m'eſtime grand debiteur, lorsqu'on m'en communique d'auſſi diſtinguées, que le ſeront apparemment les votres.

THRASYMAQUE. Cà donc, ecoutez moi touts. J'appelle juſte ce qui eſt utile au plus fort. Hé bien, Socrate, où ſont vos loüanges? Avouez que vous n'en etes pas liberal, malgré tout votre beau dire. SOCRATE. Attendez, mon cher Thraſymaque. Vous en receverez avec poſuſion, je vous le promets, ſi tôt que je vous aurai compris.

LIVRE PREMIER.

compris. Mais j'ai le malheur de ne point encore vous entendre. Parceque l'Athlete Polydamas se trouve merveilleusement bien de ne manger que du bœuf, pretendez vous qu'il fût juste, utile aussi pour nous, qui n'avons pas l'estomac fait comme lui, de nous surcharger d'une viande si nourrissante? THRASYMAQUE. Vous serez toujours vous-même, Socrate; toujours railleur, & toujours charmé de donner du croc en jambe aux discours les plus solides. SOCRATE. Quoi; seulement parceque je voudrois être eclairci? THRASYMAQUE. Un peu d'attention, vous penetrerez le fond de ma doctrine. Je distingue des gouvernements de trois sortes; le Monarchique, le Democratique, l'Aristocratique. SOCRATE. Bon, Thrasymaque; vous commencez à vous rendre intelligible. THRASYMAQUE. Prenez l'espece qu'il vous plaira; les loix y sont faites au gré de ceux qui sont en possession de l'autorité suprême. SOCRATE. Vous devenez lumineux de plus en plus. THRASYMAQUE. Elles sont toutes marquées au coin de leur interêt propre. La preuve en est que dans les Democraties elles sont favorables au Peuple, aux Nobles dans les Aristocraties, au Monarque, dans les Monarchies. Partout les Legislateurs punissent la desobeïssance à leurs volontés, comme une injustice. Donc ils n'estiment juste que ce qu'ils jugent bon pour eux. Bienheureux Socrate, voïez vous presentement la belle enchainûre des principes qui m'ont fait avancer, que le juste n'est que l'utile au plus fort, l'utile au plus puissant, au Souverain?

SOCRATE. Une explication si claire ne me laisse plus aucun doute sur votre maniere de penser, Thrasymaque. Il ne s'agit plus que d'en examiner la justesse. Je trouve d'abord que vous avez assurement plus d'indulgence pour vous-même que pour moi. Le juste, & l'utile, selon vous, ne sont qu'une même chose; & cependant vous m'avez defendu, sous peine d'encourir votre indignation, de vous donner l'un pour l'autre. Il est vrai que vous ajoûtez un mot; l'utile au plus fort, l'utile au Souverain. THRASYMAQUE. Bagatelle, Bagatelle; c'est un petit rien, Socrate. SOCRATE. Je n'en suis pas certain. Mais je sçai très bien que

TOME I.   D   d'accord

d'accord sur l'essentiel, il reste à voir qui de nous a raison, ou tort, sur le petit rien. THRASYMAQUE. Voïez, j'y consens. SOCRATE. Dites moi donc: croïez-vous qu'on doive obeïr à ceux qui gouvernent? THRASYMAQUE. Belle question! SOCRATE. Sont-ils infaillibles, ou sujets a l'erreur? THRASYMAQUE. S'avisa-t-on jamais de les en croire exempts? SOCRATE. Il leur arrivera par consequent de ne pas faire des loix justes? THRASYMAQUE. Oui. SOCRATE. Comprenez moi bien; je veux dire des loix utiles pour eux? THRASYMAQUE. Je ne l'entends point autrement. SOCRATE. Cependant les Peuples ne pourront les violer, sans blesser la justice? THRASYMAQUE. Non. SOCRATE. J'en conclus à mon tour qu'ils la pratiqueront egalement, lorsqu'ils feront des choses conformes, & contraires aux interêts du Souverain. THRASYMAQUE. Comment? SOCRATE. Ce n'est pas moi, Thrasymaque, c'est vous qui parlez. Corrigeons nous pourtant, si bon vous semble. Vous etes convenu que les Maîtres n'entendent pas toujours bien leurs interêts dans ce qu'ils ordonnent; & selon vous aussi, les sujets n'en doivent pas moins l'executer. THRASYMAQUE. Oui; leur devoir est de faire sans examen tout ce qu'on leur commande. SOCRATE. Quand ceux-là prendront de fausses mesures, on sera donc tenu par justice de les aider à ruïner leurs propres affaires; & cependant rien n'est juste que ce qui leur est utile; ou pour vous rendre votre maxime dans vos termes, le juste n'est que l'utile au plus fort.

POLEMARQUE. Par Jupiter, Thrasymaque est battu. CLITOPHON. La victoire n'a certainement point à balancer; puisque Polemarque se declare pour Socrate. POLEMARQUE. Mon cher Clitophon, il n'a pas besoin de moi. Thrasymaque lui-même le couronne. D'une part il accorde, que souvent les ordres des personnes revêtues de la souveraine puissance, ne seront propres qu'à renverser touts leurs desseins; & de l'autre il soutient, que la justice ne consiste que dans une obeïssance aveugle à leurs volontés. Cette vertu n'obligera donc pas moins à faire
ce

LIVRE PREMIER.

ce qui leur eſt prejudiciable, comme Socrate l'a conclu, que ce qui leur eſt avantageux. CLITOPHON. Thraſymaque, Philoſophe capable de quelque legere inexactitude, comme un autre, parle apparemment de ce que le Souverain juge le meilleur pour ſes fins, quelque oppoſé qu'il y ſoit. POLEMARQUE. L'Adverſaire de Socrate n'en a pas tant exprimé. SOCRATE. Ne le traitons point à la rigueur, cher Polemarque; & laiſſons le faire ſon profit de ce que lui ſuggere Clitophon. Expliquez vous, on vous le permet, Thraſymaque. Eſt-ce l'utilité réelle du plus fort, ou ſon interêt fauſſement imaginé par lui-même, qui fait la juſtice, ou l'injuſtice d'une action, par laquelle on execute ce qu'il ordonne? THRASYMAQUE. Dieux, que vous etes bons touts; de croire que dans mon ſyſtême, le plus puiſſant puiſſe errer, entant que tel! SOCRATE. Je conçevois que vous l'aviez declaré faillible. THRASYMAQUE. On vous l'a toujours dit, Socrate; vous etes un homme etrange dans la diſpute. Je gagerois ma tête qu'echo du vulgaire, vous appellerez Medecin un Ignorant, qui raiſonne pitoïablement d'une maladie; Grammairien un ſecond, qui manque à l'ortographe, ou qui fait des ſoleciſmes en matiere de ſyntaxe. Il ſeroit pourtant bon de ſçavoir qu'un Artiſte ne ſe trompe jamais, en cette qualité. Voilà, ſi vous l'ignorez, ce qu'il faut dire, pour parler juſte; puiſque vous aimez ſi paſſionnement la juſteſſe. On ne tombe dans l'erreur, que par defaut d'habileté. Or on ne peut en accuſer un homme habile, un homme puiſſant. Donc il eſt eſſentiellement infaillible. Incapable par conſequent de rien commander, qui ne ſoit pour ſon plus grand bien, & qui ne doive par cette raiſon être obeï. J'avouerai comme un autre, par deference pour le language ordinaire, qu'il fait des fautes; mais, ſous la reduplication que j'ai dite, il eſt impeccable. Ainſi ma Theſe n'a point ſouffert de vos attaques; & malgré tout, le juſte ſe meſure uniquement ſur l'interêt du plus fort. SOCRATE. Thraſymaque, je ſouſcris à touts vos arrêts d'ailleurs. Mais ſerois-je homme à vouloir de gaieté de cœur abuſer d'une choſe auſſi parfaitement ſacrée qu'eſt la parole? THRASYMAQUE. Qui doute que vous cherchez à me tendre des pieges? SOCRATE.

Quoi?

Quoi? Vous vous imaginez que je pense à vous surprendre? THRASYMAQUE. Non, je ne me l'imagine pas, Socrate; je le sçai fort bien. Mais soïez averti que Thrasymaque vous veille. Son œil perçant demêlera touts vos artifices ; & je ne vous conseille pas la force ouverte. SOCRATE. Divin Thrasymaque, je ne pretends ni me derober à votre vue, ni moins encore m'exposer à vos coups. La seule grace que je vous demande, pour mettre fin à nos mal-entendus, c'est de me dire une bonne fois quelle idée vous attachez à ce terme, le plus puissant, le Souverain? La populaire, qui le fait homme, & sujet à l'erreur; ou cette autre, plus relevée, qui l'en exempte ; & qui vous sert à soutenir que l'avantage du plus fort est l'unique loi pour le plus foible? THRASYMAQUE. Je m'etudie, autant qu'il se peut, à la precision en tout. Ici, puisqu'il faut vous le repeter, je parle du plus puissant, & du plus fort, entant que tel; infaillible sur le chapitre de ses interêts. Avancez, avec toute votre Dialectique. SOCRATE. Moi, Dieu m'en garde! Je n'ai pas assez perdu l'esprit, pour aller, à mes perils, badiner avec la hure de Thrasymaque. J'aimerois beaucoup mieux accomplir le proverbe dans son entier, & tondre vingt sangliers de près. THRASYMAQUE. Socrate, on vous a vu les ciseaux en l'air; mais heureusement rien n'est tombé. SOCRATE. C'est assez de jolies choses, ne trouvez vous pas? Venons au fait.

Un Medecin par où vous paroît-il meriter ce nom ? Est-ce parcequ'il gagne de l'argent, ou parcequ'il guerit les maladies? THRASYMAQUE. Le dernier sans doute. SOCRATE. Un Pilote aussi, n'est-il qu'un homme qui navige; ou fait-il plus dans le vaisseau? THRASYMAQUE. Il gouverne. SOCRATE. Patron, matelots, passagers, sont touts interessés dans la manœuvre. THRASYMAQUE. Il y va même de la vie pour eux. SOCRATE. C'est excellemment repondu. Il ne s'agit plus que de m'apprendre si le but de tel art qu'il vous plaira, n'est pas l'invention premierement de tout ce qui peut contribuer au bien de ceux, au service desquels il se voue en particulier, & l'execution ensuite? THRASYMAQUE.

MAQUE. Je vous l'apprends. SOCRATE. Son interêt, si j'ose m'exprimer de la sorte, ou sa fin, n'est que d'arriver à toute la perfection possible, pour leur être utile? THRASYMAQUE. Grand Hercule, que de paroles, qui n'aboutiront à rien! SOCRATE. J'abrege. A qui me demanderoit si le corps de l'homme est sans besoins, je lui dirois qu'il en a mille. Lorsqu'il est malade, plus qu'en tout autre temps. On inventa la Medecine, pour lui rendre la santé. Elle ne cherche, elle ne raisonne, elle ne s'emploie, que pour y reüssir. Touts les autres arts ne travaillent pas moins pour nos usages. THRASYMAQUE. Que s'ensuit-il? SOCRATE. Les Arts ne sont point necessiteux, comme nous. S'ils l'etoient, il leur faudroit, comme à nous, des arts ministres; dont la gradation iroit à l'infini? Parfaitement desinteressés, ils ne s'occupent qu'à nous fournir le necessaire, & l'agreable. THRASYMAQUE. Que de verbiage, encore une fois! SOCRATE. Attendez. Le Pilote, le Medecin, les autres artistes, n'ont point en vue leur avantage propre, mais celui du genre humain seulement. THRASYMAQUE. Oh la magnifique decouverte! SOCRATE. Ceux qu'ils servent, leur obeïssent; & pour en être secouru, la premiere chose est de plier sous leur despotisme.... Thrasymaque en tomba d'accord; mais une sueur abondante lui vint au visage.... Nul Art, aucune Science, poursuivis-je, ne se propose l'utilité du Sçavant, & de l'Artiste même. Quoiqu'en vertu de ces qualités, ils aient un empire legitime sur les Ignorants, & sur les foibles; touts les travaux de ceux-là se rapportent au bien être de ceux-ci. Mon Disputeur en convint encore; mais en homme qui se preparoit à revenir frais au combat, si-tôt qu'il auroit fini de s'essuïer le front... Je poussai ma pointe.... Le Medecin, entant que tel, pour me servir de votre expression, lui dis-je, loin de se chercher lui-même en rien, se consacre sans reserve au service de ses malades. Il leur donne ses ordonnances, en Souverain; mais elles n'ont que leur guerison pour objet. Nous avons fait la difference de l'Artiste, & du Mercenaire. Le Pilote pareillement, quoique sur son bord Monarque absolu, veille pour le salut de son equipage. Enfin parcourez les differentes

profeſſions; & vous verrez que tout homme, par ſes talents ſuperieur aux autres, s'oublie entierement, pour ſe devouer à ceux qui lui ſont inferieurs en lumieres.

Quand j'eus achevé; mon Antagoniſte, fâché de voir qu'une deſcription de la juſtice, oppoſée à celle qu'il en avoit faite, excitoit en ma faveur un murmure conſiderable dans toute la Compagnie, raſſembla toutes ſes forces; & m'apoſtropha, comme je vais dire... Socrate, votre nourrice vit-elle encore? Thraſymaque, lui repartis-je, pour un Philoſophe du premier ordre, eſt-ce là repondre? J'ai ma raiſon, repliqua-t-il. C'eſt que, dans le beſoin preſſant où l'on vous voit d'être mouché, ſon devoir ſeroit de venir vous rendre ce bon office. J'aurois cru que vous auriez dans votre vie entendu parler d'un berger, & de ſes troupeaux. SOCRATE. Comment donc; ſuis-je ſi neuf? THRASYMAQUE. Vous penſez de bonne foi, que s'il prend la peine de les mener paître l'herbe verte, ſi tour à tour il endure l'Hiver, & l'Eté, c'eſt pour eux, & non pour la laine, dans la quelle ſe metamorphoſent le treffle, & le thin? Ceux qui gouvernent les Peuples, ſeroient-ils moins ſages; & pour les mettre fort à leur aiſe, travailleroient-ils la nuit & le jour, ſi jamais la tonte ne venoit? Cet exemple ſeul vous fait toucher au doigt que vous renverſez entierement les idées de la juſtice, & de l'injuſtice. Il demontre que le plus foible agit comme il doit, lorſqu'il s'immole pour le plus fort; & le plus fort, lorſqu'il opprime le plus foible; lorſqu'il foule aux pieds les gens de bien, ou les eſprits ſimples: trop heureux de ſervir à ſon bonheur, à ſa gloire, à ſa grandeur. Je ne m'etonne pas, Socrate, que vous qui vous plaiſez dans la fange des prejugés vulgaires, & qui naturellement avez l'eſprit des plus bouchés, vous penſiez comme vous faites. Cependant il faudroit tâcher de comprendre qu'un homme vertueux, pour le bien nommer un idiot, en tout eſt de beaucoup pire condition que ce que vous appellez un mechant homme. Le premier fait-il un marché? A coup ſûr il en ſortira perdant. Il paiera le double de l'autre, pour ſa part des charges publiques; & les benefices ne ſeront que pour celui-ci. L'un reünira dans ſa perſonne touts les emplois honorables,

rables, & lucratifs; pendant que l'autre paſſera triſtement ſes jours dans l'indigence, & dans l'obſcurité. Si par quelque hazard extraordinaire, la fortune eleve le dernier; ſon peu de vivacité pour les richeſſes produira le deſordre dans ſes affaires domeſtiques. Mille ſcrupules inſenſés l'empêcheront de les retablir, au prejudice de perſonne. Parcequ'il ne voudra point manquer aux regles de la juſtice, pour obliger Parents, Amis; ils n'auront pour lui que de l'indifference, & le plus ſouvent même de la haine. Cependant les vœux de l'homme injuſte ſeront comblés. Pour vous rendre la choſe encore plus palpable, ſuppoſons le aſſez puiſſant, pour accabler tout ce qui lui reſiſte; & ſon antagoniſte aſſez foible, pour ne pouvoir eviter l'oppreſſion. Quoi de plus clair que l'un ſera miſerable, & l'autre heureux? Voïez un Tiran, par exemple, après qu'il a bien etabli ſon deſpotiſme. Il emploie indifferemment la violence, & l'artifice, pour accomplir touts ſes deſſeins. Il envahit avec facilité le bien d'autrui; ſans diſtinction, ni du ſacré, ni du prophane, du particulier, ni du public. De quoi s'agit-il au reſte, que d'être aſſez fortuné, pour derober au monde la connoiſſance de ſes crimes; aſſez appuïé, pour en braver les jugements; aſſez magnanime, pour tout oſer; aſſez prudent, pour ne rien faire à demi? Quand ces qualités, & ces avantages manquent; c'eſt à dire, quand on eſt condamné par la nature, & par ſon mauvais Deſtin, à ne faire que detrouſſer les voïageurs, couper les bourſes, ſaccager les Temples; on eſt filou, Brigand, Sacrilege; avec un ſupplice infâme au bout. Mais a-t-on aſſervi courageuſement un grand Etat, conquis des Roïaumes, & mis les Nations entieres aux fers; vous n'ignorez pas qu'au lieu de ces noms odieux, ce ne ſont que titres ſuperbes; & que tout l'univers, frappé de la plus haute admiration, retentit du bruit de ces forfaits illuſtres. Si quelquefois on parle mal de l'injuſtice; qui ne voit que ce n'eſt pas qu'on eût horreur de la commettre, mais que l'on craint d'en ſouffrir? Hé bien, Socrate, nous vanterez vous encore la juſtice; qui fait qu'on ſe contraint dans toutes ſes actions, lors même qu'on pourroit ſe promettre l'impunité pour les plus criminelles; & qui ne donne pas l'empire du Monde pour recompenſe

compense à ses partisans? Comprenez vous enfin le grand sens de cette maxime: que tout est juste, s'il est utile au plus Fort; & que le plus foible est un injuste, quand il refuse de sacrifier honneur, biens, santé, vie, à son bon plaisir?

Thrasymaque, après nous avoir touts comme inondés par ce torrent de paroles, chercha la porte, avec toute la diligence, & toute la joie d'un garçon baigneur, qui vient de verser des fleuves sur la tête à ses prisonniers, pour n'avoir pas eté sages dans ses cuves. Les plus à portée coururent, pour le retenir. Je secondai leurs efforts, par mes prieres. Eloquent Thrasymaque, lui dis-je, après avoir eté longtemps ecouté, sur le plus important sujet du monde, seriez vous assez insensible à nos sollicitations, pour vous resoudre à nous quitter; sans nous avoir bien convaincus auparavant que votre Morale est la meilleure; & sans examiner avec nous si dans certains moments d'inadvertance, le vrai ne vous auroit point echappé? Pensez vous à la consequence infinie d'une recherche, de laquelle nous n'attendons rien moins que des des lumieres sures, pour nous conduire à la vie heureuse? Ne prendriez vous aucun interêt à ce qui nous touche de si près; & nous laisseriez vous impitoïablement nous egarer dans les routes, qui menent au Souverain bien; par une funeste ignorance de mille choses, que vous sçavez, & qu'il vous coûteroit par consequent très peu de nous apprendre? Au reste ne craignez du tout point de perdre vos peines. Asûrez vous au contraire que jamais vous ne trouverez disciples plus dociles, ni plus reconnoissants d'avoir eté mis dans le bon chemin. En mon particulier, comptez que je ne serai point ingrat. Mais je ne dois point vous celer, jusqu'ici que je ne suis rien moins que persuadé. J'ai beau faire des efforts, pour decouvrir si l'illusion ne seroit point de mon coté; je ne puis en aucune façon porter envie à l'injustice, même couronnée, & maitresse de tout faire. Qu'elle ait, & la force pour vaincre, & l'adresse pour se masquer. Il faut d'avantage, pour me faire juger quelle mette l'homme en possession du bonheur veritable; & pour me guerir de je ne sçai quelle horreur involontaire, que toute ma vie

LIVRE PREMIER.

je me fentis pour elle. Je m'imagine même n'être pas le feul de la compagnie, qui foit frappé de ce defagreable fentiment ; depuis que nous vous entendons parler d'elle fi fort en bien. Montrez nous donc que nous avons tort, de penfer autrement que vous; jufqu'à preferer la juftice opprimée, à l'injuftice triomphante.

THRASYMAQUE. Par Hercule; que faut-il qu'on faffe? Hò, là, Quelqu'un? Vîte, un marteau; pour faire entrer à Socrate touts mes arguments l'un après l'autre dans la tête? SOCRATE. Il n'eft pas neceffaire de recourir à des moïens fi violents, cher Thrafymaque, lui repliquai-je. Daignez feulement vous tenir ferme à quelque chofe; afin que nous ne foïons plus expofés aux variations de tantôt; & du refte à vous permis encore de vous reprendre. Nous parlions du Medecin defintereſsé; qui ne fe propofe d'autre but, que celui de fon Art bienfaifant : nous en parlions, dis-je, par oppofition au Mercenaire. Il vous a plu d'introduire fur la fçene le Berger. Vous nous en avez, ce me femble, avec très peu d'exactitude, fait un avare, qui ne penfe qu'à faire argent de fon troupeau; un inhumain, qui ne le foigne, que pour le tondre; un gourmand, qui ne l'engraiffe, que pour s'en regaler. Cependant la fin de la profeffion paftorale s'eft eclipfée entierement. Nous n'avons point fait attention qu'elle engage à veiller nuit & jour aux befoins des animaux de la Campagne, qui tremblent au moindre mouvement de la houlette; & nous avons tout à fait oublié qu'elle s'epuife en inventions, pour y pourvoir. Tout le refte, prenez y garde, ne vient point d'elle; mais de l'avarice, & des autres vues intereffées du pafteur. Cet exemple particulier n'infirme donc point la verité de ce principe general; que tout empire, naturellement fondé fur quelque talent, qu'on poffede par deffus les autres hommes, fe rapporte uniquement à leur plus grand bien.

Thrafymaque, repondez moi. Croïez vous que les hommes les plus dignes de commander, foient les plus avides, & les plus charmés du commandement? THRASYMAQUE. Par Jupiter, il faut avoir l'âme baffe, pour douter qu'un grand cœur ne foit pas au comble de fes vœux, lorfqu'il fe voit le maître des autres. SOCRATE. Cependant il n'arrive pas que personne trouve de l'attrait à se charger des autres fonctions de la vie civile, quoique beaucoup moins embarassantes, sans esperance de retour. Ceux qui les exercent, attendent mille especes de recompenses differentes ; parcequ'ils donnent leur temps, leur habileté, leur application, à pure perte pour eux. De grace, encore une fois, repondez precisement ; afin que nous puissions avoir fini sur quelque article.

Ce qui nous fait distinguer un Art d'un autre, c'est dans l'Artiste une capacité, qui le fait reüssir à certaines choses ? Thrasymaque. Oui. Socrate. Chaque Art à son utilité particuliere. La Medecine donne la Santé. Le Pilotage fait naviger heureusement. Il en est de même de touts les autres. Thrasymaque. Nous le sçavions parfaitement. Socrate. Celui d'amasser du bien est tout à fait à part. Amoureux de la justesse, comme nous sommes depuis un temps, nous ne dirons pas que la Medecine soit la Navigation, parceque l'air de la Mer aura fait passer la fievre à tel Maître de vaisseau ? Thrasymaque. Non. Socrate. Ni qu'un Marchand soit Medecin ; parcequ'elle l'aura quittée à son comptoir ? Tarasymaque. Non encore. Socrate. L'Art de gagner de l'argent ne sera donc point celui de guerir les maladies, parcequ'un homme s'enrichira par ses cures ? Thrasymaque. Hé bien, non ; mais que nous importe ? Socrate. J'en conclus que le gain, preferé très souvent à tout par les Aristes, est quelque chose de fort etranger à leur art ; qui n'a rien de commun avec celui du lucre....

Thrasymaque y consentit ; mais après avoir plusieurs fois changé de couleur ; parceque de loin il previt la difficulté.... Je poursuivis..... Si quelque habile Architecte vous batissoit une maison ; vous n'en seriez pas moins commodement logé, parcequ'il vous en auroit fait present ? Thrasymaque. Il est vrai. Socrate. C'est une preuve que tout Art, secourable, & parfaitement desinteresé de sa nature, a pour objet le bien, non de l'Artiste, mais de l'Ignorant. L'art le plus necessaire, & le plus beau de touts, je veux dire l'art de gouverner, sera par consequent & le plus utile aux hommes, & le

moins

moins mercenaire. Pour se conformer à ses intentions; le plus fort, comme vous le nommez, loin de ne consulter que son avantage propre en tout, se doit au contraire tout entier au plus foible. Voilà, Thrasymaque, ce qui m'a fait dire, qu'à bien envisager les choses, la puissance, & l'autorité, n'ont point les charmes qu'on s'imagine. Le grand charme en effet, que de pourvoir incessamment aux besoins des autres, de manier leurs ulceres, pour leur en procurer la guerison! Aussi chacun veut-il être païé de ses peines. C'est ou l'honneur, qu'on envisage, ou le profit, ou les deux ensemble. Quelquefois on craint de se voir enveloppé sous les ruïnes de la Republique; & pour l'eviter, on se resoud à se charger du fardeau pesant des affaires. GLAUCON. J'entends les deux premiers motifs, mon cher Socrate; mais le dernier ne se conçoit pas si bien. SOCRATE. C'est neanmoins le plus pressant, mon cher Glaucon, de ceux qui peuvent engager une âme noble à ne point se derober aux grands emplois. Vous n'ignorez pas que l'amour des richesses, & des titres eclatants, est regardé par touts les gens sages comme une passion honteuse. Il est effectivement indigne d'un cœur, que la vertu possede. GLAUCON. J'en conviens. SOCRATE. Un homme rempli d'estime, & d'attachement pour elle, n'acceptera donc le maniment d'un Etat, ni par Ambition, ni par Avarice. Il rougiroit de se proposer l'argent; parcequ'il n'est point de ceux qui ne peuvent faire le bien, sans l'eguillon d'un interêt sordide. Beaucoup moins s'enrichira-t-il des depouilles du Peuple; parcequ'il veut être quelque chose de meilleur qu'un brigand public. La vaine gloire aussi le touche peu. Pour l'arracher à la vie privée, il lui faut le plus terrible des malheurs à craindre; celui de voir sa patrie opprimée par les plus mechants, ou mal secourue par les moins bons. Quand, pour l'empêcher de tomber en de mauvaises mains, il en prend les rênes; loin d'en estimer sa condition meilleure; il se resigne, à ce qu'il juge une fâcheuse necessité pour lui. Elle n'a personne qui vaille mieux que lui, qui le vaille: nulle autre pensée ne le determine, & ne le console. C'est là si naïvement l'interieur de gens de bien, que dans une Republique où le nombre en seroit grand, on les verroit briguer à qui n'auroit que soi-

même

même à conduire, avec toute l'ardeur, avec laquelle chacun aujourdhui combat, à qui fera le maître des autres. Tant il est vrai que le devoir de ceux qui gouvernent, est de fermer absolument les yeux à leur interêt particulier, & de n'avoir pour objet que celui du corps politique. A ce prix, je le demande, la gloire & le plaisir de le servir utilement à part, quel homme sage n'aimeroit pas mieux, sans embarras, & sans peine, reçevoir d'ailleurs touts les fruits du bon gouvernement, que les procurer lui-même aux autres, à ses depens, ou peut-être même à ses perils? Thrasymaque souffrira donc que je lui conteste infiniment sa maxime; que rien n'est juste, qu'autant qu'il est utile au plus fort. Nous y reviendrons bientôt. Mais ce qu'il ajoûte, que l'injustice rend l'homme heureux, merite nos premieres attentions. Dites nous, est-elle aimable à ce haut point? Eblouï d'elle, mon cher Glaucon, lui donnez vous la preference? GLAUCON. Mon cher Socrate, il s'en faut beaucoup. Je tiens encore pour la justice. SOCRATE. Thrasimaque a neanmoins bien harangué. GLAUCON. J'ai tout entendu; mais il n'a rien gagné sur moi. SOCRATE. Puisque nous sommes l'un & l'autre mal satisfaits; unissons nous, pour lui faire voir son tort. GLAUCON. Je vous offre tout mon secours. SOCRATE. Vous m'inspirez du courage; mais comment nous y prendrons nous? Si nous entreprenons simplement d'opposer une enumeration d'avantages, & d'inconvenients, à celle qu'il nous a faite, il faudra de part & d'autre les balancer; & de cette maniere, nous pourrions n'avoir jamais fini, sans des arbitres. Mais si nous obligeons notre homme à convenir de certaines veritéz, enchainées de l'une à l'autre à celle que nous voulons eclaircir; nous ferons tout à la fois l'office de juges, & de parties; & nous en terminerons plutôt la dispute. Votre avis? GLAUCON. Ce dernier parti me paroît le meilleur, pour serrer un Adversaire de près, & pour le prendre; quelques mouvements qu'il se donne, pour faire perdre la piste.

SOCRATE. Allons, Thrasymaque, reprenez vos esprits. Vous pretendez que l'injustice consommée fait arriver l'homme au comble du bonheur; & que la justice le plonge dans une abîme de miseres?

LIVRE PREMIER.

res? THRASYMAQUE. Oui, je le foutiens; & grace à Jupiter, mes fyllogifmes font en forme. SOCRATE. L'une eft un vice, & l'autre une vertu? THRASYMAQUE. Affurement. SOCRATE. La vertu, c'eft la juftice. THRASYMAQUE. Oh, oui, fans doute; puifqu'elle eft beaucoup moins que bonne à rien. SOCRATE. Elle fera donc le vice. THRASYMAQUE. C'eft trop. Contentons nous de la nommer l'effet d'une generofité, qui part de bêtife. SOCRATE. Et l'Injuftice, qu'en dirons nous? THRASYMAQUE. C'eft le chef-d'œuvre de la prudence. SOCRATE. Les plus injuftes font par confequent les plus fages, & les plus vertueux? THRASYMAQUE. Oui; lorfqu'ils fçavent prendre fi bien leurs mefures, que leurs crimes demeurent impunis. N'allez pas me croire infensé, je vous en conjure, au point de mettre les petits brigands, les coupeurs de bourfes, & le voleurs de grand chemin, au rang des grands hommes. Non. Leurs petits exploits ne font point à meprifer; quand ils ont affez d'efprit pour eviter le chatiment. A ne vous rien celer neanmoins, ces bagatelles ne valent pas fort la peine qu'on en parle. Mais je vous attends, Socrate, je vous attends, aux Conquerants de Provinces, & de Roïaumes. SOCRATE. Thrafymaque, je n'ignore pas que vous les egalez aux Dieux immortels; mais je m'etonne de vous entendre ainfi traduire la juftice en folie, & parer l'injuftice du nom de fageffe. THRASYMAQUE. C'eft mon bon plaifir. Faites voir mon erreur. SOCRATE. C'eft là, Thrafymaque, ce qui s'appelle avoir de la force. Pour peu qu'on vous effaie, on trouve qu'il n'eft du tout point facile de vous renverfer par terre. Si, comme beaucoup d'autres, vous vous contentiez de foutenir que l'injuftice eft très fouvent d'un bon profit, fans nier qu'elle merite l'infamie; on pourroit de la bouche du vulgaire emprunter mille excellentes chofes, pour vous combattre. Mais, vous me trompez fort, ou vous etes refolu de lui tranfporter touts les caracteres du grand, & du beau; touts ceux en un mot que nous autres Philofophes, infiniment peuple fur la matiere, nous attribuons à la juftice. THRASYMAQUE. Je me rejouïs de ce que Thrafymaque vous eft connu. SOCRATE. Malgré toutes vous declarations,

tions, je ne me flatterai point encore de sçavoir parfaitement ce que vous pensez. J'aurois cependant aussi de la peine à me persuader que vous eussiez voulu simplement vous divertir ; & que vous fussiez homme à nous debiter serieusement une Morale, que vous ne jugeriez pas veritable. THRASYMAQUE. Je me suis expliqué suffisamment. Que faut-il plus ? SOCRATE. J'ai tort. Toutes les fois qu'il m'arrivera de perdre ainsi le temps, vous me ferez un singulier plaisir de me ramener impitoïablement au fait.

Dites moi donc ? Croïez vous que l'homme de bien, lorsqu'il s'agit de rendre un depôt, ou de faire quelque autre action vertueuse, cherche à s'en acquitter mieux que les gens de bien, au même degré que lui ? THRASYMAQUE. Imbecille comme il est, il aura trop de politesse, pour jamais leur vouloir être superieur en rien. SOCRATE. Il tâche en recompense de valoir mieux que les mechans. THRASYMAQUE. Le malheur est qu'il y travaille avec peu de succès. SOCRATE. Je ne vous demande pas s'il reüssit, ou non ; mais s'il n'est pas vrai qu'il lui suffit d'avoir atteint au point de perfection, qu'il remarque dans tout ce qui vient d'un honnête homme ; pendant qu'il s'applique très soigneusement à se distinguer du mal honnête homme en tout ? THRASYMAQUE. Soit. SOCRATE. Le dernier au contraire veut l'emporter sur tout le monde. THRASYMAQUE. C'est un effet de sa noble ambition. SOCRATE. Celui-là, soigneux d'egaler simplement les personnes de son charactere, n'entreprend de surpasser que les gens de mœurs opposées. Celui-ci pretend effacer les unes & les autres. THRASYMAQUE. Par Hercule, je l'en aime d'avantage. SOCRATE. Je n'ai plus qu'un mot. Un bon joüeur de Lyre, pour briller plus qu'un autre, egalement habile, a-t-il coutume d'en forcer toutes les cordes, jusqu'à les rompre ; au lieu de la monter precisément comme lui ? THRASYMAQUE. Non ; à moins qu'il n'ait du vin dans la tête. SOCRATE. Que diriez vous d'un charlatan ; qui pour s'elever à plus de reputation que les Medecins les plus celebres, doubleroit toutes les doses de leurs ordonnances ? THRASYMAQUE. Qu'il seroit un fameux etourdi. SOCRATE. Parcourons toutes les sçiences, & tous les arts ; & nous verrons

LIVRE PREMIER.

rons qu'on fait toujours bien, quand on fait auſſi bien que les ſçavants, & les Artiſtes. Les Ignorants ſeuls peuvent avoir l'extravaguante phantaiſie, d'exceller tout à la fois par deſſus les Ignorants comme eux, & par deſſus les Maîtres. Qui dit ſçavant, dit ſage; & qui dit ignorant, dit inſenſé. Thraſimaque, apperçevez vous un grand trait du premier dans l'homme de bien, & du ſecond dans le mechant homme?....

Thraſymaque aux abois, ne repondit que par un viſage couleur de feu; & par un retour de tranſpiration, d'autant plus abondant, que nous etions au cœur de l'eté. C'etoit la deux, ou troiſiême fois de ſa vie, que je l'euſſe vu rougir....

Après qu'on eut prononcé tout d'une voix contre lui, que le nom de ſageſſe, & de vertu, appartenoit à la juſtice, & que l'injuſtice eſt le fruit d'une ignorance vicieuſe; pour le remettre de ſon trouble, je le fis ſouvenir qu'il avoit encore une reſſource, dans ce qu'il avoit ajoûté; que le crime fraie le chemin à la puiſſance, & que la puiſſance donne la felicité parfaite. Grace aux Dieux immortels, j'ai la memoire bonne, me dit-il. Je n'ignore pas qu'il me reſte aſſez de quoi vous battre en ruïne, vous, & votre excellent joüeur de Lyre. Mais vous m'accuſeriez infailliblement de faire l'orateur. Cependant choiſiſſez. Ou laiſſez moi parler à mon tour, ſans m'interrompre; ou ſi vous ne pouvez vous guerir de la fureur d'interroger; entaſſez les queſtions, autant que bon vous ſemblera. J'en ſortirai quitte avec vous, pour les mêmes ſignes de tête, avec leſquels un auditeur fort ennuïé, conduit le plus promptement qu'il peut une vieille radoteuſe juſqu'à la fin de touts ſes contes. SOCRATE. Thraſymaque, à Dieu ne plaiſe que par un excès d'indulgence pour moi, jamais il vous arrive de trahir vos ſentiments! La ſeule grace que je vous vous demande, c'eſt de ne point trouver mauvais que je les ſçache. THRASYMAQUE. Socrate, je vous connois; & quoique j'en puiſſe dire, je vois qu'il faut vous laiſſer le champ libre. SOCRATE. Je reprends.

De ce que la juſtice eſt ſageſſe, & vertu, j'aurois droit incontinent de conclurre qu'elle donnera de la conſideration dans le Monde;

&

& c'eſt un fait certain que l'eſtime attire la fortune. Mais je ne me bornerai pas à ce raiſonnement ſimple. Thraſymaque, voici plus. THRASYMAQUE. Ecoutons.

SOCRATE. Comme un particulier, un Etat peut être injuſte. THRASYMAQUE. Oui ; mais plus il le ſera, plus il etendra ſes conquêtes. SOCRATE. Je le veux. Mais ſans la juſtice, parviendra-t-il au point de grandeur neceſſaire, pour y reüſſir ? THASYMAQUE. Non, s'il eſt vrai qu'elle ſoit le fruit le plus exquis de la prudence, comme vous le pretendez ; mais il en ſera tout autrement, ſi j'ai raiſon de ſoutenir que la reſpecter eſt le comble de la folie. SOCRATE. Thraſymaque, vous ne vous imagineriez pas facilement combien je ſuis charmé de ne plus vous trouver ſi laconique ; & de vous voir preſentement faire ce que j'appelle très bien repondre. THRASYMAQUE. On tâche de vous plaire. SOCRATE. Je vous en loue ; & ſeulement ne vous laſſez pas, je vous prie.

Une Republique, une Armée, où c'eſt à qui nuira le plus aux autres, une troupe de Brigands, ſi vous voulez, formera-t-elle jamais aucune entrepriſe de concert ; en executera-t-elle quelqu'une avec ſuccès ? Subſiſtera-t-elle même longtemps, ſi chacun y fait impunement tort à ſon camarade, à ſon Concitoïen ? THRASYMAQUE. Non ; il faut des loix. SOCRATE. La bonne intelligence, mere de touts les biens, au contraire y regnera, ſi les particuliers ne craignent rien davantage, que de ſe faire mutuellement injure ? THRASYMAQUE. Soit. SOCRATE. Tel eſt le charactere eſſentiel de l'injuſtice, Thraſymaque. Elle n'enfante que haines, animoſités, querelles, guerres ; pendant que la juſtice engendre la bienveillance, l'amitié, la concorde, la tendreſſe reciproque. THRASYMAQUE. Quand on vous le paſſeroit, pour ne pas toujours vous contredire ? SOCRATE. C'eſt m'accorder beaucoup. Si l'injuſtice n'eſt propre qu'à mettre partout la diſſenſion, & la diſcorde ; elle ſoulevera les membres d'un même corps les uns contre les autres, juſqu'à les rendre abſolument incapables de conſpirer au bien commun. THRASYMAQUE. Le grand malheur ! SOCRATE. Qu'elle poſſede egalement deux eſprits ; ils vivront ſeparés, ennemis des

LIVRE PREMIER.

amateurs de la juſtice, ennemis entre eux. THRASYMAQUE. Qu'importe? SOCRATE. Ne parlons que d'un ſeul. La premiere y produira des effets pareils ; un combat perpetuel des paſſions, une ſubverſion entiere du bon ordre, qui doit être entre les facultés, une impuiſſance d'agir univerſelle. THRASYMAQUE. Hé bien? SOCRATE. L'aimable choſe donc, dans un Etat, dans une Societé moins nombreuſe, dans un cœur! On s'arme contre touts ceux qui traverſent; on hait les gens de bien, quoique tout à fait hors du chemin ; on ſouffre toutes les horreurs d'une guerre inteſtine ; on n'entreprend rien ; on echoue dans toutes ſes entrepriſes. THRASYMAQUE. C'eſt admirablement dit! SOCRATE. Encore un grand mot, Thraſymaque. Les Dieux ſont juſtes ; & par conſequent propices à ceux qui reſpectent la juſtice, redoutables à ceux qui la mepriſent. THRASYMAQUE. Courage, Socrate ; je vous le conſeille, regalez vous à l'aiſe de touts ces mets delicieux. Ne craignez point ; je ne troublerai pas votre grand' chere. Il ne ſeroit point du tout joli de ſe brouiller avec le Ciel; & je n'ai garde, au peril de voir fondre ſur moi touts ſes quarreaux, d'arracher les bons morçeaux de la bouche au Defenſeur de la juſtice, fort aſſuré de ſa protection. SOCRATE. Thraſymaque, de mon coté, je ne reprimerai point mon appetit ; puiſque vous m'exçitez vous-même extraordinairement à bien faire. Mais comptez, je vous prie, que le repas à mon gré ne ſera point complet, ſi vous ne continuez d'aſſaiſonner tout, par le ſel peu commun de vos reponſes. Je pourſuis.

La confiance univerſelle eſt le premier tribut, que la vertu ſe fait païer. Les gens de bien ſeront par cette raiſon plus ſecondés, & plus capables de reüſſir à tout dans la vie que les autres. Les derniers même, quoique leurs interêts s'accordent ſouvent, ne demeureroient pas longtemps unis, ſans quelques reſtes de bonté, qui les empêchent de ſe trahir, & de ſe detruire les uns les autres. Ils ne ſont mechants qu'à demi. S'ils l'etoient parfaitement ; expoſés inceſſamment à devenir la proie de leurs pareils, à tomber dans les epieux des gens de bien, ils ne pourroient s'aſſocier avec leur eſpece, ni faire autre choſe, qu'enlever par ſurpriſe de quoi soulager leur cruelle faim. En un mot abhorrés, craints, fuis, ils n'auroient qu'eux seuls pour toute ressource dans les affaires. Thrasymaque, telles sont mes idées; bien differentes, comme vous le voïez, des vôtres. Peut-être n'en faudroit-il pas d'avantage, pour nous convaincre qu'un honnête homme sera toujours mieux dans le Monde qu'un fourbe, & qu'il aura des jours plus heureux. Mais comme il s'agit ici de l'alternative la plus importante, & que du bon, ou du mauvais choix que nous sçaurons faire, depend notre destinée; c'est à nous de ne laisser rien à dire sur le sujet. Thrasymaque, armez vous de courage, pour soutenir un nouvel interrogatoire. THRASYMAQUE. Mon bouclier me couvre; & je le connois à l'epreuve de toutes vos flêches.

SOCRATE. Un cheval est utile à beaucoup de choses; n'est-il pas vrai? THRASYMAQUE. Il me le semble. SOCRATE. Quand on dit qu'un ouvrage, soit de la Nature, ou de l'Art, est fait pour un but; n'est-ce pas qu'il fournit des moïens uniques, ou meilleurs que tous les autres, pour y parvenir? THRASYMAQUE. Vous aimez fort les generalités, on s'en apperçoit bien. SOCRATE. Desçendons au particulier, j'y consens. Pour voir, Thrasymaque, je ne sçache pas qu'on pût rien imaginer de plus à propos que les yeux, & que les oreilles pour entendre. Mais si je coupois devant vous avec une faux des grapes de raisin, vous m'offririez une serpette, pour le faire plus commodement. Vous me comprenez? THRASYMAQUE. Sans doute. SOCRATE. Dire qu'une chose à des usages, c'est dire qu'elle a quelque perfection reelle, & s'il est permis de parler ainsi, quelque vertu, qui la rend propre plus qu'une autre à l'acquisition de certaines fins. Le mechanisme de l'oeil est merveilleux, pour reçevoir les impressions de la lumiere. L'orgâne de l'ouie n'a pas un rapport moins admirable avec les sons. THRASYMAQUE. Qui l'ignore? SOCRATE. Derangez leur structure; qu'arrivera-t-il? THRASYMAQUE. On sera, peut-être tout à fait, aveugle, & sourd. SOCRATE. De son coté notre âme a des facultés, & des talents, qui font qu'elle est capable de veiller à ce qui la touche, de pourvoir aux besoins des autres, enfin de remplir toutes les fonctions de la

vie

LIVRE PREMIER.

vie civile? THRASYMAQUE. Elle n'eſt pas faite pour couper des grapes de raiſin. SOCRATE. Une bonne tournure, que la juſtice, entre nous declarée vertu, peut ſeule donner, lui ſera par conſequent neceſſaire, pour s'en acquitter parfaitement. Avec elle, on fera tout bien, & tout mal ſans elle. THRASYMAQUE. Oui. SOCRATE. Faire tout bien, c'eſt bien vivre; tout faire mal, c'eſt l'oppoſé. THRASYMAQUE. Aſſurement. SOCRATE. L'homme juſte ſera donc l'heureux, & le mechant homme le miſerable.

THRASYMAQUE. Savourez encore une fois vos raiſonnements, Socrate, avec le même contentement parfait, que le jour des *Bendides*,* on voit repandu ſur le viſage enflammé d'un Thrace; pendant qu'il ſignale ſa devotion pour Diane, par la maniere echauffée dont il boit & mange. SOCRATE. C'eſt vous qui m'inſpirez une bonne partie de ma faim, cher Thraſymaque, & de ma joie. Ce qu'elle a de plus touchant, eſt un effet de votre douceur; qui depuis un temps vous fait condeſcendre à me repondre aſſez bien. Je vous dirai pourtant que je ne ſuis point raſſaſié. Ce n'eſt pas votre faute, je l'avoue; c'eſt la mienne. J'ai fait comme le grands mangeurs; qui vuideront dix plats courants, avant que d'avoir touché preſque à leur pleine aſſiette. La converſation devoit rouler ſur la nature de la juſtice. Au lieu de ne regarder que devant moi; j'ai hauſſé les yeux, pour voir ſi c'etoit une vertu, un fruit precieux de la ſageſſe. Une autre queſtion s'eſt preſentée; ſi notre bonheur eſt ſon ouvrage. Je n'ai pu me contenir; & j'ai tout de nouveau quitté mon phaiſan, pour un ragoût. Grace à mon avidité; je me trouve à la fin du repas auſſi peu rempli, que lorſque je me ſuis mis à table; puiſqu'il faudroit ſçavoir ce que c'eſt que la juſtice, pour aſſurer que c'eſt une vertu, & qu'elle rend heureux l'homme qui la poſſede.

* Fête celebrée en l'honneur de Diane, où tout ſe terminoit par un feſtin.

DE LA
REPUBLIQUE;
OU
DU JUSTE, ET DE L'INJUSTE.

LIVRE SECOND.

JE croïois ma tâche finie; mais je vis bientôt que je commençois. Glaucon, homme de resolution jamais s'il en fut, ne voulut point entendre au refus, que Thrasymaque fit long-temps de rentrer en lice. M'addreſſant la parole, il me dit: Mon cher Socrate, eſt-ce tout de bon que vous avez entrepris de nous perſuader que la juſtice eſt preferable à l'injuſtice; ou ne penſez vous qu'à vous exerçer avec un Philoſophe de reputation, pour nous faire admirer votre adreſſe?... Vous me bleſſez, lui repondis-je, mon cher Glaucon. C'eſt avec la derniere ardeur, n'en doutez pas, que je ſouhaiterois vous donner la même conviction parfaite, que j'ai moi-même ſur le ſujet. GLAUCON. Qui vous empêche donc au moins de faire touts vos efforts, pour nous tranſmettre vos idées? Allons, ſouffrez, mon cher Socrate, qu'on vous mette en train.

Nos biens, ce me ſemble, ſont de trois ſortes. Les uns ont des charmes, en tout ſens capables d'engager notre cœur. Tels ſont les plaiſirs innocents; dont la douçeur a d'autant plus de quoi le captiver,

qu'elle

LIVRE SECOND.

qu'elle n'eſt point empoiſonnée par les amertumes du repentir. SoCRATE. Je reconnois avec vous des biens purs, mon cher Glaucon; des biens qui n'ont rien que de propre à nous attirer, avec quelque ſoin qu'on les examine. GLAUCON. D'autres nous plaiſent, & par les agrements qu'ils renferment, & par les avantages qu'ils procurent. Se bien porter, avoir l'uſage parfait de touts les ſens, penſer juſte, ſont des choſes ſouhaitables de leur nature, & recommandables encore par mille acceſſoires, auſſi très dignes d'être eſtimés. SOCRATE. C'eſt excellemment dit. GLAUCON. L'acquiſition d'un troiſiême genre de biens, n'a rien que de penible. On s'aſſujettit à ce qu'ils coûtent, en vue des utilités qu'on en eſpere. C'eſt ainſi qu'on eſſuie la fatigue des exercices du Corps, pour lui donner de la force, de l'adreſſe, de la grace; & la paſſion pour la ſanté fait reſoudre à prendre des remedes. SOCRATE. J'approuve parfaitement votre diviſion.

GLAUCON. Dans laquelle de ces trois claſſes, mon cher Socrate, placerez vous les biens, dont vous pretendez que la juſtice eſt pour nous une ſource feconde? SOCRATE. Dans la plus diſtinguée, mon cher Glaucon. Elle eſt aimable par elle-même, & par les fruits qu'on en retire. Mon ſentiment eſt au reſte que pour être heureux, il faut l'aimer avec une ardeur, qui ne doive rien à des objets differents d'elle. GLAUCON. Ce n'eſt pas là, mon cher Socrate, l'idée qu'en ont la plûpart des hommes. Ils ne lui trouvent rien que de rebutant, de heriſſé, d'affreux; & s'ils en font cas, c'eſt uniquement l'honneur, ou le profit, qu'ils enviſagent. SoCRATE. Je ne l'ignore pas, mon cher Glaucon. Sans aller plus loin que Thraſymaque; à l'entendre, que d'epines ſous les pas des rigides Obſervateurs de la juſtice; & que de fleurs au contraire dans le chemin, que l'Injuſtice fait tenir! Mais je ne ſçai, j'ai la tête un peu dure; & malgré toutes mes preventions en ſa faveur, il ne m'a fait juſqu'ici rien moins que ſon diſciple. GLAUCON. Puiſqu'on a, de votre aveu, tant de peine à vous enſeigner, mon cher Socrate; & qu'à dire le vrai, ſujet à la foibleſſe du Serpent, le bon homme s'eſt laiſſé beaucoup endormir par vos paroles

roles enchantereſſes; je veux le tirer de ſon aſſoupiſſement, & le defendre à l'avenir de vos poiſons. Je commence par vous ſommer de nous faire mieux connoître la juſtice, & l'injuſtice. Avant que d'en former les mêmes jugements que vous, il faut que nous touchions au doigt les bons & les mauvais effets, que produiſent l'une & l'autre dans une Ame; independemment des retours, que du dehors on en peut eſperer, ou craindre. Pour epuiſer la matiere, je vous ferai l'analyſe de la harangue de Thraſymaque; & je ramaſſerai toutes les difficultés, qu'il eſt poſſible de vous faire ſur le ſujet. Voici l'ordre que je me preſcris. J'expliquerai l'opinion de bien des perſonnes dans le Monde, qui penſent comme lui, ſur la Nature, & ſur l'origine de la juſtice. Je ferai voir que touts ceux qui la pratiquent, ne le font ni par eſtime, ni par goût pour elle, mais ſeulement par crainte, & par force. Enfin je montrerai qu'ils agiſſent prudemment, lorſqu'ils s'abſtiennent de nuire aux autres; mais que l'interêt eſt le ſeul principe qui les y determine; puisqu'interrogés ſi le ſort de l'homme de bien opprimé leur paroît ſouhaitable, ils ne balanceront point à preferer celui du mechant impuni. Cependant ne prenez pas tout ce que je vais dire pour mes ſentiments veritables, mon cher Socrate. A Dieu ne plaiſe! Mais il eſt vrai qu'à force d'être etourdi par le bruit, que Thraſymaque, & ſes pareils, font touts les jours à nos oreilles, ſouvent on ne ſçait preſque plus à quoi s'en tenir. J'attribue ces incertitudes en grande partie au malheur que j'ai, de n'avoir jamais entendu plaider la cauſe de la juſtice comme j'aurois voulu, ni prouver à mon ſouhait qu'elle merite par elle-même tout notre amour. De touts les Orateurs, qui lui preteroient leur orgâne, vous etes celui que je deſirerois le plus paſſionnement d'ouïr. Pour animer votre eloquence, beaucoup plus que pour vous combattre, je le repete, mon deſſein eſt de vous oppoſer tout ce qu'en faveur de l'Injuſtice l'eſprit humain imagina dans touts les Siecles de plus fort. Si vous m'accordez cette liberté; je releverai dans vos refutations tout ce qui me laiſſera des ſcrupules; & je vous inſtruirai de ce que vous aurez à faire, pour les diſſiper. SOCRATE. Quoi de plus capable,

cher

LIVRE SECOND.

cher Glaucon, de me caufer un grand plaifir? Eft-il fujet de converfation, qui doive intereffer davantage une Compagnie comme la nôtre? Je vous ecoute.

GLAUCON. La plûpart des hommes comptent qu'il eft avantageux de commettre l'injuftice, mais dur de la fouffrir. Le mal de l'un furpaffe le bien de l'autre; & l'experience apprend qu'il eft impoffible de nuire à quelqu'un, fans reprefailles de fa part. Ils virent qu'il etoit de leur interêt commun, de s'accorder à ne fe faire mutuellement aucun tort. De là les loix; qu'ils honorerent du nom de juftes. C'eft un milieu, que de tout temps leur fit choifir le defefpoir d'arriver à l'impunité dans le crime, pour eviter l'oppreffion. Ce milieu n'a rien d'aimable en foi; mais il eft fage; parceque d'un coté s'il fruftre leurs penchants les plus doux, de l'autre il les tire de la plus cruelle fituation, je veux dire celle où chacun d'eux feroit en butte aux injures de touts les autres. Mais la neceffité de s'en defendre à part, tout homme de cœur, à moins que d'avoir perdu le fens, ne voudroit entendre à des conventions pacifiques avec perfonne. Tels furent, nous dit-on, les principes qui donnerent entrée à la juftice dans le Monde. Pour achever de nous convaincre qu'on ne la refpecte, que parcequ'on n'ofe la violer; donnons pour un moment la force en main au plus grand adorateur de la vertu. Nous le verrons avec la derniere fougue fuivre un inftinct aveugle, qui l'entraîne à la recherche de fon bien propre; auquel il facrifiera l'univers entier; puifqu'aujourdhui même touts les freins exterieurs font à peine capables de le retenir. Si vous voulez, qu'il ait le merveilleux talifman de Gygès, aïeul de Crœfus, & devant fa haute fortune, pafteur des troupeaux de Candaule, Roi de Lydie.

La Fable dit qu'il etoit couché fur l'herbe avec eux. Un ouragan terrible, fuivi d'un affreux tremblement de terre, la fit entr'ouvrir jufqu'aux enfers. Il defçendit dans le nouvel abîme; & pour premier objet, il y vit un cheval de bois, d'une grandeur enorme; dans les flancs duquel etoit un cadavre, de ftature gigantefque, avec un anneau d'or au doigt. L'intrepide Gygès le
prit,

prit, & remonta..... Les bergers avoient coutume de se rendre au Louvre touts les mois, pour instruire de l'etat où tout etoit à la Campagne. Quand ils furent assemblés, il arriva que Gygès tourna, par megarde, son diamant vers le dedans de sa main. Chose etrange! il disparut; & l'on parla de lui comme d'un absent. Etonné lui-même, il le remit dans sa premiere situation; & ses camarades s'entretinrent avec lui sur le pied de nouveau venu. Des experiences reïterées lui confirmerent le double effet de son mouvement en sens contraires. L'esprit plein des grandes choses, que desormais il pouvoit entreprendre, il prit de mesures, pour se faire deputer en Cour une autre fois. Les facilités ne lui manquerent pas. Il plut à la Reine. De concert, ils se defirent du Roi; & les deux Epoux regnerent ensemble.

Il ne faudroit à l'homme juste qu'un anneau pareil. Maître de contenter ses passions, s'abstiendroit-il, par un ridicule entêtement pour la justice, de commettre adulteres, meurtres, brigandages? En un mot verroit-on de la difference entre les plus horrible sçelerat, & lui? Quelle plus grande preuve que nul n'est bon, que parcequ'il n'ose être mechant; puisque faites le plus homme de bien un Demi-Dieu, & qu'il se voie à l'abri du chatiment, les crimes enormes ne lui couteront plus rien? C'est qu'on est interieurement convaincu, soutiennent les partisans de la Morale dont j'expose les principes, qu'il est dans le bon sens de tout rapporter à soi, & de rendre sa condition heureuse, les autres en dûssent-ils recevoir le dernier prejudice. Trouvez nous, ajoûtent-ils, des gens d'esprit, qui ne regardassent l'homme tout-puissant que nous venons de feindre comme un imbecille; si des scrupules insensés l'intimidoient, au point de ne vouloir faire tort à personne. Il est vrai que l'apprehension d'avoir leur tour, les porteroit à combler de loüanges sa retenue; mais ce ne seroit que pour le tromper à leur avantage; & pour se detourner mutuellement de se faire injure.

Si nous voulons bien juger ici des choses; de part & d'autre il sera même à propos de les exagerer. Que l'habileté reponde à la puissance. Qu'un discernement exquis fasse distinguer au me-

LIVRE SECOND.

chant homme le possible de l'impossible dans toutes les affaires. Qu'il ait la sagesse de negliger l'un, & les talents, pour executer l'autre. Si des accidents imprevus rompent ses mesures; que les expedients s'offrent en foule, pour tout raccommoder. Quand des fautes auront echappé; que le remede suive de près. Pour comble, à force d'etude, faisons qu'il parvienne à jouïr tranquillement de touts les fruits d'une heureuse hypocrisie. Quelquefois s'il arrive que ses injustices eclatent; il sçaura les colorer par son eloquence; & pour leur donner un bon tour dans le Monde, un grand nombre de bouches s'ouvriront pour lui.

Mettons en contraste un homme simple dans ses manieres, plein d'innocence, & de candeur; beaucoup plus en peine, pour emprunter la belle expression d'Eschyle, d'être homme de bien, que de le paroître. Depouillons le de tout l'honneur, qui suit ordinairement la vertu. Chargeons le de toute la haine, & de toute l'infamie, qui sont les appanages naturels du crime. Allons plus loin. Enlevons lui generalement tout, à la reserve de son attachement pour la justice; afin de nous ôter toute equivoque sur la pureté de ses motifs, & de voir s'il tiendra bon. Que sa constance enfin soit mise à la derniere epreuve; & qu'il finisse par un supplice honteux. Voilà des hommes fort differents l'un de l'autre, mon cher Socrate: Votre jugement, je vous prie?.....

SOCRATE. Dieux, que de force, cher Glaucon, dans vos deux Portraits! GLAUCON. J'ai donné l'essor à mon pinçeau. Ne m'attribuez pas cependant le pur ouvrage des partisans de l'Injustice. Je n'ai que de l'horreur pour leur maniere de penser; & ce n'est pas moi dans tout ce discours, mais eux qui parlent. Les souffrances, vous diront ils, sont dans la vie le partage comme assuré de l'homme juste. Une mort ignominieuse, qui les termine souvent, vient trop tard le convaincre de son tort, & lui faire comprendre qu'il eût fait plus sagement de s'en tenir à la seule apparence de la Justice. Trop tard il condamne son mauvais choix; & le cœur penetré d'amertume, il reconnoît que son Antagoniste est veritablement l'homme d'Eschile; dont " l'esprit est plus fertile en projets bien conçus,

TOME I.   G   " qu'une

" qu'une belle campagne en blonds epis." Parceque le dernier aura les dehors de l'honnête homme, dans l'Etat il sera tout. Les gros partis se presenteront en foule; & ses enfants se distribueront avec facilité dans les plus grandes maisons. Chacun à l'envi briguera l'honneur de son alliance; & s'empressera de former des liaisons, de negocier des affaires avec lui. Il gagnera partout, & ne perdra que rarement; parcequ'il ne se fera scrupule de rien. Dans ses querelles, dans ses brigues, il humiliera ses Envieux, il supplantera ses rivaux. Ses richesses, & son credit, iront chaque jour croissant. D'un regard, il tirera ses amis de la poussiere, il y fera tomber ses Ennemis. Sa depense grossira le nombre des admirateurs de son faste. Il l'etalera jusqu'au pied des autels; où le Prêtre le complimentera, comme un insigne favori des Dieux; peu charmés des offrandes pauvres de l'homme juste. C'est ainsi, mon cher Socrate, que les agresseurs de la justice pensent avoir montré solidement, que l'un n'a dans la vie que prosperité, l'autre qu'affliction, revers, desastres à se promettre.

Je me preparois à repondre. Mais Adimante prit la parole. Ne croïez pas, mon cher Socrate, que Glaucon ait tout dit. Son discours a beau paroître fort; je trouve en verité pour moi qu'il vous epargne. SOCRATE. Hé bien, ne pouvez vous, cher Adimante, faire dans cette occasion votre devoir, comme le Proverbe vous y convie; & prêter main forte à votre bon Frere, contre la justice, & contre moi? Cependant je vous dirai qu'un suffiroit; & que je ne vois deja point trop comment la derober aux coups de Glaucon seul. ADIMANTE. C'est bien mon dessein de le seconder. Puisque vous avez si hautement pris la vertu sous votre protection; c'est à vous d'entendre ses adversaires jusqu'au bout. Ceux au nom desquels je vais parler, n'en sont, comme vous l'allez voir, que plus difficiles à refuter, de ce qu'ils ne lui refusent pas des eloges.

Nous voïons que les Peres, disent-ils, les Magistrats, en un mot toutes les personnes revêtues de quelque autorité, recommandent etroitement la pratique de la justice à touts ceux qu'ils ont sous leur conduite. On seroit fort trompé de croire que c'est un fond

d'amour,

LIVRE SECOND.

d'amour, & de respect pour elle, qui leur inspire un si beau soin. Mais elle attire la fortune; qui verse avec profusion dans le sein des gens d'une probité reconnue ses faveurs, que les fourbes leur enlevent seulement par surprise. A la bonne reputation, joignez les biens innombrables, qu'au sentiment d'Hesiode, & d'Homere, les Dieux se plaisent à repandre sur l'homme qui les craint. " Pour " lui, dit l'un, dans nos forêts les chênes se couvrent de glands, " jusqu'aux plus petites pointes de leurs branches, & retirent des es- " sains laborieux dans leurs troncs. Pour lui, dans nos campagnes le " lait abonde; & les moutons se chargent de laine." L'autre monte sa Lyre au même ton. " Les Dieux, attentifs à touts les besoins " de l'homme juste, ordonnent à la mer, à la terre, d'apporter à " ses pieds leurs plus riches presents. Ils envoient la Renommée " publier sa gloire aux bouts de l'univers; avec la même emphâse, " avec laquelle, par leur ordre, elle y porte celle d'un bon Roi, " d'un Roi qui leur ressemble." Musée, & son fils, nous representent les gens de bien dans les champs Elysées, etendus sur des lits superbes, avec des couronnes de fleurs en tête, & dans les transports d'une eternelle yvresse: recompense, au gré de ces deux panegyristes nouveaux de la vertu, la plus digne d'elle. Les Poëtes n'en demeurent pas là. Quelles choses magnifiques n'ajoûtent-ils pas encore de la posterité florissante & nombreuse des hommes veritablement religieux, severes observateurs de leurs sermens! Ils nous peignent au contraire " les sacrileges, & les parjures, après " leur mort, occupés incessamment à puiser de l'eau dans un crible; " à se traîner ensuite avec difficulté par des endroits marecageux." Devant le trepas, ils sont accueillis de touts les maux, auxquels mon Frere nous disoit tout à l'heure que sont exposées les personnes vertueuses, lorsque la Calomnie les aura percées de touts ses traits. Les Ouvrages des Poëtes en un mot ne sont remplis que des loüanges de la sagesse, & de la justice; mais ils nous font l'une & l'autre d'une acquisition très difficile. Cependant ils n'auront point d'images assez riantes pour le vice; auquel ils n'attachent point d'autre honte, que celle dont les Legislateurs, & le vulgaire,

ont coutume de le charger. Vous les entendrez d'un commun accord vanter le bonheur des riches, & des grands du monde, couverts de crimes; parler des petits, & des pauvres, qui paſſent leurs jours dans l'innocence, avec mepris, avec horreur. Enfin, ils vous diront que les Dieux ont en reſerve une vie obſcure, & malheureuſe pour les bons, delicieuſe, eclatante, pour les mechants. Les Sacrificateurs, & les Devins, echos fidelles des Poëtes, courent de porte en porte, avec une doctrine ſi conſolante pour l'Impie, accablé des biens de la fortune..... Votre conſçience eſt-elle allarmée de quelque injuſtice, commiſe ou par vous-même, ou par les plus reculés de vos aïeux ? Allez; nous ſommes là haut aſſez en credit, pour y faire d'un mot fermer les yeux ſur un objet d'une legere conſequence. Fût-ce tout ce qu'il vous plaira; quelque fondation conſiderable, une fête joïeuſe, inſtituée en l'honneur du plus maigre de touts les Dieux, ſuffira pour l'expier; avec le renfort de nos prieres, & de nos ſacrifices. Avez vous des Ennemis, dont vous euſſiez à cœur de vous defaire; gens de bien, ſçelerats, il n'importe? Comptez ſur nous, & banniſſez touts les ſcrupules. Nous avons encore une fois le Ciel à commande. On vous obtiendra de ſa clemence votre pardon, à peu de frais; ou nous ſçaurons bien le matter, s'il eſt retif. Notre parole ſeroit-elle un foible guarand pour vous? Nous avons à vous donner tout le corps venerable des Poëtes. Heſiode vous dira, que " le chemin du vice
" eſt uni, ſemé de fleurs; celui de la vertu raboteux, plein d'e-
" pines; & que les Dieux placerent la ſueur à l'entrée de ſon
" Temple." Homere vous aſûre " qu'ils ſont très faciles à flechir;
" que le fumet des chairs grillées dans un moment les appaiſe; &
" que nul crime ne reſiſte à la force des libations...." Ces aſûreurs pour l'autre monde vont par les villes, & les villages, avec leur charge des vers de Muſée, & d'Orphée; à les en croire, enfants de la Lune, & des neuf Sœurs: vers dignes d'être montrés, avant mille autres! Dans chacune ils s'arrêtent, pour y faire leur etalage; & partout ils repandent le ſang des victimes. Partout ils publient que la remiſſion des pechés, tant pour les morts, que pour les vivants,

LIVRE SECOND. 45

vants, & la pureté de l'âme, font les fruits infaillibles de leurs Orgyes, & la recompenfe de la pieufe liberalité, qu'on leur temoigne. Les Provinces, & les Roïaumes, fe laiffent follement perfuader qu'elle preferve de touts les fupplices de l'enfer; mais que les Serpents des trois Furies fe herifferont horriblement contre les temeraires, qui s'imaginent pouvoir aller droit aux champs Elysées, fans contribution, & fans aide.

Quel effet, mon cher Socrate, produira fur l'efprit des jeunes gens une Theologie fi bourrue, & fi dangereufe? Plus prompts à faifir tout ce qui leur paroîtra joliment dit, qu'à leur âge capables d'en appercevoir le venin fecret; eviteront-ils d'être infectés; & ne s'abandonneront-ils pas au mal, peut-être fans retour? Ils fe diront, n'en doutons pas, avec Pindare: " A quoi bon nous efforcer d'at- " teindre au fommet inacceffible de la vertu? Laiffons nous plutôt " rouler fur la pente infiniment douce du vice." Que nous ferviroit de nous attacher à la premiere; qui n'eft d'aucun profit, & coûte cher? Mauvais tant que nous voudrons; de legers dehors nous feront jouïr d'une felicité, comparable à celle des Dieux. Mille Docteurs graves d'une voix nous afsûrent que l'exterieur eft tout; & que la pratique de certaines menues obfervances en fait de Religion, mieux que la Religion même, nous procurera touts les biens poffibles dans cette vie, fans prejudice aux belles efperances qu'ils nous donnent pour l'autre. Cachons par confequent la fourberie, fous les apparences de la candeur; etudions nous à toute la fineffe du renard, decrite admirablement par Archiloque. S'il n'eft pas facile toujours d'en impofer aux hommes; où font les grandes chofes, auxquelles fans peine on reüffiffe? Il n'eft pas au refte ici queftion de balancer. Il faut ou vivre malheureux, ou fuivre fidellement le chemin qu'on nous trace. Ne pourrons nous cabaler, & remuer de puiffantes factions en notre faveur, s'il nous arrive d'être furpris? Manquons nous de Retheurs habiles, de gens confommés dans la chicane; qui nous apprendont l'art d'eblouïr la Multitude, & de prêter même de l'eclat aux actions les plus horribles? Enfin l'impunité nous manquera-t-elle d'autre part, quand nous

aurons

aurons la force en main? Nous ne sortirons pas vainqueurs d'une guerre ouverte avec les Dieux; & nous ne viendrons pas à bout aussi de les tromper. Sommes nous bien sûrs qu'ils existent; ou qu'ils se mêlent de nos affaires? Le sçavons nous d'ailleurs, que de la bouche des Poëtes, qui nous ont fait leur genealogie? Or ces mêmes Poëtes, qui nous disent que Jupiter fait rouler son tonnerre dans le Ciel, nous enseignent que la vapeur qui s'exhâle de nos Temples, desarme son courroux. Il faut leur ajoûter foi sur tout, ou ne les croire sur rien. Puisque nous devons religieusement les ecouter; commettons hardiment des injustices; & partageons en les fruits avec les Dieux. Vivons bien; ils ne nous feront point de mal; c'est le plus que nous puissions en esperer; mais où sera notre butin? Au contraire ils conniveront à touts nos brigandages, si nous avons soin d'en apporter une partie aux pieds de leurs autels. Nous serons punis dans un etat futur; & peut-être même la peine en rejaillira-t-elle sur nos derniers Nepveux? Encore une fois, s'il est permis d'en prendre pour guarand la foi des Peuples entiers; est-il attentat au monde, qui ne cede à la vertu propitiatoire des sacrifices, offerts par les mains de nos Prêtres? Revoquerions nous en doute ce que nous en disent les Poëtes, enfants des Dieux, & cette foule d'hommes inspirés, dont mille Nations polies reverent parfaitement les oracles? Puisqu'unanimement ils nous en quittent pour enjoliver un peu le dehors, & qu'ils nous promettent, à cette condition, tout à souhait pendant la vie, sans crible à porter après la mort: qui pourroit nous entêter encore de la justice, & nous faire sans raison renoncer aux douceurs du crime?

Comment, je vous prie, conserver du goût pour elle, mon cher Socrate; après un si grand nombre de leçons, revêtues des charmes les plus touchants de la poësie? Engagé par les caresses de la fortune, on en fera son unique Divinité; & l'on regardera comme des insensés tous ceux, qui n'auront que de mediocres empressements pour elle. On aura tort, je le veux; mais on sera plus à plaindre encore qu'à blâmer. Mieux on verra le faux de tout ce que nous avons dit au desavantage de la justice, & plus on sera persuadé

LIVRE SECOND.

suadé qu'elle merite touts nos hommages; moins on s'aigrira contre les esprits aveugles, qui lui refusent leur amour. On sçaura qu'une vive douleur, à la vue du peu de respect qu'on a pour elle, est un sentiment qui n'appartient qu'à certaines âmes privilegiées; sur lesquelles tomberent en naissant de nombreuses etincelles du feu du Ciel; & qui de bonne heure prirent soin de lui fournir l'aliment precieux des lumieres acquises. Le reste ne fait le bien, que lorsque l'âge, la maladie, la timidité naturelle, les a mis dans l'impuissance de faire le mal. En veut-on la preuve? Que l'on donne du pouvoir à ces âmes du commun; elles s'en serviront pour nuire.

Je me suis demandé souvent à moi-même, d'où peut venir une depravation de mœurs si generale; & j'en trouve une raison particuliere; qui m'a poussé, mon cher Socrate, à vous faire tout ce discours. C'est que vous autres, amateurs passionnés, panegyristes eloquents de la justice, à vous prendre, depuis les premiers grands personnages qui dans les siecles passés lui firent honneur, jusqu'à nos jours, vous ne faites envisager aux hommes que les avantages exterieurs qu'elle procure, & les inconvenients, du même genre, auxquels l'injustice les expose. On ne leur a point encore fait connoître ce quelles operent d'assez efficace dans un cœur, pour y produire la joie, ou la tristesse; independemment de tout ce qu'on en doit esperer, ou craindre, de la part du Ciel, & du Monde. En un mot, on ne leur a jamais bien fait comprendre, que l'une est la furie la plus cruelle, & l'autre la compagne la plus aimable, à laquelle on puisse au dedans de soi donner retraite. Si dès notre enfance on nous tenoit ce language, & si nous conspirions touts à nous le parler; nous n'aurions point a nous armer d'une farouche defiance les uns contre les autres. Chacun, devenu son juge le plus integre, & son plus redoutable surveillant, apprehenderoit, en faisant tort aux plus destitués d'appui, de s'en faire beaucoup davantage à lui même.

Voilâ reellement ce que je pense, mon cher Socrate, & ce que je trouve le plus profondement gravé dans mon âme. Thrasymaque, & les gens de son espece, levent hautement l'etendard contre la justice;

ftice; & s'y prennent avec une audace, à mon avis qui fait peine. Jaloux de leur gloire, il fera je m'affûre touts fes efforts, pour nous furpaffer, Glaucon, & Moi. Quoiqu'il en foit, pour ne point leur infpirer trop d'enflûre, je declare que fi je leur ai prêté mon orgâne, & fi j'ai fait valoir tout ce qu'ils alleguent de plus fort fur le fujet, ce n'eft, mon cher Socrate, que par une extrême paffion de vous entendre. Ne vous en tenez pas au refte, je vous en conjure, fimplement à nous montrer, par des raifons tirées du dehors, que la Juftice eft preferable à l'Injuftice. Faites nous voir quels effets elles produifent dans l'interieur de l'homme de bien, & du mechant homme; pour affûrer, comme vous faites, que l'une eft par ellemême le plus grand des biens, & l'autre le plus grand des maux. Quant à leurs fuites, heureufes, ou funeftes, foit par rapport à la vie prefente, foit par rapport à celle qui doit la fuivre; mon Frere vous a prié de n'en rien dire; & je me joins à lui. Tant que de part & d'autre vous n'ecarterez pas generalement touts les motifs, puifés d'ailleurs que du fein de la vertu même, & du vice; on vous repondra que ce n'eft point la premiere qu'il faut aimer, ni le dernier qu'on doit haïr. Le plus qu'on vous accordera, c'eft que l'interêt de la reputation demande qu'on paie de belles apparences. Mais en même temps on vous accufera de retomber dans le fentiment de Thrafymaque, & comme lui, de tout reduire à la loi du plus fort. Souvenez vous, je vous prie, mon cher Socrate, que vous avez mis la juftice au rang des biens, plus recommandables encore par leurs attraits naturels, que par les avantages acceffoires qu'ils trainent après eux; & de l'injuftice toujours entendons le contraire. C'eft à vous par confequent de nous decouvrir ce qu'elles ont effentiellement de fi propre à repandre de la douçeur, ou de l'amertume dans une âme. Je ferois meilleure compofition à quelque Philofophe du commun. Mais j'attends plus de vous; de vous, dis-je, que l'on connoît, pour n'avoir jamais envifagé dans tout le cours de votre vie les bons, ou les mauvais retours d'une action à faire. Dites nous donc fur quoi fondé nous devrions cherir la juftice, detefter l'injuftice, regarder l'une comme un principe

LIVRE SECOND.

cipe de bonheur pour nous, & l'autre comme une cause inevitable de misere; n'eussions nous ni les Dieux pour juges, ni les hommes pour temoins de notre conduite?

Le charactere d'esprit de Glaucon, & d'Adimante, m'avoient charmé de tout temps; mais je n'en fus jamais si vivement touché, qu'après les avoir ouïs plaider si fortement la cause de l'injustice. Dans mon transport, je leur dis: Enfants d'un excellent Pere, je ne trouve rien d'excessif dans l'eloge que vous donne un de nos Poëtes, justement etonné de la bravoure que vous fîtes paroître, dans la fameuse journée de Megares. C'est avec beaucoup de raison qu'il vous apostrophe, avec un enthousiasme plus qu'ordinaire, au commencement d'une de ses elegies : " Jeunes & vail- " lants Heros, divin couple, descendu d'un Pere illustre." La nature en effet a mis en vous certainement quelque chose de plus qu'humain, s'il est vrai que vous teniez encore pour la justice, habiles comme vous etes à peindre en beau le Crime. Nous avons touts vos declarations expresses. Mais j'augure moi de la connoissance particuliere que j'ai de vos mœurs, & de votre vieille façon de penser, que pour avoir sçu lui prêter les couleurs les plus favorables, jusqu'à faire presque douter si pour vous il est encore odieux, elle n'a rien perdu de ses anciens droits sur vous. Mais plus je suis assûré de votre parfait attachement pour elle; moins je vois comment, à votre entiere satisfaction, vous refuter. Puisque vous refusez de vous rendre aux choses que j'ai dites à Thrasymaque; desormais qu'ajoûter, pour la defendre?..... L'abandonner?.... Il est impossible. Avoir encore un souffle de vie, sans l'emploïer à repousser le tort qu'on lui fait, seroit une impieté des plus enormes. Il reste uniquement de tout mettre en œuvre, pour la secourir.....

Glaucon, Adimante, & les autres, à l'exception de mon plus mauvais Adversaire, me prierent instamment de ne la point laisser dans l'etat de souffrance, où toutes ces attaques differentes l'avoient reduite; & de ne point rompre nos entretiens, que nous n'eussions epuisé tout à fait une matiere, dont j'avois eté le premier à leur exaggerer l'importance.....

TOME I.   H   La

La verité, leur dis-je, n'eſt ici rien moins que facile à demêler; & nous aurons beſoin de très bons yeux, pour la decouvrir. Comme je connois les miens pour n'être pas des meilleurs; peut-être ne ferai-je point mal d'imiter un homme qui verroit de près; malgré ſa vue baſſe, qu'on obligeroit de lire une affiche, gravée en petits characteres, & hors de portée. S'il eſperoit de trouver le même ſens ailleurs, d'une maniere plus favorable à ſon defaut; il s'eſtimeroit heureux de pouvoir aller dabord au plus aiſé, pour deviner enſuite le difficile. Par une confrontation reïterée, il s'aſſureroit avec le temps qu'il auroit bien lu. ADIMANTE. L'expedient eſt ingenieux; mais quel uſage en pretendez vous faire?

SOCRATE. La juſtice ne ſe remarque pas moins dans un Etat, que dans un particulier. ADIMANTE. Je vous entends, mon cher Socrate. Vue en grand, elle ſera beaucoup plus facile à reconnoître en petit. SOCRATE. C'eſt ma penſée. Voïons par conſequent naître une Republique; & ſuivons la dans ſes divers progrès. La juſtice, & l'injuſtice, ne tarderont pas à paroître. ADIMANTE. Je vous ecoute.

SOCRATE. Si les hommes s'aſſemblent en ſocieté, n'eſt-ce pas qu'ils ont des beſoins, auxquels, ſans le ſecours les uns des autres, ils ne peuvent ſubvenir? ADIMANTE. C'eſt la principale raiſon qui les y porte. SOCRATE. Foibles, ils s'uniſſent, pour être aidés; & bientôt ſe forment les premiers rudiments du Corps politique. ADIMANTE. Toutes ſes parties s'achevent par degrés. SOCRATE. Si quelqu'un cede quelque choſe de ſon bien à voiſin, ou s'il conſent à des echanges; c'eſt qu'il y trouvera ſon avantage? ADIMANTE. Quel autre motif le porteroit à ſe depouiller, en faveur d'un autre? SOCRATE. Avant tout, il faut des aliments, le couvert, & le vêtir. L'un ira donc à la charrue; un ſecond prendra la truelle en main; un troiſième pouſſera la navette; un quatrième taillera le cuir. Cinq ou ſix eſpeces d'artiſans commenceront une ville, où l'on aura le neceſſaire. ADIMANTE. Oui. SOCRATE. Lequel, à votre avis, ſera le plus commode pour chacun d'eux; ou d'expoſer en vente le ſuperflu pour lui du produit de

ſon

LIVRE SECOND.

son travail ; ou de faire seul touts les metiers, pour ne manquer de rien ? ADIMANTE. Le dernier causeroit une disette absolue de tout. SOCRATE. La nature, cher Adimante, nous a reparti comme elle a voulu divers talents ; qui nous rendent propres, les uns à tel emploi, les autres à tel autre, mais touts peu capables d'en exercer plusieurs ensemble. ADIMANTE. Il est vrai. SOCRATE. Les denrées, sujettes à se corrompre, d'ailleurs exigent des attentions en certains temps ; & le moïen d'être partout ? ADIMANTE. Le remede sera de se preter mutuellement la main. SOCRATE. Nos gens de metier, jusqu'ici peu nombreux, ne se forgeront pas eux mêmes leurs outils. Nous grossirons par consequent notre hameau de ceux qui sçauront battre le fer. Les Bergers viendront ensuite ; pour garder les animaux destinés au labourage, ceux qui serviront pour les voitures, & ceux qui doivent nous enrichir de leur toison. ADIMANTE. Quoi plus ? SOCRATE. Il est rare qu'un terroir soit assez fertile, pour avoir de tout. Nos voisins auront besoin de nous, & nous ne pourrons à notre tour nous passer d'eux. Il nous faudra donc Chartiers, Mulletiers, Marchands ; & Matelots, Pilotes, si nous avons du commerce par mer. ADIMANTE. Fort bien. SOCRATE. L'argent sera d'une grande commodité, pour le trafic ? ADIMANTE. Infinie. SOCRATE. Vous ne voudrez pas que les vendeurs consument un temps precieux dans le marché, pour attendre le debit ? ADIMANTE. Il sera beaucoup mieux d'en charger les personnes devenues inutiles, soit par leur âge, ou par leurs infirmités. Je vois que c'est la coutume en certains endroits. SOCRATE. Elle est sage ; & nous aurons aussi nombre de Courtiers. Il reste les portefaix, & les gens de journée ; qui pour tout auront la force de corps ; mais qui n'en rendront pas moins d'excellents services, pour un leger salaire. Notre ville prend forme ; qu'en pensez vous ? ADIMANTE. Du moins aura-t-on l'essentiel à la vie.

SOCRATE. Il s'agit presentement d'y trouver la justice, & l'injustice, mon cher Adimante. Où les chercherons nous ? ADIMANTE. Si je ne me trompe, dans le commerce mutuel que les Citoïens auront ensemble. SOCRATE. Peut-être m'enseignez vous bien.

bien. Mais examinons avant tout quelle fera leur maniere de vivre.

Ils n'emploieront le temps qu'à rendre la terre feconde, à fe defendre contre les injures de l'air, en un mot à cultiver touts les arts neceffaries. Affidus au travail, ils feront peu vêtus l'eté, bien munis l'Hyver. Ils ecraferont le bled, l'avoine, & l'orge; pour fe faire des pains, & des gâteaux; qu'ils feront cuire à propos fur un feu de chaûme, ou de feuilles sêches. Etendus fur des lits de myrthe, & couronnés de fleurs, ils s'en regaleront, eux, leurs femmes, & leurs enfants. La couppe en main, ils mepriferont l'ivreffe; & chanteront des hymnes en l'honneur des Dieux. Ils rehaufferont ces plaifirs innocents, par ceux d'une converfation douce, & tendre. GLAUCON. Quoi, mon cher Socrate, ne leur donnerez vous plus rien? SOCRATE. Beaucoup davantage. Des olives, des figues, des raifins, des fèves, des chataignes, des glands, rôtis fous la cendre; mille autres mets exquis, dont la campagne eft toujours pleine; du lait enfin. Je vous le demande, auront-ils de tout? GLAUCON. Oh pour le coup certainement ils feront bonne chere. SOCRATE. Soigneux de fermer toutes les avenues aux deux grands ennemis de notre repos, la difette, & la guerre, brillants de fanté, ils couleront leurs jours dans l'abondance, & dans la paix. Quand au bout d'une heureufe & longue vieilleffe, leurs yeux fe fermeront par un doux fommeil; ils laifferont à leur Pofterité pour heritage, une vie femblable à la leur. GLAUCON. Tout ce que je crains, mon cher Socrate, c'eft qu'on ne la juge affez delicieufe pour des brutes; mais l'homme, vous le fçavez, eft un animal d'une haute confequence. SOCRATE. Hé bien, qu'il nous le dife; que lui faut-il donc, pour le fatisfaire? GLAUCON. Des palais immenfes, des lambris dorés, des ameublements fuperbes, des tables fplendidement fervies. SOCRATE. C'eft à dire que touts les prefents du Ciel ne feront eftimables, qu'à mefure qu'il aura fçu les corrompre, par les affaifonements pernicieux du luxe. Je fuis bien aife que vous m'aïez fait fouvenir de ces Republiques depravées, que nous decouvrons auffi loin que notre vue peut s'etendre. Il nous les falloit, ces grands

theatres

LIVRE SECOND.

theatres de l'Injuſtice, pour voir de quelle maniere un Etat, plein d'innocence dans ſes commencements, par degrés ſe remplit de touts les crimes. C'etoit dabord un corps ſain, & vigoureux. Le feu des paſſions s'y met. Il eſt travaillé de toutes les maladies, que banniſſoit une exacte ſobrieté. Aux douceurs veritables, & d'une acquiſition facile, ſuccederont ſomptueux edifices, grands repas, equipages pompeux, ſpectacles, bals, chaſſe, muſique, peinture, poëſie. Les arts miniſtres de la volupté, multipliés à l'excès, engloutiront ceux du beſoin. Cuiſiniers, Confiſeurs, Perruquiers, Medecins; tout y ſera comme entaſſé. GLAUCON. Votre premiere enceinte, mon cher Socrate, ne pourra contenir cette multitude effroïable d'habitants ſurnumeraires; & de plus comment fournir à leur ſubſiſtance? SOCRATE. Laiſſez les faire, mon cher Glaucon; ils trouveront le moïen de ſe mettre au large. Il ne s'agira que d'envahir les terres de leurs voiſins. Les derniers, qui n'auront pas moins de leur coté franchi les bornes du neceſſaire, s'armeront, pour repouſſer leurs hoſtilités. De l'enfer ſortira la guerre: fleau terrible; ſource infinie de calamités particulieres, & publiques. GLAUCON. L'amour du luxe, mon cher Socrate, eſt le mauvais principe qui l'introduiſit dans le monde.

SOCRATE. On aura donc une armée ſur pied. Une armée occupe un grand terrein. Il faudra beaucoup davantage s'etendre. GLAUCON. Ce prodigieux nombre de Citoïens inutiles eſt aſſez de monde, ce me ſemble. SOCRATE. Il eſt vrai. Mais ſouvenez vous que pour bien faire un metier, il n'en faut qu'un. GLAUCON. Je l'oubliois. SOCRATE. Celui dont nous parlons, n'eſt aſſurement ni moins difficile, ni moins important qu'un autre. Cependant le Cordonnïer, diſons nous, ne doit point conduire la charrue; & le Forgeron, après avoir etourdi le voiſinage par le bruit de ſon marteau, badineroit de fort mauvaiſe grace avec l'aleine. Un homme ne reüſſit pas même dans l'art d'eſcammotter, ſi dès l'enfance il n'a manié le cornet. Il faut s'être brûlé pluſieurs années le viſage, avant que de bien faire un ragoût. Dans un temps court apprendroit-on à lancer habilement une flêche? On n'eſt pas Athlete,

lete, pour avoir ganté le ceſte; ni Soldat, pour avoir pris un bouclier. GLAUCON. Le Monde eſt aſſez dans ces principes.

SOCRATE. Plus la profeſſion des armes demande ſeule d'application; plus il ſera neceſſaire d'exempter les gens de guerre de tout autre ſoin. GLAUCON. Vous en avez dit les raiſons. SOCRATE. Outre leurs penſées entieres, elle exigera des qualités perſonnelles très peu communes. GLAUCON. On en eſt encore ſuffiſamment convaincu. SOCRATE. La grande tâche d'enſeigner à connoître les naturels, avec fondement qui de loin pourront faire eſperer de braves gens à la Republique, roule ſur nous. GLAUCON. Elle eſt bien nommée grande. SOCRATE. Je le ſens; mais eſſaïons nos forces.

Je ne ſçais, mon cher Glaucon, ce que vous penſerez de ma ſaillie? Il me ſemble qu'un Guerrier doit avoir deux tiers du Mâtin. GLAUCON. Elle ſurprend; mais elle rejouït; & tout ira bien, pourvu qu'elle ne manque pas du coté de la juſteſſe. SOCRATE. Je veux dire qu'il doit avoir du feu, pour être partout; du nez, pour flairer l'ennemi; des jambes, pour lui donner la chaſſe; de la force, pour le renverſer. GLAUCON. Le rapport eſt parfait. SOCRATE. L'ardeur belliqueuſe eſt enfantée par la colere; cette paſſion redoutable, dont les mouvements inſpirent un courage, aveugle à touts les perils. GLAUCON. Il eſt vrai; c'eſt elle qui fait les Heros. SOCRATE. Oui; mais prenez garde que ſouvent elle forme auſſi des Ours, & des Tigres. Les gens de guerre ſont naturellement feroces; mais je les veux humains, polis, affables, tendres, compatiſſants pour le Camarade, pour le Compatriote, & pour l'Etranger, autant que formidables à l'Ennemi. Le moïen autrement pour eux de vivre enſemble? GLAUCON. Une bonté foible enhardiroit l'injuſtice; mais le moindre melange de ferocité gâteroit tout. SOCRATE. Comment allier la bravoure avec une douçeur parfaite? C'eſt la difficulté, mon cher Glaucon. Cependant vous conviendrez qu'un galant homme doit reünir des vertus, diroit-on, ſi contraires. GLAUCON. Je ne puis ni le conteſter, mon cher Socrate, ni trouver un denouement....

Je

LIVRE SECOND.

Je m'arrêtai dans cet endroit, avec un air un peu rêveur. Un moment après, je dis à Glaucon : En verité, nous meritons bien notre embarras ; pour avoir oublié fi-tôt notre precepteur excellent de tout à l'heure ; qui nous fait toucher au doigt notre grand tort. Obfervons le quelques inftants ; & nous jugerons que ces affemblages, impoffibles à la premiere vue, ne font point rares. Agneau pour touts ceux qu'il eft accoutumé de voir, un vifage nouveau fuffit, pour le changer tout à coup en Lion terrible. GLAUCON. La remarque eft belle. SOCRATE. On peut donc être l'un & l'autre tout à la fois, mon cher Glaucon ; & j'ai la nature pour guarand, lorfque dans un Guerrier j'exige des qualités, en apparence incompatibles. GLAUCON. Il en faut demeurer d'accord. SOCRATE. Pour les couronner ; il ne faudra plus qu'un efprit philofophe. GLAUCON. Un efprit philofophe, mon cher Socrate ! Ne quittons nous point ici tout à fait notre excellent Precepteur, comme vous l'appellez ? SOCRATE. Non, point du tout. Vous ne faîtes pas attention à la maniere tout à fait judicieufe dont il raifonne. Pour careffer les gens qu'il connoît, il n'attend point qu'ils le previennent ; pendant qu'il fe jette au premier abord fur un inconnu, qui ne lui dit mot. Cet excès de bon naturel d'une part, & de mauvaife humeur de l'autre, n'a-t-il pas beaucoup de quoi furprendre ? Mais ne trouvez vous pas là de l'efprit, & de l'efprit philofophe en abondance ? GLAUCON. Vous plaifantez, mon cher Socrate. SOCRATE. Je parle très ferieufement, je vous le protefte. A fa place, voïons fi nous raifonnerions mieux vous & moi..... L'un eft dans la maifon touts les jours. C'eft la premiere fois que l'autre y vient. Celui-là n'eft donc point à craindre ; mais le fufpect eft au moins un etranger ; un ennemi, que fçait-on ?..... GLAUCON. Je me condamne.

SOCRATE. Notre jeune Hercule connoîtra de même fes gens à la phyfionomie. Rien ne fera plus doux, à l'approche de touts ceux qui fe prefenteront à lui fans mauvais deffein ; mais fon regard feul infpirera de la terreur aux mechants efprits. Nous l'aurons donc Philofophe par deffus tout, porté par fon inftinct à la clemence, intrepide, adroit, vigoureux. Glaucon. C'est un excellent homme de guerre, en raccourci.

Socrate. De quelle maniere eleverons nous les jeunes gens, mon cher Glaucon; pour les mettre en voie d'acquerir toutes ces perfections enfemble? La queftion eft de la derniere importance, & dans fon lieu. Mais elle nous ecarteroit; & peut-être ferons nous mieux d'examiner comment l'injuftice trouve entrée dans une Republique. Il feroit mal de nous eloigner beaucoup, fans une parfaite neceflité; mais il ne faut aufli rien omettre de ce qui peut contribuer au bon fuccès de notre principale recherche. Adimante. Outre que l'utilité de la digreflion en elle même nous empêchera de la juger longue, & que vous fçaurez nous la rendre courte; il me femble qu'elle nous mene aflez droit à notre but. Socrate. Puifque c'eft votre fentiment; j'oferai me pardonner une prolixité, qu'on fouffre jufques dans les faifeurs de contes; & je vous traiterai comme des perfonnes, que l'amour de la verité tient en haleine, quelque detours qu'il faille prendre pour y parvenir.

Il feroit impoflible d'imaginer pour les jeunes gens un plan d'education plus jufte, que celui dont le monde s'eft avifé depuis longtemps. Quoi de mieux, que de les partager entre la Mufique, & la Gymnaftique; entre les Sçiences, & les Exercices? Les uns façonnent le corps; les autres perfectionnent l'âme. Adimante. C'eft en deux mots tout ce qu'on peut fouhaiter. Socrate. La Mufique doit tenir le premier rang. Adimante. Former l'efprit, & le cœur, fans contredit eft la principale chofe.

Socrate. La connoiffance de la verité, dont la douce lumiere eclaire touts les objets dans l'un, & qui dans l'autre fait naître touts les fentiments nobles, fe communique, ou par la vive voix, ou par ecrit. Ordinairement on la prefente à decouvert; mais fouvent on aime à la cacher fous l'enveloppe de menfonges ingenieux. Ces deux manieres auront chacune leur temps. Mais on fçait que pour l'ordinaire un jeune homme eft moins attiré par les difcours ferieux, que par le badinage inftructif des fables. Adimante. Il s'imagine qu'on ne penfe qu'à l'amufer; pendant que l'on grave profondement

LIVRE SECOND.

dement chez lui, comme à son insçu, les premieres leçons de la Sagesse.

Socrate. L'essentiel est de bien commencer. On fait ce qu'on veut de l'âge tendre. Il reçoit les bonnes, & les mauvaises impressions, avec la même facilité. C'est une cire, qui prend dabord toutes les empreintes; un arbrisseau, qui conserve touts les plis qu'on lui donne. Adimante. Ces maximes sont generalement reçues. Socrate. Nous ne souffrirons pas qu'on berce les enfants de mille contes celebres; laplûpart uniquement propres à les remplir de fausses idées, auxquelles peut-être ne viendrions nous un jour que très difficilement à bout d'en substituer de plus saines. Après en avoir fait un choix, & prescrit des bornes aux Ecrivains; nous chargerons etroitement les meres, & les nourrices, de n'avoir à la bouche que ceux dont elles pourront utilement faire usage, pour donner une bonne tournure à l'âme, pendant qu'elles finiront le petit corps avec les mains. Adimante. Lesquels interdiriez vous avec le plus de soin? Socrate. Ceux de longue haleine, mon cher Adimante; où le poison est encore plus present que dans les autres, & repandu par l'espace de plusieurs milliers de vers. Adimante. De ceux-ci, lesquels jugez vous les plus dangereux? Socrate. Les plus admirés, mon cher Adimante; la Theogonie d'Hesiode, l'Iliade, & l'Odyssée d'Homere; cent ouvrages de même nature, dont le Monde est infatué, presque à n'en plus revenir. Adimante. Que renferment-ils de si mauvais? Socrate. Je trouve dabord, quoi qu'on dise, que les Poëtes ne mentent point joliment. Est-ce le faire avec esprit, que de travestir les Heros, & les Dieux mêmes; jusqu'à les rendre meconnoissables au plus haut point? A quoi, je vous prie, comparer les portraits bizarres qu'il nous en font, qu'à ceux de ces peintres ignorants, qu'on voit obligés de mettre au bas le nom des personnes qu'ils ont tirées, afin qu'on se garde bien de les prendre pour d'autres?

Commençons par Hesiode. Quel rôle fait-il jouer au Ciel, burlesquement vengé de son fils Saturne par Jupiter! Si toutes ces

Tome I.   I   fables

fables ridicules etoient autant de verités certaines; un homme fenfé tireroit le rideau fur de fi vilains Dieux; dans la jufte apprehenfion de faire tomber les efprits foibles dans beaucoup d'erreurs pernicieufes. Par deference pour la coutume, s'il falloit parler de ces romanefques avantures de la Cour celefte; il les envelopperoit avec un grand foin de touts les nuages du fanctuaire; pour derober ce qu'elles ont de plus choquant à ceux qui n'apportent aux pieds du Prêtre qu'un cochon de lait; & pour n'y laiffer rien entrevoir tout au plus qu'à ceux qui marchent à pas lents vers l'autel, fuivis d'une hecatombe. ADIMANTE. Cette Theologie, mon cher Socrate, eft egalement groffiere, & dangereufe. SOCRATE. Je ne voudrois pas même que dans notre Etat on fçût qu'elle eft fortie du cerveau mal conditionné des Poëtes. Un jeune homme ne doit avoir aucune raifon, pour fe diminuer à lui même l'horreur du vice. Il ne faut pas feulement qu'il puiffe lui venir à l'efprit, qu'etendre la main jufques fur un pere, foit une action quelquefois permife; après que les plus confiderables d'entre les Dieux l'ont autorifée par leur exemple. ADIMANTE. Toutes ces chofes, mon cher Socrate, font honteufes à penfer, & plus encore à dire.

SOCRATE. On ignorera l'hiftoire de leurs combats; dans lefquels on les voit fe bleffer mutuellement à la tête, au pied, à l'epaule, partout, & fe tendre des pieges de la maniere la plus infâme les uns aux autres. Si nous voulons que parmi nous on n'en vienne que difficilement à vivre mal enfemble; nous fupprimerons mille recits trop bien tournés de l'orgueil temeraire des Geants, de l'efprit vindicatif des Dieux, & des hommes eftimés divins, porté fouvent au dernier excès contre leurs proches. Nous inculquerons à tout propos qu'un Citoïen religieux ne concevra jamais une haine de longue durée contre fon Concitoïen; & que ne le pas aimer, feroit un crime. C'eft un language, que les Gouverneurs, & les Gouvernantes, auront foin de tenir aux enfants; & nos Poëtes en feront les echos fidelles. Aux chaînes, dont Junon, furprife avec Mars, fut chargée par fon propre fils, au coup de pied brutal, par lequel Jupiter precipita Vulcain du haut des Cieux,

pour

LIVRE SECOND.

pour s'être mis au devant des coups portés à sa mere, enfin aux batailles, qui teignirent de sang mille fois l'Empirée, ils substitueront des eloges de la concorde, & de la paix. Allegorie, ou non; les Dieux seront degradés, ou de meilleur exemple. Puisqu'il est certain que les jeunes gens n'ont pas l'esprit assez fort, ni le discernement assez juste, pour distinguer un jeu d'imagination des sentiments veritables d'un Ecrivain; & que les impressions faites à cet âge, durent ordinairement toute la vie; il importe extremement que tout, fables, discours didactiques, ne les porte qu'à la vertu. ADIMANTE. Avant que de souscrire à vos decisions, mon cher Socrate, le Monde souhaitera peut-être un jugement critique sur les premieres; & quelques-unes de notre façon, pour modelles? SOCRATE. Nous ne sommes du metier, cher Adimante, ni vous ni moi. Tracer le plan d'une Republique est notre soin. C'est donc assez de faire sentir la consequence dont il est, de reprimer la verve licentieuse des Poëtes, & de l'asservir à tout ce qui peut contribuer aux bonnes mœurs.

ADIMANTE. Quelles regles à suivre leur prescrirez vous, sur le fait de la Theologie, mon cher Socrate? SOCRATE. Je commencerois par bannir de la prose, aussi bien que des vers, toutes les fausses peintures de la Divinité. ADIMANTE. Il est vrai que rien n'egare d'avantage l'esprit humain. SOCRATE. L'Etre suprême est le meilleur de tout les Etres. On doit le dire, & le penser. ADIMANTE. Assurement. SOCRATE. Un Etre bon, & bien-faisant de sa nature, se trouve, par sa bonté même, dans une heureuse impuissance de nuire. ADIMANTE. On ne pourroit, sans blasphême, en parler autrement. SOCRATE. Dieu par consequent n'est point Auteur du mal. Tout bien au contraire emâne en premier lieu de lui. Il n'est donc point la cause de tout; quoiqu'en publie un Corps nombreux de faux Docteurs. Nous aurions même tort d'imputer à cet Etre Souverain la plûpart des choses qui nous arrivent; puisque nos biens, dont il est la Source, ne sont qu'en petit nombre, en comparison de nos maux, qui viennent d'ailleurs. ADIMANTE. Ces idées sont beaucoup plus raisonnables, mon cher Socrate, & font plus d'honneur à la Divinité.

SOCRATE. S'il est vrai qu'il faut s'en exprimer ainsi ; quelle indignation n'aurons nous point contre Homere ; avec " ses deux " tonneaux, placés à l'entrée du palais de Jupiter ? Toutes les fois " qu'il sort, après s'être majestueusement dechargé de son ton- " nerre, il tire le bien de l'un, & le mal de l'autre, pour nous " touts mortels infortunés. Il en fait un melange, tel que lui " dicte son caprice. Quand le dernier vient seul ; un Malheureux " est condamné toute sa vie à courir le monde, poursuivi par la " faim." Nous appellerons ce Poëte un Titan ; d'imputer le parjure, & la mauvaise foi de Pandare à Minerve, devenue fourbe, & sacrilege, à l'instigation du Pere des Dieux. Enfin nous aurons peine à le souffrir ; lorsqu'il nous represente " Jupiter encore, " & Themis, en mouvement d'un bout du Ciel à l'autre, pour " appaiser un grand tumulte, excité sur rien dans toute l'assemblée " celeste." Nous decrediterons pareillement Eschyle ; pour avoir dit que " les Dieux, quand ils ont juré la ruine des plus illustres " familles, sçavent tôt ou tard prendre leurs mesures, pour en faire " perir les chefs."

Si quelque faiseur d'ïambes vient remplir l'air des flèches, qui percerent le sein de la malheureuse Niobé ; s'il fait des efforts pour nous frapper des plus vifs sentiments d'horreur, à la vue des meurtres qui rendirent la maison de Pelops infâme ; s'il nous demande pathetiquement nos larmes pour les Troïens, accablés de maux pendant l'espace de tant d'années ; enfin s'il met tout en œuvre, pour nous emouvoir, par la description de touts ces jeux, tantôt bizarres, tantôt horribles de la fortune, dont nous sommes chaque jour temoins ; nous lui defendrons d'interesser aucunement la Divinité dans ses recits. Pour la disculper, nous obligerons sa Muse de lui suggerer des raisons, du genre des notres. Il dira que l'Etre Souverain ne fait jamais rien que de juste, rien que d'avantageux pour nous. Les chatiments sont toujours merités par les coupables, & toujours un bien pour eux. Ils leur sont necessaires, pour leur faire perdre le goût d'être mechants, & par là

LIVRE SECOND.

là miserables. En un mot, Dieu corrige; mais il ne se plaît point simplement à punir. La doctrine opposée, mon cher Adimante, renverse entierement la religion. Elle est absurde, infiniment propre à corrompre les esprits, incompatible en tout sens avec le bonheur d'une Republique. En prose, en vers, encore une fois elle ne sera point soufferte. ADIMANTE. Mon cher Socrate, j'approuverai fort une loi, pour la proscrire.

SOCRATE. Si l'origine du mal ne se trouve point en Dieu; seroit-il un Enchanteur, un Prothée; qui prît souvent plaisir à se montrer aux hommes sous mille formes differentes, pour les amuser, ou pour les seduire? Ne l'estimerons nous pas beaucoup plutôt un Etre simple, toujours lui-même, & trop bon par dessus tout, pour aimer à se joüer de notre foiblesse? ADIMANTE. L'un est plus respectueux à penser, & certainement plus vrai que l'autre. SOCRATE. Ces metamorphoses indecentes seroient operées en lui par des causes etrangeres, ou par lui-même, & par un effet de sa propre volonté. Mais prenons garde en premier lieu que son excellence infinie le met à l'abri de celles, qui viendroient du dehors. Nous voïons que plus un corps est robuste, moins il est alteré par la faim, par les travaux, & par les autres incommodités. Les plantes saines, & les arbres vigoureux, bravent les vents, & les saisons. Quelque sujette à l'inconstance que soit notre âme; rien ne la tire de son assiette, lorsqu'elle est sage, & courageuse. Parcourons en un mot touts les ouvrages, soit de la nature, soit de l'art; & nous trouverons qu'ils sont moins exposés au changement, à mesure qu'ils sont parfaits. ADIMANTE. Il est vrai, mon cher Socrate. SOCRATE. Quel jugement donc faire de ces transformations nombreuses, par lesquelles il semble que les Poëtes aient pris à tâche de tourner l'Etre souverainement parfait en ridicule? ADIMANTE. Le moins qu'on en puisse dire, c'est qu'elles sont chimeriques. SOCRATE. Accordons qu'elles fussent reelles; il en seroit lui-même l'Auteur; & sans doute qu'il s'y proposeroit un gain à faire. ADIMANTE. Comment cesser en rien d'être ce qu'il est, mon cher Socrate, qu'infiniment à son desavantage; puisqu'il ren-

ferme

ferme toute la perfection possible. SOCRATE. C'est bien dit. Mecontent de lui-même, cher Adimante, il ne se fera point un autre, à perte pour lui. ADIMANTE. Qui de nous voudroit entreprendre quelque chose de semblable, à son prejudice? SOCRATE. L'immutabilité sera donc un attribut essentiel à l'Etre divin. ADIMANTE. Assurement. SOCRATE. Nous n'ecouterons par consequent point les Poëtes, qui nous disent que " les Dieux, deguisés de " toutes les manieres, se glissent dans les villes, à l'insçu des ha- " bitants; & que des années entieres ils s'y donnent pour etran- " gers." Qu'ils ne parlent plus ni de Prothée, ni de Thetis. Que " Junon, travestie en Prêtresse, ne demande plus sur le theatre " sa recompense au fleuve Inaque, pour avoir sauvé la vie aux " enfants de ce Dieu." Les meres credules, & trop souvent remplies d'un profond respect pour ces romans frivoles, d'un air persuadé ne diront point aux enfants, que la nuit certains Dieux font la ronde, sous mille figures, propres à causer un grand effroi. Qu'elles sçachent que les uns en seroient fort offensés; & que les autres en recevroient des blessures, dont ils conserveroient de fâcheux restes peut-être jusqu'au tombeau. ADIMANTE. Je condamne avec vous aux tenebres ces contes ridicules, & terribles.

SOCRATE. C'est un fait pourtant, nous dira-t-on. Les Dieux, immuables tant qu'on voudra, peuvent certainement nous faire illusion, & nous apparoître, comme bon leur semble. ADIMANTE. On ne doit pas, à mon avis, leur contester cette puissance. SOCRATE. Non; mais comment leur donner un si coupable dessein? Ignorons nous qu'ils abhorrent le mensonge; & que le mensonge est plus criminel encore dans les actions, que dans les paroles? Disons tout. C'est quelque chose de si parfaitement haïssable, mon cher Adimante, que même les plus mechants des hommes le detestent, & ne souhaitent rien au fond avec plus d'ardeur, que d'en guarantir la partie d'eux-mêmes la plus noble, & la plus divine. ADIMANTE. Vous avancez là, mon cher Socrate, un paradoxe, incroïable pour bien du monde. SOCRATE. Cependant rien de plus certain. Oui, je soutiens que l'homme n'a point de

penchant

LIVRE SECOND.

penchant plus fort, que celui de connoître la verité; que l'ignorance n'eft aucunement de fon goût; & qu'il eft infiniment eloigné d'aimer l'erreur, dans les chofes, qui font pour lui d'une importance reelle. Adimante. Quel interêt auroit-on en effet à fe tromper, dans la grande affaire du bonheur? Socrate. Quand je dis au refte que le menfonge eft odieux; je le prends dans l'âme; où c'eft toujours un defaut de lumiere qui le produit. Du dedans il paffe au dehors; mais le mental eft le feul, qui merite la haine des Dieux, & des hommes. Celui qu'on nomme officieux, eft fouvent très utile; comme lorfqu'il s'agira de faire avorter les enterprifes malicieufes d'un Ennemi, d'arrêter les mouvements de fureur, foit d'un indifferent, foit d'un Ami. C'eft aufli le pere ingenieux de la fable; dont le but naturel eft de remplir agreablement les vuides de l'hiftoire, & par le faux de conduire l'efprit au vrai. Adimante. Ces principes de Morale font inconteftables.

Socrate. Pour finir; de quel ufage feroit au Souverain Etre la fiction? Adimante. Il feroit extravagant de s'imaginer qu'il en pût tirer aucun fruit. Socrate. Le paffé, le prefent, l'avenir, lui font connus, mon cher Adimante. Il n'a point d'ennemis à craindre, ni d'amis phrenetiques à calmer. Adimante. Touts ceux qui lui font chers, ont la fçience, & la fageffe en partage. Socrate. Denué de touts les motifs, qui portent les hommes à feindre, exempt de toutes les tentations, qui les expofent à mentir; il n'eft donc capable de faire illufion à perfonne. Adimante. L'impofture feroit la chofe du monde la plus indigne de lui. Socrate. N'en doutons point; la veracité, cher Adimante, & l'immutabilité, font fes deux plus effentiels characteres. Il n'envoie point au genre humain des apparitions terribles, pour l'epouvanter, des apparitions frivoles, pour l'amufer, ni durant la veille, ni pendant la nuit. Adimante. J'en fuis entierement purfuadé.

Socrate. Admirateurs d'Homere à d'autres egards, nous diminuerons par confequent beaucoup pour lui de notre veneration, lorfqu'il donne à Jupiter l'infâme emploi, de feduire Agamemnon par un fonge impofteur. Nous meprifetons Efchyle; quand The-

tis

tis fait souvenir Apollon de l'Epithalame, qu'il accompagna de sa Lyre, le jour qu'ils s'epouserent; pour augmenter l'amertume des reproches qu'elle fit à ce Dieu. " N'avois-tu pas, lui dit-elle, fait " esperer d'heureux & de longs jours à mes enfants? Je n'aurois " pas cru Phœbus un perfide, après un si grand nombre de de-" monstrations tendres, & de promesses magnifiques. Cependant " voici qu'il vient lui-même d'ôter la vie à mon fils..... O le " Cruel!"

Nous aurons horreur d'un language, qui deshonore si fort les Dieux; & tout homme qui le tiendra, ne sera point souffert dans notre Republique. Les Magistrats, dans qui le respect envers eux doit l'emporter sur tout le reste, en banniront l'entrée à cette Theologie choquante, & burlesque tout à la fois. Insensibles aux ornements, dont les Poëtes l'ont embellie, ils veilleront à ce qu'elle ne soit point adoptée par les personnes, qui seront chargées de l'education de la jeunesse. ADIMANTE. De bonnes loix contre les Poëtes, mon cher Socrate, seront parfaitement bien.

DE

LIVRE TROISIEME.

DE LA
REPUBLIQUE;
OU
DU JUSTE, ET DE L'INJUSTE.

LIVRE TROISIEME.

SOCRATE.

TElles feront, cher Adimante, les precautions qu'il faudra prendre, pour empêcher les jeunes gens de s'enivrer d'un doux poifon ; fi nous avons à cœur de voir en eux reluire une pieté veritable envers les Dieux, un grand efprit de foumiffion envers leurs parents, une amitié tendre les uns envers les autres. ADIMANTE. Elles auront infailliblement touts ces bons effets.
SOCRATE. Pour leur infpirer de la bravoure, on leur prefentera touts les motifs, qui peuvent diminuer en nous la crainte de la mort. ADIMANTE. C'eft la paffion des âmes lâches. SOCRATE. Mais le moïen pour eux de ne jamais balancer entre la vie, & la liberté ; pendant qu'ils auront devant les yeux ce grand nombre d'epouvantails, dont nos Theologiens de tout à l'heure ont bordé les avenues de l'autre monde ? ADIMANTE. Le chien Cerbere feul, mon cher Socrate, eft affez terrible, pour faire tourner bride à plufieurs Efcadrons. SOCRATE. Nous aurons l'oeil fort

ouvert fur touts ceux, qui font metier d'apprendre aux hommes ce qui s'y paſſe. Ils feront priés, au lieu de nous faire peur de notre etat futur, de nous le peindre même ſous les images les plus riantes; puiſqu'au fond ce quils en content, n'eſt en ſoi ni vrai, ni propre à former des cœurs intrepides. ADIMANTE. Rien moins, aſſurement. SOCRATE. On feroit donc mal d'epargner la meilleure partie de ce qu'ils en ont dit; à commencer pas ces exclamations ridicules; que la Poëſie ne doit pas avoir aſſez de charmes, pour nous faire trouver ſupportables. " J'aimerois beaucoup
" mieux ſervir toute ma vie le bouvier le plus miſerable du plus petit
" hameau, n'euſſai-je pour tout à mes repas que des carottes bien
" comptées, que d'être Pluton là bas, & de manier les rênes de
" l'empire des Mânes..... Leur vaſte & ſombre demeure eſt in-
" feſtée de ſpectres horribles, remplie d'objets affreux, & degoû-
" tants. Elle eſt entierement inhabitable pour les hommes; &
" les Dieux eux-mêmes fremiſſent d'horreur, toutes les fois qu'ils
" s'en retracent le ſouvenir..... Pauvres Mortels, quand votre âme
" fugitive deſçend aux enfers, ce n'eſt plus, helas! qu'une ombre le-
" gere. Lorſqu'elle s'envole, pour aller eternellement y faire ſa demeure,
" elle fait tout retentir de ſes regrets, d'avoir ſi tôt perdu les avan-
" tages ineſtimables de la vie..... Ce n'eſt plus qu'une fumée ge-
" miſſante, & qui s'exhâle en ſanglots..... Une compagnie d'âmes
" fendoit l'air, en glapiſſant. Vous euſſiez dit de hibous; qui
" ſortis en grand nombre à l'entrée de la nuit d'un trou de rocher,
" ont laiſſé quelques-uns de leurs compagnons mal engagés dans
" quelque fente; d'où leurs cris aigus, & leurs battements d'ailes
" terribles, ſe font entendre."

Nous ſupplierons Homere, & tout le venerable corps des Poëtes, de ne point trouver mauvais que nous faſſions main baſſe, avec une louable cruauté, ſur toutes les ſornettes pareilles, qu'ils debitent gravement ſur l'autre vie dans leurs ouvrages. Ce n'eſt pas que la poëſie n'y ſoit belle: à Dieu ne plaiſe! Mais plus ils ſçavent charmer, plus il faut s'attendre que leurs faux ſentiments enerveroient le courage des jeunes gens, & des hommes faits; que nous voulons

LIVRE TROISIEME.

lons animés d'un zele pour la liberté, qui sans jamais hesiter un seul moment, leur fasse preferer la mort à la servitude. Nous leurs ferons pour cet effet oublier, s'il est possible, jusqu'aux noms de l'Averne, du Stix, & du Cocyte : noms capables encore une fois de faire du meilleur soldat un homme sans cœur. Ils seront merveilleusement bien imaginés, si l'on veut ; mais nous avons lieu d'apprehender, que les terreurs paniques dont naturellement ils remplissent les esprits, n'etouffent l'ardeur martiale, dans les depositaires futurs de la felicité publique. ADIMANTE. Craindre la pierre d'Ixion, & les Serpents des trois Furies, ne convient point à des gens, qui doivent ne rien craindre. SOCRATE. Pour achever d'ôter à la mort ce visage affreux, qu'elle tient de la pure liberalité des Poëtes ; nous ferons voir qu'ils inventent etrangement ; & nous substituerons de justes idées de la vie future, aux idées fausses, qu'eternellement ils nous en donnent. ADIMANTE. Pour avoir les veritables, on n'aura le plus souvent qu'à prendre le contraire de ce qu'ils en ont dit.

SOCRATE. Nous tarirons de plus ces fleuves de larmes, qu'ils font couler, à la mort des grands hommes. Il ne leur sera pas même accordé qu'un homme de bien puisse regarder la perte d'un ami cher comme un malheur insupportable, ni le pleurer avec une amertume excessive. L'affligé se doit suffire à lui-même, s'il est sage ; & n'attendre jamais du dehors que l'accessoire de son bonheur. ADIMANTE. La raison lui donne pour conseil de compter un agrement de moins, & de travailler du reste à le remplacer avec avantage. SOCRATE. On ne le verra donc point s'abbattre, lorsque la Parque aura tranché les jours d'un fils, d'un frere, aimés ; lorsqu'un injuste ravisseur le depouillera d'une partie considerable de son bien. Inaccessible à la folle douleur, il cedera paisiblement à touts les fâcheux accidents de la vie. ADIMANTE. Ils sont inevitables ; & les Dieux l'ordonnent. SOCRATE. Nous laisserons par consequent aux hommes foibles, aux femmes, je dis à celles dont l'esprit est le plus mou, ces lamentations impertinentes, que les Poëtes attribuent à qui bon leur semble ; quand un coup fatal enleve au Monde les Heros, & les autres personnes illustres. Il ne faut pas que dans les rencontres les plus imprevues, il echappe aucun trait de petitesse aux grands cœurs, auxquels un jour il appartiendra de soutenir la Republique, dans ses desastres. Adimante. Un objet, aussi digne de les occuper qu'est le salut de l'Etat, doit les rendre presque insensibles à tout le reste.

Socrate. Divin Homere, dirons nous donc encore ici, & vous touts, qui vous parez du titre superbe d'enfants des Dieux ; nous vous conjurons de ne point nous montrer Achille, tout fils d'une Deesse que vous le faites, " couché tour à tour sur le ventre, sur " le dos, sur le coté, debout, assis, enfin marchant à pas mesurés " sur le rivage, & par intervalles prenant du sable, pour en arro- " ser lentement sa blonde chevelure." Cachez nous Priame, issu de leur sang, comme vous ; " lorsqu'il se roule avec son sceptre " dans la fange, & qu'il appelle à son secours les Troïens, chacun " par son nom." Vous, Pere de la troupe, epargnez au moins les Dieux Immortels ; & ne leur mettez point à la bouche de ces exclamations pueriles. " Helas ! jamais fut-il mere au monde " plus infortunée ; de n'avoir donné le jour au meilleur fils, que " pour me le voir si-tôt ravir ?" Se peut-il que votre feu poëtique vous emporte, jusqu'à faire pleurer Jupiter lui-même, oui Jupiter, comme une femme peu courageuse feroit à peine ! " Oh ! qu'il " est douloureux pour moi d'avoir vu perir à mes yeux devant " Troie un homme, qui m'etoit si cher ! Mon cœur en est dans " un accablement inexprimable. Malheureux que je suis ! Faut-il " que la cruelle destinée vienne de se declarer en faveur de Pa- " trocle, contre Sarpedon ; celui de touts les mortels dont la vie " m'etoit la plus precieuse !" Si les Anges tutelaires futurs de l'Etat s'accoutumoient à trouver du beau dans ces plaintes emportées, mon cher Adimante ; ou s'ils en venoient seulement à les souffrir ; ils le prendroient bientôt eux-mêmes sur le même ton ; & dans quel desordre ensuite ne verroit-on pas la Republique, au moindre fâcheux revers ? Adimante. Il faut qu'ils aient au contraire une invincible fermeté. Socrate. Je m'en tiendrai là, sur le chapitre des Poëtes ; jusqu'à ce qu'on me fasse voir que j'ai tort.

LIVRE TROISIEME.

tort. ADIMANTE. Je vous le conseille, mon cher Socrate.

SOCRATE. La joie immoderée est un autre ecueil, plus à fuir encore que la douleur excessive. L'une & l'autre marquent une âme, qui se deplaît dans une tranquille situation; & qui n'est bien, que lorsqu'elle en est tirée. ADIMANTE. Ces idées sont parfaitement justes. SOCRATE. Nous trouverons par consequent très mauvais qu'on nous peigne un homme sage, agité par aucune de ces violentes secousses, que la fausse gaieté produit; & nous desapprouverons encore davantage qu'on nous en represente les Dieux saisis. Par exemple, qui ne seroit choqué d'Homere; quand il dit, que " voiant le bon " Vulcain d'un bout du Ciel à l'autre courir pour leur service à " perte d'haleine, ils jettoient des eclats de rire, qui ne finissoient " point?" ADIMANTE. Il ne se peut rien de plus indecent, mon cher Socrate, que la plûpart des personnages qu'il leur fait faire.

SOCRATE. L'amour de la verité, cher Adimante, est ce que nous graverons avec le plus de soin dans le cœur des Citoïens. Le mensonge n'est en aucun cas utile aux Dieux, comme nous l'avons fait remarquer ailleurs; & quand les hommes en peuvent tirer du fruit, c'est toujours par voie de remede. Je le repete; il aura souvent d'excellents effets entre les mains du Magistrat; mais n'oublions pas qu'il n'appartient qu'à lui seul de l'appliquer. Dans les occasions où le bien public exigera qu'il l'emploie, l'humanité l'obligera de tromper le vulgaire, pour le bien conduire. Mais les particuliers sçauront, que lui deguiser rien, seroit pour eux une faute aussi capitale, pour un malade que d'en imposer au Medecin, & pour un Matelot, de cacher au Pilote aucune des choses, qui pourroient interesser la manœuvre. ADIMANTE. Le vrai ne doit jamais être celé, mon cher Socrate, au prejudice de personne; mais beaucoup moins encore, lorsque l'Etat en souffriroit. SOCRATE. On punira donc un Haruspice, un autre homme, surpris en mensonge, aussi rigoureusement que sur mer on feroit un traître, qui perçeroit le vaisseau, dans le dessein malicieux de le faire perir. Il sera detesté, comme introducteur d'un vice, avec le temps capable de submerger la Republique. ADIMANTE. Des exposés fidelles, dans toutes les affaires de la vie, dependent entiecement les mesures justes.

SOCRATE. La temperance, & l'esprit soumis, dont l'un rend souple aux ordres de ceux qui commandent, & l'autre empêche de passer les bornes dans l'usage des plaisirs, sont encore des vertus qui parent beaucoup les jeunes gens, & qu'il faut leur prescrire, comme essentielles pour eux. Homere ici parle bien. Il fait dire à Diomede, " que les Grecs marchoient, l'oeil etin-
" celant de courage; mais avec un silence, qui marquoit la ve-
" neration profonde qu'ils avoient pour leurs chefs." ADIMANTE. Les traits de ce genre pourront être estimés en lui. SOCRATE. Mais bientôt il montre à la jeunesse un Subalterne, qui perd le respect à son Officier; & qui pousse l'insolence jusqu'à lui faire ce reproche: " Ivrogne, aux yeux de chien, nous sçavons que tu
" caches dans ton cœur toute la timidité du Cerf." Qu'importe que les paroles soient belles, quand le sens les gâte à ce point? ADIMANTE. Il en fera des impressions d'autant plus à craindre. SOCRATE. Quelle Morale, dans la bouche d'un homme, donné pour sage! "Est-il quelque chose dans l'univers, qui surpasse une table dé-
" licatement servie; autour de laquelle voltige une troupe de laquais,
" habiles dans l'art de verser à boire? Quoi de plus deplorable au
" contraire, que d'être assez mal avec la fortune, pour n'avoir chez
" soi ni sçavants Cuisiniers, ni vins exquis!" ADIMANTE. C'est un defaut prodigieux de jugement, que d'attribuer des sentiments si bas à des personnes, que d'ailleurs on eleve de toutes ses forces. SOCRATE. Quel eguillon à la continence, que de voir " Jupiter, seul
" eveillé, pendant que tout est enseveli dans un profond repos,
" oublier à l'excès touts les grands soucis du jour! D'aussi loin
" qu'il apperçoit Junon, il lui crie, que la premiere fois qu'ils avoient
" senti les flammes de l'Hymen, à l'insçu de leurs parents, sa pas-
" sion pour elle avoit eté moins ardente." Mars, & Venus, enchainés par Vulcain, mille autres images, dont l'esprit est à touts moments sali dans la lecture des Poëtes, allumeront un feu criminel, dans le sein le plus innocent, & le plus chaste. ADIMANTE.

C'est

LIVRE TROISIEME. 71

C'eſt l'effet naturel qu'il en faut attendre. Socrate. Combien ſera-t-il plus à propos, de mettre aux jeunes gens devant les yeux l'exemple des grands hommes, qu'on a vu reſervés même ſur le fait des plaiſirs permis ? Citons leur celui qui ſe diſoit, en ſe frappant la poitrine, pour s'exciter à la retenue : " Deſirs tumultueux, calmez vous ; & vous, " mon cœur, ſouvenez vous des victoires, que vous avez ſouvent " remportées ſur vous-même." Adimante. Ce language ſeroit plus ſalutaire pour l'âme ; & pourroit nêtre pas moins flatteur pour l'oreille.

Socrate. De ſi bonne heure ſur-tout, l'amour de l'argent ſeroit honteux. La doctrine de nos Muſes ne ſera donc point que " les " preſens ont une eloquence admirable ; qui perſuade les partiſans " les plus opiniâtres de la juſtice, & qui triomphe de toute celle " des Dieux mêmes." Elles refuſeront des loüanges à Phœnix, Gouverneur d'Achille ; pour l'avoir exhorté de perſiſter dans ſon courroux contre les Grecs, juſqu'à ce qu'ils l'euſſent deſarmé, par des liberalités extraordinaires. Ou nous perdrons toute notre eſtime pour le General ; ou plutôt nous ne croirons point qu'il eût l'âme auſſi baſſe que le Precepteur ; ni que de plus en plus devoré par l'avarice, il ait exigé d'Agamemnon une ſomme conſiderable, avant que de conſentir à lui ceder les reſtes du grand Hector. Adimante. Tout ce qu'on en peut dire, c'eſt qu'on ne ſçauroit trop mepriſer Achille ; s'il eſt vrai que ce vice odieux le dominât à ce point. Socrate. La reputation infinie d'Homere me le fait dire preſque en tremblant. Il auroit pu ne pas faire ſes Héros ſi monſtrueuſement petits. J'ajoûte qu'il auroit eté mieux de ne pas s'en rapporter entierement à la bonne foi de l'Hiſtoire ; s'il faut croire qu'il l'ait eue pour guarand, & que reellement elle en eût parlé comme lui. N'eſt-il pas beau d'entendre Agamemnon vomir ces blaſphêmes horribles contre Apollon ? " Tu viens de me " jouer un de tes mauvais tours ordinaires, o toi, le plus ſçelerat " de touts le Dieux ; le plus charmé, quand tu vois du jour à per- " dre un homme, couvert de fameux exploits. J'aurois de mon
" coté,

" coté, n'en doutes pas, tout le plaisir du monde à me venger ;
" si ma puissance egaloit ma colere."

Quels personnages aussi pour Achille, que de pointer son arc contre un Fleuve, admis au nombre des Dieux; d'en menacer un autre de lui couper sa belle chevelure, pour l'envoïer aux mânes du vaillant Patrocle; d'egorger enfin touts ses prisonniers, sur le bucher de ce cher Collegue, & de traîner plusieurs fois autour de son tombeau le cadavre transpercé d'Hector! Le fils d'une Deesse, & de Pelée, dans les veines duquel couloit avec fierté le sang de Jupiter; un grand Capitaine, sorti de l'ecole du divin Chiron; Achille en un mot, auroit eu l'âme partagée entre deux vices, aussi contraires, que le sont un orgueil gigantesque, une avarice insatiable? ADIMANTE. La vrai-semblance est assurement là fort blessée. SOCRATE. Quelle apparence encore que Pirithoüs, fils de Jupiter, que Thesée, fils de Neptune, que mille autres, dont les noms se trouvent superbement ecrits au Temple de Memoire, aient commis les impietés, les crimes enormes, que les Poëtes ont mis sur leur compte? ADIMANTE. Ils prennent de grandes libertés.

SOCRATE. Pour les retenir dans les bornes, on leur enjoindra particulierement de n'imputer aucune action coupable aux Dieux, aux heros; ou de les depouiller de ces hauts titres, & de les releguer dans la derniere classe des hommes. Nous avons droit d'exiger l'un ou l'autre; après avoir montré que de la Divinité rien de mauvais n'emâne; & notre devoir est de fermer l'oreille aux calomnies, dont ses Confidents pretendus ne cessent de la charger. ADIMANTE. Mon cher Socrate, je rougis pour eux.

SOCRATE. Si par malheur elles trouvoient entrée dans l'esprit d'un jeune homme, cher Adimante; quel danger pour lui de se corrompre! Il n'est point d'attentat au monde, qu'il ne se crût permis; lorsqu'il auroit à se dire, qu'il ne feroit qu'imiter les plus grands des Dieux, & leur illustre Posterité; dont " l'inscription, qui
" se lit autour de l'autel du mont Ida, fait connoître que les restes
" precieux ne sont pas encore eteints sur la terre." Une de nos principales attentions par consequent sera de precautionner la jeunesse

LIVRE TROISIEME.

nesse contre des fictions, aussi capables de confondre toutes ses idées sur la religion, que de porter la corruption dans ses mœurs.
ADIMANTE. Plus vous avancez dans la critique des Poëtes, mon cher Socrate; plus il paroît qu'on ne peut trop être inexorable sur leur chapitre.
SOCRATE. Des Ecrivains, qui traduisent ainsi les des Dieux, & qui parlent si mal de la vie future, ne seront pas des oracles à consulter, sur les biens, & sur les maux de celle-ci. Les Mechants, nous disent-ils, eux, & le vulgaire des Orateurs, sont ici-bas les heureux, & les gens de bien les miserables. L'injustice procure touts les avantages à l'habile fourbe, qui ne s'en fait aucun scrupule; pendant que la justice depouille, au profit des autres, l'homme insensé qui la respecte. Mon cher Adimante, que tardons nous à foudroïer des maximes si detestables? ADIMANTE. Elle revoltent. Proscrivons les, j'y consens. SOCRATE. Oui; mais nous allons vîte. Thrasymaque nous dira qu'il n'est pas de notre avis; & que nous decidons avant le temps sur l'objet même de nos recherches. ADIMANTE. Il aura certainement raison, mon cher Socrate. Nous ne ferons en droit de prendre ce ton victorieux, qu'après que nous aurons montré que la justice est un grand bien pour l'homme qui la possede; n'eût-il aucun vengeur, aucun temoin de ses actions, & de ses pensées les plus secrettes. SOCRATE. Arrêtons nous donc ici tout court; & puisque nous pouvons être censés avoir fini sur les choses; avant que de passer à l'examen de notre principale question, parlons du stile. ADIMANTE. J'ecouterai ce que vous avez à nous en dire avec plaisir.

La Poësie, mon cher Adimante, est une ingenieuse narration d'evenements passés, presents, à venir. Quelquefois le Poëte est purement Historien. D'autres fois il est imitateur, & souvent les deux ensemble. ADIMANTE. Mon cher Socrate, je ne vous entends pas aussi parfaitement que je le voudrois. SOCRATE. Je sens moi-même que je manque de clarté, mon cher Adimante; peut-être assez, pour meriter la censure de personnes moins polies. Pour reparer mon defaut; la pensée me vient de faire comme ces gens,

TOME I.   L   qui

qui ne sçavent qu'à demi ce qu'ils osent enseigner. Ils sortent le plutôt qu'ils peuvent du general, qui les embarasse; & cherchent du soulagement dans les details, qui sont plus faciles.

Le commencement de l'Iliade vous est aussi present qu'à moi. Homere y raconte que Chrysès commença par supplier humblement Agamemnon de lui rendre sa fille; & que ce Roi lui fit une reponse pleine de hauteur. Le grand Prêtre, indigné de ce refus, chargea d'imprecations toute l'armée Grecque. ADIMANTE. Je vois la suite.

SOCRATE. Remarquez, je vous prie, que jusqu'à ces paroles, "il alla "de rang en rang conjurer les officiers, les deux fils d'Atrée entre au- "tres, de flechir le Prince en sa faveur," le Poëte narre, & ne dit rien qu'en son propre nom. ADIMANTE. Mon cher Socrate, vous devenez intelligible. SOCRATE. Ce n'est plus Homere, c'est Chrysès qui parle dans les vers suivants; & si vous y prenez garde, il tourne adroitement l'esprit de son lecteur vers ce Vieillard cheri des Dieux, & chagriné fort injustement. ADIMANTE. Il est vrai. SOCRATE. Cet artifice regne presque d'un bout à l'autre de l'Iliade, & de l'Odyssée. Rempli de ses personnages, l'Auteur y met ordinairement tout en œuvre pour se faire oublier; pendant qu'on s'imagine les voir, & les entendre. Comme dès son exorde il veut disparoître; il ne pense qu'à bien attrapper le stile, & les manieres du Grand Prêtre. En un mot, imiter naïvement est sa grande affaire. Je m'etends; de peur d'être une autre fois obscur. ADIMANTE. Vous vous etes corrigé, mon cher Socrate; je vous en ai deja fait mon compliment; & vous m'avez assez puni de ma petite liberté. SOCRATE. Bien donc, je poursuis, & je vous epargne.

Si notre Poëte eût continué de raconter en tierce personne; ce n'eût eté qu'un simple recit; & voici de qu'elle maniere il l'auroit fait. Souffrez ma prose, cher Adimante; parceque je n'entends pas si bien le vers.

Le vieux Chrysés, en abordant les Grecs, pria les Dieux, dont il ne douta point qu'ils n'eussent la crainte, d'eloigner d'eux touts

les

LIVRE TROISIEME.

les perils, & de les rendre bientôt maîtres de Troie. Ensuite il les conjura, par les respect qu'ils avoient pour ces mêmes Dieux, d'interceder pour lui faire avoir sa fille, & d'accepter une espece de rançon, qu'il leur offroit. Toute l'armée entra dans les sentimens d'une compassion tendre, & respectueuse pour lui. Agamemnon, seul inaccessible à la pitié, lui jetta des regards terribles. Il lui commanda de sortir incontinent de sa presence, & de ne plus se montrer ; sans quoi ni son charactere, ni son equipage sacerdotal, ne le mettroient point à l'abri de son courroux. Il finit par lui signifier, que sa fille passeroit le reste de ses jours entre ses bras dans Argos ; & que si lui-même il ne vouloit eprouver toute sa vengeance, il falloit desormais n'en plus parler. Le Pere consterné, se retira, sans dire un seul mot. Cependant à peine fut-il hors du camp, que ranimant son courage, il eleva sa voix vers Apollon. Il l'apostropha par touts ses titres l'un après l'autre ; & le supplia, par le souvenir de toutes les victimes, du sang desquelles il avoit mille-fois rougi ses autels, de lancer toutes ses flêches contre les Grecs ; pour le païer des larmes, dont ils etoient les injustes auteurs.

Mon cher Adimante, ce n'est là, vous le voïez, qu'une simple narration. Prenez dans Homere les rôles qu'il met à la bouche de ses Acteurs, & qui font encore une fois la meilleure partie de l'Iliade, & de l'Odyssee, sans les recits qu'il entre-mêle ; vous n'aurez plus qu'un long tissu d'hypotyposes. Ces deux manieres d'ecrire ensemble font le Poëte. ADIMANTE. J'acheve de vous comprendre. Les deux ouvrages dont vous parlez, sont pour les bien nommer, deux tragedies. SOCRATE. Nous voilà d'accord, & parfaitement hors des tenebres. La Poesie, en general, est ou mimique, ou recitative. La Tragedie, & la Comedie, sont du premier genre. Les dithyrambes appartiennent pour l'ordinaire au second. Le Poëme epique, & d'autres especes encore, sont un melange de l'un & de l'autre. ADIMANTE. Ne craignez pas, mon cher Socrate ; il ne m'arrivera plus de vous faire la guerre sur votre obscurité.

Socrate. Presentement que nous avons une idée du stile poëtique; c'est à vous de nous dire si vous le tolererez dans notre Etat? Adimante. Je soupçonne, mon cher Socrate, que vous n'epargnerez pas le mimique. Socrate. Il est très possible. Je n'en sçai pourtant rien. Nous voguerons, selon que le vent nous portera. Adimante. C'est l'unique parti sur mer; & dans un entretien philosophique, on doit pareillement ceder à la force des raisons.

Socrate. Prenez donc garde. Est-il fort essentiel que les Peres, & les Defenseurs de la Patrie, soient bons mimiques? Adimante. Non, je pense. Socrate. S'il est vrai, comme nous le disions au commencement, que pour exceller dans un metier, un suffit; vous m'avouerez qu'on imitera moins bien deux, ou plusieurs choses, qu'une seule. Adimante. Assurement. Socrate. Quelle affinité plus grande, que celle de la Tragedie, & de la Comedie? Cependant où trouver l'homme, qui s'eleve à la perfection dans les deux genres? Adimante. Il est difficile à rencontrer. Socrate. Ne voïons nous pas même qu'il est presque impossible de representer, & de composer tout à la fois? Adimante. Oui. Pour reüssir en tout, le proverbe est de ne point trop entreprendre. Socrate. L'esprit humain est borné, foible, cher Adimante; incapable de contrefaire divinement tout ce qu'il veut, & de faire excellemment tout ce qu'il doit. Les personnes dont je parle, ont deja le plus grand œuvre entre les mains; la Republique à gouverner, à defendre. Ils n'auront point assez ni d'attention de reste, ni de loisir, pour battre le fer, ou pour conduire la charrue. A plus forte raison auroient-ils beaucoup trop à faire, s'il leur falloit acquerir la fecondité, la souplesse, la beauté d'imagination, qui fait le Poëte. On aura lieu d'être tout à fait charmé d'eux, lorsqu'ils travailleront serieusement à ressembler au parfait Magistrat, au grand homme de guerre, au bon Citoïen; & lorsqu'ils s'efforceront d'imiter les beaux exemples de toutes les vertus, sortables à leur condition; de justice, de bravoure, de generosité, de temperance. Il n'est pas même à propos qu'ils sçachent trop joliment faire la description des vices contraires; de peur que par degrés ils n'en vinssent à les

avoir,

LIVRE TROISIEME.

avoir, à force d'être habiles à les peindre. ADIMANTE. Il ne se peut rien de mieux pensé.

Vous n'ignorez pas, mon cher Adimante, que l'imitation, à laquelle tours les jeunes gens ne sont naturellement que trop portés, laisse après elle de fortes habitudes; & qu'elles ont un prodigieux ascendant sur nous. ADIMANTE. Elles donnent le bon, ou le mauvais tour aux hommes. SOCRATE. Nous emploierons par conséquent ceux, qui se montreront nés pour les grandes choses, & dont l'education sera l'objet de nos soins les plus tendres, à des occupations beaucoup meilleures, que celle de nous representer avec les couleurs les plus vives de la Poësie une femme, tantôt dans le brillant de la jeunesse, tantôt avec des rides; qui tour à tour gronde les Dieux, & son Epoux. Un instant elle ne se possede point de joie, sans qu'elle en puisse dire le sujet. Mille desastres imaginaires, le moment d'après, la font tomber dans un noir chagrin. Elle a mal partout; elle jouït d'une santé d'Athlete. Elle danse, elle accouche, elle aime, elle hait, elle pleure, elle rit. ADIMANTE. Nos eleves, mon cher Socrate, se rempliroient si bien de leurs originaux, qu'enfin ils en deviendroient, comme vous le disiez tout à l'heure, des copies fidelles. SOCRATE. Nous leur defendrons pareillement de prendre le pinceau, pour tirer d'après nature un esclave, un Fourbe, un poltron, un querelleur, un Ivrogne, un insensé. Il est bon de se connoître en charactères; mais il faut eviter l'imitation même peu serieuse des moins odieux, & des moins ridicules. ADIMANTE. On en retiendroit infailliblement quelques traits. SOCRATE. Je ne voudrois pas même leur permettre de contrefaire un Forgeron, un Tisseran, un Cordonnier. ADIMANTE. Le metier qu'un jour ils auront à faire, est trop beau, trop difficile, pour s'unir bien avec un si grand nombre d'autres. SOCRATE. Je souffrirois aussi peu qu'ils se fissent une importante affaire, d'exprimer, quelquefois par la seule cadence du vers, le hennissement d'un cheval, le mugissement d'un taureau, le sifflement terrible de l'Aquilon qui renverse, le doux murmure d'un ruisseau qui seprente, la terre paisible, la mer en courroux, le Ciel en fureur.

fureur. ADIMANTE. Faire le fou, mon cher Socrate, c'est beaucoup l'être.

SOCRATE. Si j'entends votre façon de penser ; vous croïez qu'un homme d'honneur, de bon sens, & de bon goût, choisira toujours certaines matieres, preferablement à d'autres ; & qu'il se fera de plus connoître, à la maniere de les traiter : un mauvais esprit, un fat, de même. ADIMANTE. Oui. Mais quels seront, je vous prie, mon cher Socrate, les sujets favoris du miserable, & de l'excellent Ecrivain ? SOCRATE. Lorsque celui-ci, dans le cours de sa narration, tombera sur quelque belle parole, quelque action vertueuse d'un homme illustre ; on sentira qu'il prête son orgâne à son pareil avec plaisir. Il lui servira beaucoup plus volontiers d'interprete, toutes les fois qu'il aura montré de la constance, un attachement extraordinaire au devoir, que si l'amour, ou quelque autre passion emportée, l'a precipité dans de lourdes fautes. Jamais il ne parlera d'un mechant homme qu'avec horreur ; à moins qu'il ne trouvât en lui de quoi louer. Enfin il jouera ce dernier rôle, en acteur entierement tiré du naturel. ADIMANTE. Un homme de bien s'abstiendra tout à fait de s'en charger ; ou du moins il s'en acquittera plus mal qu'un autre.

SOCRATE. Au coin de la vertu, mon cher Adimante, sera toujours marqué le stile d'un Auteur, passionné pour elle. Il n'aura donc rien de commun avec celui d'Homere, par exemple ; & le mimique rarement echappera de sa plume. ADIMANTE. Ce n'est point celui de l'honnête homme. SOCRATE. Un Poëte, un Orateur, d'une autre tournure, au contraire, imitera tout ; avec une licence d'autant plus effrenée, qu'il sera plus ignorant, plus etourdi, plus vicieux. Il ne lui viendra seulement pas à l'esprit, qu'il ait mauvaise grace à rien ; ni que les choses du monde en elles-mêmes les plus choquantes, sortent quelquefois desagreablement de sa bouche. Il a si fort à cœur de charmer les oreilles du vulgaire, que s'il y reüssit, tout lui paroît egalement bon. Veut-on, je le repete, les differentes voix des animaux, le bruit affreux du tonnerre, le fracas epouvantable des ouragans, le doux son de la flûte,

le

LIVRE TROISIEME.

le deteſtable cri d'un eſſieu de roue? Il eſt Poëte: un pied en l'air, il fera de tout. Le vrai, le ſimple, le naturel, le beau, l'utile, ne ſont rien pour lui. Le faux, le guindé, l'amuſant, plaiſent à la Multitude: c'eſt tout ce qu'il ſouhaite. ADIMANTE. Je ne vois rien de plus inſupportable qu'un Ecrivain inutile, qui pour faire admirer ſon talent, craïonne de la ſorte le premier objet qui ſe preſente.

SOCRATE. Oui; mais vous ne prenez pas garde que le ſtile ordinaire n'eſt pas ſuſceptible d'une extrême varieté. La vraie eloquence, eſclave née des choſes, n'evite que très difficilement de tomber dans une ennuïeuſe monotonie. L'Orateur judicieux, beaucoup plus pauvre, & plus gêné que le Poëte, ſera contraint ſouvent de mettre en œuvre les mêmes tours, & de revenir aux mêmes nombres. ADIMANTE. Il eſt vrai. SOCRATE. L'email du ſtile poëtique a davantage de quoi rejouïr. Le Poëte oſe parler de tout, peindre tout, faire touts les metiers, jouer touts les perſonnages à la fois. ADIMANTE. C'eſt un vrai Prothée; qui de ſon imagination fait ce qu'il veut.

SOCRATE. Soit qu'on parle, ou qu'on ecrive, mon cher Adimante; on emploie l'un ou l'autre de ces deux ſtiles; ou peut-être les deux. Il reſte à ſçavoir lequel nous adopterons dans notre Republique? ADIMANTE. Si mon ſuffrage eſt eſtimé de quelque poids, mon cher Socrate; on bannira celui qui mêle toutes les couleurs, pour farder le vice; & l'on ne retiendra que celui qui prête ſes graces naturelles à la vertu. SOCRATE. Avouez moi neanmoins que le premier a du joli. Dieu ſçait auſſi comme il enchante les ecoliers, les rheteurs, & le Vulgaire! ADIMANTE. Il ne lui manque, mon cher Socrate, que de plaire aux perſonnes de bon goût.

SOCRATE. Si nous retrenchons impitoïablement de notre Etat les Poëtes; c'eſt que nous n'y voulons point de gens à toutes mains; que nous y voulons chacun occupé d'une ſeule affaire. Le Cordonnier, s'il le trouve bon, ſe clouera dans ſa boutique, le laboureur à ſa charrue, le Pilote à ſon gouvernail, l'homme de guerre à ſon poſte. ADIMANTE. Le bon ordre, &

la

la préservation du Tout, le demandent ainsi. Socrate. Quand donc il nous viendra quelqu'un de ces hommes rares, à qui rien n'est impossible, & qui sçavent peindre admirablement tout ; nous ecouterons le compliment, très bien tourné, qu'il nous adressera, ses beaux vers à la main. De notre part, nous lui ferons touts les honneurs imaginables ; & nous nous ecrierons mille fois qu'il est sans contredit un genie extraordinaire, un homme divin. Nous lui mettrons avec empressement une couronne de lierre sur la tête ; & nous l'arroserons de nos parfums. Mais nous lui dirons en confidence, que notre Etat ne retire point de gens de son merite ; & que nos loix sont les plus expresses là dessus. Nous le reconduirons ensuite hors de nos murailles ; & nous le prierons de vouloir bien aller ailleurs chercher un accueil, parfaitement digne de sa Muse. Plus en peine de l'utile, que de l'agreable, ajouterons nous, en le quittant ; nous estimons une autre genre de poësie ; qui n'imite, & ne presente à notre imitation que l'austere vertu. Sans pretendre vous deplaire, touts vos jeux d'imagination ne valent pas les graves leçons, que nous avons de bonne heure pris soin d'inculquer à notre jeunesse ; & qui l'ont rendue, à notre grande satisfaction, la juste esperance de la Republique. Adimante. A la place du pauvre inspiré par Apollon, imitateur ingenieux du cri d'un essieu de roue, un adieu si plein de ceremonie, me feroit peu de plaisir, je vous le proteste, mon cher Socrate.

Socrate. Voilà, cher Adimante, ce que nous avions à dire sur la Musique ; qui, dans notre language, renferme, comme vous sçavez, la fable, & le discours serieux. Nous venons de voir quel y doit être le fond des choses ; & nous avons aussi fait connoître l'assemblage des qualités, qui forment le bon stile. Adimante. Vous nous avez enseigné sur l'un & l'autre, d'une maniere qui ne laisse rien à desirer.

Socrate. Il nous resteroit à donner des regles pour la melodie. Mais nous sommes touts instruits sur le sujet.

Glaucon prit la parole, en souriant, & me dit : parlez pour vous, mon cher Socrate ; ou du moins exceptez moi, je vous en supplie.

LIVRE TROISIEME.

supplie. Peut-être en y pensant, pourrois-je imaginer quelque chose d'assez bon sur le sujet; mais j'aurois peur de ne pas l'approfondir. SOCRATE. Vous vous defiez beaucoup plus de vous-même qu'il ne faudroit, mon cher Glaucon. Je suis très assuré, que si vous eussiez voulu faire quelque effort, vous auriez aussi bien que moi distingué les paroles, l'harmonie, & la mesure. GLAUCON. Oui, je crois que jusques là j'aurois pu m'en tirer. SOCRATE. La raison veut que ce qu'on chante ne soit pas à touts egards moins chatié, que ce qu'on prononce, ou qu'on ecrit. Le reste s'y doit accommoder. GLAUCON. Une musique ne peut meriter autrement des eloges.

SOCRATE. Vous vous souvenez combien les pretendues belles douleurs donnent de ridicule aux affligés impertinents, qui les confient, soit à la cire, soit aux echos. GLAUCON. Ils font pitié, mon cher Socrate. SOCRATE. Vous donc, qui faites le modeste, & qui cependant etes connoisseur, nous indiquerez vous des airs, à votre gré, trop languissants? GLAUCON. Outre ceux qui sont dans le goût Lydien, & dans lesquels presque toute la fatigue est pour le fausset, j'en aurois d'autres à vous citer. SOCRATE. N'etes vous pas d'avis qu'on les bannisse; comme indignes d'être entonnés, même par les femmes qui se piqueront de quelque force d'esprit, & de quelque grandeur d'âme; à plus forte raison par les hommes? GLAUCON. Entierement. SOCRATE. Il n'est rien, comme vous vous sçavez, de plus capable d'enerver le courage, que l'amour du plaisir; & la passion du vin entre autres suffit, pour eteindre absolument l'ardeur Martiale dans un cœur. Nous ferons bien par consequent de proscrire aussi les chansons bacchiques, & lascives. GLAUCON. Je vous abandonne sans peine toute la Lydie, & toute l'Ionie; mais vous ferez grace, je m'assûre, à la Musique majestueuse de la Dorie, & de la Phrygie. Elle est estimable par beaucoup d'endroits; mais sur-tout par les hauts sentiments de religion qu'elle inspire. SOCRATE. Je ne la connois point, mon cher Glaucon; mais sur votre parole, il faut la conserver. Je serai toujours pour celle, qui fera bien concevoir les

TOME I. M mouve-

mouvements reglés d'un homme, que le devoir, unique appui de sa bravoure, fait marcher au peril, avec un visage intrepide; & qui se montre, sans aucune affectation, plus grand que l'adversité. Pour celle encore, qui le representera dans l'exercice des vertus pacifiques; & quelquefois dans son commerce avec la Divinité. Tantôt il fait part aux autres de ses lumieres; tantôt il profite lui-même des leurs. Il est humble, prudent, resigné dans touts les moments de sa vie aux ordres fixes, mais respectables de la Providence. Encore une fois, retenons toute Musique, propre à nous faire aimer le charactere du vrai sage; toujours lui-même, dans la guerre, & dans la paix, dans la bonne, & dans la mauvaise fortune.

GLAUCON. Et la symphonie, à quoi la reduirez vous? SOCRATE. A vous dire franchement ce que j'en pense, mon cher Glaucon; je ne vois du tout point la necessité de ce grand nombre d'instruments, issus de la flûte; qui ne servent dans un Etat qu'à multiplier celui des bouches inutiles. On a le Flageolet pour la campagne, & la Lyre pour la ville: que faut-il plus? GLAUCON. J'avoue que la raison conseilleroit de s'en tenir là, mon cher Socrate. La simple nature plairoit; sans compter qu'elle donne tout à peu de frais. SOCRATE. Laissons à ceux qui la meprisent, de mieux aimer voir le Satire Marsias battre la mesure en Furieux à tout son orchestre, qu'entendre Apollon tirer de ses chalumeaux une harmonie toute divine. GLAUCON. On ne feroit assurement pas honneur à son propre goût, de comparer l'un à l'autre.

SOCRATE. Remarquez vous qu'insensiblement nous avons presque fait changer de face à cette Republique de tantôt; dans laquelle nous avons vu les fausses delices fraïer le chemin aux plus grands desordres, & les plus grands desordres produire les desastres les plus affreux. GLAUCON. Toutes celles qui voudront jouïr de la felicité veritable, auront besoin apparemment d'une reforme plus complette encore. Poursuivez donc, je vous en supplie.

SOCRATE. Après les tons, vient la mesure. J'y voudrois fuir cette extrême varieté, cette bizarrerie, pretendue ravissante, qu'on y cherche. Il seroit, à mon avis, beaucoup plus à propos de s'appliquer

LIVRE TROISIEME.

pliquer à decouvrir les temps, par lesquels pourra le mieux s'exprimer l'homme, qui joue un beau rôle dans la vie. Quand on l'aura pris pour sujet; la maxime reviendra de les proportionner, aussi bien que l'air, à des paroles, que la vertu ne rougira point d'avoir dictées; sans jamais asservir les dernieres aux autres. Mais je ne fais pas reflexion que c'est toujours à vous, cher Glaucon, ici de nous enseigner. GLAUCON. En verité je n'ai rien de fort excellent à vous dire. Une observation merite peut-être assez d'être faite. C'est qu'il faut distinguer trois sortes de mesures; par les combinaisons desquelles sont formés tous les mouvemens des airs; comme le sont les airs, par celles des quatre tons primitifs. Un plus habile homme vous feroit voir le rapport, qu'ont les uns & les autres avec les passions; mais c'est une theorie qui me passe. SOCRATE. Nous en raisonnerons quelque jour chez Damon. C'est l'oracle dans le genre, comme vous sçavez. Il nous dira ceux qui sont propres à faire naître vivement l'idée de la bassesse d'âme, de l'insolence, des autres vices, & des vertus contraires. Si je l'ai bien compris; il nous a quelquefois dit, qu'un heros n'etoit pas mal exprimé par un dactyle; dont la syllabe longue representoit le sang froid, & les deux breves l'ardeur belliqueuse. Un second charactere etoit, selon lui, mieux designé par un ïambe; un troisième par un trochée. Mais je craindrois avec raison de m'engager, & de n'en pas sortir à mon honneur. Ainsi remettons la partie, à la premiere fois que nous nous assemblerons chez notre sçavant Ami. GLAUCON. Nous avons pour le present des choses d'une plus grande importance.

SOCRATE. Le recitatif ne contiendra que les sentimens d'une belle âme. Plus l'air, & la mesure, y seront conformes; plus le tout ensemble aura de quoi ravir. GLAUCON. De cette sorte, mon cher Socrate, ce que vous disiez plus haut du stile, convient parfaitement à la Musique. SOCRATE. Oui, mon cher Glaucon. Les jeunes gens mepriseront toute autre que celle dont je parle; s'ils ont à cœur de preserver cette harmonie d'un plus haut genre, qui dans toutes leurs actions doit se faire sentir. Pour leur en inspirer le goût; nous leur en ferons souvent remarquer une, infiniment

ment admirable, dans les arts, dans les plantes, dans le corps humain, dans toute la nature. Partout le mesuré, le discordant, le beau, le difforme, s'offrent à nous; & nous invitent à transporter l'un dans nos mœurs, à n'y rien souffrir de l'autre. Glaucon. Il est vrai, mon cher Socrate; mais le malheur est qu'on n'y fait aucune attention, & qu'on voit toutes choses en courant. Socrate. Ou la Sçience des sons ne s'emploiera qu'à rechauffer dans les cœurs l'amour de la vertu; ou la poësie ne nous en fera que les portraits les plus capables d'attirer; ou nous congedierons, avec les mêmes compliments, Musiciens, & Poëtes. Nous rassemblerons de toutes parts les genies les plus excellents, ceux dont la main sçaura le mieux animer la toile, & le marbre; pour executer, si je l'ose dire, l'idée de l'honnête, chacun à leur maniere. Ils ne mettront au jour aucun fruit de leur travail, qui puisse imperceptiblement porter le poison dans leur âme, par les yeux, ou par les oreilles. De leurs chefs-d'œuvres, semés en touts lieux, comme d'un parterre garni de fleurs, d'où les Zephirs apportent la santé, s'exhalera continuellement une douce odeur; avec laquelle s'insinueront dans les esprits, comme à leur insçu, la modestie, la candeur, la pieté, l'amitié sincere entre eux. Glaucon. Rien ne fera mieux, que d'obseder ainsi de touts cotés les jeunes gens; pour detacher insensiblement leurs affections des fausses beautés, & les tourner vers les veritables.

Socrate. De touts les arts, mon cher Glaucon, la Musique est celui, qui resserré dans les bornes que nous venons de lui prescrire, produira le plus imperieusement ce grand effet. La mesure, & l'harmonie, causent une emotion universelle dans l'âme. Elle descendent jusques dans ses replis les plus profonds; pour y repandre l'amour de l'ordre, & de la convenance. Un jeune homme, qui de bonne heure aura pris du goût pour cet art, cheri des Dieux, & qui sera bien elevé d'ailleurs, en aura toute sa vie pour la regle. On lui verra de plus un instinct delicat; qui le fera mourir, à la vue d'un defaut choquant, soit dans un ouvrage d'esprit, ou dans un charactere; pendant qu'il y saisira le bon avec ardeur, pour se l'approprier, & pour le faire passer dans sa conduite.

LIVRE TROISIEME.

Il ne placera jamais qu'à propos la loüange, & le blâme, sa haine, & son estime. Enfin on le sentira plein de respect pour la raison, avant que d'en avoir encore des idées fort distinctes. Lorsque dans un âge plus mûr, elle etalera devant lui touts ses charmes; il la regardera, s'il m'est permis de le dire, comme une ancienne connoissance; & son cœur, de longue main rendu sensible à ses attraits, en demeurera parfaitement epris. GLAUCON. Je conclus, mon cher Socrate, à ce que l'etude de la Musique fasse partie de l'education de la jeunesse.

SOCRATE. On n'apprend à lire, mon cher Glaucon, qu'à force de se rendre familiers les characteres de l'alphabet, & de les remarquer, en petit, en grand, partout où le hazard les presente. Il faut les avoir nettement imprimés dans l'esprit, avant que d'en pouvoir aisement reconnoître les images, dans un miroir, ou dans l'eau. Nos eleves pareillement n'auront point un certain goût fin pour l'Harmonie Morale, ils ne seront point en un mot les gens dont la Republique un jour implorera le bras, & la sagesse; si de touts les objets qu'ils rencontrent, ils ne recueillent soigneusement les traits des vertus qu'elle attend d'eux, pour les imiter; de la valeur, de la temperance, de la liberalité, de la magnificence, des autres. GLAUCON. Cette attention continuelle sera necessaire, pour arriver à toute la perfection qu'exigent les emplois de l'Etat les plus sublimes. SOCRATE. Aussi quand ils rempliront entierement notre attente, mon cher Glaucon; nous pourrons à juste titre nous demander, quel spectacle au monde egalera celui d'un jeune homme, dont la bonne grace exterieure annonce une âme, enrichie de tout ce que les sciences ont de plus precieux, ornée de tout ce qui peut le plus charmer dans les mœurs? GLAUCON. On ne conçoit assurement rien de plus aimable. SOCRATE. Il gagneroit donc le cœur de tout le monde; de touts ceux au moins, qui n'auroient pas une antipathie fort extraordinaire pour la Musique. Il faudroit en être bien Ennemi, pour n'être que mediocrement touché d'un si parfait assemblage de toutes les qualités, du corps, & de l'esprit. GLAUCON. Je l'avoue, mon cher Socrate; & je ne sçai même si

la

la plus grande infenfibilité pour les dernieres, empêcheroit d'aimer votre jeune Narciffe dans le mauvais fens. Socrate. Oh! Oh! mon cher Glaucon. Quelquefois en votre vie, les flêches de Cupidon vous auroient-elles fait des bleffures ; que vous en parlez fi bien ?..... Raffûrez vous. Je ne poufferai point la recherche plus avant; & je me contenterai de vous dire, que ces flêches empoifonnées ne font pas toujours affez diftinction du Philofophe, & du Stupide. Cependant le plaifir violent s'accorde-t-il avec la temperance? Glaucon. Non; il derange l'homme, auffi bien que le chagrin exceffif. Socrate. Eft-il moins incompatible avec les autres vertus? Glaucon. Non encore. Socrate. Il s'accommode parfaitement bien avec touts les vices? Glaucon. Oui. Toutes nos paffions dereglées ont d'etroites correfpondances entre elles. Socrate. Celles qu'on nomme lubriques, ne font-elles pas les plus effreneés, & les plus indomptables? Glaucon. De l'aveu de tout le monde. Socrate. L'amour vertu, qui n'a pour aliment que l'honnête, & le beau, n'eft au contraire point accompagné de fougueux tranfports? Glaucon. Il eft vrai. Socrate. De jeunes gens bien elevés, ne feront capables d'aucun autre. Entre eux, la volupté fale ne fera point de la partie. Tout fe terminera dans une amitié tendre. Glaucon. Le refte feroit criminel; & le crime defigure tout. Socrate. Il leur fera donc permis de fe voir librement, & de fe prodiguer reciproquement les careffes, dont leur âge eft liberal. Cependant ils s'y comporteront de maniere, que leur familiarité ne faffe naître aucun mauvais foupçon; & qu'elle paroiffe uniquement l'effet de ces flammes innocentes, qu'allume dans les cœurs vertueux un zele ardent pour l'Honnête; fous peine d'être univerfellement regardés comme des Efprits, dans lefquels il eft tout à fait eteint. Glaucon. Il eft à propos de leur accorder beaucoup de liberté ; mais il ne faut jamais qu'ils s'oublient. Socrate. Nous avons fini, fur la chapitre de la Mufique, mon cher Glaucon; puifque fon but eft de nous porter à l'amour du Beau; & qu'elle vient de nous y conduire. Glaucon. Mon cher Socrate, c'eft agreablement dit.

So-

LIVRE TROISIEME.

Socrate. La Gymnastique fait l'autre partie de l'education de jeunesse, & l'applique à touts les exercices du corps. Elle apprendra les plus necessaires de très bonne heure, & les plus difficiles, avec le temps. Voïez, mon cher Glaucon, si vous serez de mon avis? L'âme souvent aura, selon moi, les plus horribles defauts, avec le corps du monde le mieux fait; pendant qu'un corps passable empruntera mille graces, mille perfections, d'une âme accomplie. Glaucon. Je suis de votre sentiment. Socrate. Façonnée par nos preceptes, d'elle-même elle reglera facilement le menu detail. Ainsi quelques observations generales suffiront.

Nous avons dit que l'ivrognerie est un premier vice, que les gens de guerre doivent avoir en horreur. Perdre la raison, est une chose beaucoup moins pardonnable à des personnes, placées en sentinelle par la Republique, pour la preserver des surprises de l'Ennemi, qu'à d'autres. Glaucon. Il auroit l'effet ridicule, de mettre les Citoïens dans la necessité de veiller incessamment sur des Concitoïens, obligés par leur charge nuit & jour de veiller pour eux.

Socrate. L'amour de la bonne chere conviendroit aussi très mal à des gens, dont la Patrie attend une autre espece d'Heroïsme, que celui de la table, & du buffet. Glaucon. Assurement. Socrate. On sçait de quel regime vivent ces hommes, tout muscles, qui descendent chaque jour dans l'arêne, pour y faire montre de leur force. Ceux qui se vouent à la profession des armes, en observeront un d'autant plus exact, qu'ils auront une plus grande carriere à fournir. Celui que se prescrivent les Athletes, leur fait passer dans un profond assoupissement presque tout l'intervalle qui separe leurs combats; & pour peu qu'ils l'alterent, ils vont mourir. Les autres, faits pour être continuellement sur le qui vive, apprendront à ne point sentir la difference d'un excellent repas, ou d'un morceau de pain, du champ de bataille, ou d'un bon lit, d'un Ciel en fureur, ou d'un temps serein. Glaucon. La sobrieté, mon cher Socrate, est une de leurs plus essentielles vertus. Socrate. Elle donne cette ouie fine, & cet œil d'aigle, dont l'un decouvre par-

tout

tout fa proie, & l'autre fait voler, au mouvement d'une feuille d'arbre. Mon cher Glaucon, vous voïez que la Gymnaftique, dont la fin principale eft de rendre ainfi le corps à l'epreuve des travaux militaires, eft fœur de la Mufique, & comme elle, parfaite ennemie de la molleffe. GLAUCON. Il eft vrai.

SOCRATE. Homere, tout Homere qu'il eft, fait aux gens de guerre d'affez bonnes leçons de mepris, entre autres pour les plaifirs de la bouche. Ses Heros, dans leurs campagnes, fur les bords de l'Hellefpont, ne couvrent leur table, ni des monftres que cette mer pouvoit leur fournir, ni de nombreux fervices. On n'y voit que du rôti, qui n'eft pas d'un grand apprêté. Ils fçavoient que la fobrieté rend alerte, & robufte. GLAUCON. C'eft une maxime, qui n'eft conteftée de perfonne. SOCRATE. Les delicateffes de Syracufe, de Sicile, & de Corinthe, pour ne rien dire des notres, à quoi fervent-elles, qu'à ruïner les forces du corps humain ? GLAUCON. A rien autre chofe. SOCRATE. Je comparerois volontiers le luxe, qui n'afpire qu'après tout les melanges capables de flatter le goût, & qui porte la Maladie en croupe, à la Mufique dereglée; qui ne fe plaît qu'a debaucher l'oreille, par les mouvements des airs, & les arrangements des tons les plus bizarres ; & qui n'annonce pas moins la decadence entiere des mœurs. Celle qui fuit la nature, conferve, & repare l'âme; comme la nourriture fimple fait le corps. GLAUCON. Ces rapports font parfaitement juftes.

SOCRATE. L'amour des voluptés, pere de celui des richeffes, n'a pas trouvé plutôt entrée dans un Etat, que la Medecine y fleurit, & qu'il devient en proie à la chicane. L'une & l'autre occupent un grand nombre de bons efprits; qui cherchent à briller dans ces profeffions, auparavant eftimées inutiles. Une marque infaillible d'une depravation fort etendue, eft le befoin qu'on a de Medecins, & de Jurifconfultes, & le cas extraordinaire qu'on fait d'eux. On peut auffi dire hardiment, qu'Aftrée a quitté la terre; lorfqu'on voit fouvent des gens même qui fe piquent de politeffe, & qui n'ont pas entierement fecoué le joug de la vertu, fremir autour

des

LIVRE TROISIEME.

des tribunaux de la justice. Comme si tout homme bien elevé, ne devoit pas avoir horreur d'en violer jamais les regles envers personne ; & rougir de n'en pouvoir faire une application juste, sans recourir, pour des arrêts, à ces pelotons, semés en touts lieux, de Maîtres avides qu'on s'est fait. GLAUCON. Si les differents etoient quelquefois inevitables ; pourquoi ne pas les terminer sans eux ; & ne pas mettre des bornes à la manie de se ruïner, pour les enrichir ? SOCRATE. La foule des plaideurs grossit touts les jours ; & desormais tout consiste à bien entendre le procès. Non content de l'aimer avec fureur, on va jusqu'à se faire un sujet d'orgueil, de sçavoir heureusement conduire une injustice au travers de touts les meandres du Barreau. Funestes effets d'un amour demesuré pour des biens, dont une legere qualité suffit, pour être heureux! Combien plus doux, plus beau seroit-il, cher Glaucon, de vivre sans des millions de gens, au regard farouche, incessamment qui mugissent dans le Temple de Themis ; & de juges, qui sûrs de leur argent au bout de l'heure, la consacrent à Morphée ; pendant qu'Avocats, & Procureurs, par leurs cris l'invitent à repandre ses pavôts! GLAUCON. Pour se plaire à ce metier infernal, mon cher Socrate, il faut avoir eté mordu par touts les Serpents de trois Furies.

SOCRATE. Est-il moins honteux, pour n'estimer dans les plaisirs que l'excès, qui les corrompt, & qui se fait toujours païer cher, de se reduire à la necessité malheureuse d'implorer le secours de la Medecine ; utile tout au plus pour les fievres engendrées par l'infection de l'air, & pour quelques autres maux d'accident. La punition de fort près suit le desordre. Les corps d'aujourdhui, le plus souvent infirmes dans la fleur de l'âge, ne ressemblent pas mal à ces crevasses, pleines d'eau croupie ; où les vents, moins capricieux que leurs coliques, leurs rheumatismes, & leurs catharres, s'enfournent, & badinent comme il leur plaît. Tant de choses infortunées arrivent touts les jours les unes sur les autres, que les Disciples d'Esculape, jolis gens s'il en est au Monde, ont peine à leur trouver des noms. GLAUCON. Qui ne prefereroit sur ce pied là notre luxe, à la vie sobre de nos Peres ? SOCRATE. Une preuve que de son temps, cette multitude prodigieuse de maladies, & de remedes, dont nous sommes accablés, etoit parfaitement inconnue ; c'est que ses enfants ne desapprouverent point qu'Eurypyle, pour une blessure qu'il avoit reçue au siege de Troie, eût pris seulement de la farine, & du fromage, delaiés avec du vin de Pramne, des mains d'une Villageoise ignorante, à laquelle Patrocle voulut qu'il se laissât traiter. GLAUCON. Qui n'eût dit, mon cher Socrate, qu'un breuvage fait à si peu de frais, n'etoit gueres ce qu'il falloit ? SOCRATE. Il n'est certainement point dans le goût des ordonnances d'Herodicus, Pere de la Medecine moderne.

En premier lieu maître d'Academie, il tomba dans un grand nombre d'infirmités, qui lui firent tourner ses pensées ailleurs. A force d'art, & de vigilance, il vint à bout de se rendre la vie longtemps à charge, & de laisser pour heritage à la Posterité, son mauvais exemple après lui. GLAUCON. Comment dit-on qu'il se gouvernoit ? SOCRATE. Libre de tout autre soin, que celui de suivre pas à pas une santé ruinée, il roula plusieurs années dans un etat continuel de langueur ; qui se changeoit en douleur aigue, lorsqu'il alteroit un peu son regime. Enfin à grand' peine il atteignit la vieillesse ; & vecut jusqu'au bout, en homme qui ne pouvoit ni vivre, ni mourir. GLAUCON. O sçience admirable ; o sort digne d'envie !

SOCRATE. En meritoit-il un meilleur, cher Glaucon ; pour n'avoir pas vu, que si le divin Esculape s'etoit abstenu de publier un corps de medecine, ce n'etoit pas qu'il eût moins de capacité qu'Herodicus ? Mais le Fils d'Apollon pensoit, que dans un Etat, où chacun seroit mis en mouvement par un vrai zele pour le bien public, on n'auroit point du tout le temps d'être malade. GLAUCON. Comment donc ? SOCRATE. N'est ce pas un fait constant, que les riches seuls, parcequ'ils regorgent de luxe, ont assez de loisir, pour en faire toutes les ceremonies ? Un Laboureur a trop d'affaires, pour demeurer au lit un ou deux jours. Cependant s'il ne s'agit que d'une saignée, d'une purgation, d'un vomitif ; & que sa femme appuie de ses plus tendres supplications les ordres du Medecin ;

l'iml'importuné se rendra peut-être. Mais si l'on revient à la charge, avec des bouillons, des bolus à prendre, un mois durant; & s'il voit approcher tout l'attirail, avec lequel on le menace de lui bien envelopper la tête; enflammé de colere, il suppliera son Bourreau de jamais ne mettre les pieds dans sa maison. Ensuite courant d'un pas leger à sa charrue; il va tellement suer, qu'à moins d'un grand malheur, il sera bientôt gueri. S'il n'y peut resister; le pis est de partir gaiement pour l'autre monde. Quand on est mort; on n'a plus de terres à labourer, ni d'enfants à nourrir. GLAUCON. Voilà du bon sens, mon cher Socrate, en grande quantité. SOCRATE. L'homme à son aise raisonne d'une autre maniere. Comme il a tout à souhait; il est très eloigné d'estimer la vie insupportable, s'il ne travaille. GLAUCON. Il a par dessus le pauvre l'avantage de se porter mal, quand bon lui semble, & de mourir dans toutes les formes.

SOCRATE. Nous avons cependant le mot de Phocylide; que la vie nous est donnée, pour nous exercer à touts les travaux de la vertu. GLAUCON. Il est celebre. SOCRATE. Nos ans doivent être mieux emploiés, qu'à nous en procurer un petit nombre; & nous sommes faits pour quelque chose de meilleur, que pour avoir incessamment toute la Pharmacie à nos cotés. Un Forgeron, qui jour & nuit bat son enclume, remplit admirablement le beau precepte, dont je parle; mais il est fort mal observé par un Hypocondre, qui se purge, & qui se fait ouvrir la veine, toutes les fois que la Lune en est d'avis. GLAUCON. Mon cher Socrate, on vit, pour faire longtemps souvenir le Monde qu'on a vecu. SOCRATE. La Gymnastique, avec touts ses exercices laborieux, detourne moins l'esprit, que ces attentions superstitieuses à la santé. Elles empêchent egalement de vacquer à ses affaires domestiques, & de contribuer à faire prosperer celles du public. Pour comble, elles portent à faire un divorce entier avec tout ce qui s'appelle etude, & Science; par l'apprehension de migraines, & de vertiges, que la Philosophie donne à coup sûr. On n'a donc plus que le parti sain d'être toujours malade; & de passer le jour à recià reciter ce qu'on a souffert par tout le corps, durant le bon sommeil de la nuit. Glaucon. Avec le plaisir d'avoir une foule de maux imaginaires ; on a celui de causer un ennui reel aux gens qu'on voit.

Socrate. Je soupçonnerois qu'Esculape n'a transmis à la Posterité ses decouvertes, que pour le bien des personnes sobres, & d'un bon temperamment ; lorsqu'elles seroient attaquées de ces maladies, auxquelles sont exposés les plus robustes, & dont une temperance exacte ne met point à l'abri. Aussi voïons nous qu'après l'usage d'un très petit nombre de remedes, il ordonne de reprendre ses occupations ordinaires ; de peur que l'Etat n'en reçût autrement du prejudice. Il ne s'est point mis en peine d'enrichir la Medecine de purgatifs, ni de prescrire des regimes à l'infini. Cet homme incomparable sçavoit, qu'il n'auroit fait que prolonger inhumainement de mauvais jours à des Peres, à des Meres cacochimes ; seulement pour faire à des enfants le triste present d'une vie, aussi languissante, aussi parfaitement inutile au monde que la leur. Son principe etoit que lorsqu'on est hors d'etat de s'acquitter mediocrement bien des fonctions de la societé civile, il n'est plus à propos, ni pour soi, ni pour elle, qu'on vive. Glaucon. Mon cher Socrate, vous faites Esculape un politique profond dans ses vues. Socrate. La sagesse de ses enfants montre combien elles etoient justes. Braves officiers, Medecins intelligents, l'histoire dit qu'ils firent des prodiges au Siege de Troie, & qu'ils y guerissoient à peu de frais leurs malades. Quand Menelaüs fut blessé par Pandare ; " ils se contenterent de " tenir la plaie nette, & de l'empêcher par des baûmes de s'ai- " grir." Comme leur Pere, ils avoient pour maxime, que les remedes simples retabliroient ceux qui n'auroient point ruiné leur bonne constitution par des excès. Pour les autres, à quoi bon rouler encore inutilement sur la terre ? Possedassent-ils les thresors de Midas ; la vie n'etoit point pour eux. Glaucon. C'etoient, à ce que je vois, de fort jolis hommes. Socrate. Oui ; quoique les Poëtes, & Pindare entre autres, aient fort mal parlé des enfants, & du Pere. Après avoir fait le dernier fils d'Apollon, ils disent que l'argent lui fit entreprendre la guerison desesperée d'un homme riche ;

LIVRE TROISIEME.

riche; & qu'il fut, en punition de son avarice, frappé de la foudre. C'est la fable assurement la plus incroïable qu'ils pussent inventer, pour ternir la gloire de ce Bienfaiteur insigne du genre humain. Le fils d'un Dieu n'a pu jusqu'à ce point se laisser eblouïr par l'espoir du gain; ou s'il en etoit capable, il n'avoit pas un Dieu pour pere.

GLAUCON. Tout ce discours est fort bien, mon cher Socrate. Cependant ne faut-il pas des Medecins dans un Etat, & des Jurisconsultes habiles? SOCRATE. Je le veux, sur le pied où sont les choses. Mais remarquons du moins qu'on excelle dans ces deux professions, par des endroits qui ne se ressemblent pas entierement. GLAUCON. Mon cher Socrate, on vous prie de nous marquer la difference; & de nous apprendre qu'elle trempe d'esprit donne tout à la fois ce charactere inflexible, & ces lumieres vives, qui font un Juge, aussi clairvoïant qu'integre.

SOCRATE. Plus de malades auront passé par les mains aux premiers; plus la mort, & les maladies, fuiront devant eux. Ils n'en feront même que plus capables de rendre aux autres la santé, pour être eux-mêmes d'une santé chancelante. Vous sçavez que ce n'est pas le visage vermeil du Medecin, mais son droit sens, & sa capacité, qui guerissent. GLAUCON. S'il ne falloit qu'un bon corps; un de nos Athletes y reüssiroit mieux que tout autre. SOCRATE. D'autre part, jamais on ne vit des cures d'un autre genre, faites par une âme, à sa façon mal-saine. Ce n'est qu'avec cette grande santé, que la Vertu produit en elle, avec un grand fond de droiture, qu'on administre bien la justice. Il est vrai qu'un Fourbe, à force d'avoir longtemps roulé parmi les gens de son espece, en connoîtra quelquefois mieux qu'un autre les detours d'un criminel; de même qu'un Medecin, disions nous tout à l'heure, en sera plus au fait des maux, qui ne l'auront point epargné. De là vient que les honnêtes gens, qui n'ont pas encore beaucoup vu le monde, passent communement pour des hommes peu deliés, que les esprits artificieux tromperont facilement; parceque rigides observateurs de toutes les regles de la probité, jamais ils n'eurent ni l'art, ni même

la

la pensée de surprendre personne. Cependant je soutiens qu'il faut n'avoir point été mechant homme, pour être bon juge. Glaucon. Mais quoi, mon cher Socrate, ignorez vous que trop de bonne foi touts les jours fait qu'on est la duppe? Socrate. Non; quand on est jeune, & qu'on a peu d'experience, mon cher Glaucon. Aussi n'est-il pas temps alors de prendre en main les balances de Themis. Je veux qu'on soit estimé tard formidable à l'injustice; & qu'un juge sçache la suivre dans touts ses meandres, plus pour avoir de longue main etudié les allures d'un Siecle mauvais, que pour avoir souvent reflêchi sur les obliquités de son propre cœur. Glaucon. J'aime plus que je ne puis dire ce beau portrait. Socrate. C'est, mon cher Glaucon, celui que vous avez souhaité. Je suis charmé qu'il vous plaise. Disons le neanmoins : ce n'est pas là ce qu'on admire. On vante un homme, armé d'une defiance inexorable; aux pieds duquel on ne vient demander justice d'aucun tour de friponnerie, que dabord il ne devine, pour en avoir dans mille occasions lui-même fait usage. Un Magistrat de cette abominable tournure, sous pretexte encore une fois qu'il connoit touts les subterfuges du crime, est regardé comme un genie du premier ordre; mais ce ne peut être que par de mechants esprits comme lui. Cependant les personnes vertueuses, & sensées, l'estiment un visionnaire; le plus souvent qui se repaît de soupçons, injurieux à la candeur; parceque jamais il n'eut aucune habitude avec elle; & qu'il ne voit actuellement que noirçeur dans son âme. Le monde est plein de ses pareils. Il n'en frequente point d'autres. Faut-il s'etonner qu'il jouïsse d'une grande reputation, mere de la haute opinion qu'il a de lui-même? Glaucon. Le Vulgaire, & lui, mon cher Socrate, ne sont pas d'excellents connoisseurs en fait de vrai merite.

Socrate. Nous fermerons le Temple de la justice à ces aigles pretendues, mon cher Glaucon ; & nous n'y ferons asseoir que les sujets, qui depuis leur plus tendre enfance auront fait paroître une parfaite simplicité de mœurs. Tenons pour certain qu'un mechant homme n'est pas seulement privé de tout sentiment pour le bien; mais
qu'il

LIVRE TROISIEME.

qu'il manque auſſi de cette eſtimable ſagacité, qui fait penetrer juſques dans les replis les plus cachés d'un cœur affreux; quoiqu'il liſe le mal en gros charaêteres dans le ſien propre. Soïons au contraire fort aſſurés qu'un autre, de bonne heure qu'on aura vu ſenſible aux charmes de la vertu, lorſqu'il aura quelque temps vecu dans le Monde, fera toujours un prompt accueil à l'Innocence; & que d'un regard il percera touts les nuages, dont s'enveloppe le crime. Je ne ſçai quel inſtinét ſurprenant, fruit d'une extrême droiture, conduit par des lumieres acquiſes même aſſez mediocres, en fera ce qu'on appelle un grand Magiſtrat. GLAUCON. Mon cher Socrate, je ſuis comme vous dans le principe que, ſans la probité, les plus beaux talents ne feront jamais un grand homme dans aucun genre; & qu'elle contribuera plus que tout le reſte à former un excellent Juge.

SOCRATE. La juriſprudence, & la Medecine, s'uniront pour le ſervice des Citoïens, ſains de corps, & d'eſprit. Mais l'une purgera la Republique de touts les eſprits incorrigibles; & l'autre laiſſera marcher les incurables à pas lents vers le tombeau. GLAUCON. De cette maniere, les uns & les autres y gagneront beaucoup; & l'Etat en ſera bien delivré.

SOCRATE. Vous comprenez, mon cher Glaucon, que de jeunes gens, remplis d'ardeur pour les ſçiences, dont l'effet naturel eſt de rallentir celle des paſſions, n'aimeront point la chicane. GLAUCON. Ils l'auront en horreur. SOCRATE. D'autre part, la Gymnaſtique rendra la Medecine preſque inutile. GLAUCON. L'exercice, & la ſobrieté, previendront la plupart des maladies.

SOCRATE. Quand nous appliquerons un jeune homme à la premiere, nous lui ferons prendre des vues plus relevées, que celles qui mettent en action les muſcles de nos Athletes. Il ſe propoſera moins d'acquerir de la force, & de l'adreſſe, que du courage. GLAUCON. Sans le dernier, le reſte eſt d'une foible reſſource. SOCRATE. Dans l'une & dans l'autre partie de l'education, c'eſt principalement à l'âme, comme vous voïez, que tout ſe rapporte. GLAUCON. Cependant pour l'ordinaire elle eſt fort oubliée. SOCRATE. On fait mal, cher Glaucon; mais l'autre extremité ne ſe-

roit

roit pas moins à reprendre. L'application continuelle aux exercices du corps engendre une impolitesse, qui se tourne en brutalité. Le trop de passion aussi pour ceux de l'esprit, inspire un lâcheté, qui dans le commerce de la vie rend incapable de s'evertuer à rien. GLAUCON. Il est vrai. SOCRATE. Retrenchez l'excès d'un coté; c'est la bravoure. Remplacez le defaut; c'est la clemence. Ces deux vertus entrent en proportion egale dans la formation du Heros; merveilleux composé du Philosophe, & de l'homme de cœur. GLAUCON. En moins de paroles, mon cher Socrate, il ne se peut rien de plus excellemment dit.

SOCRATE. Nous exigeons dans les premieres personnes de la Republique, ce beau melange de douceur, & d'intrepidité; dans lequel on ne voie aucun rudiment ni de la ferocité, ni de la crainte. GLAUCON. Vous nous avez deja montré que ces deux excellentes qualités, quoiqu'en apparence incompatibles, se concilient tout à fait bien ensemble.

SOCRATE. La sçience des sons favorisera beaucoup l'acquisition de la premiere. Ses charmes penetrants amolliront la dureté d'une âme bourrue, fiere, intraitable. Plus tendre, & plus maniable qu'un fer mis au feu, elle sera facile à mettre en oeuvre. Qu'on se garde neanmoins d'y faire couler incessamment la melodie par les oreilles, comme par deux especes d'entonnoirs. Courageuse naturellement, elle en deviendroit chagrine, aigre, colere, à la rencontre des moindres obstacles. Lâche elle s'enerveroit entierement. GLAUCON. Mon cher Socrate, vous connoissez l'homme; & c'est à vous de lui marquer les vrais confins du vice, & de la vertu.

SOCRATE. Un jeune Cavalier feroit mal aussi de se livrer trop à la Gymnastique. Le sentiment de sa force, & de son agilité, le rempliroit d'audace; & ne produiroit en lui que la fausse valeur. Fût-il né d'autre part avec les plus belles dispositions; s'il neglige les sçiences, & s'il ne converse assiduement avec la Philosophie; son partage sera l'orgueil, l'insolence, & l'aveuglement d'esprit. Capable de fort peu de choses, il n'en connoîtra point d'impossibles. Ennemi des Muses, & des graces, il sera de ces gens,

dont

LIVRE TROISIEME.

dont toute l'eloquence est renfermée dans le poignet, & qui se font ecouter, par la rusticité de leurs manieres. GLAUCON. Juste recompense du peu de soin qu'il aura pris d'orner, & d'enrichir la plus estimable moitié de lui-même!

SOCRATE. Puisque la Gymnastique, & la Musique, sont d'une si grande utilité; regardons les comme deux presents, que les Dieux ont fait aux hommes; l'un pour leur rehausser le courage, & l'autre, pour leur donner cette urbanité, qui fait le charactere particulier du vrai Philosophe. Le corps n'est qu'indirectement l'objet de leurs preceptes. Ils n'ont pour but que de le rendre souple aux mouvements de l'âme; dont la premiere excite l'ardeur, & la derniere la retient dans les justes bornes. GLAUCON. Il faut avouer qu'elles s'unissent merveilleusement, pour operer ces deux effets. SOCRATE. L'homme qui sçaura les allier, de la maniere la plus propre à former entre les deux parties qui le composent un parfait concert, passera dans notre esprit pour un plus grand maître en fait d'Harmonie, que celui qui marie le plus admirablement les instruments, & les voix ensemble. GLAUCON. Un goût delicat en fait de mœurs, est sans contredit beaucoup au dessus d'une oreille fine.

SOCRATE. Les personnes qui l'auront le plus exquis, seront preposées à l'instruction de la jeunesse; les unes pour les sçiences, & les autres pour toutes les especes d'exercices. On choisira dans les deux premiers ordres de l'Etat les plus habiles dans chaque genre, & les plus remplis de zele pour la Republique. GLAUCON. Leur capacité se connoîtra sans peine, mon cher Socrate; mais comment s'assûrer de leur parfait devouement à la Patrie? SOCRATE. On est sans reserve à ce qu'on aime, cher Glaucon; & l'on aime, quand on juge ses interêts les mêmes que ceux de l'objet aimé. Lorsqu'on en est au point de penser que son bien, son mal, est parfaitement le notre; il ne faut plus demander si nous ferons tout avec joie, si nous sacrifierons tout pour lui. GLAUCON. On travaille alors pour un autre soi-même: Quoi de plus facile?

SOCRATE. Les sujets par conséquent les plus capables de gouverner, seront les hommes, qu'on n'aura vu dans les rencontres ni rien attenter au prejudice de l'Etat, ni deliberer à le servir. En les prenant depuis l'enfance; on examinera si les prestiges de la volupté, les assauts de la douleur, n'ont pu les faire chanceler dans la resolution magnamine, d'aller toujours, les yeux fermés pour tout le reste, au bien public. GLAUCON. Comment s'affoiblit-elle, mon cher Socrate, quelquefois jusqu'à se perdre entierement?

SOCRATE. On abandonne avec empressement un principe de conduite, longtemps cheri, lorsqu'on decouvre qu'il etoit faux; mais le cœur n'est jamais de la partie, quand il est jugé veritable. GLAUCON. Le premier s'entend, mon cher Socrate; mais le second arrête. SOCRATE. Quoi donc? Est-ce un fait obscur, que l'homme n'est jamais privé du bien qu'à regret, delivré du mal qu'avec plaisir? Ou douterions nous que la verité, qui nous fait toujours voir les choses au naturel, ne soit un bien; & l'erreur, qui nous les fait paroître tout autres qu'elles ne sont, un mal? GLAUCON. Dans la grande affaire du bonheur, nous ne pouvons, je le conçois, manquer de craindre infiniment que la premiere n'echappe à nos poursuites. SOCRATE. Toutes les fois que ce malheur nous arrive; c'est qu'on nous en fait un larcin cruel. On use de violence, ou d'artifice, pour nous la ravir. GLAUCON. Vous vous enveloppez encore ici, mon cher Socrate. SOCRATE. Je m'explique. Les voleurs, dont je veux parler, sont le temps, qui fait ecouler imperceptiblement la verité de notre esprit; la fausse eloquence, qui nous la deguise; la volupté, qui nous la fait perdre de vue; & la douleur, qui nous l'arrache. Suis-je clair presentement? GLAUCON. Fort, mon cher Socrate; & je vois que nous sommes environnés d'un grand nombre de brigands très formidables.

SOCRATE. On reservera, pour les principaux emplois de la Republique, les jeunes gens qui sçauront le mieux repousser leurs insultes; qui seront les plus remplis de la maxime, que le salut de l'Etat doit l'emporter sur tout, & que du sien le leur depend. On les eprouvera de toutes les manieres; pour voir s'ils ne s'en departiront,

LIVRE TROISIEME.

tiront, ni par foibleffe, ni par legereté. Ceux qui dans une rencontre importante, pour quelques moments l'auront feulement oubliée, feront mis au rebut. Cher Glaucon, fommes nous du même fentiment? GLAUCON. Oui, mon cher Socrate. La Republique eft un trop grand objet, pour excufer un fimple defaut de memoire, qui la regarde. SOCRATE. Pour s'affûrer à quel point la crainte agira fur eux; & pour accoutumer leurs oreilles, comme on fait celles des jeunes chevaux de bataille, au bruit des armes; on les menera jufques fur le bord du peril. D'autre part, on leur prefentera les ris, & les jeux; & l'on ecartera tout de nouveau ceux qui n'auront pu refifter à leurs charmes. Enfin ils ne feront jugés fujets d'elite, qu'après avoir fubi des epreuves plus nombreufes, que l'or n'en fouffre dans le creufet. Quand elles feront finies; s'il ne leur eft arrivé dans aucune occafion de fe dementir; c'eft alors qu'on aura veritablement lieu de les croire deformais à l'abri de toutes les efpeces de feduction, & de fe flatter que l'amour de la Patrie aura pris entierement poffeffion de leur âme. Le temps fera venu de leur en confier les rênes; avec une parfaite affurance, qu'elles ne pourroient être mieux en d'autres mains. A fon tour, elle n'aura plus qu'à leur eriger pendant leur vie des ftatues, ornées des infcriptions les plus glorieufes, & des tombeaux, après leur mort, chargés des plus eclatantes marques de fon deuil. Voilà, mon cher Glaucon, fans nous engager dans les details, les hommes dignes, felon moi, de porter le faix de l'Etat; les gens capables d'ôter à fes ennemis les moïens, aux efprits brouillons jufqu'au defir d'en troubler la paix. GLAUCON. Après toutes ces precautions nombreufes, pour ne point fe meprendre dans le choix des Magiftrats; on ne courra plus aucun rifque, de fe repofer parfaitement fur eux.

SOCRATE. Puifque la verité manque de force, mon cher Glaucon, pour engager les hommes à confpirer tous enfemble au grand but de la felicité commune; voïons fi la fable n'auroit point des menfonges affez charmants, pour leur faire naître l'envie de ne plus fuir la vie heureufe; qu'ils cherchent, & cependant que pour l'ordinaire on leur offre envain. GLAUCON. Mon cher Socrate, en sçauriez vous quelques-uns, dont vous pussiez vous promettre un si grand fruit ? SOCRATE. Oui ; venerables même par leur antiquité. Ils opererent des prodiges, au rapport des Poëtes, en premier lieu dans la Phœnicie ; où chacun avoit pour eux le même respect, qu'on a communement pour l'Histoire ; & souvent ailleurs ils ont produit des reformes très surprenantes. Mais nous avons moins de credulité, nous autres Modernes. GLAUCON. Qu'est-ce, mon cher Socrate, vous hesitez ? SOCRATE. Quand vous m'aurez entendu, mon cher Glaucon, vous n'en serez point surpris. GLAUCON. Je vous en conjure, soïez temeraire.

SOCRATE. Quoiqu'il faille certainement l'être beaucoup ; & que je ne sçache presque où trouver des paroles, pour vivement retracer leur devoir aux Magistrats, aux gens de guerre, au reste des Citoïens ; j'oserai les faire souvenir de songes fort instructifs, dont les Dieux, jaloux de les rendre heureux, les favoriserent autrefois.

Ils dormoient touts dans les entrailles de la terre ; où par degrés ils prenoient figure. Leur sommeil finit, au moment que leur Mere commune les mit au jour, avec leur equipage militaire. Sortis du même sein, ils doivent s'aimer reciproquement comme freres ; & s'unir, pour defendre celle, après les avoir enfantés, qui les nourrit. GLAUCON. Vous n'aviez pas tout le tort, mon cher Socrate. La vrai-semblance est assurement là mal gardée. SOCRATE. Ne vous l'avois-je pas dit, cher Glaucon ? J'ai commencé neanmoins ; j'acheve. Encore une fois, vous ne composez touts qu'une même famille, leur ajoûterons nous, dans la vue de leur enseigner les plus importantes verités, à l'aide d'une fable, si l'on veut grossiere. Apprenez que Dieu, qui vous pêtrit du même limon, y mêla de l'or, pour former ceux d'entre vous qu'il appelle à gouverner les autres ; & qu'il pretend que vous aïez la plus haute veneration pour eux. Il ne detrempa que l'argent, & le fer, avec l'argille ; pour faire le Soldat, qui veille à la sûreté de la Patrie, & l'artisan, qui travaille pour ses besoins. Le plus souvent les melanges de votre premiere

origine

origine se retrouveront dans votre Posterité. Cependant l'or deviendra quelquefois argent, & l'argent fer. Au reste, l'Auteur de votre Etre n'enjoint rien plus expressément à l'homme, qu'il fit naître pour l'asseoir au timon, que d'etudier avec soin dans ses propres enfants la combinaison avantageuse, ou peu favorable de ces metaux. S'il decouvre en eux un alliage considerable des moins nobles; l'intention de ce grand Ouvrier est, que le Pere, sans ecouter les mouvements de sa tendresse, soit le premier à faire en sorte qu'on les relegue dans l'un des ordres inferieurs; & que, pour les remplacer, on en tire des sujets, plus ornés des presents du Ciel. On doit elever ainsi les uns, abaisser les autres; avec la même confiance, que si tous les Oracles de la Grece avoient d'un commun accord fixé l'epoque de la decadence d'un Etat, au moment où l'on commencera d'y fouler aux pieds le plus precieux metal, & de l'estimer de moindre valeur que les autres. Cher Glaucon, me donneriez vous un secret, pour infatuer mediocrement le genre humain de cette imagination pretendue? GLAUCON. Non. Le bon vieux temps n'est plus, mon cher Socrate; & le Siecle d'or s'est eclipsé. Peut-être nos derniers nepveux le feront-ils renaître. SOCRATE. Cependant il est certain qu'on gagneroit, à vouloir être moins rafiné. Ce ne seroient plus qu'hommes unis par touts les nœuds de la concorde, & pleins d'adorations pour la Republique. En attendant que nos Chimeres fassent fortune; voïons marcher en ordre de bataille nos merveilleux fils de la Terre, sous les bannieres de leurs Chefs, pour aller fonder une ville.

Ils choisiront une situation avantageuse; pour contenir plus aisément les esprits inquiets dans l'obeïssance aux loix; & pour ecarter les Injustes, à qui l'envie pourroit naître de venir les troubler chez eux. Après avoir immolé des Hecatombes à toutes les Divinités, qu'ils jugeront devoir se rendre propices; ils penseront à se munir contre les rigueurs de l'hiver, & contre les ardeurs de l'été. GLAUCON. Des tentes ne suffiront pas; il faudra des maisons. SOCRATE. Je l'entends ainsi; mais sortables à des gens, qui bientôt peut-être auront la guerre à soutenir. Vous ne voulez pas des palais? GLAUCON. Pourquoi non, mon cher Socrate? Les

ga-

galeries, & les enfilades, font quelque chofe d'affez joli. Socrate. Je n'en doute pas, mon cher Glaucon. Mais dites moi, fçauriez vous un plus grand malheur, une plus infigne folie pour des Bergers, que de nourrir des chiens, qu'une faim dereglée, ou tel mauvais inftinct qu'il vous plaira, metamorphoferoit d'un moment à l'autre en loups terribles, & pousseroit à faire les plus cruels ravages parmi leurs troupeaux? Glaucon. Non affurement. Socrate. Les fondateurs de la nouvelle Republique par confequent, feront fagement de prendre toutes leurs mefures, fous le nom de braves gens qui les defendent, & de Peres qui les protegent, pour ne pas engraiffer des animaux carnaffiers, qui les devorent. Glaucon. On ne peut certainement trop s'armer de precaution contre des perfonnes, à qui la neceffité contraint de mettre toute la force de l'Etat en main. Socrate. La bonne education fera la premiere chofe, pour ne rien avoir à craindre d'eux. Des mœurs douces, du zele pour la Patrie, de la tendreffe pour leurs Concitoïens, en feront les fruits. Le fecond foin doit être de regler leur entretien, & celui de leurs familles. Glaucon. De quelle maniere l'entendriez vous?

Socrate. Libres de tout autre embarras, il faut qu'ils puiffent vacquer fans partage à toutes les fonctions de la Magiftrature, & de la guerre. Du refte, le trop d'abondance les rendroit peut-être un jour affez audacieux, affez ingrats, pour tirer le plus beau fang des veines du Peuple, du quel ils tiennent abfolument tout. Glaucon. Ne les auroit-on elevés à fi grands frais, que pour les voir echoüer contre les ecueils infâmes du fafte, & du luxe? Socrate. Pour les empêcher de s'oublier à ce point; ils ne poffederont aucune chofe en propre; fi quelque obftacle infurmontable n'oblige de fe relâcher fur cet article. Les appartements, annexés à leurs poftes, demeureront toujours ouverts, pour qui voudra les vifiter, & voir s'ils n'auront point fait de criminelles referves. Le Public leur fournira tous leurs befoins; dans la mefure convenable à des gens fobres, & nés pour les travaux de touts les genres. On fera tellement jufte là deffus, que d'une part ils

ne

ne manquent de rien; mais que de l'autre ils aient pour tout de quoi se conduire au bout de l'an. Enfin, soit en campagne, soit derriere leurs murailles, ils mangeront ensemble; & seront à tout autre egard assujettis à la vie de communauté. Pour la leur faire estimer, on leur dira, qu'enrichis par le Ciel de thresors, preferables à touts ceux que la terre cache dans son sein, ils doivent mepriser l'or & l'argent; anciennes causes de touts nos maux, funestes instruments de touts nos crimes. Vos richesses interieures, dont la possession est egalement douce, & glorieuse pour vous, leur ajoûtera-t-on, perdroient beaucoup de leur eclat, & de leur prix, par leur melange avec les autres. Elevés par la noblesse de vos sentiments au dessus du reste des hommes, à qui ces vils metaux en inspirent tous les jours de si bas, & de si detestables; il vous sieera de ne pas même salir vos mains par leur attouchement; loin de prendre plaisir à les faire briller dans vos ameublements, ou sur vos personnes. Par ce mepris, & par cette horreur, sortables à des âmes comme les votres, vous vous conserverez à la vertu; vous sauverez la Republique.

Voilà comme je voudrois qu'on leur parlât, mon cher Glaucon. Il n'est rien de plus certain, que partout où les Magistrats, & les gens de guerre, auront la liberté de faire maison à part, au lieu de gens devoués au service du Public, on n'aura qu'hommes habiles dans l'art de se faire de superbes etablissements; & que Peuple eternellement sera l'objet de leur rapine. Ce ne seront que defiances, haines, embûches reciproques. Les Defenseurs, & les Peres, seront plus à redouter que les Ennemis. La Republique à touts moments se verra sur le penchant de sa ruïne.

En est-ce assez, mon cher Glaucon, pour nous convaincre, que ne rien laisser aux personnes chargées de la defense & du gouvernement de l'Etat, est le seul moïen d'empêcher qu'elles n'aient tout; & que des loix, pour les depouiller au point que nous avons dit, sont absolument necessaires? GLAUCON. Oui, mon cher Socrate. Il n'en faut pas moins, pour aller à la racine du mal. Je vous donne par consequent mon suffrage.

DE LA RÉPUBLIQUE;
OU
DU JUSTE, ET DE L'INJUSTE.

LIVRE QUATRIEME.

SOCRATE.

ADimante reprit, où nous avions fini. Mon cher Socrate, me dit-il, il paroit d'abord quelque chose de merveilleusement beau dans ce denuement parfait, que vous prescrivez à ceux qui doivent gouverner, & défendre la Republique. Mais, à bien examiner tout, comment le justifierez vous? On dira que vous leur faites une excessivement petite part du bonheur, que leurs soins, & leurs travaux lui procurent. Quoiqu'ils soient l'Etat, à proprement parler; aucun Citoïen plus miserable qu'eux. Les autres amasseront du bien, se logeront magnifiquement, reçevront chez eux splendidement Compatriotes, Etrangers, offriront aux Dieux des sacrifices distingués. En un mot, chacun se donnera tout ce qui peut rendre la vie aimable; & pour eux, ils se contenteront du simple vivre, & du vêtir. SOCRATE. Oui, cher Adimante, Moins riches même que les plus pauvres, ils n'auront point d'epargnes, point de liberalités à faire. Le Marchand ira librement d'un
bout

LIVRE QUATRIEME.

bout du Monde à l'autre; pendant qu'ils feront tenus comme prifonniers dans leur Patrie. Voïez combien de chofes, dont vous m'avez fait grace! ADIMANTE. Non, je ne vous paffe rien, mon cher Socrate. SOCRATE. Il faut donc, à ce que je vois, de bonnes raifons pour tout : c'eft un arrêt porté? ADIMANTE. Si vous ne voulez qu'on vous accufe d'avoir extraordinairement outré la matiere.

SOCRATE. Peut-être ne feroit-il pas fort difficile de faire voir, que de touts les plans, celui qui depouille ainfi les Magiftrats, & les Gens de guerre, eft le plus favorable, qu'un Legiflateur puiffe imaginer pour eux. Mais avant que d'entreprendre de les en convaincre; prenons garde qu'il ne doit en premier lieu penfer qu'à rendre les fources de la felicité publique auffi fecondes qu'il eft poffible; afin qu'enfuite elle coule fur le particulier, dans la mefure que le permettra le bien commun. Si la juftice, ancien objet de nos recherches, peut fe rencontrer quelque part fur la terre; ce ne fera très affurement que dans un Etat, formé religieufement avec ces deux vues. On ne verra qu'injuftices dans touts les autres. Je fçai trop que cette vertu mere eft la bafe unique des Sociétés, pour me borner dans notre Republique à ne faire qu'une poignée d'heureux, enviés par une infinité de miferables. Il faut que rien n'egale au contraire le bonheur du Tout.

Que diriez vous d'un Critique, mon cher Adimante, qui me verroit tirer un bel homme; & qui me reprendroit feverement, de ne pas emploïer le plus vives de mes couleurs, aux parties qui frappent le plus dans le corps humain?.... Ciel, du noir aux yeux, qui font deux aftres; pendant que vous avez là du jaûne vif, & du vermillon!.... Serois-je l'impertinent, de lui repondre? " Ami, fça-
" chez que mon deffein ne fut jamais de leur donner tant de beauté,
" qu'ils en perdiffent toute celle que Prométhée a mis en eux. Me
" croïez vous donc peintre, à difgracier tout mon ouvrage, pour
" charmer un connoiffeur comme vous? Examinez plutôt, fi d'un
" bout à l'autre il manque rien à la juftefle de mon coloris; & fi
" le tout enfemble ne fait pas le plus charmant effet du monde,"

TOME I.   P   Dites

Dites moi, cher Adimante ; seroit-ce moins tout gâter ici, que d'environner d'un si grand faste les premieres personnes de l'Etat, qu'à les voir, on les prît pour toute autre chose, que pour ses Dieux tutelaires ? Qui doute qu'on ne deplairoit nullement au Laboureur, de lui mettre sur le corps un habit riche, & de lui dire : va, fais grand chere, camarade ; & par dessus tout souviens toi bien de ne toucher à ta charrue, que dans les heures où tu sçauras ne rien avoir de meilleur à faire. Un Potier de même seroit assurement charmé de nous ; si nous l'exhortions à passer les jours, avec sa bouteille, près d'un bon feu ; sans jamais, de l'air d'un homme en colere, battre du pied contre sa roue, que pour chasser la melancholie. De cette façon, il faut l'avouer, ce ne seroit partout que fête, & que joie. Mais combien le tout dureroit-il ? Tant que la boutique y fourniroit, l'Artisan boiroit à longs traits ; mais le Bourgeois cuiroit son pain, iroit pieds nuds. Cependant que le Cordonnier s'oublie ; le renversement ne sera que mediocre. Mais si le Magistrat, l'Homme de guerre, sur qui tout roule, ne pense qu'à satisfaire son luxe ; le Peuple en sera la malheureuse victime. Otons leur donc par avance touts les moïens d'en faire la proie de leur Ambition, & de leur Avarice. Demandons nous à nous-mêmes, si nous elevons des egaux sur nos têtes, seulement pour contempler, en parasites affamés, leur pompe, & leur abondance ; ou plutôt à bon droit si nous n'attendons pas d'eux qu'ils aient le salut, & le bien être du Corps politique pour unique objet ? Que si nous les en tenons quittes, pour nous rejouïr les yeux par leurs grands equipages, leurs ambeulements superbes, leurs tables somptueusement servies, sans exiger d'eux quils fassent leur charge ; nous aurons un repaire de Brigands comblés, & non pas une Republique. Au contraire on ne verra partout que prosperité ; quand depuis l'homme assis au timon, jusqu'à celui qui manie l'aleine, chacun s'acquittera soigneusement de ses fonctions, & travaillera d'un parfait concert avec les autres à la felicité commune. Le parti sage ensuite, pour chaque Citoïen, sera d'en prendre agreablement la portion qui lui reviendra ; comme la plus grande, que vu la nature des choses, dans tout autre arrangement

LIVRE QUATRIEME.

il pût raisonnablement se promettre. ADIMANTE. Vous etes pleinement disculpé, mon cher Socrate ; & vous fermez la bouche à vos Censeurs.

SOCRATE. Disons un mot aussi du tiers Etat. Deux choses le corrompent ordinairement, & nuisent à l'avancement des arts mechaniques ; le trop d'aise, & la pauvreté. ADIMANTE. Comment, je vous prie ? SOCRATE. Un Chaudronnier, qui s'est fait des revenus par son marteau, ne conservera point sa premiere tendresse pour lui. ADIMANTE. La seule necessité peut en faire aimer le bruit. SOCRATE. On le verra donc souvent oisif ; & les chaudrons, fort negligés. ADIMANTE. Oui. SOCRATE. Davantage encore, si les outils lui manquent. Enfants, apprentis, ne profiteront point. ADIMANTE. Il est vrai. SOCRATE. Voici donc, cher Adimante, deux nouveaux Ennemis decouverts ; que le Magistrat empêchera soigneusement de se glisser dans la Republique ; l'abondance, & la disette, parmi les gens de metier. L'une engendre la paresse, & la debauche. L'autre produit le decouragement, & la mal-habileté. L'inclination au mouvement vient ensuite. ADIMANTE. Une honnête mediocrité, mon cher Socrate, rendra les artisans heureux, en même temps qu'utiles. Elle aura le même effet, par rapport aux deux premiers ordres. Mais une difficulté se presente. Comment faire la guerre, sans de gros amas d'argent, sur-tout contre un Etat riche ?

SOCRATE. Si nous en avons seulement un sur les bras, nous aurons de la peine à lui resister ; mais nous y reussirons plus facilement, si nous en avons deux. ADIMANTE. Le paradoxe est assez etrange. SOCRATE. Je vous dis vrai ; vous en allez convenir. Avouez dabord que nous aurons une armée bien agguerrie, contre une autre bien habillée. ADIMANTE. Je le veux. SOCRATE. Un Athlete, à qui les os percent la chair, mais exercé, n'en vaut-il pas seul deux & trois, qui rarement paroissent dans l'arêne, & qui traînent leur embonpoint avec difficulté ? ADIMANTE. Oui ; mais que deviendra votre squelette, si touts à la fois ils tombent sur lui ? SOCRATE. Ne pourra-t-il, à votre avis, pour eviter les coups du plus avancé, legerement se jetter en arriere; les courir l'un après l'autre par le Cirque, aux raïons brulants d'un Soleil, obscurci par un epais nuage de poussiere; & se retourner par intervalles, pour les meurtrir? Je ne doute pour moi nullement, qu'il ne fît rendre les derniers soupirs à cinq ou six. ADIMANTE. Mon cher Socrate, j'ai tort. SOCRATE. Des Soldats, accoutumés à la vie molle, croïez moi, ne se tireront pas mieux d'un jour de bataille, que ces gros hommes d'un combat de ceste. Ainsi la burre infailliblement battra l'ecarlate. ADIMANTE. Vous me ramenez entierement à vous.

SOCRATE. Ce n'est pas tout, cher Adimante. Imaginez vous que la Republique envoie une ambassade à quelque Etat voisin; avec cet exposé naïf: " Hauts & puissants Seigneurs, l'or & l'argent ne sont
" point à notre usage. Il nous est même rigoureusement defendu
" par nos loix de retirer ces metaux dans l'enceinte de nos murailles.
" Daignez nous prêter main forte contre des ennemis assez injustes,
" assez mechants, pour ne vouloir pas nous y laisser vivre dans
" l'innocence, & dans la paix. Comme nous n'avons, grace
" au Ciel, besoin de rien; toutes leurs depouilles seront à vous...."
Où seroit en bonne foi le Potentat, assez depourvu de sens, après avoir ouï ces justes plaintes, & reflêchi sur ces offres interessantes, pour mieux aimer avec peril se tourner contre des chiens, auxquels, en cas de succès, il ne verroit pas une once de chair à profiter, que les appuïer contre des moutons, couverts de laine, & fondants de graisse; dont la toison, & les bons endroits seroient pour lui? ADIMANTE. Les premiers seroient preferés, je n'en doute pas. Mais les richesses d'une Republique, à qui l'on abandonneroit ainsi tout le butin, s'augmenteroient touts les jours; & la rendroient avec le temps formidable à cette autre, si desinteressée, & si liberale du fruit de ses victoires. SOCRATE. Cher Adimante, que vous etes bon; de regarder comme une Republique, celle dont vous apprehendez l'aggrandissement! ADIMANTE. Comment donc? SOCRATE. Elle en renferme au moins deux, & même fort desunies; l'une composée des riches, & l'autre des pauvres. On se trompe-
roit

LIVRE QUATRIEME.

roit beaucoup, si dans Etats du Monde, tels que nous les voïons aujourd'hui, l'on imaginoit quelque unité. Qu'aurons nous donc à faire ? Promettons seulement aux plus forts, tout ce qu'ils nous aideront à ravir aux plus foibles ; & croïez moi que nous aurons toujours des alliés, au milieu de nos Ennemis. Si la grandeur d'une Republique doit plus se mesurer par l'amour, qui lie ensemble touts les cœurs, que par l'etendue de son enceinte ; je vous donnerai toute la Grece à parcourir, pour m'en trouver une, qui doive être nommée grande. La notre au contraire, ne pût-elle mettre que milles hommes sur pied, ne sera point petite. ADIMANTE. Mon cher Socrate, la concorde qui regenera chez nous, & la division qui sera chez nos Voisins, feront notre sûreté.

SOCRATE. D'ici nous tirerons ce me semble une bonne regle, mon cher Adimante, pour fixer les justes limites, au delà desquelles on fera mal de s'etendre. L'Etat sera trop vaste, si-tôt que le nombre des Citoïens fera tort à leur union mutuelle. ADIMANTE. Une Republique ne doit être qu'une Famille. L'amitié reciproque, egalement necessaire pour la douçeur du commerce, & pour la preservation commune, s'egare, & se dissipe, lorsqu'à peine se connoît-on. SOCRATE. Les Magistrats le reduiront par consequent de maniere, qu'on puisse touts s'aimer, jusqu'à vouloir vivre & mourir ensemble.

ADIMANTE. Peut-être, mon cher Socrate, traiteront-ils cet article de minucie. SOCRATE. En voici, cher Adimante, une autre ; dont ailleurs neanmoins je leur ai fait un devoir essentiel. Si leurs enfants n'ont pas les qualités requises, avons nous dit aux Peres, pour leur succeder dans leurs charges ; sourds aux cris de la fausse tendresse, ils les feront descendre du rang, auquel un aveugle hazard les avoit elevés ; & conduits par un pur zele pour la Republique, ils tireront de la poussiere des sujets, plus capables de la servir. C'est qu'ils ne doivent consulter que la Nature dans leurs divers arrangements ; afin que chacun, placé pour ainsi dire de sa main, & dirigé dans l'execution de son emploi par ses plus pures suggestions, conspire avec les autres à former un Tout, veritablement un. ADIMANTE. Regles de conduite encore assez triviales,

vous

vous dira-t-on. SOCRATE. Vous penſez railler, cher Adimante. Cependant je ne me pique point, je vous aſſûre, d'enſeigner des choſes extraordinairement relevées. Je n'en demanderois même qu'une ſeule; qui merite à peine le nom de grande, ſelon moi. ADI-MANTE. Quelle eſt-elle, je vous prie?

SOCRATE. Une education vertueuſe, & ſçavante. De jeunes gens bien elevés, feront des hommes accomplis. Ils embraſſeront touts nos preceptes d'une ſimple vue ; qui ſuppléera parfaitement à nos omiſſions. La maniere de faire les aſſortiments entre les deux ſexes, & de les enrôler ſous la banniere de l'Hymen, pour faire le magnifique preſent d'une vie heureuſe à des enfants, auſſi dignes de vivre que ceux qui leur auront donné le jour, n'aura plus rien d'embaraſſant pour eux. Ils comprendront ſans peine le tort qu'on auroit, de faire des exceptions au Proverbe, *qu'entre Amis touts les biens doivent être communs*. Mais la matiere eſt delicate ; & je n'oſe encore l'entamer. Continuons plutôt.

Tout depend des bons commencements, cher Adimante. Comme une horologe, ſortie de la main d'un excellent ouvrier, une Republique, où tout ſuivra d'abord les impreſſions d'un Legiſlateur habile, ſe conſervera dans la regle fort longtemps. Les naturels même les plus ingrats, vaudront beaucoup, avec le ſecours des ſages leçons ; & les plus heureux s'eleveront juſqu'au prodige. Tels Peres enſuite, tels enfants, & meilleurs encore. C'eſt la nature. Aidée avec ſoin, elle reuſſit. ADIMANTE. On ne doit certainement attribuer qu'au defaut de culture preſque touts les mauvais fruits, qu'elle a coutume de produire.

SOCRATE. Les Magiſtrats preſenteront aux Citoïens tout ce qui ſera capable de les porter aux bonnes mœurs, & d'empêcher que la corruption ne ſe gliſſe par aucun endroit. Ils tiendront pour cet effet la main à l'execution de tout ce que nous avons preſcrit, ſur le fait de la Gymnaſtique, & de la Muſique. Homere, parlant de la melodie en particulier, dit que " la nouveauté plaît dans " les chanſons." Une certaine legereté d'eſprit la fait aimer auſſi dans les airs. Il eſt conſtant neanmoins que ſouvent elle eſt ſuivie

d'inno-

LIVRE QUATRIEME.

d'innovations dangereuses dans l'Etat. C'est le sentiment du cher Damon; & les raisons qu'il en donne sont fortes. ADIMANTE. Elles m'ont paru telles. SOCRATE. Il est d'autant plus necessaire de se precautionner contre je ne sçai quelle insatiable demangeaison d'oreilles, qu'elle fait clandestiment ses ravages. La contagion se repand de l'un à l'autre; & tôt ou tard elle se manifeste, par les symptômes les plus terribles. Le commerce, les loix, tout s'en ressent; & la Republique en est même quelquefois la victime. ADIMANTE. La Musique emportée, mon cher Socrate, est deux fois à craindre; parcequ'elle nuit; & qu'avec son air de badinage, elle sembleroit ne pouvoir nuire.

SOCRATE. Appliquons nous sur toutes choses, mon cher Adimante, à former la Jeunesse, de la maniere que nous avons souvent dit; sans quoi n'esperons pas de l'avoir eclairée, vertueuse, dans l'âge viril. Qu'elle apprenne à ne jamais captiver d'avantage notre estime, que dans ses jeux, & dans ses delassements. Lorsqu'elle sçaura conserver de la retenue, jusques dans les temps où l'on attendra qu'elle s'epanouïsse au plaisir; impunement elle pourra se livrer à tout celui de l'harmonie. Avec lui s'insinuera dans l'âme insensiblement l'amour de l'ordre; qui ne manquera pas d'y produire une espece de fonte generale de touts les vices. ADIMANTE. A vos conditions, je comprends que la Musique, au lieu de corrompre les jeunes cœurs, mon cher Socrate, contribuera beaucoup à leur inspirer le goût de la vertu; & qu'elle sera pour tout l'Etat une source imperceptible de reforme.

SOCRATE. Si l'interieur est une fois rangé; sans qu'on fasse aux jeunes gens de longs discours, sur les marques exterieures de soumission & de respect, qu'ils doivent en toute rencontre donner à leurs parents, aux personnes plus agées, sur le silence modeste que la bienseance veut qu'ordinairement ils observent en compagnie, enfin sur la maniere de s'y comporter, & de se mettre en habits; ils deduiront aisement ces devoirs particuliers des principes generaux de l'education. Comme d'ailleurs la coutume est l'arbitre Souveraine de ces devoirs; on ne pourroit en rien prescrire de fixe. N'oublions pas seulement,

que

que l'homme finit presque toujours comme il a commencé; & qu'à soixante ans on est rarement autre qu'à trente. ADIMANTE. Mon cher Socrate, il seroit à mon avis superflu de vous etendre sur ces articles.

SOCRATE. Il ne le seroit pas moins de regler ici le barreau, la police, & la marine. ADIMANTE. C'est le menu detail de la politique, & de plus une œuvre de longue haleine. Elle ne doit pas nous arrêter; parceque nous avons de plus grands soucis; & que les hommes ordinaires ne la trouveront pas au dessus de leurs forces. SOCRATE. Non, cher Adimante; si Dieu les aime assez, pour leur faire connoître les loix meres, & pour leur en inspirer le parfait amour. ADIMANTE. Il est vrai que si toutes les autres n'en sont des expressions fidelles, on en fera touts les jours de nouvelles, pour les abroger incontinent après. Cependant les auteurs de ces loix frivoles, quoiqu'ignorants au plus haut point dans l'art de gouverner, se croiront des Lycurgues.

SOCRATE. Toutes les fois que je pense aux Politiques de notre temps; il me semble voir de ces malades, que l'excès de la bonne chere depuis longtemps retient au lit; mais qui ne s'en font pas moins servir l'un après l'autre touts les mets les plus pernicieux à leur santé; quoiqu'on les avertisse qu'ils abregent leurs jours, & qu'ils mettent leur vie en fort grand peril. ADIMANTE. Une mauvaise loi, qui les charme dabord, n'est pas plutôt faite, qu'ils s'en degoûtent; mais ils conservent toujours une extrême aversion pour les bonnes. SOCRATE. Malades, s'ecrieront-ils, nous qui sommes les Medecins?..... Je leur dirai, sans pretendre leur deplaire, que la maniere dont ils s'y prennent à faire leurs pretendues belles cures, a de quoi divertir. En accablant, au gré de leur caprice, le corps politique de remedes, que font-ils, qu'entretenir, empirer ses maladies; qui d'un moment à l'autre se declarent, sous les formes les plus menaçantes. On les verra neanmoins eternellement amusés par l'esperance, que les derniers qui leur sont conseillés, ou dont ils s'avisent, ne manqueront pas d'operer l'entiere guerison. ADIMANTE. Vous les peignez parfaitement, mon cher Socrate.

LIVRE QUATRIEME.

SOCRATE. Il est encore, selon moi, plus rejouïssant, de voir des squelettes, consumés par les ardeurs de la fievre, & couverts d'ulceres, s'elever contre un habile homme; qui vient très serieusement leur annoncer, que s'il ne font trêve avec les femmes, avec le vin, ni Medecine, ni Pharmacie, ni Chirurgie, ni Magie même, ne les empêchera de perir. ADIMANTE. Rejouïssant! Pour moi je ne decouvre dans cet accueil, auquel doit s'attendre le vrai Philosophe, ou le Politique sensé, rien qui n'afflige beaucoup. SOCRATE. Il est triste en effet que les gens le prennent en mauvaise part, lorsqu'on leur parle juste, & qu'on ne leur parle que pour leur bien. Fait comme vous etes, mon cher Adimante, je vois que vous ne prodiguerez vos loüanges à ces Empiriques d'Etat, qui montrent eux-mêmes un si grand besoin qu'on les traite? ADIMANTE. Non, je vous le proteste. SOCRATE. Sur ce pied là, que penserons nous de ces Republiques insensées, qui toutes ont leur propre conservation incontestablement à cœur, & toutes punissent de mort ceux qui machinent leur dissolution Cependant elles se laisseront mettre sur le penchant de leur ruïne par le premier esprit artificieux; qui non content de ne point travailler à corriger leurs gouvernements, augmentera leur phrenesie, devinera de loin tout ce qui sera capable de flatter leur mauvais goût, & sera fertile en expedients, propres à le satisfaire. Elles n'auront point assez d'eloges, assez de recompenses, assez d'honneurs, pour un Ministre d'Etat qui fait si bien. ADIMANTE. Cet aveuglement, & cette fureur, ont de quoi suprendre, & fournissent ample matiere à les plaindre.

SOCRATE. La hardiesse, & la bonté d'âme d'un honnête homme, qui voudroit, à ses perils, essaïer de rendre heureux un Peuple fasciné, de le rendre heureux, pour ainsi dire, malgré lui, m'etonneroient moi davantage encore, mon cher Adimante, je vous assûre. ADIMANTE. La temerité seroit grande effectivement. S'il est sage, il s'en dechargera sur des millions de gens, venus heureusement à bout de s'estimer eux-mêmes de grands Personnages; à force d'avoir les oreilles remplies du bruit des acclamations du Vulgaire,

gaire, à chaque fauſſe demarche qu'ils font. Socrate. Pardonnez leur, cher Adimante; ils ſont excuſables. Des hommes, ignorants à l'excès dans l'art de meſurer, qui s'entendroient dire, & repeter par tout un monde à chaque heure du jour, qu'ils ont dix pieds de haut; comment feroient-ils, je vous en ſupplie, pour en douter? Adimante. S'ils avoient dabord heſité, mon cher Socrate; avec le temps il faudroit bien qu'ils ſe rendiſſent. Socrate. On auroit donc grand tort de s'aigrir aucunement contre eux. Rions plutôt de ces Hercules pretendus; qui de la meilleure foi poſſible, s'imaginent avoir tué l'Hydre, lorſque peut-être ils en auront fait tomber une ou deux têtes ſeulement. Adimante. S'il leur echappe du bien, il eſt certain qu'il n'eſt jamais que mediocre; parceque jamais ils ne vont à la ſource du mal.

Socrate. Encore une fois, mon cher Adimante, laiſſons à d'autres le detail des reglements, qui ne ſont que pour les parties detachées d'une Republique. Si l'on y reſpecte la juſtice, ils ſe preſenteront d'eux-mêmes à l'eſprit; & pour le fruit qu'en retireroient les Etats, où le grand nombre la mepriſe, on y perdroit à peu près ſon temps. Ils decoulent d'ailleurs naturellement des loix meres, comme nous avons dit. Adimante. Mon cher Socrate, n'en oubliez vous aucune? Socrate. Pluſieurs, & même auguſtes; mais elles ne ſont pas de notre competence. C'eſt de la bouche d'Apollon, que toute la Grece conſulte à Delphes, qu'elles doivent emaner. Adimante. Je vous entends. Il vous reſteroit celles, qui regardent le culte public; la maniere de conſtruire les Temples, d'offrir les Sacrifices, d'honorer les Dieux, les Genies, les Heros, de rendre les derniers devoirs aux morts, & de procurer le repos à leurs mânes. Socrate. Oui. Mais vous comprenez, cher Adimante, que toutes ces choſes nous paſſent. Il n'appartient, je l'ai deja dit, qu'à l'Oracle d'en ordonner. Si nous faiſons notre devoir, nous n'aurons point d'autre ſouverain Pontife. Adimante. L'ecouter ſur touts ces articles, eſt ſans contredit le parti ſage.

Socrate. Voilà, fils d'Ariſton, la Republique future, où regnera la juſtice, entierement formée. Il ne s'agit plus que d'y remarquer

LIVRE QUATRIEME.

marquer cette vertu; & de nous aider les uns les autres à decouvrir, s'il eſt bien vrai qu'elle rendra l'homme heureux; ne fût-il ſous l'inſpection ni du Ciel, ni du Monde. GLAUCON. Mon cher Socrate, c'eſt beaucoup plus votre ſoin, que le notre. Sans impieté, vous nous avez dit que vous ne pouviez l'abandonner aux calomnies de ſes aggreſſeurs; & vous l'avez priſe en un mot de la maniere la plus declarée ſous votre protection. C'eſt donc à vous de ne point fruſtrer notre attente, & de vous acquitter envers elle. SOCRATE. J'avoue que je ſuis engagé, mon cher Glaucon; mais au moins dois-je être ſecouru. GLAUCON. La choſe eſt juſte.

SOCRATE. Fort deſormais; pour arriver à mon but, je prends un detour. Toutes les vertus ſe rencontreront enſemble dans une Republique, telle que nous l'avons decrite : la ſageſſe, la valeur, la temperance, la Juſtice. Les trois premieres données; nous aurons la quatrième. GLAUCON. Cette voie indirecte promet beaucoup.

SOCRATE. Un Etat merite le nom de Sage; lorſqu'on y prend toujours les meſures les plus juſtes, pour l'avancement du bien public. La Science les fait connoitre; & l'Ignorance empêche de les decouvrir. GLAUCON. Il eſt vrai. SOCRATE. Voïez combien de ſçiences differentes ſont neceſſaires, pour la conſervation du Corps politique; celle de battre le fer, de cultiver les terres, de bâtir, de faire des ſouliers? GLAUCON. Cent autres. SOCRATE. Mais, prenez garde, il en eſt une, qui fait valoir toutes les autres; & qui, par cette raiſon, les ſurpaſſe de beaucoup : une, qui met le bon ordre au dedans; & qui de plus fait qu'on ſe menage avec les Puiſſances voiſines. GLAUCON. C'eſt l'art de gouverner. SOCRATE. Oui, mon cher Glaucon; & je penſe que celui de tailler le cuir, quoiqu'il ait aſſurement fort ſon merite, contribue moins à faire aux Nations, eſtimées dans l'Univers, la reputation de ſageſſe. GLAUCON. Vous plaiſantez, mon cher Socrate. SOCRATE. Je m'imagine auſſi que nous aurons toujours des Cordonniers, des Laboureurs, des Forgerons, en quantité; mais que les grands Hommes d'Etat ſeront plus rares. GLAUCON. Vous raillez encore. SOCRATE. Le nombre même en fera petit. GLAUCON. Il faut en eux trop d'eminentes qualités, pour l'efperer d'une autre maniere. SOCRATE. Dans quelques têtes, qui regiront un Etat, en premier lieu formé fuivant les intentions de la Nature, fera donc renfermée cette haute prudence; dont les influences defçendront jufques fur les profeffions les plus obfcures; & qui le rendra celebre par tout le Monde. GLAUCON. Il eft vrai. SOCRATE. Voici l'une de nos quatre vertus, mon cher Glaucon; & nous voïons auffi dans lequel des trois ordres elle refide. GLAUCON. Oui; dans le Senat.

SOCRATE. La valeur eft manifeftement celle de l'armée. L'Artifan peut fans confequence être poltron; mais tout eft perdu, fi l'homme de guerre n'eft brave. GLAUCON. C'eft au dernier feul que l'Etat eft redevable de toute la gloire, qui s'acquiert par les armes. SOCRATE. Je fais confifter la bravoure, mon cher Glaucon, premierement à fçavoir faire une jufte eftimation des biens, & des maux; enfuite à ne fe laiffer dans aucune rencontre arracher de l'efprit les idées faines des uns & des autres; qu'une bonne education y doit avoir comme rangées, dans le même ordre, qu'un fage Legiflateur les aura conçues, & que fur l'airain il les aura propofées à la veneration publique. GLAUCON. Mon cher Socrate, je ne vous ai pas affez compris. SOCRATE. Je definirois plus intelligiblement cette vertu : une vertu, qui fuppofe exactement connue la fubordination à mettre entre les objets aimables, ou terribles; & qui foutenue par des habitudes prifes dès l'enfance, determine à n'abandonner les principes, que par l'infpiration des loix on s'eft faits là deffus, ni dans les affauts les plus violents de la crainte, & de la douleur, ni dans les plus doux emportements de l'efperance, & du plaifir. Voulez vous une comparaifon, qui me faffe entendre? GLAUCON. Vous nous ferez plaifir.

SOCRATE. Pour teindre en pourpre; vous fçavez avant tout qu'il faut un drap blanc. On le fait bouillir, avec le fuc de la fleur; on le foule; on y fait d'autres ceremonies, pour le lui faire prendre entierement. Ni leffive, ni fatigue, n'eft plus capable de lui faire perdre fa couleur,

ou

LIVRE QUATRIEME.

ou de la ternir. Au contraire elle paſſe bientôt, ſi quelqu'une des preparations neceſſaires a manqué. GLAUCON. Il eſt vrai. SOCRATE. Nous avons ordonné pareillement de choiſir dabord certains Sujets, particulierement propres, pour exercer un jour les fonctions de la Magiſtrature, & de la guerre. Enſuite nous avons parlé d'un grand nombre de façons à reçevoir pour eux de la Gymnaſtique, & de la Muſique. Leur âme en demeurera toute penetrée des maximes, qu'ils verront munies du ſçeau des loix; & ni les voluptés, ni les travaux, ni les perils, ne les en ſepareront jamais. Toutes les bonnes teintures de l'education en un mot, s'imbiberont pour ainſi dire en elle ſi parfaitement, que rien ne pourra les effacer. J'appelle encore une fois courage; un ſouvenir, profondement gravé, de touts les jugements veritables, que fait porter une raiſon eclairée ſur les biens, & ſur les maux; accompagné d'une eſpece d'acharnement à les ſuivre, malgré touts les obſtacles, & touts les dangers. GLAUCON. Votre comparaiſon me plaît extremement. Je range avec tout ce que j'ai dans l'eſprit de plus precieux l'idée, egalement grande, & juſte, qu'elle nous donne de la valeur. On n'a plus de peine à la diſtinguer de la fauſſe bravoure; fruit mepriſable d'une ferocité brutale, ou du temperamment ſeul. SOCRATE. Nous en parlerons une autre fois plus amplement, ſi vous le ſouhaitez, mon cher Glaucon. Pour le preſent, la juſtice nous appelle. Peut-être même, pour nous hâter, ne ſera-t-il point mal d'omettre ce que j'aurois à vous dire ſur la Temperance. GLAUCON. Vous nous avez à mon gré fait connoître la premiere de ces trois vertus, autant qu'il eſt neceſſaire pour votre but. Mais n'y parvenez, on vous en ſupplie, mon cher Socrate, qu'après nous avoir auſſi fait une deſcription de la derniere.

SOCRATE. Son effet propre eſt d'etablir une parfaite harmonie entre les paſſions, de retenir dans les bornes les plus emportées, enfin de mettre l'ordre au dedans. De là vient qu'on dit qu'elle nous rend maîtres de nous-mêmes. GLAUCON. Cette façon de parler commune ſurprend d'abord; & l'on a même quelque peine à l'entendre. SOCRATE. Elle renferme un très beau ſens, mon cher Glaucon. C'est comme si l'on nous enseignoit, que l'homme est composé de deux parties ; & que l'une surpasse de beaucoup l'autre en excellence. Quand la plus noble contient l'autre dans le devoir, il est en quelque maniere superieur à lui-même ; & chacun le comble d'eloges. On le blâme, on le meprise, comme un vil esclave de son propre cœur ; lorsque, soit mauvaise education, ou vicieuse habitude, le contraire arrive. GLAUCON. Cette expression, toute proverbiale qu'elle est, peint à mon avis tout à fait bien la Temperance.

SOCRATE. Une Republique l'aura plus qu'une autre en partage ; quand les plus mechants, ou les moins bons, & les plus ignorants, ou les plus aveugles, y reçevront la loi des plus habiles, & des meilleurs. On peut dire alors qu'elle sçait veritablement se commander. GLAUCON. Il est vrai. SOCRATE. Personne, mon cher Glaucon, n'ignore, que les âmes vulgaires sont incessamment le joüet des amours insensés, des chagrins frivoles, des terreurs paniques, enfin de toutes les passions vaines, ridicules, dereglées ; & que la Raison n'exerce bien son empire, que sur un petit nombre d'âmes d'elite, commencées par la Nature, & finies par l'education. GLAUCON. Nous ne le voïons que trop touts les jours. SOCRATE. Dans notre Etat futur, celles de la Multitude, toujours volages, & toujours fougueuses, auront pour frein les volontés de Magistrats, conduits par de pures lumieres. On ne pourra donc si bien appliquer la phrase instructive dont nous parlons, à pas un autre. Ils sçauront gouverner ; & ceux qui doivent être gouvernés, voudront obeïr. A ce compte là, mon cher Glaucon, lesquels excelleront dans la pratique de la Temperance ? GLAUCON. Les uns & les autres la possederont egalement, ce me semble. SOCRATE. Elle met un parfait accord entre toutes les facultés, & toutes les inclinations dans l'homme, disons nous tout à l'heure ; & voici qu'elle en etablit un pareil entre touts les membres du Corps politique. L'Armée a la valeur ; & le Senat, la prudence. Mais cette troisième vertu n'est pas moins celle de l'artisan, que celle du Soldat, & de l'homme assis au timon. Elle doit etouffer touts

les

LIVRE QUATRIEME.

les murmures dans le cœur des Citoïens; jusqu'à rendre chacun d'eux tout à fait content du rang qu'il occupe, & des biens dont il jouït. Suivant ces idées; je la definirois, dans un Particulier: une espece de consentement universel des passions, à reconnoître la Raison pour maitresse. Dans un Etat; c'est une conformité generale de sentiments; qui fait avec joie rendre hommage aux talents superieurs. GLAUCON. Cette nouvelle definition n'est pas moins de mon goût, mon cher Socrate, que les deux precedentes.

SOCRATE. Nous avons trois de nos quatre vertus, mon cher Glaucon. A l'exemple des bons chasseurs, entourons exactement le bosquet de nos filets; pour empêcher que par quelque endroit mal observé, la quatrième ne nous echappe. La Justice est infailliblement là cachée. Aïez donc un œil attentif de votre part; & ne manquez pas de m'avertir, s'il vous arrive le premier de l'apperçevoir. GLAUCON. De tout mon cœur, je serai vigilant, mon cher Socrate; mais il faut vous dire, que je ne vois gueres le gibier, que lorsqu'on me le montre, ou qu'il court devant moi. Il est vrai que je suis assez bon piqueur ensuite. SOCRATE. He bien, suivez moi, puisqu'il en est ainsi, cher Glaucon; & demandons au Ciel bonne chasse. GLAUCON. Pour des vœux, j'en suis toujours liberal. Conduisez nous seulement. SOCRATE. Grand Jupiter, tout est ici bien touffu, bien inaccessible! Reculer neanmoins? Il n'en est plus temps. GLAUCON. Si vous m'en croïez, mon cher Socrate, nous ne songerons qu'à nous en tirer à notre honneur.

SOCRATE. Après ce preambule, je regardai Glaucon, en souriant; & je m'ecriai: rejouïssez vous, Glaucon; voici notre proie. GLAUCON. Où, de quel coté, je vous prie? En attendant, je prends toute la part que vous pouvez croire, à la nouvelle. SOCRATE. Dieux, & Deesses, à quoi, je vous en conjure, avons nous pensé tout ce temps-ci! La justice etoit à deux pas de nous; & nous l'avons cherchée, aussi loin que notre vue a pu s'etendre. En verité, nous ne sommes pas mal dans le cas de ces gens, qui renversent tout dans la maison, pour retrouver ce qui n'etoit point perdu. GLAUCON. Comment donc? SOCRATE. Nous n'avons
presque

presque pas dit un mot, qui ne soit elle. GLAUCON. Est-il possible! Mais c'est assez me tenir en suspens.

SOCRATE. Dès le commencement de nos Entretiens, si vous vous en souvenez, nous avons dit que chacun, après avoir consulté ses talents naturels dans son choix, devoit n'embrasser qu'une seule chose à faire, & s'y donner entierement. GLAUCON. Nous l'avons depuis repeté plusieurs fois. SOCRATE. Je ne vois pas, je vous l'avoue, mon cher Glaucon, ce que seroit la justice, qu'un soin de s'acquitter des fonctions auxquelles on est propre, dans la Societé civile, & de ne point interrompre les autres dans l'exercice des leurs? GLAUCON. Quelles raisons avez vous de le penser ainsi, mon cher Socrate? SOCRATE. C'est que cette application à faire son emploi, pour travailler de concert avec eux à l'avancement du bien Public, est comme l'âme des trois vertus, dont nous avons recherché la nature. Elle sera par consequent la quatrième. GLAUCON. Ce tour est ingenieusement imaginé, pour arriver à la decouvrir.

SOCRATE. Il ne seroit pas facile d'asûrer, lequel contribuera le plus au bonheur d'un Etat, mon cher Glaucon; d'une sagesse consommée dans ceux qui gouvernent; d'une parfaite bonne intelligence entre eux, & ceux qui leur obeïssent; d'une valeur, produite par les idées justes des biens, & des maux, dans l'armée; ou d'un soin universel de faire sa charge, sans troubler personne dans l'execution de la sienne. GLAUCON. La derniere de ces vertus certainement ne cede en rien aux autres. SOCRATE. Puisqu'elle en est inseparable; & que c'est même la principale source de la felicité publique; nous n'avons plus à douter que ce ne soit la justice. Si neanmoins vous souhaitez un moïen plus direct, pour achever de nous convaincre que c'est bien elle; je croi pouvoir vous satisfaire. Voici comment.

Le premier devoir du Magistrat, est de veiller à ce que les Citoïens ne se fassent mutuellement aucun tort. GLAUCON. L'administration de la justice, comme on parle, avant tout roule sur lui. SOCRATE. C'est à dire qu'il doit faire en sorte que chacun, content du fruit de son travail, n'entreprenne point de ravir aux autres le produit legitime du leur. Ce n'est pas tout. Vous comprenez

LIVRE QUATRIEME.

prenez que la République en recevroit le plus grand dommage, si les particuliers s'ingeroient d'exercer plusieurs professions, ou se donnoient la liberté d'en faire, au premier caprice, une echange, aussi pernicieuse, que ridicule. Quelle confusion dans les trois Ordres de l'Etat, si le forgeron bat l'enclume, & suit la charrue tout à la fois ; si l'Esprit pesant, que la nature avoit relegué pour toute sa vie au fond d'une boutique, se fait des aîles, pour s'elever jusqu'aux premiers emplois de la Magistrature, ou de l'armée ; enfin si l'homme né pour la guerre, aspire à manier les rênes de l'Etat ! Comment appeller une inquietude, si prejudiciable à l'interêt commun, qu'une injustice du plus haut genre ? GLAUCON. Ce n'est pas seulement à quelques Citoïens, c'est à la Republique entiere qu'elle sera nuisible. SOCRATE. Au contraire, lorsque l'Artisan qui la sert, le Guerrier, qui la defend, le Magistrat, qui la gouverne, penseront à remplir parfaitement leurs devoirs, & rien plus ; c'est alors que la justice y sera pratiquée dans toute son etendue. GLAUCON. Il est vrai ; puisque touts s'empresseront de concourir unanimement à la félicité publique.

SOCRATE. Quoique la nature de cette vertu commence à n'être plus obscure pour nous, mon cher Glaucon ; ne nous flattons pas encore de la connoître suffisamment. C'est dans le cœur de l'homme qu'il faut principalement l'etudier. Pleins de l'apprehension que les traits n'en fussent trop delicats, pour être apperçus dans un si parfait racourci ; nous avons jugé qu'ils feroient plus marqués dans une Republique. Presentement que nous l'avons devant nous toute formée ; nous pouvons esperer, qu'avec le secours des plus distincts, nous devinerons les plus confus. Si nous trouvons qu'ils se rapportent ; nous aurons à nous feliciter de notre bon succès. Nous observerons de quelle part sera le defaut, s'ils varient. Peut-être, après les avoir exactement confrontés, les trouverons nous ressemblants. Quand nous aurons dissipé touts nos doutes là dessus, & que la Justice aura paru devant nos yeux dans tout son eclat ; il ne restera plus que de lui faire de notre âme un Temple, où desormais elle reçoive nos adorations les plus pures. GLAU-
CON.

GLAUCON. Ce plan est magnifique, mon cher Socrate; & je ne souhaite rien plus ardemment, que de le voir executé.

SOCRATE. Prenez garde que le grand, & le petit, jamais n'interessent la ressemblance. Un homme sera donc juste, par les mêmes raisons qui font qu'un Etat est juste. GLAUCON. Oui. SOCRATE. Nous venons de voir que la Justice est reverée dans un Etat, lorsque chacun, renfermé dans les bornes de sa profession, fait ce que la Republique attend de lui; & qu'elle engendre dans les trois Ordres la sagesse, la bravoure, & la temperance. Quelque chose de pareil sera par consequent necessaire dans un Citoïen, pour dire qu'il possede ces quatre vertus. GLAUCON. Il est vrai.

SOCRATE. Où trouver dans l'homme de quoi repondre aux trois ordres d'un Etat? C'est la difficulté, mon cher Glaucon? GLAUCON. Si le Proverbe est veritable, mon cher Socrate, le beau n'est jamais facile. SOCRATE. J'en suis très persuadé. Preparons nous donc à de longs circuits tout de nouveau. Mais esperons qu'ils nous feront agreablement retomber dans le chemin. GLAUCON. C'est à vous de nous conduire.

SOCRATE. Quand on parle du genie des Peuples, on entend celui du gros des particuliers, qui les composent. Les uns sont fiers: c'est le defaut des Scythes, & des Thraces. On en accuse d'autres, les Phœniciens, & les Egyptiens, par exemple, d'être interessés. Quelques-uns enfin se distinguent, par un amour extraordinaire pour les Sçiences. Une si belle passion fait notre gloire à nous autres Atheniens, & nous releve par dessus toutes les Nations du Monde. Il seroit contre tout bon sens d'assigner d'autres causes de cette grande diversité de penchants naturels, que le climat, & la tournure d'esprit particuliere, qu'il engendre. GLAUCON. C'est une observation, confirmée par l'experience de touts les siecles.

SOCRATE. Notre âme n'est qu'une. Mais la difference comme infinie, qui se remarque de tel homme à tel autre, nous oblige de reconnoître en elle trois appetits; le raisonnable, qui nous applique à la connoissance de la verité; le concupiscible, qui nous excite à la recherche du necessaire à la vie, & de l'agreable aux sens;

&

LIVRE QUATRIEME.

& l'irafcible enfin, qui nous arme contre tout ce qui nous traverfe, dans la pourfuite empreffée des divers genres de biens, qu'ils ont pour objet. GLAUCON. Sur quoi vous fondez vous, pour faire cette diftinction, je vous prie? SOCRATE. Sur des actions en nous, & des paffions, oppofées entre elles. On fçait que les mêmes parties d'un même corps ne peuvent être en repos, & fe mouvoir en même temps. Un homme affis, frappera des mains, ou branlera la tête. Une toupie, une roue, tourneront fur un effieu, fur un axe, immobiles; mais s'ils ne font auffi tranfportés, le mouvement ne fera point total. GLAUCON. Il eft vrai. SOCRATE. Si donc nous apperçevons dans un Etre des phainomenes contraires entre eux, actions, paffions, il n'importe; quelque fimple que nous devions le juger d'ailleurs, nous ferons contraints d'admettre en lui des principes differents, auxquels il faudra les rapporter. GLAUCON. La raifon veut, qu'au moins par la penfée, on en reconnoiffe plufieurs. SOCRATE. S'il reftoit ici de l'obfcurité, nous pourrions y revenir. Mais je voudrois me hâter vers mon terme. GLAUCON. Cet article eft fuffifamment eclairci.

SOCRATE. Fuir, chercher, defirer, craindre, aimer, haïr, font des actions, ou des paffions, comme on voudra les appeller; par lefquelles ou nous nous portons avec ardeur vers les chofes qui nous font convenables, ou nous nous eloignons avec effort de celles qui nous font nuifibles. La faim, la foif, toutes nos inclinations naturelles en un mot, ne font que de ces mouvements de l'âme, qui tâche de s'unir à certains objets, dout la douçeur l'engage, ou dont l'abfence la fait fouffrir. Au lieu d'amour, & de recherche, c'eft averfion, & fuite, lorfqu'ils lui font contraires. GLAUCON. Ces deux paffions meres font, s'il eft permis de le dire, la Syftole, & la Diaftole du cœur humain, dans le fens moral. SOCRATE. Si vous y prenez garde, la foif eft fimplement un defir de quelque liqueur, propre à l'etancher. La grandeur de l'une determine la quantité de l'autre; mais la qualité fe regle par les difpofitions actuelles du corps. On boira chaud l'hyver, & frais l'Eté; mais le fentiment dont je parle, par lui-même excite feulement à boire. GLAUCON. Je le conçois. SOCRATE. Si l'on nous faifoit la difficulté; que celui dont il s'agit, nous fait souhaiter une boisson agreable ; par la raison que c'est toujours le plaisir que nous voulons ; je repondrois que ce n'est point là proprement son effet ; & qu'un homme, pressé de la soif, cherche simplement à se desalterer, sans inquietude sur la maniere. Glaucon. L'objection a de la couleur. Socrate. Elle n'est pas solide, mon cher Glaucon. Le rapport des choses relatives, du genre de celles dont il est ici question, est constant, mais indeterminé ; sujet de plus à des modifications, causées par les changements accidentels, qui leur arrivent. Glaucon. Je connois des gens, mon cher Socrate, qui n'aiment pas les generalités Metaphysiques, & qui s'y perdent. Socrate. Ne nous effraïons pas, mon cher Glaucon ; nous allons nous retrouver.

Au grand, au rapide, au pesant, repondent le petit, le lent, & le leger. Le plus, & le moins, viennent ensuite, avec les differences du temps, pour modifier le rapport. La sçience, en general, s'etend à tout ce qui peut etre connu ; mais elle se characterise par certaines choses, auxquelles en particulier elle s'applique. La Geometrie considere les dimensions de l'etendue ; l'Arithmetique opere sur les nombres ; la Morale se propose le bon reglement de la vie. Glaucon. Fort bien. Socrate. Je ne veux pas dire que cette dependance mutuelle des sçiences, & de leurs objets, produise une analogie parfaite entre les unes & les autres ; ni que la connoissance des maladies, par exemple, soit mal-saine. Je soutiens uniquement qu'on ne donne à la Medecine un nom à part, que parcequ'elle entreprend de les guerir. Glaucon. Je n'attends plus, mon cher Socrate, que l'application de ces axiômes universels.

Socrate. Quelque pressante que soit la soif, en mille occasions il nous arrive de la reprimer. Je n'en dis pas moins des autres passions. Glaucon. Il est vrai ; la raison nous les fait surmonter, quand bon nous semble. Socrate. Notre âme sert alors comme de champ de bataille à deux Ennemis ; dont l'un refuse avec fermeté, ce que l'autre demande avec hauteur. Son etat nous est assez bien representé, par celui d'un homme qui lance une flêche. Il pousse, d'une main ; & de l'autre, il tire à lui. Glaucon.

L'image

LIVRE QUATRIEME.

L'image est agreable, & neuve. SOCRATE. Ce combat frequent, & quelquefois très opiniâtré, nous decouvre en nous une partie animale, toujours entraînée vers ce qui la flatte, par des mouvements, qui ne portent avec eux que les tenebres, & le trouble; mais souvent retenue par une autre, où regne le calme, & qu'une pure lumiere conduit. GLAUCON. Vous avez ici pour guarand le sentiment interieur, que nous avons de ce qui se passe à toute heure en nous. SOCRATE. Ce n'est donc pas sans raison que pour les distinguer, nous avons deja nommé l'une, appetit concupiscible, & l'autre, appetit raisonnable. GLAUCON. Ces noms leur conviennent parfaitement. SOCRATE. L'Irascible en est-il un troisiême; ou le confondrons avec l'un des deux autres? Je vous prierai de me dire ensuite avec lequel? GLAUCON. Il me paroît avoir d'etroites alliances avec le premier. SOCRATE. Je trouve, dans un coin de ma memoire, un petit conte, qui vient à propos, & qui nous eclaircira. Leontius, fils d'Aglaïon, revenoit un jour du Pyrée. Quand il fut près de la voirie; une envie etonnante le prit d'aller y contempler les cadavres, & voir quelle figure on fait, quand on est mort. Longtemps il ne fit quelques pas en avant, que pour honteusement reculer en arriere. Il crut mieux reüssir, après s'être enveloppé la tête dans son manteau; mais plusieurs fois encore il manqua de bravoure. Enfin il fit un dernier effort, pour vaincre son degoût. Après avoir mis ses yeux en liberté, il courut de toutes ses forces vers l'endroit. Quand il y fut; il leur dit, avec toute l'haleine, qui lui restoit: " Maudits que vous etes, hé " bien, rassasiez vous de ce beau Spectacle; & croïez moi, ne " vous informez point s'il coûte cher à votre maître Leontius." GLAUCON. Ce trait, singulierement original, ne m'est pas nouveau.

SOCRATE. Il nous apprend que la colere s'oppose quelquefois au desir; & qu'on doit par consequent les rapporter à deux appetits, entierement distincts. Nous voïons pareillement qu'elle s'enflamme contre les autres passions, toutes les fois que la raison les desapprove; mais si vous y prenez garde, ce n'est jamais lorsqu'elle les autorise.

torife. J'en appelle à votre experience, mon cher Glaucon, ou plutôt à celle de tous les hommes. GLAUCON. Elle eft entierement pour vous, mon cher Socrate. Il faut du refte vous faire le compliment, que vous fçavez mettre un recit badin bien à profit.

SOCRATE. N'eft-ce pas encore un fait certain, que plus on aura l'efprit bien fait, moins on s'irritera des prefailles d'un offenfé, plus on fe condamnera foi-même à tout fouffrir de fa part; fi l'on fçait qu'on a tort. Que s'il eft l'aggreffeur; on s'evertuera, pour en une avoir fatisfaction eclatante. Ce ne feront qu'exploits heroïques entaffés. Une vive ardeur etincelera dans les yeux du maltraité, jufqu'à ce que la mort les eteigne; ou qu'il ait obtenu juftice; ou que la raifon, à force de le flatter, comme un berger fait fon chien, foit venue à bout de l'appaifer. GLAUCON. J'aime plus que je ne fcaurois dire la comparaifon. Il me femble voir l'armée, qui fe mutine; & le Magiftrat, qui la ramene, par fes careffes. SOCRATE. Vous me comprenez, mon cher Glaucon. Cependant voïez combien nous avons changé de fentiment depuis tantôt, fur le fait de la colere. Nous l'avons comme donnée à l'appetit concupifcible. Mais il eft fi peu vrai qu'elle combatte uniquement pour lui, que dans la guerre inreftine, dont nous avons parlé, c'eft au contraire en faveur de la raifon que le plus fouvent elle s'arme. GLAUCON. Je me retracte; & je reconnois que de toutes nos paffions, c'eft une des plus utiles. SOCRATE. En ferons nous encore une fois un troifiême appetit, menagé par la nature pour fecond à la faculté raifonnable, & très capable de la fervir, lorfqu'une education telle qu'il convient, l'aura mis en bonne difcipline ? GLAUCON. Oui. La raifon, & la colere, font manifeftement deux chofes très differentes; puifque l'une paroît fort vive dans les enfants, & même dans ceux dont le temperamment eft le plus mou, avant que l'autre commence à poindre en eux. SOCRATE. N'oublions pas les animaux, quoique depourvus de celle-là, fort fufceptibles de celle-ci. Voulons nous de plus une autorité? Nous avons celle d'Homere. Il reprefente un heros, qui " fe veut à lui-même du mal de " fes humeurs emportées; & qui fe frappe rudement la poitrine,

s pour

LIVRE QUATRIEME.

" pour s'en punir." On voit là deux appetits, mecontents l'un de l'autre, & violemment aux prifes. Glaucon. Il eſt vrai. Socrate. Nous avons par conſequent les trois, qu'il nous falloit dans l'homme, pour repondre aux trois ordres d'une Republique. Glaucon. Le rapport eſt beau, mon cher Socrate ; il eſt parfait.

Socrate. Un Citoïen fera donc fage, courageux, temperant, juſte, par les mêmes raiſons qui font dire qu'elle eſt toutes ces choſes. Glaucon. Les vertus ne changent point de nature, pour être celles d'un particulier, ou d'un Etat. Socrate. On y pratique la juſtice ; lorſque c'eſt à qui remplira les devoirs de fa condition, dans la vue de ſe rendre utile au public. Glaucon. C'eſt comme nous en avons parlé depuis longtemps. Socrate. Cette vertu, dans un homme, aura de l'analogie avec cette même vertu, confiderée dans une Republique. Glaucon. Oui. Le cœur de l'homme eſt une Republique en petit. Socrate. Il n'appartient qu'à la Raiſon de regner ; à la Raiſon, legitime ſouveraine, guide eclairée ; & la colere, paſſion aveugle, doit toujours être à ſes commandements. Glaucon. L'une, avons nous dit, eſt le Senat, & l'autre l'Armée. Socrate. La Gymnaſtique, & la Muſique, mariées de la façon qu'il faut, les mettront parfaitement d'accord. La derniere fortifiera la raiſon, par ſes preceptes ; & calmera toutes les fougues de la colere, par la douçeur du nombre, & de l'harmonie. Glaucon. Ce font les deux effets naturels des Sçiences.

Socrate. Le Senat, & l'Armée, comme nous les appellons, ainſi bien enſemble, contiendront le Peuple dans le devoir. Je veux dire que les deux plus nobles appetits empêcheront toute la troupe des paſſions de ſe mutiner, & d'etablir dans l'âme une Anarchie, dont les conſequences ne pourroient être que les plus funeſtes. Pour comble enfin ; ils rendront l'homme ſuperieur à touts ſes Ennemis au dehors. Glaucon. Il n'en eſt point d'aſſez puiſſants, mon cher Socrate, pour vaincre la prudence, & la valeur, unies. Socrate. L'une ordonne, l'autre execute ; fans jamais ceder à la

douleur,

douleur, au plaifir. Lorfque ni l'un ni l'autre ne peut rien fur un homme, & qu'il craint feulement, où la Raifon dit qu'il faut craindre; il poffede le veritable heroïfme. GLAUCON. C'eft l'idée qu'on en doit avoir. SOCRATE. Il eft fage; quand elle gouverne les deux autres appetits; & qu'elle eft affez eclairée, pour fçavoir quand il eft bon de leur abandonner les rênes, ou de les retenir. GLAUCON. On l'eft, à mefure qu'ils y font dociles. SOCRATE. La Temperance les rend fouples.; & par là produit le bon ordre au dedans, pere de la tranquillité. GLAUCON. Je fens l'analogie de nos quatre vertus, dans un particulier, & dans un Etat. SOCRATE. Encore un mot; pour achever de nous en convaincre.

Un homme elevé dans une Republique, recommandable par ces vertus, & qui dès fon enfance n'aura fait que fe laiffer comme entraîner au torrent du bon exemple, ne fera point capable de s'approprier un depôt, de commettre un larcin, un adultere, un facrilege, de faire un faux ferment, de blafphemer, de trahir fa Patrie, de tromper un ami, d'outrager un bienfaiteur, de manquer au befoin à fes proches. GLAUCON. Il aura certainement la derniere horreur pour touts ces crimes. SOCRATE. D'où viendroit-elle, que du bon reglement des trois apperits; qui fait que les deux qui doivent obeïr, ne s'ingerent point à commander; & que les trois fe contiennent chacun dans les bornes que la Nature lui prefcrit? GLAUCON. Elle ne peut avoir un autre principe. SOCRATE. La juftice ne fera donc que cette police exacte, qui foit qu'on parle d'un feul homme, ou d'une Societé nombreufe, fait eviter le mal, & pratiquer le bien? GLAUCON. C'eft comme je le conçois, mon cher Socrate.

SOCRATE. Nous voici, mon cher Glaucon, enfin arrivés au terme, longtemps defiré; fans doute par la faveur de quelque Divinité propice. GLAUCON. Oui; nous avons les graces les plus fignalées à lui rendre. SOCRATE. Si vous y prenez garde, nous avons commencé très imparfaitement. Lorfque nous jettions les fondements de notre Republique; nous avons apperçu quelques premiers rudiments de la Juftice. Pour le Cordonnier, difions nous alors,

elle

LIVRE QUATRIEME.

elle confifte à manier fon cuir ; pour le Laboureur, à conduire fa charrue ; pour le Forgeron, à battre fon enclume ; pour le Citoïen, à s'acquitter de fon emploi. Mais nous voïons prefentement qu'elle ne fe borne pas à l'exterieur. C'eft dans le cœur de l'homme qu'elle opere fes merveilles ; & qu'elle allume cet amour pour elle, qui dans le monde jette fouvent un fi grand eclat. Elle concilie enfemble les trois appetits ; & les tient dans la dependance, où naturellement ils doivent être à l'egard les uns des autres. On eft enfuite paifible, maître chez foi, bien avec foi-même. Le bon ordre, qui regne au dedans, fe manifefte au dehors ; par un attachement reglé pour les richeffes ; par une extrême retenue dans l'ufage des plaifirs ; par une fage conduite, egalement foutenue dans la vie privée, & dans le maniement des affaires publiques. Inftruit du prix de ces difpofitions excellentes, on ne compte pour beau, grand, fouhaitable au monde, que ce qui peut en foi les fortifier, & les entretenir. On n'eftime fageffe, que les precieufes lumieres, qui les produifent ; folie, qu'un refpect aveugle pour les fauffes maximes, qui donnent une autre tournure à l'efprit. GLAUCON. Il ne refteroit plus, mon cher Socrate, que de nous peindre l'injuftice, avec ces mêmes couleurs vives, que votre pinçeau diftribue fi bien.

SOCRATE. Elle excite les paffions à la revolte ; elle allume dans l'homme une guerre inteftine. La fubverfion qu'elle y caufe entre les trois appetits, n'eft pas moindre, que celle qu'on voit dans un Etat, lorfque les trois ordres s'entre-choquent. A quoi donc mieux comparer les deffeins criminels dans l'un, qu'aux perturbateurs du repos public dans l'autre ? GLAUCON. Que la juftice, à ce compte là, mon cher Socrate, eft un grand bien, & l'injuftice un grand mal ! SOCRATE. Oui, mon cher Glaucon. Elles font par rapport à l'âme, ce que les poifons, & les aliments, font au regard du corps. Les uns le confervent dans fon etat naturel ; pendant que les autres le derangent, & le detruifent. GLAUCON. Vous nous en avez affez dit, pour nous en convaincre. SOCRATE. La vertu par confequent, à proprement parler, eft la Santé de l'âme. De la vertu l'âme emprunte fa beauté, fa force, & s'il est permis de le dire, son embonpoint. Le vice au contraire l'enerve, la rend hideuse, & la met dans un etat d'extrême langueur. GLAUCON. Il ne peut rester aucun doute là dessus. SOCRATE. Par une application constante à faire le bien, on acquiert l'une; on evite l'autre. GLAUCON. Il est vrai. SOCRATE. Je vous laisse presentement à decider, mon cher Glaucon, si le soin que nous aurons de pratiquer la justice, fût-ce même à l'insçu des Dieux, & des hommes, fera notre bonheur; ou s'il ne faut l'attendre que de l'injustice, enhardie à tout entreprendre, par le privilege supposé d'une impunité parfaite? GLAUCON. Mais quoi, mon cher Socrate? Lorsque le corps est affligé de quelque maladie mortelle, nous voïons que ni les richesses, ni les plaisirs, ni les honneurs, ne se font plus sentir. Quand donc les principes de la vie veritable sont attaqués; pour un homme quelle raison d'aimer à vivre, tout l'univers n'eût-il d'autre empressement que celui d'aller au devant de ses desirs; de l'aimer, pour autre chose, que pour avoir le temps de travailler à sa guerison, & de recouvrer la justice? SOCRATE. Vous le sçavez, mon cher Glaucon, ce n'est pas la maniere de penser du Monde. On est fort eloigné de regarder le crime, comme un mal aussi reel, aussi redoutable que la fievre, ou la peste. Mais qu'on s'en adoucisse les idées, ou que même on s'en forme d'aussi riantes qu'on voudra. Pour nous, achevons d'examiner, s'il n'est pas certain qu'on se fait etrangement illusion. GLAUCON. Mon cher Socrate, je suis prêt à vous suivre, avec une ardeur nouvelle.

SOCRATE. La vertu n'est qu'une; au lieu que le vice a des especes à l'infini. Les dernieres se ressemblent toujours, dans un Particulier, & dans une Republique. GLAUCON. Voulez vous bien nous faire un denombrement des principales? SOCRATE. Je les reduirai toutes à quatre, dans l'entretien suivant. J'y distinguerai quatre formes de gouvernement vicieuses; pour opposer à quatre mauvais characteres, qui se recontrent le plus communement parmi les hommes; contre une parfaite, à peu près telle que nous l'avons decrite. Elle s'appellera Monarchie, si tout obeit aux ordres

LIVRE QUATRIEME. 131

drès d'un seul ; & si plusieurs y partagent la souveraine puissance, Aristocratie. L'une & l'autre seront egalement bonnes ; pourvu que le Maître unique, ou le nombre tel qu'on voudra de ceux qui gouverneront l'Etat, aient eu l'education, & possedent les qualités que nous avons dit. GLAUCON. Il ne pourra certainement être que fort heureux ; si le Monarque, ou les Archontes, mettent leur gloire à regner dependemment de toutes les regles de la sagesse, & de la vertu.

DE LA RÉPUBLIQUE;
OU
DU JUSTE, ET DE L'INJUSTE.

LIVRE CINQUIEME.

SOCRATE.

NOUS avons une idée enfin, dis-je à Glaucon, de ce que c'est qu'un homme juste, & qu'une République juste. Regardons par conséquent desormais comme entierement sourds à la voix de la Nature, comme rebelles à la Raison, Etats, & Particuliers, qui s'ecarteront de ces parfaits modelles.

J'allois parcourir les divers degrés par lesquels se corrompent les premiers, & raconter les quatre especes de metamorphoses, qui leur arrivent dans le mal. Au moment que je m'y preparois; Polemarque, qui se trouvoit assis derriere Adimante, le tira doucement par l'epaule, & le tint à la renverse assez longtemps couché sur lui. Nous vîmes qu'ils avoient des secrets à se dire. On demeura dans le silence, pendant qu'ils se parlerent. Ces derniers mots seulement furent entendus; parcequ'ils affecterent d'elever la voix : " *le lui passerons nous?* ..... *Votre avis?*" ..... " *Gardons nous
" en bien ; il ne faut point l'epargner.*" Qu'est-ce donc, leur dis-je ?

Qui.

LIVRE CINQUIEME.

Qui de nous eſt le criminel, & ne doit point eſperer de grace? Vous, Socrate, me dit Adimante. Moi, grands Dieux, repris-je! Comment donc? ADIMANTE. Oui, vous. Polemarque, & moi, nous trouvons que vous avez rapidement coulé ſur un certain Proverbe, qui merite attention ; *entre Amis tout doit être commun* : tout ; ſans excepter femmes, enfants. C'eſt votre explication. Nous ne l'avons pas oubliée. Vous en ſouvenez vous ? ..... SOCRATE. Parfaitement, cher Adimante. Y voïez vous du mal? ADIMANTE. On ne vous condamne pas encore. Mais on eſt en peine de ſçavoir, dans quel bon ſens l'entendre. Depuis longtemps nous attendons le moment de vous demander un eclairciſſement ſur un article, vous ne l'ignorez pas, très ſuſceptible d'interpretations ſiniſtres. On eſt fort perſuadé qu'une Republique n'eſt intereſſée en rien d'avantage, que dans tout ce qui regarde le bon uſage des femmes, & la procreation des enfants. Après avoir dit que la matiere etoit delicate, vous n'avez fait que paſſer outre. C'eſt pourquoi nous avons reſolu de vous arrêter ici tout court ; & de ne point être contents, que vous ne nous en aïez entretenus, avec la même exactitude, que nous avons exigée ſur tout le reſte. GLAUCON. Mon cher Socrate, j'unis mon ſuffrage à celui de Polemarque, & d'Adimante, contre vous. THRASYMAQUE. Allons, Socrate, allons. Thraſymaque eſt de la troupe. Voïons comment le divin Socrate s'en tirera pour le coup?

SOCRATE. N'etes vous pas gens aſſez peu commodes, vous Adimante, vous Polemarque, & vous Glaucon ; de relever un mot echappé, qui peut-être m'obligera de rebâtir ma Republique tout à neuf ; dans le temps que je la croïois finie, & que je commençois à me complaire dans mon ouvrage? Ne pouviez vous me paſſer un mechant Proverbe ; ſur lequel vous ſçaviez que j'avois mes raiſons pour eviter de vous en dire davantage ; & qui, j'en ai peur, va par vos ſoins me faire echouer honteuſement ? THRASYMAQUE. Par Hercule ; toute une Compagnie de gens d'eſprit eſt elle ici, pour conquerir les mines d'or, gardées par les fourmis du Mont Hymette ; ou pour entendre de bonnes choſes à foiſon ? SOCRATE. Pour le dernier, ſans doute, mon cher Thraſymaque ; mais homme

habile

habile, comme vous êtes, vous n'ignorez pas que le trop des meilleures engendre le degoût. GLAUCON. Les esprits sages n'en sont point capables, mon cher Socrate; lorsqu'il est question pour eux de s'eclairer sur des sujets, d'une aussi grande importance que celui-ci. Toute la vie même leur paroîtroit ne pouvoir mieux être employée, qu'à les approfondir. Donnez nous donc le detail de vos idées, sur le fait de la Communauté des femmes, & des enfants; & sur l'accueil aussi qu'il conviendra de faire aux derniers, si-tôt qu'ils auront ouvert les yeux à la lumiere.

SOCRATE. Si la nouvelle tâche, que vous m'imposez, n'etoit que difficile; je me livrerois, sans hesiter, à la grande passion que j'ai de vous satisfaire. Mais je desespere ici plus que jamais qu'on m'en croie. Les plus chagrins traiteront mes pensées de reveries; & les plus indulgents douteront qu'elles fussent bonnes à mettre en execution. C'est là ma peine. Vraies en elles-mêmes, propres à contribuer au bonheur du monde, j'apprehende qu'elles ne soient au moins rejettées; & que tout ne se termine ici de ma part à de bons souhaits inutiles. GLAUCON. Mon cher Socrate, esperez bien. Vous parlez à des Amis, qui ne sont point gens à se roidir contre la verité connue; gens à manquer, ni de reconnoissance pour vous, ni de respect pour elle. SOCRATE. Je le sçais, mon cher Glaucon; mais c'est justement tout ce que vous pouviez dire de mieux pour me decourager. Si j'osois me flatter que jamais elle ne s'absentera des mes levres; cette assurance, jointe au souvenir que je me communique à des personnes, aussi passionnées pour elle, que pleines de discernement, & de bonté pour moi, me rempliroit d'une intrepide ardeur. Engagé dans la recherche de cet aimable objet avec vous autres, mais vivement penetré du sentiment de ma foiblesse; je crains, non de vous donner à rire; (une telle fraïeur seroit badine;) mais d'entraîner dans mes erreurs des Amis, dont la tendresse me tient le cœur parfaitement ouvert. Divine Adrastée, severe vengeresse de nos fautes, epargnes moi; si quelque parole, desavouée par la Verité, sort de ma bouche! Tuer quelqu'un par megarde, n'est pas un

plus

LIVRE CINQUIEME.

plus grand mal, selon moi, que lui donner de fausses idées, sur le juste, & sur l'honnête. Or vous m'avouerez qu'on aimera toujours mieux que l'un & l'autre tombe sur des gens qu'on hait, que sur des personnes qu'on cherit. Voïez le bon tour que vous avez pris, mon cher Glaucon, pour m'inspirer de la hardiesse!

GLAUCON me repondit par un souris; & me dit ensuite: Mon cher Socrate, mettez fin à vos allarmes. S'il vous arrive de nous jetter dans quelque leger egarement; tout ce que nous sommes ici, par avance nous vous dechargeons d'homicide. SOCRATE. Il est vrai que les loix, les plus rigoureuses d'ailleurs, le pardonnent, quand il est involontaire. GLAUCON. Que rien ne vous retienne donc plus. Votre grace, on vous le repete, est toute prête, en cas de mort d'homme.

SOCRATE. Peut-être eût-il été plus à propos de traiter à fond cet article, dans l'endroit où nous en avons dit un mot. Cependant il n'est point trop mal, qu'après les acteurs, on voie paroître sur le theatre les actrices; qui sont demandées, avec un empressement, contre lequel il seroit difficile de tenir. GLAUCON. C'est quelque chose, mon cher Socrate, qu'après vous être defendu long-temps, vous sçachiez enfin vous rendre de bonne grace.

SOCRATE. Si les hommes veulent recueillir touts les avantages, & jouïr de toutes les douçeurs, que la Nature leur a preparées dans la possession des femmes; il faut avant tout leur donner une education plus mâle, & plus excellente que l'ordinaire. Elle semble, comme nous l'avons dit autrefois, envoïer les Maris à l'ecole de l'animal, qu'elle a pourvu des plus merveilleux talents, pour appuïer l'homme, armé de l'arc dans les forêts, & de la houlette, sur les collines. Apparemment nous fera-t-il des leçons instructives, par rapport au bon gouvernement des femmes. GLAUCON. Elles sont delicates, vous dira-t-on; & de plus elles ont la charge des enfants. SOCRATE. Il est vrai. Mais voïons nous que le Berger, & le Chasseur, pendant que les chiens halletent autour deux le long des jours, laissent croupir les chiennes à la maison? Ils ne concluent pas que ce parti fût sage, de ce qu'elles doivent porter, & nourrir. GLAUCON. La raison, mon cher Socrate, seroit mauvaise, pour se pri-

ver

ver ainfi de leur fecours. C'eft affez qu'on les menage, lorfqu'elles font pleines. SOCRATE. Si l'on en tire aujourdhui les mêmes fervices, mon cher Glaucon; c'eft qu'on les dreffe de la même façon. GLAUCON. Autrement elles n'auroient aucune habileté. SOCRATE. Si nous prenons pour maxime, d'emploïer dans l'Etat prefque indifferemment les hommes, & les femmes; il faudra par confequent les elever de même. GLAUCON. Affurement.

SOCRATE. On formera donc auffi l'efprit & le corps à celles-ci, par touts les exercices de la Gymnaftique, & de la Mufique; pour les rendre propres aux fonctions de la Magiftrature, & de la guerre. GLAUCON. Le principe admis, la confequence ne peut être conteftée. SOCRATE. Je fens que je perds ici tout à fait le refpect à la coutume; & je m'attends bien que fi dans notre Republique nous prenons les bons moïens, pour avoir autant d'Heroïnes, que de Heros, les rieurs croiront avoir ample matiere. GLAUCON. N'en doutez pas, mon cher Socrate.

SOCRATE. Mais encore, que trouveront ils dans nos luttes, & dans nos carroufels, communs aux deux Sexes, de plus divertiffant pour eux? Sera-ce de voir des troupes de jeunes Amazônes, & de femmes fur le retour, s'exercer toutes nues, avec les hommes; & de comparer le corps defagreable des dernieres avec celui des Athletes, quoiqu'avertis par leur âge de ne fe plus montrer dans l'arêne, jaloux de s'y voir couverts de poufliere? GLAUCON. Le Spectacle rejouïroit certainement; comme les gens font faits aujourdhui. SOCRATE. Mon cher Glaucon, il ne s'agira, croïez moi, que d'effuïer la premiere furie des mauvais plaifants; & bientôt agguerris, nous redouterons peu tout ce que leur belle humeur aura de plus formidable. Nous les prierons de nous faire voir quils font capables de raifonner, & de foutenir pour quelques moments le ton ferieux. " Ignorez-vous, leur dirons nous, que l'au-
" tre jour toute la Grece eftimoit foit indecent, que les hommes,
" fans habits, fe preparaffent à la Guerre dans le Cirque? Les na-
" tions barbares ont encore fur la pudeur nos delicateffes d'autre-
" fois. Quand les Lacedemoniens premierement, & les Cretois
enfuite,

LIVRE CINQUIEME.

" enfuite, ouvrirent ces Academies fameufes, qui leur ont fait tenir
" dans le Monde un rang fi diftingué; Dieu fçait combien ils donne-
" rent la comedie aux efprits enjoüés de votre forte. Toutes leurs
" faillies echouerent neanmoins contre les raifons, qui firent com-
" prendre, qu'il n'eft pas moins dans l'ordre de faire fes exercices
" deshabillé, que d'être en toute autre occafion vêtu. Les yeux
" lubriques s'amuferent d'abord; & les yeux chaftes fe crurent fa-
" lis. Mais l'experience des avantages reels, qu'on en retiroit,
" bientôt fit tomber la raillerie, & leva le fcandale. On vit qu'il
" falloit être fouverainement evaporé, prude à l'excès; pour cen-
" furer une pratique utile, & raifonnable par confequent; ou pour
" y trouver impertinemment à rire." GLAUCON. Le fort ordinaire
des etabliffements nouveaux, quelque avantageux qu'ils foient, mon
cher Socrate, eft qu'on s'en mocque dans les commencements, &
qu'on s'en formalife. On les goûte, on les admire dans les fuites.
La confufion en demeure à la fin toute entiere aux Cenfeurs.

SOCRATE. La grande queftion eft de fçavoir, mon cher Glaucon,
fi l'autre fexe eft capable de touts les emplois du notre, ou de quelques-
uns feulement; & fi la guerre eft du nombre. Il ne faut point
au refte que les gens prevenus, ou les railleurs, aient à nous dire,
qu'on a toujours raifon, quand on n'eft contredit par aucun Adverfaire; mais qu'il faudroit les entendre. Si donc vous en etes
confentant, nous prendrons nous-mêmes leur caufe en main, & nous
parlerons pour eux. GLAUCON. De cette maniere, ils n'auront
point à fe plaindre.

SOCRATE. Je ne vois pas qu'ils puiffent rien nous alleguer de plus
eblouïffant, que le raifonnement qui fuit. " Socrate, & vous, Glau-
" con; trois paroles fuffifent, pour vous refuter. Selon vous, dans un
" Etat, chacun doit s'en tenir au genre de vie, que la Nature lui de-
" figne, & lui prefcrit. Elle a mis de la difference entre les deux fexes.
" Leurs fonctions dans la Société civile doivent par confequent être
" differentes. Vous pretendez qu'elles foient les mêmes. C'eft la
" heurter de front, & vous contredire vous-mêmes groffierement."
Que repliquer, mon cher Glaucon? GLAUCON. J'aurois fur le

TOME I.   T   champ

champ de la peine ; mais avec du loisir pour y penser, peut-être me viendroit-il quelque chose de bon à dire. Heureusement, j'ai sur qui me reposer dans les rencontres. SOCRATE. C'est ici, je vous l'avoue, mon cher Glaucon, la difficulté qui m'effraïoit tantôt ; mais presentement qu'elle paroît dans toute sa force, elle ne fait plus que m'animer à trouver dequoi la vaincre. Que l'on tombe dans une riviere, ou dans la mer ; on nage à tout evenement, pour s'en tirer. Nous donc ne songeons plus qu'à lutter contre les flots ; pleins d'esperance qu'un Dauphin miraculeux viendra nous prendre ; ou que le Ciel menagera notre delivrance, par quelque autre voie, inconnue pour nous. GLAUCON. Nous regagnerons le rivage, mon cher Socrate ; j'ose en repondre. SOCRATE. Fallût-il être submergés ; il est trop tard, pour s'en dedire.

Les differences, que la Nature a mises entre les divers Sujets, qui composent une Republique, doivent regler sans contredit la distribution des emplois ; & celles qui sont entre les deux sexes, ne se peuvent contester. Cependant nous voulons que l'un & l'autre manie les rênes de l'Etat, & porte les armes, pour sa defense. GLAUCON. L'objection est fort plausible. SOCRATE. Admirons un moment les prestiges de la fausse Dialectique, mon cher Glaucon! A la faveur de quelques termes equivoques, elle fascinera des esprits souvent droits ; qui pour ne pas distinguer les choses avec toute la precision necessaire, s'imagineront en raisonner juste, pendant qu'ils seront pitoïablement joüés par les mots. GLAUCON. Il est vrai que les mots ne cessent de causer des brouilleries. SOCRATE. Tout roule sur expression une vague, dans le mauvais raisonnement dont il s'agit. Sans doute qu'un homme chauve est different d'un autre, qui nacquit avec une tête bien fournie. Quoi neanmoins de plus rejouïssant qu'un Edict, par lequel il seroit ordonné qu'on auroit beaucoup de cheveux, pour être admis à battre le fer, ou tailler le cuir ? GLAUCON. Le ridicule se feroit dabord sentir. SOCRATE. Il n'est pas moindre, de l'autre part. De la diversité des talents, nous avons très bien conclu, dans nos premiers entretiens, à celle des professions ; & cette regle doit avoir egalement lieu pour les deux sexes.

Mais,

LIVRE CINQUIEME.

Mais, de ce que les femmes sont faites pour être Meres, & les hommes nés pour les rendre fecondes ; s'enfuit-il qu'il faille traiter les premieres comme des êtres d'une toute autre espece ? Tant qu'on n'aura rien de meilleur à nous dire, pour nous faire changer de sentiment ; nous oferons penfer qu'on peut donner des enfants à la Republique, & la gouverner, ou la defendre. C'eft aux efprits inconfiderés, qui degradent à ce point l'autre fexe, de nous faire voir qu'il eft incapable de ces deux emplois fublimes. GLAUCON. C'eft une tâche, à laquelle ils ne peuvent raifonnablement fe refufer.

SOCRATE. Peut-être demanderont-ils du temps, à votre exemple, pour penfer aux moïens de s'en bien acquitter. GLAUCON. Vous me raillez, mon cher Socrate, auffi bien qu'eux. SOCRATE. Je les ai plus en vue que vous, mon cher Glaucon. Ne convenez vous pas, leur dirai-je, que les difpofitions naturelles de chacun doivent feules decider des fonctions, qu'il exercera dans la Societé civile ? Tout le monde fçait que l'un a de l'ouverture d'efprit, & que l'autre en manque. Tel, à mefure qu'il apprend, devient inventif ; & n'a befoin que d'être mis fur les voies, pour aller de lui-même fort loin enfuite. Un autre, accablé de foins, & de preceptes, demeurera toute fa vie en arriere. C'eft un corps, fouple aux moindres impreffions d'une âme eclairée, dans celui ci ; l'oppofé dans celui-là. Mon cher Glaucon, oublié-je quelqu'une des marques, auxquelles on peut reconnoître les fujets, particulierement favorifés de la nature ; & ceux envers lefquels cette Mere commune fut moins liberale ? GLAUCON. Non ; je ne vois pas. SOCRATE. Croirons nous qu'elle n'ait privilegié les femmes, que fur l'article de la beauté ? Les hommes reüffiffent-ils auffi bien qu'elles à mettre en œuvre la laine, à conduire un menage, à mille autres jolis foins ? Leur cedent-elles même toujours en penetration d'efprit, en force de corps, en fageffe, en courage ? GLAUCON. Nous les paffons en general, à certains egards ; mais fans compter les chofes dont vous parliez tout à l'heure, combien d'elles, d'homme à femme, très fouvent nous le rendent ?

SOCRATE. Plein de la pensée, que la nature s'est egalement signalée dans les deux sexes, un fondateur de Republique leur donnera sans balancer un accès libre à touts les emplois. Qu'on en fasse l'essai, mon cher Glaucon; & bientôt le plus foible, comme on parle, fournira de sujets en grand nombre, qui feront l'ornement des Sçiences, & des beaux arts, à l'envi des hommes; & qui ne manieront ni l'arc, ni les rênes de l'Etat, moins habilement qu'eux. Quelle raison par consequent de ne les leur pas associer, dans la defense, & dans le gouvernement de la Patrie; sauf à les menager en certaines rencontres? GLAUCON. Rien de plus mal entendu, mon cher Socrate, que de les laisser toute la vie croupir dans la mollesse, & dans l'inaction; pendant qu'on pourroit les mettre du tout au tout plus à profit.

SOCRATE. Nous voici revenus au point, dont nous sommes partis, mon cher Glaucon. Puisque dans les femmes on trouve les mêmes dispositions pour les grandes choses, & les mêmes semences de vertu, que dans les hommes; les exercices de la Gymnastique, & de la Musique, doivent leur être communs. GLAUCON. La Societé, mon cher Socrate, en sera deux fois plus ornée; la Republique deux fois mieux servie. SOCRATE. Loin donc que nous prescrivions ici rien d'impossible; rien au contraire n'est plus dans le goût de la nature; & rien ne s'en ecarte davantage que la pratique ordinaire. GLAUCON. Il est constant.

SOCRATE. Si notre plan n'est point inexecutable; on verra bientôt qu'il seroit parfaitement avantageux. GLAUCON. Comment le montrerez vous? SOCRATE. Des Citoïens, dont le talent se borne à bien faire un soulier, seront moins utiles à l'Etat, que ceux qui sçauront le gouverner, & le defendre. GLAUCON. Assurement. SOCRATE. Son interêt donc sera d'avoir le plus grand nombre de Sujets, de l'un & de l'autre sexe, qu'il sera possible, capable de ces deux hauts emplois. GLAUCON. Oui. SOCRATE. La Gymnastique, & la Musique, donnent les qualités necessaires pour s'en bien acquitter. GLAUCON. Vous nous l'avez suffisamment fait comprendre autrefois. SOCRATE. Nous conseillons

LIVRE CINQUIEME.

lons par conſequent & le faiſable, & le meilleur. Glaucon. On ne peut en diſconvenir.

Socrate. Du reſte, mon cher Glaucon, ſi la vertu ſert, pour ainſi dire, de vêtement aux femmes ; elles pourront innocemment s'excerçer pour la guerre, comme les hommes, ſans habits ; & ſe diſpoſer, par l'uſage des moïens etablis pour eux, à remplir un jour avec eux les plus importantes charges de la Republique. En conſideration de leur foibleſſe, dans les occaſions il faudra ſeulement les decharger des fardeaux les plus penibles. Quant aux eſprits enclins à rire ; laiſſons les donner carriere à leur belle humeur, & s'enorgueillir de leur pretendue ſageſſe ; après leur avoir montré qu'ils ne ſçavent ni ce qu'ils diſent, ni ce qui les divertit. Qu'ils ſe tiennent bien aſſurés que touts leurs bons mots n'auront jamais le ſel, renfermé dans ces deux maximes. " L'honnête va toujours de pair avec l'utile. Une " coutume, ou telle autre choſe qu'on voudra, n'eſt honteuſe, que " lorſqu'elle eſt nuiſible." Glaucon. Votre mepris pour eux, mon cher Socrate, eſt très bien fondé. Le ris, placé mal à propos, rend les rieurs eux-mêmes parfaitement ridicules.

Socrate. Graces aux Dieux immortels, mon cher Glaucon, nous avons heureuſement evité la fureur d'une premiere vague ; longtemps qui nous a menacés de nous engloutir. Glaucon. Preſentement que nous ſommes hors de peril, à vous parler ingenûment, mon cher Socrate, j'en ai tremblé. Socrate. Que vous etes bon ! Ce n'etoit rien, en comparaiſon de la montagne d'eau, qui va ſuivre. Glaucon. Vous m'epouvantez ſur nouveaux frais. Socrate. Le croiriez vous, cher Glaucon ? Je ne veux rien moins qu'une loi, par laquelle il ſoit ordonné que les Magiſtrats, & les gens de guerre, n'auront point de familles ſeparées ; ou qu'entre eux les enfants, & les femmes, ſeront en commun. Pour que je fûſſe même ſatisfait ; il faudroit que les uns ne ſçuſſent à qui donner les noms de pere, & de mere ; & que les autres n'euſſent aucun indice, auquel reconnoître leur propre ſang. Glaucon. C'eſt à preſent, je l'avoue, que vos fraïeurs n'ont point eté vaines. L'impoſſible s'offre à l'eſprit de touts cotés ; & le meilleur à faire eſt au moins fort problematique. SOCRATE. Sans le premier, le second me feroit peu de peine. GLAUCON. Mon cher Socrate, il nous faut demonſtration ſur les deux. SOCRATE. Quoi? J'aurai donc beau faire des ſupplications; vous ne me paſſerez jamais rien; & les tentatives, que je fais ſouvent, pour diminuer le nombre de mes affaires, ſeront toujours inutiles? GLAUCON. Oui. Montrez nous à la bonne heure que le Monde gagneroit beaucoup à ſe conduire par vos idées; mais faites nous voir auſſi, que vu la nature des choſes, il n'eſt pas entierement impoſſible de les mettre en execution.

SOCRATE. Vous faites, cher Glaucon, de moi tout ce que bon vous ſemble. Mais du moins, avant que d'entreprendre une tâche nouvelle, des plus capables de m'effraïer; ſouffrez que je m'abandonne à quelques douces reveries, du genre de celles dont les eſprits desoccupés ordinairement ſe repaiſſent dans la ſolitude, pour en charmer l'ennui. Sans jamais eux-mêmes ſe chicaner, ſur la poſſibilité des arrangements nombreux qu'ils ſe forment; dont l'examen ſeroit penible, & preſque toujours mortifiant pour eux; ils en imaginent à bon compte qui leur faſſent plaiſir. Extaſiés de leur ouvrage, ils ne ſe poſſedent bientôt plus; à la vue des grandes choſes, qu'ils feront les unes ſur les autres. Leur âme remplie, s'endort là deſſus d'un très bon ſommeil. Je ſuis comme eux. Au moment que je vous parle, je me ſens un penchant qui ne ſe peut exprimer à la non-chalance, & je ne ſçais quelle forte envie de faire une excurſion dans le païs des chimeres agreables. J'eloignerai donc pour un temps, ſi vous me le permettez, les idées bourrues du poſſible, & de l'impoſſible. Je ſuppoſerai la communauté des femmes, & des enfants, toute etablie dans les deux premiers ordres de la Republique; pour m'etendre ſur les moïens de la rendre utile, delicieuſe, en tout ſens; & pour me laiſſer un peu charmer par la contemplation des avantages infinis, qu'elle procureroit, tant aux parties intereſſées, qu'à la Republique entiere. GLAUCON. On vous demande un ſi grand nombre de choſes, mon cher Socrate, qu'il eſt raiſonnable de vous en accorder quelques-unes. Contentez vous; & faites une courſe

dans

LIVRE CINQUIEME.

dans les espâces imaginaires; puisque dans ce moment vous y sentez un si grand attrait.

Socrate. Si les Magistrats, & les gens de guerre, sont parfaits gens de bien, & dignes veritablement de porter le glorieux faix de l'Etat; les uns, en donnant leurs ordres, auront toujours devant les yeux les loix, & nos preceptes; qui rempliront les autres d'ardeur, pour les executer ponctuellement. Glaucon. L'amour de la vertu produira naturellement ces dispositions en eux. Socrate. Les premiers choisiront les femmes, les plus distinguées par leur merite personnel; pour les incorporer dans le Senat, & dans l'armée. Elles seront continuellement avec les hommes, dans les refectoires communs, dans le Cirque, partout ailleurs. Les deux sexes ne pourront ainsi toujours être ensemble, sans prendre du goût l'un pour l'autre. L'hymen choisira son temps, pour jetter ses myrthes au milieu d'eux. Les couples, guidés par la nature, & fixés par l'inclination, ne manqueront pas de se former. C'est une inevitable necessité, mon cher Glaucon, vous le comprenez, que tout ce menu detail arrive. Glaucon. La necessité, mon cher Socrate, ne sera pas geometrique; mais ses gros clous de diamant, aussi pointus que les flêches de l'amour, n'en feront pas dans les cœurs des plaies moins incurables.

Socrate. Les personnes revêtues de l'autorité souveraine, auront l'œil sur les amants; afin que tout se passe entre eux dans l'ordre, & dans la bien-seance. L'amour volage, & dissolu, ne doit point être souffert dans une Republique bien reglée, &, par là même heureuse. Glaucon. Il est criminel; & le crime est le grand ennemi de notre bonheur. Socrate. Touts les mariages seront munis du sçeau de la Religion; je veux dire, subordonnés au bien general de la Republique. Glaucon. L'intervention du Magistrat sanctifiera toutes les unions; qui ne seront jamais plus agreables à l'Etre souverain, que lorsqu'elles seront ainsi rapportées à l'utilité commune.

Socrate. Quelles instructions lui donnerons nous, mon cher Glaucon, pour s'acquitter avec succès d'une partie si considerable de sa charge? Dites moi, n'aidez vous jamais la nature dans vos pa-

paturages, dans votre meute, & dans la menagerie, que vous avez à votre maison de campagne ? Quand vous voulez avoir de beaux etalons; vous accouplez les chevaux entiers, & les cavales, dans le bon âge. Vous choisissez au reste ce que vous avez de meilleur dans vos ecuries. GLAUCON. Je n'aurois autrement qu'un haras à faire pitié. SOCRATE. S'il en est de même de l'espece humaine; il faudra beaucoup d'adresse, & de precaution, dans ceux qui gouvernent, pour avoir les enfants, tels qu'on doit les souhaiter. GLAUCON. Beaucoup. SOCRATE. Lorsqu'il ne s'agit que du regime, les medecins du plus bas ordre suffisent; mais les plus habiles ne le sont jamais trop, quand il faut se mettre dans les remedes. GLAUCON. Il est vrai, mon cher Socrate; mais qu'en voulez vous conclurre ?

SOCRATE. Nous avons plus d'une fois representé le gros des hommes comme des malades; qu'il est très souvent necessaire de tromper, pour les guerir. Le mensonge officieux est un julep, en mille rencontres souverain pour eux. C'est dans le fait des mariages sur-tout, que ce principe de Morale doit avoir lieu. GLAUCON. A quel propos en parlez vous? SOCRATE. On sçait que les plus beaux couples, & les plus parfaits à touts egards, donneront à l'Etat une posterité, la mieux conditionnée de corps, & d'esprit. Touts les soins tendres seront pour elle; pendant que les enfants disgraciés seront mis au rebut. On sçaura donc faire tomber en partage les femmes les plus accomplies aux hommes les plus vertueux, & les mieux faits. Avec un peu d'art, on previendra les jalousies; & l'on se menagera de loin une jeunesse florissante. GLAUCON. Quel moïens entre autres prescririez vous?

SOCRATE. Je voudrois qu'on instituât des fêtes solemnelles; dont la pompe fût rehaussée par celle des sacrifices, & par le chant d'Epithalâmes, composés par des Poëtes, remplis d'amour pour la vertu. Les Magistrats feroient tirer au sort les Epoux futurs; après s'être auparavant si bien rendus maîtres du Scrutin, que les malheureux ne pûssent en accuser que la fortune. Les premiers se prevaudront encore de toutes les belles actions de ceux qui se distingueront le

plus

LIVRE CINQUIEME.

plus dans le Senat, & dans l'armée; pour leur donner ouvertement les meilleurs lots, & la permiſſion de ſe voir en ſecret plus frequemment. Enfin ils regleront le nombre des mariages; de telle ſorte que les ravages cauſés par la guerre, & par les mortalités, ſe reparent, ſans que la Republique ſoit ſurchargée. GLAUCON. Touts ces arrangements politiques ſont, à mon avis, très bien entendus. Continuez, je vous prie.

SOCRATE. Les enfants d'elite ſeront depoſés entre les mains des nourrices; qui logeront dans un quartier de la ville ſeparé. Les autres ſeront derobés à la vue, & nourris dans le particulier. GLAUCON. Nous n'aurons, de cette maniere, que d'excellents ſujets dans les deux premiers ordres de la Republique.

SOCRATE. On eludera ſoigneuſement la curioſité des Meres, empreſſées de connoître leur propre ſang; lorſqu'elles iront ſe decharger ſimplement de leur lait, dans ces edifices publics; où tout roulera ſur les Gouvernantes. GLAUCON. Vous en quittez les premieres, mon cher Socrate, pour des ſoins bien legers dans ce genre?
SOCRATE. C'eſt que nous leur en reſervons de plus importants. Mais avant tout, parlons du bon âge pour ſe marier.

Je le prendrois, depuis vingt ans, juſqu'à quarante, pour les femmes; & depuis trente, juſqu'à cinquante cinq, pour les hommes. Seriez vous de mon ſentiment? GLAUCON. C'eſt l'eſpâce de la vie, pendant lequel on peut compter, pour les deux ſexes, que l'eſprit & le corps ſont dans leur plus grande vigueur. SOCRATE. S'il arrive à quelque perſonne, ſoit au deſſus, ſoit au deſſous de cet âge, d'avoir commerce avec quelqu'une de celles dont les enfants ſeront eſtimés ceux de la Republique; ou dans ce même âge, ſans l'aveu du Magiſtrat; on les regardera comme le fruit d'un libertinage, pour lequel on n'aura que de l'horreur. En un mot on traitera ſur le pied de mariages clandeſtins, touts ceux qu'elle n'aura point benis; en demandant aux Dieux, par l'orgâne des Prêtres, & des Prêtreſſes, que de parents bons, & vertueux, naiſſe une poſterité meilleure, & plus vertueuſe encore. GLAUCON. Touts ces nouveaux reglements ſont parfaitement beaux.

SOCRATE. L'âge nubile passé ; chacun aura liberté pleine de choisir. Cependant un homme n'epousera point alors Aïeule, Mere, filles, petites filles ; ni de même une femme, Aïeul, pere, fils, petits fils. Les Enfants, qui naîtront de ces assortiments arbitraires, entre couples surannés, ne seront point à la charge du Public. GLAUCON. A quelle marque, mon cher Socrate, connoîtra-t-on ces degrés defendus ? SOCRATE. On n'en aura point de reelle. Mais on donnera les noms de fils, & de filles, à touts les enfants, nés depuis le commencement du septiême mois de mariage, jusqu'à la fin du dixième ; & ce premier degré determinera les autres. Touts ceux que les peres, & les meres, auront eu dans l'âge autorisé par la loi, seront freres, & sœurs ; & pourront s'entre-epouser à tout âge ; si le sort les joint ensemble ; & si l'Oracle confirme leur Hymen. GLAUCON. Je vous donne encore ici mon suffrage.

SOCRATE. Telles sont les restrictions, avec lesquelles je voudrois etablir la communauté des femmes, & des enfants, entre les personnes qui composeront les deux premiers ordres de la Republique, mon cher Glaucon. Il reste à faire voir qu'etendue encore plus loin, elle seroit accompagnée de mille avantages, dont on est aujourdhui privé. GLAUCON. C'est beaucoup entreprendre.

SOCRATE. Pour nous en convaincre ; demandons nous d'abord à nous-mêmes, quel est le plus grand bien, qu'un Legislateur doive se proposer, & le plus grand mal, qu'il ait à prevenir ? L'un n'est-il pas tout ce qui peut tendre à causer de la desunion entre les Citoïens ; & l'autre, tout ce qui produira dans l'Etat la même union parfaite, qu'on voit dans une famille, où l'on n'est qu'un ? GLAUCON. Si rien n'est plus capable de porter la felicité publique à son comble ; il doit tout faire, pour ces deux fins. SOCRATE. Mais quand est ce qu'on se lie, & qu'on s'entre-aime ? N'est-ce pas lorsqu'on se rejouit, & qu'on s'afflige touts ensemble ; quand les mêmes choses causent de la peine, & du plaisir ? GLAUCON. Oui, mon cher Socrate. On partage alors le bonheur, & l'infortune les uns des autres ; & par consequent on est amis. SOCRATE. Ces deux sentiments au contraire deviennent-ils personnels ; & les uns

font-

LIVRE CINQUIEME.

font-ils dans les ris, pendant que les autres verſent des larmes? L'inimitié s'engendre, & la bienveillance mutuelle s'evanouït. GLAUCON. Le Citoïen ne s'intereſſe plus en ſon Concitoïen. On ſe regarde comme des indifferents; & l'on eſt toujours à la veille d'être Ennemis. SOCRATE. C'eſt un malheur, qu'on ne ſçauroit aſſez deplorer, mon cher Glaucon; & qu'on eprouve, à meſure que chacun prononce à plus haute voix les mots farouches de *mien*, & de *tien*. Les interêts au contraire ne ſeroient pas plutôt confondus, que partout on verroit regner la paix, & la concorde la plus parfaite. GLAUCON. Elles ne ſont bannies, que parcequ'ils ſont differents, & très ſouvent contraires.

SOCRATE. La Sympathie de tous les membres du corps politique, mon cher Glaucon, ne ſera bien, ſelon moi, ce qu'elle doit être, que lorſqu'elle egalera celle qui ſe remarque entre les divers membres du corps humain. Si le doigt eſt offenſé; tout ſe met en devoir de le ſecourir. L'âme elle-même en reçoit vivement le contre-coup; & toute entiere ebranlée, elle accourt avec promptitude, pour eloigner ce qui le bleſſe. De là diſons nous que tout l'homme eſt à ſon aiſe, ou qu'il ſouffre, lorſque la moindre des parties qui le compoſent eſt derangée, ou dans l'etat qui lui convient. GLAUCON. Dans l'œconomie animale que de beauté, mon cher Socrate! SOCRATE. Un plus grand objet d'admiration encore, mon cher Glaucon, ſeroit une Republique; où ni bien, ni mal, n'arriveroit au plus petit Citoïen, qui ne causât à tous les autres une joie, une douleur ſenſibles; & qu'elle ne regardât comme le ſien propre. GLAUCON. Quel charme d'y vivre!

SOCRATE. Remettons nous ici devant les yeux celle dont nous avons tracé le plan; pour examiner ſi nous y trouverons ces idées enchantereſſes de bonheur mieux remplies, que dans les Etats qui nous environnent. GLAUCON. Cette confrontation eſt à propos, & nous fera plaiſir.

SOCRATE. De part & d'autre, on a des Magiſtrats; qui ne rejettent pas entierement le nom de Concitoïens; mais il leur faut de plus orgueilleux titres. GLAUCON. Ceux de Monarques, & de

Maîtres, ou d'Archontes. Socrate. Et dans notre Etat futur? Glaucon. Ils ne s'appelleront que Protecteurs, & Peres. Socrate. De quel œil regarderont-ils le Peuple, que partout on traite en esclave? Glaucon. Comme celui qui les eleve au dessus des autres, & qui leur donne à vivre; auquel en reconnoissance, ils doivent par consequent touts leurs travaux, & touts leurs soins. Socrate. Dans les Republiques les moins vicieuses de notre temps, ceux qui gouvernent, & qui font la guerre, detachés presque entierement les uns des autres, ont leurs amis, & regardent le reste comme des etrangers. Sera-ce la même chose dans la notre? Glaucon. Non. Unis touts ensemble par les liens du sang, ils aborderont un camarade, un collegue, de même sexe, ou de sexe different, comme on fait un frere, une sœur, un pere, une mere, un fils, une fille, une parente, un parent proche. Socrate. C'est fort bien dit, mon cher Glaucon; mais ces demonstrations exterieures vous suffiront-elles? Ne voudrez vous pas qu'ils les accompagnent de tout l'amour, toute la deference, touts les services reels, & touts les soins tendres, auxquels ces doux noms engagent? Glaucon. Le cœur avant tout, assurement doit être de la partie. Socrate. On joindra toute la force de l'Eloquence à tout l'empire des loix; pour inspirer un attachement inviolable à ces devoirs. On publiera qu'une religieuse exactitude à s'en acquitter, n'attirera pas seulement la faveur des hommes; mais qu'elle plaira beaucoup davantage aux Dieux, que toute la magnificence orgueilleuse, qu'on etaleroit aux pieds de leurs autels. La moindre faute contre ces devoirs si respectables, sera detestée universellement comme une injustice d'un très haut genre, & comme une espece de sacrilege. On remplira de bonne heure l'esprit aux jeunes gens de ces maximes; & le Magistrat ne souffrira point qu'on leur parle un autre language. Glaucon. De cette maniere, ils n'auront point d'idée, mon cher Socrate, de ce que c'est que s'entre-haïr, ou ne se pas aimer.

Socrate. Touts les flambeaux de la discorde seront eteints; parceque chacun regardera le bien, & le mal des autres, comme le sien propre. La joie, & la tristesse, auront des aîles; pour voler,
de

LIVRE CINQUIEME.

de la cabane du Laboureur, & de la boutique de l'Artifan, jufqu'aux entrailles de l'homme affis au timon. De ce commerce mutuel de peines, & de plaifirs, de la fuppreffion lucrative du *mien*, & du *tien*, de la communauté jufques des femmes, & des enfants, comme de fources inepuifables, decoulera fur tout l'Etat un torrent de felicité parfaite. GLAUCON. Elle fera tout à fait digne d'envie.

SOCRATE. On ne verra plus, mon cher Glaucon, les artifans nés de fon bonheur, s'entre-arracher des mains fes depouilles, les entaffer à l'envi dans leurs maifons, & les y confumer, aux pieds de quelques idoles. Au lieu de goûter feuls, dans ces Temples, fomptueufement bâtis à la volupté, mille faux plaifirs; ils jouïront de touts les veritables, en commun; & par cette echange reciproque, ils les multiplieront comme à l'infini. GLAUCON. Sans prejudice des leurs, ils participeront à touts ceux des autres.

SOCRATE. Comme ils ne poffederont que leur perfonne, pour tout; l'antre mugiffant de la chicane fera fermé; la fource des querelles, & des procès, tarie. GLAUCON. Le fils n'aura plus à s'elever contre le pere, le parent contre le parent, l'ami contre l'ami. SOCRATE. Les voies de fait, qui lorfqu'on les tolere, fouvent aboutiffent aux dernieres extremités, feront pareillement inconnues. Outre qu'on rendra touts les gens du même âge refponfables du mal, fait à quelqu'un d'eux, & que la Republique applaudira toujours à la vengeance qu'ils en auront tirée; on donnera fur les jeunes droit d'infpection aux plus vieux; qui fur le champ feront punir les aggreffeurs. GLAUCON. Ils ne porteront pas l'injure fort loin; quand il fçauront que le moment d'après, fuperieurs, egaux, fe tourneront touts à la fois contre eux. SOCRATE. A plus forte raifon, n'etendront-ils pas la main fur les perfonnes plus âgées, & ne violeront-ils pas le refpect à leur egard. Le fouvenir d'une parenté, qui n'aura point d'autres bornes que celles de l'Etat, fera dabord un frein capable de les retenir. Si par lui-même il n'etoit pas fuffifant; oferont-ils braver une armée, auffi nombreufe que l'Etat même, toujours prete à les repouffer, avec tout le zele qui s'allume, à la vue d'un pere, d'un fils, d'un frere, offenfés? GLAUCON. De quelle tranquillité

quillité profonde ne jouïront pas, à l'ombre de loix, des hommes ainsi faits!

SOCRATE. Elle ne sera pas moindre au dehors. Où seront les Ennemis, assez mechants pour les troubler? GLAUCON. Il faut l'être au plus haut point, pour vouloir du mal aux gens, qui n'en font à personne.

SOCRATE. Qui pourroit faire le denombrement des calamités, dont sera preservée cette Republique heureuse? La flatterie, & les bassesses, auxquelles touts les jours les petits sont forcés de recourir, pour n'être point la proie des grands; les inquietudes innombrables, les cuisants chagrins, les mouvements continuels, les tentations violentes, auxquelles expose la necessité de soutenir une famille; mille autres maux, dont ceux qui le plus ont tout à souhait, ne sont pas exempts aujourdhui? GLAUCON. Chacun en connoît la grandeur, mon cher Socrate, parcequ'il les sent.

SOCRATE. La vie de ces hommes, qu'en apparence nous depouillons de tout, sera mille fois preferable à celle, qui fait la recompense ordinaire des Athletes, courronnés aux jeux Olympiques. Le fruit des victoires, que remporteront les premiers sur l'ambition, & sur l'avarice, ne se terminera pas à des lauriers, à quelques mesures de froment. Le salut de l'Etat en sera le prix. Pauvres, jusqu'à ne rien posseder, ils n'auront point devant les yeux le visage menaçant de la disette; & de loin ils verront leurs derniers nepveux se reposer dans le sein de l'abondance, avec une parfaite securité. La Republique n'aura point assez d'honneurs pour eux pendant leur vie; & pour immortaliser sa reconnoissance, avec leur nom, elle empruntera le secours du marbre, & de l'airain, après leur mort. GLAUCON. Si la Theorie en est si ravissante, mon cher Socrate; que seroit l'execution même?

SOCRATE. Cher Glaucon, vous vous souvenez qu'on nous reprochoit plus haut de mal partager les premieres personnes de l'Etat. Nous avons repondu simplement, que notre intention n'etoit pas de les favoriser, au prejudice du reste des Citoïens; & que nous avions en vue seulement la plus grande felicité du Tout.

GLAUCON.

LIVRE CINQUIEME.

GLAUCON. Vous avez promis d'ajoûter quelque chofe de plus, quand l'occafion s'en prefenteroit.

SOCRATE. Pour tenir parole, je vous demande lequel vous aimeriez le mieux; ou gouverner la Republique, & la defendre, à mes conditions; ou faire des fouliers? GLAUCON. Je ne vois pas que les Magiftrats, & les Gens de guerre, euffent raifon d'envier le fort de l'homme qui manie l'aleine. SOCRATE. Seduits par des idées chimeriques de bonheur; au lieu de fe trouver comblés, par l'affûrance infiniment douce jamais de ne manquer de rien, s'ils afpirent à des biens immenfes; une trifte experience leur fera comprendre le grand fens du mot d'Hefiode: " La moitié vaut mieux que le " tout." GLAUCON. En mon particulier, mon cher Socrate, je prefererois de beaucoup leur pauvreté pretendue à toutes les richeffes.

SOCRATE. Je reviens aux femmes, cher Glaucon. Nous avons vu que la Nature, loin de leur interdire les emplois des hommes, nous eft guarand au contraire, entre autres par l'egalité remarquable des deux fexes dans les bêtes, qu'on peut les former à tout; & que dans la Societé civile il n'eft rien de trop elevé pour elles. GLAUCON. Il ne peut deformais refter aucun doute là deffus. SOCRATE. Qu'on ceffe par confequent de nous oppofer la coutume; pour nous faire penfer, que les remettre en poffeffion de leurs droits, & les rendre tout autrement utiles à l'Etat qu'elles ne le font aujourdhui, font des projets abfolument impratiquables. GLAUCON. La raifon certainement eft pour vous, mon cher Socrate, fi la mode eft contre.

SOCRATE. Elles fuivront leurs maris jufqu'à la guerre. On placera la jeuneffe autour d'elles; pour faire fous elles fes premieres armes; & pour les fecourir au befoin. Croiroit-on qu'un potier faffe parfaitement bien de manier dix ans l'argille devant fon fils, pour en faire à fon tour un habile homme; & que pour devenir bon Soldat, un apprentiffage court fuffife? GLAUCON. Un metier doit être d'autant plus longtemps appris, qu'il eft plus difficile. SOCRATE. La prefence des enfants infpirera cette belle fureur aux meres, dont nous voïons dans les animaux des traits furprenants,

lorflorsqu'ils sont menacés de perdre leurs petits. GLAUCON. Elles seront des lionnes, il n'en faut pas douter. Mais si la fleur de la jeunesse perit avec elles, mon cher Socrate; qui restera pour venger leur sang; & qui ramenera les debris de la Republique à l'Ennemi? SOCRATE. Vous n'etes pas du sentiment, que dans la vie jamais il ne faille courir aucuns hazards, mon cher Glaucon? Mais quand les essuieroit-on plus à propos, que lorsqu'on en espere un fruit aussi grand, qu'est celui d'exceller dans l'art militaire? D'ailleurs ne peut-on rendre les jeunes gens spectateurs de touts les evenements des combats, sans interesser beaucoup leur sûreté? Les Peres connoîtront le peril; & les feront avertir du moment de la retraite. De bons gouverneurs les empêcheront de s'avancer trop. GLAUCON. Malgré toute la vigilance des uns & des autres, ils se trouveront engagés souvent. SOCRATE. Alors des aîles, toujours prêtes, les retireront de la mêlée. GLAUCON. Que voulez vous dire, mon cher Socrate? SOCRATE. Au moindre mouvement de la bride, ils seront emportés par des coursiers legers, doux, & dressés exprès pour eux. GLAUCON. Vous trouvez des remedes à tout. Quelque interêt que je prisse à leur conservation; je consens qu'ils aillent badiner avec les dangers; pour se mettre en etat d'écarter un jour ceux qui menaçeront la Republique.

SOCRATE. Je serois fort pour les menager, mon cher Glaucon; & j'estime la vie des hommes, autant que personne. Cependant je veux qu'on envoie sans remission à la charrue tout Soldat, tout Officier, qu'on aura vu lâcher le pied honteusement; & que l'Ennemi fasse tout ce que bon lui semblera d'un prisonnier, qui lui sera tombé vif entre les mains. GLAUCON. Ces chatiments seront très justes; pour gens amoureux de la vie, jusqu'à l'avoir preferée au salut de l'Etat. SOCRATE. Au contraire toute l'armée couronnera ceux, qui viendront de se faire admirer par quelque action glorieuse. Chacun leur serrera la main, les accablera d'embrassades, & de baisers. GLAUCON. Rien de plus à propos encore, ni de plus capable en d'autres occasions de les exciter à faire des prodiges. Je voudrois même autoriser l'usage de ces caresses pendant

LIVRE CINQUIEME.

dant toute la campagne; afin que les paſſions naiſſantes, entretenues, & fortifiées entre les perſonnes de ſexe different, ſervent d'eguillon au courage. SOCRATE. Vous n'en ſerez pas dedit, cher Glaucon. De mon propre mouvement, vous ſçavez que je ſuis allé tantôt juſqu'à recommander au Magiſtrat, d'accorder liberalement les plaiſirs de l'Hymen aux jeunes heros, aux heroïnes; tant pour recompenſer leur bravoure, que pour menager à la Republique des enfants d'eux, en plus grand nombre que des autres. GLAUCON. Je goûte fort cette equitable, & ſage facilité. SOCRATE. Ce n'eſt pas tout. Nous entrerons dans le ſentiment d'Homere; qui nous montre " Ajax, après un de ſes premiers ex-" ploits, porté ſur les epaules de ſes camarades, en triomphe." Quoi de plus propre à ſouffler l'ardeur martiale dans un cœur, où la Nature en avoit deja mis de nombreuſes etincelles? GLAUCON. Rien aſſurement. SOCRATE. On interrompra les ſacrifices, pour chanter des hymnes, en l'honneur d'un Officier, d'une Amazône, dont le bras aura peut-être ſauvé la Patrie. Ils monteront ſur une Eſtrade preparée; pour y voir, en forme de libation, couler à leurs pieds des ruiſſeaux de vin. En un mot on fera tout, pour celebrer leurs hauts faits, & pour inſpirer une belle emulation aux autres. GLAUCON. C'eſt le moïen d'avoir une armée pleine de braves gens.

SOCRATE. Quant à ceux qui ſeront morts les armes à la main; chacun dira, que dans leur âme ils avoient recueilli mille reſtes precieux de l'âge d'or. On repetera tous enſemble, après Heſiode; " qu'ils ſont allés prendre leur place entre les Genies, exempts de " toute ſouillure, aſſignés par les Dieux pour Anges tutelaires aux " Mortels, & chargés du noble emploi de les preſerver de touts " les maux." L'Oracle ſera conſulté, ſur l'ordonnance de leur ſepulture; & leurs urnes ſeront expoſées à la veneration publique. On decernera les mêmes honneurs à toute perſonne, qu'on aura vue ſe diſtinguer pendant ſa vie par une grande pureté de mœurs, & par un attachement extraordinaire à la vertu. GLAUCON. Elle a par elle-même de grands appas, mon cher Socrate; mais comment

TOME I.   X   ne

ne la pas cherir entierement, lorsqu'elle feroit de la forte univerfellement honorée ?

Socrate. Difons quelque chofe de la maniere de faire la guerre, & d'en ufer envers nos Ennemis. Nous aurons moins d'egards pour les Barbares, comme nous les appellons. Mais de peur qu'avec le temps ils ne vinffent à bout de mettre aux fers notre Grece, affoiblie par fes divifions inteftines ; nous nous ferons une loi d'epargner touts les Peuples qui la compofent ; & par deffus tout nous ne leur ferons jamais fubir l'efclavage. Nous leur confeillerons même de ne point fe traiter entre eux avec une dureté, qui pourroit un jour nous coûter cher à touts ; & de tourner plutôt leur animofité contre ce grand nombre de Nations, implacables à la liberté commune. Glaucon. Cette humanité reciproque, mon cher Socrate, en fera le plus ferme appui.

Socrate. Le Soldat, refté maître du champ de bataille, au lieu de pourfuivre fa victoire, ne perdra point un temps precieux à depouiller les morts ; fous des pretextes, fouvent qui fervent de voile au defaut de courage, & la leur raviffent des mains. Il ne fera permis d'enlever que les armes. Glaucon. L'avarice eft la paffion du monde, qui convient le moins à de braves gens. Socrate. Quelle petiteffe d'efprit ne feroit-ce pas, de s'imaginer du refte que la vengeance fût de faifon encore fur un indifferent, après que l'Ennemi s'eft envolé vers le Tartare ? J'aimerois autant voir fe rüer fur la pierre, pour la mordre ; fans faire attention au bras qui l'a jettée. Il n'eft rien de plus inhumain, que d'infulter fans fruit à des cadavres ; ou même de les refufer à ceux qui les demandent, pour leur donner la fepulture. Glaucon. La clemence, & la moderation, fieent toujours bien ; mais elles ne feront jamais plus à propos, que lorfque nous aurons affaire à des Voifins, qui ne fe montreront pas tout à fait acharnés à notre perte. Socrate. Si nous avons à cœur de fauver au moins quelques reftes, toujours très eftimables, de la bienveillance mutuelle ; nous ne nous prefenterons pas même aux pieds des autels, avec le butin fait fur eux ; à moins qu'en certaines rencontres extraordinaires, l'Oracle n'en

LIVRE CINQUIEME.

n'en ordonnât autrement. GLAUCON. J'aime un foin d'éviter tout ce qui reffembleroit à l'outrage.

SOCRATE. Nous nous abftiendrons auffi de toutes les hoftilités, qui pourront à bon titre être nommées cruelles ; comme feroient, ravager les campagnes, reduire en cendres les maifons, faire perir hommes, femmes, enfants, porter la defolation partout. GLAUCON. De pareils excès font fremir d'horreur, quand on y penfe. SOCRATE. On fe contentera d'enlever touts les grains, & touts les fruits, dont la terre fera couverte. Voulez vous que je vous dife ma raifon ? GLAUCON. Je ferai bien aife de l'entendre.

SOCRATE. Je diftinguerois toujours une guerre, d'une rupture. On eft en guerre avec des Peuples, dont les intêrets font oppofés à ceux du Païs, où la Nature nous a fait naître. Mais il faut donner un nom plus doux à la mes-intelligence, qui fe met entre des Etats, qu'elle a rendus par mille endroits neceffaires les uns aux autres. Tels font touts ceux de la Grece. Qu'avec les premiers, à la bonne heure, on pouffe les chofes plus loin. Mais quand les derniers feront en armes; on dira feulement que des amis nés, s'entendent pour un temps mal enfemble ; & que leur commune Patrie fouffre un dechirement, qui n'aura pas de fuites fâcheufes. Quelle fureur feroit-ce, de n'y point garder les menagements que nous difons; & d'oublier, en fe faifant quelque juftice, que bientôt il faudra penfer à la paix. GLAUCON. Touts les hommes voulûffent-ils, mon cher Socrate, haïr de la forte!

SOCRATE. Nous ferons Grecs, encore une fois ; & par confequent Peuple bon, poli, genereux. Comment donc jamais être beaucoup aigris contre des Compatriotes, qui fe piqueront de ces mêmes vertus, qui profefferont la même Religion, & du fecours defquels nous aurons peut-être au premier jour befoin, pour eviter les chaines, qu'ont inceffamment à la main pour nous les Barbares ? Pourquoi fe traîneroit-on en fervitude reciproquement, fe menaceroit-on d'une deftruction entiere ? Ne diftingueroit-on point les innocents des coupables ? Combien vaudra-t-il mieux declarer, qu'on fe plaint feulement d'un petit nombre d'aggreffeurs, cau-

X 2 fes

ſes de tout le mal; & qu'on ſe contentera d'une reparation mediocre? Glaucon. Aſſurement les Grecs devroient avoir la ſageſſe de reſerver pour leurs Ennemis communs tout cet acharnement, que nous leur voïons les uns contre les autres. Socrate. Une loi, formée ſur tout ce que nous venons de dire, feroit, je le vois, de votre goût? Glaucon. Mon cher Socrate, n'en doutez pas.

Socrate. Felicitez moi, cher Glaucon, d'avoir fini, ſur le grand article de la Communauté des femmes, & des enfants; & ſi vous me le permettez, prenons haleine. Glaucon. C'eſt un peu trop tôt, mon cher Socrate. Vous oubliez que le principal vous reſte à faire. Reſolu de partager les plaiſirs des faiſeurs de projets en l'air, vous vous etes juſqu'ici donné carriere, ſur l'utilité des votres. Je n'ignore pas qu'il vous reſteroit, pour les faire valoir, bien des choſes encore à dire. Il eſt manifeſte, par exemple, qu'une armée, où voleroient de rang en rang les noms de peres, de fils, de meres, de filles, de freres, de Sœurs, de maris, d'epouſes, iroit au combat avec une ardeur, fort au deſſus de l'ordinaire. On feroit touts reſolus de vaincre, ou de mourir enſemble; on ne s'entre-abandonneroit jamais. Soit que l'autre ſexe fût entre-lacé dans les files, ou qu'on en fît un corps de reſerve, prêt à voler partout au ſecours des ſiens; il contribueroit certainement beaucoup à repandre la terreur parmi les Ennemis. Les femmes en un mot, je le comprends, ne feroient pas moins formidables dans le champ de Mars, qu'adorables à leur foïer. Ces idées ſont belles, mon cher Socrate. Ma ſeule fraïeur eſt, qu'elles ne ſoient chimeriques; & qu'entrainés par ce qu'elles ont de raviſſant, nous n'aïons tout ce temps-ci raiſonné ſur l'impoſſible. Socrate. A propos de la guerre, mon cher Glaucon, il me ſemble que vous m'en faites une aſſez vive. Peu touché de m'avoir avec peine vu ſurmonter deux vagues furieuſes, vous etes du ſentiment que je ſois enfin ſubmergé par une troiſiême, beaucoup plus epouvantable encore. Quand vous aurez ouï ce qui va ſuivre; vous me pardonnerez les detours nombreux, auxquels j'ai ſans fruit eu recours juſqu'ici, pour ne vous dire qu'une partie de ce que je penſe. Glaucon.
Nous

LIVRE CINQUIEME.

Nous voulons tout ; comptez là deſſus. SOCRATE. Hé bien, puiſque vous l'exigez, & qu'il le faut ; noïons nous au moins de bonne grace. GLAUCON. Vous etes un Amphion, mon cher Socrate ; & Neptune de ſon Trident a frappé le Dauphin, qui pour vous deja fend les ondes. SOCRATE. Nous avons commencé par approfondir la nature de la juſtice, & de l'injuſtice ; pour nous former une idée veritable de l'homme juſte, & de l'homme injuſte. GLAUCON. Oui ; mais nous retournons loin ſur nos pas. SOCRATE. Souffrez le ; j'ai mes raiſons. Du parallelle, que nous ferions de l'un & de l autre, je vous avois promis de conclurre avec certitude, lequel il faut être, pour être heureux ; & vous m'avez fait compliment, ſur la maniere dont je m'en ſuis acquitté. Du reſte, je vous prie d'y faire attention. Je ne pris jamais ſur moi de prouver, qu'il fût poſſible d'être le premier. GLAUCON. Il eſt vrai, mon cher Socrate. C'eſt à quoi vous ne vous etes point engagé.

SOCRATE. Après qu'un Peintre vous auroit mis ſur la toile une beauté des plus touchantes, mon cher Glaucon, & que ſon ouvrage auroit fait les plus grandes impreſſions ſur vous ; diminueriez vous, je vous en ſupplie, de vos loüanges, parcequ'il ne pourroit, ſi vous le voulez, dans l'univers, vous en trouver une approchante ? GLAUCON. Non ; mais j'aurois du chagrin, de voir que l'art auroit ſurpaſſé la nature. SOCRATE. Fort bien. Je vous ai fait le tableau d'une Republique ; & vous en etes ſatisfait. Dois-je auſſi vous en produire des copies, qui ne cedent point à l'original ? Sera-ce ma faute, ſi j'ai trop bien fait ; & perdrai-je votre ſuffrage, parceque ſelon toutes les apparences, on ne verra jamais rien dans le monde qui l'egale ? GLAUCON. L'equité ne le permettroit pas, mon cher Socrate. SOCRATE. C'eſt quelque choſe, que de n'en pas manquer les uns envers les autres : la complaiſance vient enſuite. Je conſentirai donc preſentement à vous faire voir, qu'on peut atteindre à toute la perfection, que je propoſe à l'imitation publique ; pourvu que vous m'accordiez ſeulement un principe, fort inconteſtable, ce me ſemble. GLAUCON. Quel eſt-il, je

vous

vous prie? SOCRATE. C'eſt qu'on peut accomplir touts les préceptes, avoués par le bon ſens; & qu'une theorie veritable en fait de mœurs, ne renferme rien d'impoſſible dans la pratique. GLAUCON. Il n'eſt pas vrai-ſemblable que la nature, toujours eloignée de ſe combattre elle-même, nous eût donné les idées, & les deſirs les plus preſſants du vrai bonheur, pour nous laiſſer dans une entiere impuiſſance d'y parvenir.

SOCRATE. Tenez moi par conſequent, je vous en ſomme de nouveau, dechargé du ſoin de vous montrer ſur la terre un arrangement politique, auſſi parfait que le notre. C'eſt aſſez que j'enſeigne les moïens d'en approcher, & de pouſſer auſſi loin qu'on voudra la reforme. Elle ne dependroit au reſte que d'une, ou deux choſes, & même aſſez peu conſiderables, ſelon moi. Que dis-je? d'une ſeule; que je ne voudrois pas trop eſperer, mais qui peut ſe rencontrer neanmoins. GLAUCON. Hâtez vous, je vous en conjure, de nous la dire. SOCRATE. C'en eſt fait; voici la barre, mon cher Glaucon. Avant que de vous obeïr, permettez moi de trembler. Quand le friſſon ſera paſſé; dûſſai-je me voir enſeveli, je vous dirai ce que j'eſtime une verité plus certaine qu'aucune autre. GLAUCON. Le Ciel, encore une fois, aura ſoin de vous, mon cher Socrate. SOCRATE. C'eſt que tout bientôt changeroit de face dans les Etats, ſi les Philoſophes gouvernoient; ou ſi les perſonnes qui gouvernent, etoient Philoſophes. Mais juſqu'à ce que la Sageſſe, & la puiſſance, dans le Monde ſoient unies; il ne faut aucunement eſperer que le genre humain, joüet eternel de l'ambition, & de l'avarice de ſes Maîtres, voie jamais la fin de ſes calamités; ni que le Soleil eclaire une Republique telle que la notre. N'attribuez toutes mes fuites, mon cher Glaucon, qu'au defaut de cette extrême hardieſſe, dont il faut être armé, pour faire aux hommes une prediction auſſi triſte, qu'elle eſt juſte. C'eſt que, tant qu'ils ne voudront pas nous croire, & travailler ſerieuſement à devenir meilleurs, ils ſeront miſerables.

GLAUCON. Vous hazardez là, je l'avoue, mon cher Socrate, un avis ſalutaire, qui pourroit vous coûter cher. Preparez vous à re-

LIVRE CINQUIEME.

reçevoir un bataillon, je ne dis pas feulement compofé d'efprits d'un bas ordre, mais de rares genies, prodigieufement irrités contre vous. Dejà, foïez en bien averti, je les vois, nuds jufqu'à la ceinture, munis des premieres chofes qui leur font tombées fous la main, accourir, avec un air, & dans une ordonnance, qui promettent affurement des exploits, redoutables pour vous. Fuïez; ou ne tardez pas à trouver des raifons, affez fortes pour les appaifer. Faffe le Ciel qu'ils vous ecoutent! SOCRATE. A qui fuis-je obligé qu'à vous, d'avoir à me tirer d'une action, qui fera des plus chaudes, je le prevois, mon cher Glaucon? Voïez, je vous prie, à quoi vous m'expofez! GLAUCON. Je ne fçaurois trop m'en faire de reproches, mon cher Socrate; quoique je m'intereffe, vous n'en doutez pas, beaucoup à vous; & d'autant plus, que mon deffein n'eft pas de vous abandonner dans votre peril. Malheureufement je ne puis guere que vous accompagner dans la mêlée de mes bons fouhaits. Tout le fervice du moins que je me fens capable de vous rendre, c'eft de repondre à vos queftions avec plus de foin, que ne feroit un indifferent; & de vous exhorter du refte à bien faire. En moi vous aurez, je vous le repete, un fecond très attaché; mais c'eft à peu près tout. Ainfi, je vous le confeille, defendez vous. SOCRATE. Mon cher Glaucon, vous avez beau dire; je fais cas d'un fecours tel que le votre; & puifqu'il m'eft affûré, je marche, fans balancer, droit à l'Ennemi; plein d'efperance que bientôt nous le ferons penfer à la retraite.

Avant qu'il s'adouciffe, il faut qu'il connoiffe les Philofophes, feuls dignes de manier le timon des Empires, felon nous. Peutêtre les plus en colere s'appaiferont-ils, quand nous leur aurons dit, que nous entendons parler uniquement de ces hommes, nés pour la fageffe, auxquels il appartient d'en communiquer les fruits precieux au grand nombre; toujours trop heureux de pouvoir fe conduire par des lumieres d'emprunt. GLAUCON. Je commence à me raffûrer, mon cher Socrate.

SOCRATE. Vous ne me contefterez point cette maxime; qu'un cœur tendre, & bleffé, n'aime point à demi; & qu'il eft tout entier

tier à l'objet aimé? GLAUCON. Je ne la comprends pas bien encore. SOCRATE. Je m'en etonne, mon cher Glaucon! J'aurois cru, Philofophe des mieux rentés dans l'empire de l'Amour, que vous euſſiez eté plutôt qu'un autre au fait de ce que nuit & jour on y chante! Quand une fois ſes bons ſujets ont ſenti le foible des Sages de votre ſorte; vous ſçavez qu'ils ſe les entre-arrachent; & que chacun d'eux veut être le preferé. De votre part, vous avez du retour. Le nez camus paſſe pour joli; l'aquilin, pour un ſymbole de Majeſté; celui de bonne taille, pour un ornement, qui rehauſſe tout. Le noiraud à l'air mâle; & le blondin eſt une Divinité. Vous avez porté la choſe au point, d'enrichir notre langue d'un terme aſſez bizarre, pour nous faire au moins ſupporter la paleur dans vos Adonis. C'eſt tout vous dire, qu'en faveur du brillant de la jeuneſſe, il n'eſt rien qui ne ſe pardonne entre vous autres; & vous ne manquez ni de raiſons, pour diminuer les defauts, ni de beaux noms même à leur donner. Par ces bons tours, il arrive que tout vous convient; & que vous n'etes jamais ſans un prodigieux nombre d'affaires. GLAUCON. Puiſque vous trouvez bon d'etablir votre maxime ſi fort à mes depens, mon cher Socrate; il faut bien que je le ſouffre; & que je donne un cours libre à vos petites calomnies; qui, ſi je ne me trompe, vous cauſent aſſez de plaiſir. SOCRATE. Elles ne vous feront point de mal, cher Glaucon. Cette même ardeur pour l'objet qu'ils aiment, ſe voit dans les ambitieux, dans les gens qui vivent, & meurent, le verre à la main. Les derniers trouvent-ils rien dans l'Univers, qui ne les excite à boire? Quand les autres ne pourront emporter les poſtes les plus eminents du Senat, ou de l'armée; ils brigueront infailliblement ceux qui viennent enſuite. Le tout, parce que la vaine gloire eſt la chimere, dont les uns ſont poſſedés; & que les autres ne ſont enthouſiaſmés de rien au Monde, comme de l'excellente liqueur, dont fait preſent aux hommes le Dieu du vin. A les prendre les uns & les autres pour arbitres; on ne doit paſſer pour aimer une choſe, que lorſqu'on l'aime ſans reſerve, & qu'en un mot on en eſt parfaitement epris. GLAUCON. Mon cher Socrate, la ſatire qui me regarde à part, c'eſt fort bien dit. So-

LIVRE CINQUIEME.

SOCRATE. De tout ce badinage, mon cher Glaucon, je veux conclurre, que la qualité d'amateur de la sagesse n'appartient qu'à l'homme, qui lui devoue entierement son cœur; & qui non content de la trouver aimable à quelques egards, lui tient compte fidellement des touts ses charmes. GLAUCON. La chute est belle, & m'oblige à vous pardonner tout. SOCRATE. La principale marque, pour le connoître de bonne heure, c'est un desir insatiable d'apprendre. On n'est point d'un grand appetit, quand on ne s'accommode que de certains mets, & qu'on a du degoût pour les autres. Nous n'accorderons point aussi qu'on ait cette extrême avidité, que nous voulons, pour les sçiences; lorsquelle ne s'etend point à toutes, sans exception. GLAUCON. On trouve dans beaucoup de gens, mon cher Socrate, une curiosité, qui, si je ne me trompe, n'est pas celle dont vous faites cas; dans les coureurs de foires, & d'Orgyes, par exemple. Après avoir comme loué, pour tout le temps qu'elles durent, leurs yeux, & leurs oreilles; ils roulent par les villes, & les villages; pour s'appliquer avec soin partout à l'importante affaire de voir, & d'entendre. Cependant examiner un problême de Geometrie, ou vous ecouter quelques moments sur la Morale, seroit pour eux un rude supplice. Je m'imagine que vous ne mettez pas au rang des Philosophes les curieux de cette espece; & je doute même que pour en meriter le nom auprès de vous, il ne fallût qu'exceller dans les arts mechaniques. SOCRATE. Touts ceux qui travaillent de la main, sont dans une classe inferieure; & les oisifs dont vous parlez, doivent être placés encore fort au dessous d'eux. GLAUCON. Quelle idée auriez vous donc d'un veritable Amateur de la sagesse? SOCRATE. Le vulgaire pourra ne pas m'entendre; mais je ne serai point obscur pour vous. C'est un Meditatif; pour qui la contemplation de la verité pure, est le plus ravissant de touts les Spectacles. GLAUCON. Mon cher Socrate, que voulez vous dire precisement? SOCRATE. Je ne m'en exprimerois pas si librement à d'autres; mais vous n'etes point de ceux, que les hautes speculations epouvantent.

TOME I.   Y   SOCRATE.

Le vrai, le faux, le beau, le difforme, le juste, l'injuste, font des idées generiques, entierement oppofées, & par confequent diftinctes. GLAUCON. Auffi diftinctes, que celles du triangle, & du cercle. SOCRATE. En les prenant deux à deux, chacune eft parfaitement fimple ; au lieu que les chofes materielles ne le font point. Celles-ci n'ont point d'unité : Que vous en femble ? GLAUCON. Une ville, une maifon, un arbre, font compofés de parties fans nombre. SOCRATE. Il ne m'en faut pas d'avantage, mon cher Glaucon, pour fonder la difference que je mets, entre vos Philofophes de tout à l'heure, & les veritables. Les premiers, continuellement occupés des beautés fenfibles, ne vont jamais plus loin que les belles couleurs, les belles voix, les beaux ouvrages, foit de la nature, ou de l'art ; & bornent auffi là tout leur amour. Les autres ne leur refufent pas de mediocres empreffements ; mais ils fçavent s'elever jufqu'à l'idée du Beau ; qui les attache, & les tranfporte. GLAUCON. Ces derniers, mon cher Socrate, feront bien rares. SOCRATE. Je l'avoue ; mais il n'en eft pas moins vrai que tout homme, qui n'attribue de realité qu'aux beautés particulieres, & qui regarde comme un phantôme le Beau même, pendant qu'elles n'en font que de foibles imitations, & de legers ecoulements, paffe la vie dans un rêve continuel. S'il ne voit rien, quand un autre, moins aveugle, s'efforcera de lui faire appercevoir ce grand objet ; fon affoupiffement eft plus profond, & fon rêve plus opiniâtre encore. La nuit ou le jour, confondre les chofes du monde les plus effentiellement differentes, un Original fouverainement parfait, avec des copies infiniment defectueufes ; qu'eft-ce autre chofe que faire un fonge, plein d'erreur ? GLAUCON. L'illufion eft d'autant plus deplorable, mon cher Socrate, qu'ordinairement il faut la mort, pour la diffiper.

SOCRATE. Il n'en eft pas de même du Sage, mon cher Glaucon. Il perce touts les voiles, qui cachent aux yeux vulgaires cet Archetype Divin. Jamais il ne le perd de vue. Il en remarque les traits epars dans touts les Etres finis. D'un coup d'œil, il decouvre ceux qui manquent à chacun. Enfin il fçait parfaitement
diftinguer

LIVRE CINQUIEME.

diſtinguer les plus excellents, de celui dont la perfection eſt ſans bornes. GLAUCON. Il eſt toujours dans la veille. SOCRATE. Oui, mon cher Glaucon. Le grand jour de la ſçience l'eclaire; pendant que l'Inſenſé vit dans les tenebres de l'ignorance, & fend les brouillards de l'opinion avec difficulté. GLAUCON. C'eſt l'etat de l'un & de l'autre, au naturel.

SOCRATE. Si le dernier ſe flatte, juſqu'à nous croire nous-mêmes en delire; ſeulement parceque nous venons lui faire certaines confidences, importantes pour lui; comment nous y prendrons nous, mon cher Glaucon, pour le faire, s'il eſt poſſible, doucement revenir du ſien? GLAUCON. Puiſque vous etes l'admoniteur charitable, trouvez le ſecret de lui faire au moins ſupporter vos bons avis. SOCRATE. Vous ſçavez quelque choſe; eſt-il bien vrai, lui demanderai-je dabord? Si le fait eſt conſtant, croïez moi, loin d'en avoir de la jalouſie, ou de vous derober la moindre partie de votre gloire, je ſuis au contraire charmé d'apprendre de votre bouche, que vous poſſedez la connoiſſance ineſtimable, ne fût-ce que d'une ſeule verité, qui puiſſe juſtement être nommée utile; & j'en aurai toute la reconnoiſſance imaginable, ſi vous daignez m'en faire part. Mais eſt-ce l'Etre, ou le Neant, dites moi, que vous connoiſſez; ajouterai-je enſuite? Cher Glaucon, je vous charge de repondre pour lui. GLAUCON. Le neant, mon cher Socrate, ne peut être apperçû. SOCRATE. Si donc nous rencontrons dans notre eſprit une maniere de penſer, qui ne ſoit la perception ni de l'un ni de l'autre; nous ne pourrons lui trouver ſon lieu, qu'entre la connoiſſance, & la non-connoiſſance; ni celui de ſon objet, qu'entre le Neant, & l'Etre. GLAUCON. Aſſurement. SOCRATE. Cette modification moïenne, c'eſt l'Opinion. Avant que d'examiner à laquelle de nos facultés elle appartient; prenons garde qu'en general, qui dit faculté, puiſſance, vertu, dit quelque realité, par laquelle nous ſommes rendus capables de certaines choſes. Par l'ouie, j'entends les ſons; par l'odorat, je flaire les odeurs; par la vue, j'ai commerce avec tout le Monde corporel. GLAUCON. C'eſt la ſeule idée qu'on en puiſſe avoir. SOCRATE. Ce n'eſt ni par la figure, ni par aucune qualité ſenſible, que nous diſtinguons nos

Y 2 facultés

facultés les unes des autres. Leur difference nous est marquée uniquement par celle de leurs objets, & par la maniere dont elles s'y appliquent. A laquelle attribuerons nous la sçience ; je vous le demande, mon cher Glaucon. GLAUCON. A la plus excellente, mon cher Socrate ; à celle qui considere l'Etre, & ses proprietés, & qui nous les fait apperçevoir avec une evidence parfaite. SOCRATE. Et l'Opinion ? GLAUCON. Ce n'est, pour la bien definir, que l'enfant ridicule de l'imagination ; le mauvais fruit de l'entêtement, & du caprice. SOCRATE. Vous ne l'egalez donc pas à la Sçience ? GLAUCON. Quelle apparence de comparer le sentiment du monde le plus confus, & le plus trompeur, avec l'intuïtion la plus claire, & la plus infaillible ? SOCRATE. Je vous loue, mon cher Glaucon, de sçavoir les distinguer ; & je ramasse en peu de mots tout ce que nous avons dit. La sçience n'est pas l'opinion. Celle-là met l'esprit humain en possession de la verité ; celle-ci le remplit d'erreurs, ou ne le repaît tout au plus que de vrai-semblances. La premiere embrasse l'Etre, & ses proprietés. On ne peut pas accuser tout à fait l'autre de n'avoir que le neant pour objet. Elle sera donc moïenne, entre la sçience, & l'ignorance ; comme nous le disions au commencement. L'une est le jour, l'autre la nuit ; & la troisiême, le crepuscule, qui les separe.

GLAUCON. L'image est agreable, & juste. Mais, je vous prie, mon cher Socrate, quel est le but de cette excursion metaphisique ? SOCRATE. C'est de faire sentir à mon pretendu sage de tantôt son aveuglement prodigieux ; de ne pas comprendre que l'idée du Beau soit reelle, simple, immuable ; & de n'estimer que cet amas de beautés sensibles, que renferme un horizon, au delà duquel il n'apperçoit rien. Quoi, lui demanderai-je encore ici, n'en rencontrez vous pas à chaque instant, qui choquent beaucoup davantage la raison, par la difformité qu'elle y decouvre, qu'elles ne plaisent aux sens, lors même qu'ils en sont le plus enchantés ? GLAUCON. Un Esprit eclairé, plein d'amour pour la perfection, quand il y remarque certains defauts, les trouve hideuses, & ne peut les souffrir. SOCRATE. C'est un signe que l'idée eternelle, immense, infinie, dont je

parle,

parle, en eſt fort differente; & qu'elle eſt auſſi le modelle, ſur lequel en bonne ou mauvaiſe part on doit en juger. D'où je conclus, que le neant n'aura pas les grands droits ſur elle, que notre Philoſophe pretend. GLAUCON. Sa lourde mepriſe là deſſus fait pitié, mon cher Socrate ; pardonnez lui.

SOCRATE. Pour diminuer la haute opinion qu'il a des choſes materielles, dont il croit avoir une ſi parfaite connoiſſance, & qu'il eſtime ſi pleines de realité ; montrons lui combien les jugements qu'il en porte ſont incertains, faux, contradictoires les uns aux autres. Il prononce un corps double d'un autre ; quoique le premier ne ſoit pas à moins bon titre moitié d'un troiſiême, quatre fois plus grand que le ſecond. Ce qu'il appelle grand, chaud, peſant, rapide, ne ſera pas moins bien nommé tout le contraire, dans le même temps. L'eſprit en un mot ne ſçait à quoi s'en tenir, lorſqu'il raiſonne des choſes qui font nombre. GLAUCON. Les ſens nous inſtruiſent, pour l'uſage de la vie, des rapports que les autres corps ont avec le notre ; mais ils nous cachent abſolument, ils nous deguiſent en mille manieres ceux qu'ils ont entre eux.

SOCRATE. Je ne vois point à quoi mieux comparer leurs recits embaraſſants, qu'à ces enigmes, qui ſervent quelquefois pour egaïer la table, & qui charment ſur-tout les enfants. Celle de l'Eunuque, & de la chauve-ſouris, eſt celebre.* J'y trouve le language inintelligible des ſens très bien imité. GLAUCON. Ils diſent en effet preſque toujours le pour & le contre ; & l'on auroit peine à comprendre s'ils nous parlent de choſes qui ſont, ou qui ne ſont pas, ou qui ſont, & ne ſont pas tout enſemble. SOCRATE. N'avons nous donc pas eu raiſon de placer entre la ſçience, & l'ignorance, les jugements, au moins douteux, qu'ils nous font porter ſur tout ce qui ſe preſente ; puiſque depourvus de la clarté de l'une, on ne peut pas dire auſſi qu'ils aient toute l'obſcurité de l'autre ? GLAUCON. Oui. L'ignorance, mon cher Socratre, laiſſe l'eſprit dans un aſſoupiſſement

---

* Elle commence, de la maniere qui ſuit : "Un homme, qui n'étoit point homme, vit, & " ne vit pas (l'Eunuque fermoit un œil), un oiſeau, qui n'etoit point oiſeau, &c." On imagine le reſte.

ment lethargique; l'opinion l'embaraffe; la fçience l'eclaire, le conduit, & lui fait plaifir.

SOCRATE. Quant à ces idoles innombrables, que les hommes, duppes de leurs fens, adorent; elles roulent, avec une etrange confufion, dans les efpaces vuides, qui feparent le neant, & l'Etre. Je veux dire que ceux qui courent inceffamment après cette multitude infinie de beautés participées, que le Monde materiel renferme, fans pouvoir, non pas même avec des yeux d'emprunt, jamais arriver à decouvrir la beauté par effence, vivent d'opinion; & qu'à proprement parler, ils ne connoiffent rien. Nous penferons le contraire de ces autres, qui fçavent rendre hommage à la perfection infinie; & qui trouvent dans la contemplation du Souverain Etre leur principale felicité. Pendant que les uns, eblouïs par l'eclat des objets fenfibles, y fixent tout leur amour; la fçience tourne le cœur des autres vers les immuables; feuls dignes de l'occuper, feuls capables de le remplir. Le nom d'Efclaves de l'opinion conviendra par confequent beaucoup mieux aux premiers, que celui d'Amateurs de la Sageffe. Tout ce que j'apprehende, mon cher Glaucon, c'eft qu'ils ne foient fort fcandalifés, de ce qu'on leur refufe le titre de fages. GLAUCON. La verité, quoique defagreable, ne doit point deplaire, mon cher Socrate. Si donc ils veulent fuivre mon confeil; ils foufcriront tranquillement à la jufte condamnation de leur folie.

DE

LIVRE SIXIEME.

DE LA
REPUBLIQUE;
OU
DU JUSTE, ET DE L'INJUSTE.

LIVRE SIXIEME.
SOCRATE.

IL nous a fallu beaucoup de paroles, dans notre entretien precedent, mon cher Glaucon, pour apprendre à diftinguer ceux qui meritent la qualité de vrais Sages, de ceux qui l'ufurpent. GLAUCON. Vous ne pouviez, ce me femble, mon cher Socrate, moins vous etendre, pour empêcher qu'on ne les confonde. SOCRATE. Il eft vrai que je me reprocherois plutôt la brieveté. Mais nous avons plus d'une affaire; & la principale eft de conçevoir le tour different que prendra la vie, fuivant qu'on fe determinera pour le bien, ou pour le mal, pour le vice, ou pour la vertu. GLAUCON. Que nous direz vous, pour nous aider à prendre fagement notre parti? SOCRATE. J'examinerai dabord une queftion, qui fe lie naturellement à celle que nous venons de refoudre. Les Efprits Philofophes, avons nous vu, font ceux qui fçavent, quand il leur plaît, elever leurs penfées jufqu'à l'Etre immuable; & qui ne trouvent rien que de facile à vivre en commerce avec des objets, exempts des viciffitudes, auxquelles font de leur nature expofées toutes les chofes materielles. Les autres,

tres, entrainés par leur mouvement continuel, n'ont idée que des bouillonemens paſſagers, qui ſe font autour deux. Entre les mains deſquels, je vous le demande, mon cher Glaucon, la Republique ſera-t-elle bien? GLAUCON. Vous etes pour les premiers, je m'en aſſûre; mais vos raiſons, je vous prie? SOCRATE. Qui choiſiroit-elle pour Maîtres, que les hommes les plus capables d'imprimer aux autres du reſpect pour les loix, & de leur inſpirer du goût pour les bonnes mœurs? GLAUCON. Elle auroit grand tort de confier ſes plus chers interêts à d'autres. SOCRATE. Dieux! qu'ils auront beſoin de lumieres peu communes, pour conduire tout un peuple, & pour travailler avec ſuccès à le rendre heureux! GLAUCON. S'ils n'en ont que de mediocres, il ſera fort à plaindre. SOCRATE. Mais quelle difference entre de parfaits aveugles, & des perſonnes entierement privées de la vue de ces objets fixes, brillants, ſereins? Comment eſtimer leur condition meilleure; s'il eſt vrai qu'elles n'aient point d'yeux, pour contempler au dedans d'elles-mêmes le divin Modèle, d'après lequel furent gravés ſur l'airain tout ce que le Monde eut jamais de bons reglemens politiques; & qui dirigea de tout temps auſſi touts les fameux Legiſlateurs, dans le choix des moïens les plus efficaces pour les faire obſerver? GLAUCON. Des Magiſtrats, mon cher Socrate, dont la verité ne guide point les pas, achemineront infailliblement l'Etat chaque jour à ſa ruïne. SOCRATE. On n'heſitera donc point entre eux, & ces autres, qui ſur eux auront l'avantage d'un eſprit enrichi de toutes les belles connoiſſances; principalement lorſque ceux-ci n'auront d'ailleurs ni moins de ſoupleſſe, ni moins d'experience dans les affaires. GLAUCON. Une ſi grande ſuperiorité dans l'eſſentiel, avec egalité dans l'acceſſoire, doit reünir touts les ſuffrages en leur faveur. SOCRATE. Comment avoir en grand nombre de ces hommes d'Etat accomplis? C'eſt le ſujet d'une recherche nouvelle. GLAUCON. Mon cher Socrate, nous attendons vos penſées là deſſus. SOCRATE. Les grandes qualités, & les beaux talents, ſont reſervés pour les naturels heureux, & tournés beaucoup par eux-mêmes vers la Sageſſe. Nous avons dit ailleurs qu'il falloit de bonne heure les etudier. S'ils laiſſent

voir

LIVRE SIXIEME.

voir certaines marques, auxquelles ils se font toujours connoître; nous n'aurons plus à douter qu'ils ne remplissent dignement un jour les postes les plus eminents de la Republique. Glaucon. Lesquelles estimez vous les plus infaillibles?

Socrate. La premiere est un penchant vif pour tout ce qu'on voudra leur enseigner, dès qu'il portera quelques traits de la divine essence; toujours elle-même; incapable d'aucune de ces alterations, qui font l'appanage de tout ce qui naît, & qui perit. Nous entendons au reste qu'ils la desirent, pour ainsi parler, toute entiere. Un si ravissant objet ne doit pas en partie les attirer, & les degoûter en partie. Il faut qu'ils aient pour lui, comme nous l'avons dit plus haut, touts les parfaits sentiments d'un cœur, possedé par l'amour, par l'ambition, ou par l'avarice. Glaucon. L'ardeur pour toutes les Sçiences, qui tournent l'esprit vers le souverain Etre, fait le principal caractere du vrai Philosophe; & c'est dans un jeune homme le plus grand signe, qu'en lui se prepare un sage Maître du Monde. Socrate. Une passion extrême de connoître la verité n'est point dans une âme, sans une horreur egale pour le mensonge. On examinera donc si de tout temps il aura cheri la droiture, & la candeur. Glaucon. Il ne meritera point autrement le titre, dont nous cherchons à comprendre tout le sens. Socrate. Pour aimer une chose, mon cher Glaucon, il suffit qu'elle ait un rapport leger avec ce qu'on aime. Or quoi de plus etroitement lié, que l'esprit sincere, & la sagesse? Un Philosophe, observé depuis l'enfance, aura par consequent detesté la fourberie. Le vrai, de toutes les especes, aura toujours fait ses plus cheres delices. Glaucon. Achevez de nous le peindre, je vous en supplie.

Socrate. Nous sommes ainsi faits, mon cher Glaucon. Nos affections ne peuvent se porter rapidement d'un coté, que de l'autre elles ne laissent tout à sec. Plus donc notre âme aspire avec violence après ses plaisirs, plus ceux du corps languissent. Glaucon. Les derniers sont comme absorbés, dans les amateurs de la Sagesse, par ceux de la Sçience, & de la vertu. Socrate. Vous leur verrez des passions très moderées; j'ai pensé dire, de l'indifference pour les richesses.

richeſſes. Ils auront peu d'empreſſement pour tout ce qui les fait rechercher au commun des hommes avec une ſi furieuſe ardeur. N'apprehendez pas que jamais il leur echappe rien de bas, rien de petit. Comment feroient capables de ces defauts des gens, qui roulent inceſſamment des penſées auſſi vaſtes que l'Univers; & qui ne ſe propoſent rien moins, que d'embraſſer par la connoiſſance tout le ſyſtême des choſes, tant divines, qu'humaines? GLAUCON. La grandeur d'âme, qui leur eſt comme naturelle, mon cher Socrate, les en guarantit. SOCRATE. Avec une magnanimité, produite par cette vue continuelle de l'avenir, du paſſé, du preſent, du monde intellectuel, & du monde ſenſible; feront-ils un cas extrême de la vie; redouteront-ils beaucoup la mort? GLAUCON. Ils eſtimeront l'une ce qu'elle vaut, & regarderont l'autre d'un œil tranquille. SOCRATE. Il ſera donc vrai que la Philoſophie, dont ces trois paroles renferment les deux plus ſublimes leçons, ne peut loger que dans les grands cœurs; & qu'elle n'eſt point faite pour les âmes puſillanimes. GLAUCON. Rien de plus manifeſte. SOCRATE. Un homme, borné dans ſes deſirs, magnanime, egalement incapable de s'avilir, par les abaiſſements honteux de la flatterie, ou de la crainte, & de s'elever ridiculement, par les inſolences de l'orgueil, ne ſera point injuſte, faorûche, inſupportable dans la Societé. GLAUCON. Le commerce de la vie n'eſt troublé, que par les vices dont il eſt exempt. SOCRATE. Avant que d'oſer beaucoup eſperer d'un jeune homme; on examinera ſi toutes ces perfections commencent à naître en lui. Qu'on obſerve par deſſus tout s'il a de l'equité, de la douceur, de la gaieté; s'il eſt d'un eſprit ſombre, dur, intraitable, & charmé de nuire aux autres, ou de les faire ſouffrir. J'exigerois en lui quelque choſe de plus encore. GLAUCON. Quoi, je vous prie? SOCRATE. Du jugement, de la penetration, & de la memoire. On n'aime ce qui coûte, qu'autant qu'on eſt dedommagé par le ſuccès. De jeunes gens, qui n'apprendront tout qu'avec peine, & qui retiendront mal, n'auront jamais rang parmi les Philoſophes. GLAUCON. L'incapacité pour les Sciences doit être aſſez, pour les mettre au rebut. SO-
CRATE.

LIVRE SIXIEME.

CRATE. Elle defigure un charactere, & l'expose au derangement, plus qu'on ne peut dire; pendant que rien ne l'orne, & ne l'acheve d'avantage, qu'un goût fin pour la verité, qu'une extrême paſſion pour elle. GLAUCON. Rien ne manque, ce me semble, mon cher Socrate, à cette enumeration des qualités, dont l'aſſemblage forme un naturel heureux; porté, comme par un eſpece d'inſtinct, à tout ce qu'on peut appeler juſte & bon, grand & beau.

SOCRATE. Qu'on diſe tout ce qu'on voudra de la Philoſophie; on ne viendra point à bout de rendre mepriſable un genre d'application, qui n'eſt à la portée que des eſprits curieux, faciles, penetrants; & qui demande une humeur douce, une droiture exacte, un courage mâle, une elevation de ſentiments extraordinaire. GLAUCON. Momus lui-même ne reüſſiroit pas à le tourner en ridicule. SOCRATE. Si j'en ſuis cru, mon cher Glaucon; voilà ceux que la Republique un jour ſe donnera pour Maîtres.....

Adimante prit ici la parole, pour me dire: Mon cher Socrate, je ſuis, comme vous, très perſuadé qu'elle ſera toujours la malheureuſe victime de ſon choix, lorſqu'elle jettera les yeux ſur d'autres. Bien des gens neanmoins ne ſe rendront pas à vos raiſons. Nous ſçavons parfaitement, diront-ils, qu'à force de queſtions adroites, un fin Dialecticien engage dans ſes pieges des perſonnes, moins exercées dans l'art d'interroger, & de repondre. Après une longue enchainûre de raiſonnements, dont il eſt longtemps impoſſible de voir le but, elles ſeront les premieres tout etonnées, de ſe trouver en contradiction manifeſte avec elles-mêmes. Le plus qu'elles en concluent; c'eſt que mal habiles à manier le cornet, elles ont eu le malheur de rencontrer un de ces redoutables eſcamotteurs, que le dez favoriſe, juſqu'à ce que toutes les bourſes aient eté pluſieurs fois ſecoüées, avec gemiſſements, & retournées enfin. Vous avez la main admirable, mon cher Socrate, on n'en diſconvient aſſurement pas; mais vous filoutez, continueront-elles. On eſt très eloigné de pretendre avoir l'œil auſſi vif, & le poignet auſſi delié que vous. Cependant un certain bon ſens, qui ſuffit pour n'être point votre duppe, fait apperçevoir qu'avec tout votre beau language, on au-

roit

roit tort, de vous croire au fond plus fage dans votre maniere de penfer qu'un autre. Ne voit-on pas en effet que ceux qui s'appliquent à la Philofophie, quand ils font jeunes, pour autre chofe que pour occuper leurs premieres années, ceux qui vieilliffent dans les ecoles, font des gens au moins très bizarres? Combien de mauvais; & quel fervice tire la Republique des meilleurs?

Pouffé de la forte par Adimante, je dis à fon frere: qu'en dites vous, mon cher Glaucon? Les Philofophes ne font-ils que des efprits bourrus, mechants, bons à rien? GLAUCON. Ils font attaqués en corps. Mon cher Socrate, c'eft à vous de les defendre. SOCRATE. Moi, les prendre fous ma protection en corps; Dieu m'en preferve, je vous le protefte! GLAUCON. Comment fera-t-il donc vrai ce que vous nous difiez tantôt; que dans le Monde eternellement on ne verra que defordres, & que defaftres, jufqu'à ce qu'ils foient revêtus de la puiffance, ou que les Puiffants daignent faire troupe avec eux? SOCRATE. J'aurai befoin ici, je le prevois, d'emploïer toute ma rhetorique, pour m'accorder avec moi-même. GLAUCON. J'aurois cru, mon cher Socrate, que vous euffiez aimé le ftile fimple. SOCRATE. Vous me raillez, après m'avoir mis dans l'embarras. Pour m'en tirer, & pour vous punir, je vous prepare une allegorie, de bonne longueur. Sur le pied où font les chofes, les Amateurs de la Sageffe font expofés à tant de fouffrances de toutes les fortes, qu'il eft neceffaire d'entrer beaucoup dans le detail, pour comprendre toute l'injuftice qu'on leur fait. C'eft ainfi que pour entendre parfaitement un monftre peint, il faut reconnoître les differents bouts d'animaux, que l'imagination du Peintre a joints enfemble.....

Reprefentons nous donc un Pilote, plus haut de la tête entiere que tout fon equipage; affez robufte, pour en terraffer les meilleurs hommes. Qu'il ait, en recompenfe, la vue baffe, & l'ouïe dure; avec un fçavoir dans la navigation, fortable à ces avantages naturels. Figurons nous enfuite Matelots, & Paffagers aux mains, à qui donnera les ordres; quoique touts affez francs, pour avouer qu'ils n'entendent rien au pilotage; mais extravaguants, au

point

point de vouloir, que fans jamais l'avoir appris, on puiffe gouverner admirablement ; & pour menacer même de noïer le premier efprit audacieux, qui penfera le contraire. Las du combat, ils s'entre-quittent, pour entourer l'Argus ; & pour le fupplier avec les dernieres inftances de leur ceder le gouvernail. Les exaucés font fauter leurs competiteurs dans l'eau. Ceux-là, fous de leur victoire, enivrent l'incomparable Capitaine ; & le jettent au fond de cale, chargé de fers. On fe rue à l'envi fur les provifions. On mange, on boit, on rit, on vogue, au gré d'Eole, & de Neptune. Les bons enfants font deformais ceux qui font tout ce qu'on leur dit, & qui laiffent faire. La pompe eft pour les raifonneurs. La connoiffance de la manœuvre, des vents, des Mers, du Ciel, eft jugée pernicieufe, ou du moins chimerique. L'homme qui la poffede, & qui ne fe connoît plus, à la vue de ce renverfement, paffe pour une tête endommagée par les etoiles fixes. Voïez vous là, cher Adimante, les Philofophes, & le Monde, tout rempli de bonté pour eux ? ADIMANTE. Trop, mon cher Socrate. Ils plaignent le Monde ; & le Monde à toute force veut auffi les plaindre.

SOCRATE. Quand vous trouverez quelqu'un, furpris de l'accueil defagreable qu'on leur fait ; dites lui donc, je vous en conjure, qu'il feroit beaucoup plus etonnant qu'on eût l'efprit de leur rendre tout l'honneur qu'ils meritent. ADIMANTE Laiffez moi faire. Je fçaurai l'inftruire des raifons, pour lefquelles ils auroient tort de s'attendre à de grandes careffes. SOCRATE. Convenez cependant qu'ils font effectivement affez peu de fervice ; mais faites remarquer en même temps que ce n'eft aucunement leur faute, fi l'on ne daigne pas les emploïer. Ce n'eft point à l'homme habile dans la navigation, d'aller faire offre de fon talent à ceux que leurs affaires appellent au bout du monde. Le Sage n'a garde auffi de fe morfondre, dans les antichambres du riche ; pour obtenir la trifte faveur de le mener par la main, comme un aveugle, à la fageffe. Un bel efprit condamne le premier à ce parfait fupplice ; mais on voit qu'il fe divertit. Opulent, pauvre, fi l'on eft malade ; on envoie un compliment des plus polis au Medecin ; parcequ'on a befoin soin de lui. Les supplications en un mot ne conviennent du tout point aux gens capables de conduire les autres; mais à ceux qui ne peuvent se passer de leur conduite. ADIMANTE. Il est vrai, mon cher Socrate; rien n'est plus dans l'ordre. SOCRATE. Par dessus tout ne manquez pas de faire observer, que nos Politiques d'aujourd'hui sont les matelots, qui s'epanouïssent au plaisir, pendant que le Vaisseau fend l'onde vers les ecueils; & que leurs speculatifs, aux yeux eternellement colés sur les astres, sont les seuls dignes d'avoir le timon à manier. ADIMANTE. Je m'en acquitterai soigneusement, mon cher Socrate; reposez vous sur moi. SOCRATE. A moins que vos remontrances ne produisent dans le Monde une grande reforme; de toutes les professions la plus belle, & la plus utile aux hommes, j'entends celle qui leur ouvre les avenues des sçiences, & qui fait son capital de leur enseigner l'art de bien vivre, ne sera jamais que mediocrement honorée. On est dans tout un autre goût. Je vous ai même fait entendre que je n'en etois point surpris. Beaucoup d'honnêtes gens, il est vrai, se rangent sous la banniere de la Philosophie; mais on les perd, comme nous l'avons dit, par des raisons, qui tournent entierement à leur gloire. Le reste n'est qu'une foule d'esprits mechants, & visionnaires. Il est facile de montrer, qu'elle n'est aucunement responsable de leur conduite irreguliere, ni de leur, sottises. ADIMANTE. Je n'aurai point de plus grand plaisir, mon cher Socrate, que de la voir bien lavée de l'ancien deshonneur, que lui fait la Nation, egalement odieuse, & meprisable, des Sophistes. SOCRATE. Retraçons nous pour cet effet le charactere du vrai Philosophe; de l'homme, en tout qui n'aspire qu'après le grand, & le beau. Sa premiere vertu sera, disions nous, un amour ardent pour la verité, continuel objet de ses recherches. L'orgueil, la brutalité, l'insolence, ne seront point ses defauts. ADIMANTE. Touts les jours il travaille à se defaire même des moindres. SOCRATE. On le connoît, principalement à son noble degoût pour tout ce qui s'appelle opinion; effet naturel de son ardeur pour la Sçience. Plein de mepris pour les choses passageres, il se tourne incessamment vers l'Etre immuable;

pour

LIVRE SIXIEME.

pour en reçevoir une lumiere, qui ne le fait point filler, & qui l'aide à juger fainement de tout. Les fruits de fes journalieres approches vers la Divinité, font la parfaite fageffe, & la vie veritable. Son travail finit; mais fes efforts ont eté grands. Fait de la forte, mon cher Adimante, aimera-t-il l'erreur, & le menfonge ? Pourra-t-il les fouffrir ? ADIMANTE. Il en aura la plus vive horreur. SOCRATE. Defait de ce nombre infini de vices, dont l'une & l'autre font en nous les caufes malheureufes; on lui verra des mœurs fimples, douces, pures. A l'enumeration que je vous faifois plus haut de fes talents, & de fes vertus, vous avez oppofé le decri prefque general, où font les Philofophes dans le monde. J'en trouve deux raifons; la difficulté, pour les efprits nés avec les meilleures difpofitions, de ne s'y pas corrompre; & la hardieffe de beaucoup d'autres; qui prennent le nom, fans avoir aucune des qualités, neceffaires pour le foutenir. ADIMANTE. Expliquez nous, je vous prie, en detail, mon cher Socrate, de quelle maniere les premiers fe pervertiffent; & les derniers s'efforcent de paroître avoir du grand homme chez eux ?

SOCRATE. C'eft d'abord un fait conftant, mon cher Adimante, que les beaux naturels, comme les beaux arbuftes, font rares. Il ne faut de plus qu'un fouffle de l'Aquilon, pour les ruïner. Ce qui pourroit furprendre ici davantage, c'eft que la même bonne féve, qui les avoit couverts de fleurs, fera perir le fruit, par fa trop grande abondance. Un jeune homme, de qui l'on avoit tout attendu, fe perdra juftement par les endroits, longtemps qui l'avoient rendu l'admiration, & les delices de tout le Monde. Dans fes premieres années, il etoit brave, doux, modefte; parfaitement tel que nous le voulons en un mot. Avec l'âge, fon cœur s'enfle, ou fe retreçit. A trente ans, ce n'eft plus qu'un brutal, un homme fans courage. La beauté, la force, touts les avantages du corps, & de la fortune, s'uniffent, pour l'enlever comme de haute lutte à la Sagefle. Comment conferveroit-elle, au milieu d'un fi grand nombre d'accidents contraires, les fujets les plus dignes d'elle, & les plus capables de lui faire honneur ? ADIMANTE. Il eft prefque impoffible possible que jusqu'au bout ils perseverent à son ecole. Socrate. C'est la nature, mon cher Adimante. Plus une plante est de bonne espece, un animal de bonne race ; moins l'une reüssira, moins l'autre vaudra son prix ; si la terre, la culture, la saison favorable, ou la nourriture, & les soins, leur manquent. Adimante. Rien n'est plus certain. Socrate. L'homme ne doit point être excepté. Quand de bonne heure on neglige de faire germer en lui toutes les semences de la vertu, de maniere qu'elles y prennent entierement racine ; elles degenereront tous les jours ; & plus elles seront vigoureuses, plus elles produiront les rejettons malheureux du vice. Tournons les yeux de toutes parts ; où trouverons nous les crimes enormes, la sçelerateffe consommée, que dans les âmes, en tout sens heroïques ; lorsqu'elles cedent à l'ascendant comme inevitable des leçons pernicieuses, & qu'elles se laissent entraîner au torrent du mauvais exemple ? Les autres ne font jamais ni de grands biens, ni de grands maux dans le Monde. Adimante. Il est vrai. Socrate. Oui, mon cher Adimante ; soïons entierement persuadés qu'un naturel heureux ne sera jamais rien de mediocre. Il deviendra tout ce qu'on peut imaginer de plus excellent, s'il est cultivé ; mais tout le contraire, s'il ne l'est pas ; à moins d'un cas fort extraordinaire, auquel il ne faut pas s'attendre. Adimante. L'education, mon cher Socrate, est à ce compte là quelque chose de bien important ! Socrate. Plus qu'on ne sçauroit dire. Mais si la bonne est rare ; croïez moi, n'en accusons point uniquement les Sophistes. Dans le grand Monde combien de gens, quoique les premiers à nous en parler comme d'insignes corrupteurs de la jeunesse, meritent ce nom, souvent à meilleur titre qu'eux ? Par leur hardiesse à debiter leurs maximes de fausse morale, soutenue par une malheureuse exactitude à les pratiquer ; ils tournent à leur gré l'imagination des hommes, & des femmes, des jeunes gens, & des personnes d'âge. En un mot je soutiens, que les Sophistes à la cavaliere font sur les esprits foibles des impressions plus redoutables encore que les autres. Adimante. Quoi, mon cher Socrate, des Maîtres à fuir, ailleurs que dans l'empire du Pedantisme ? Socrate. En fort grand nombre,

LIVRE SIXIEME.

nombre, mon cher Adimante. Quand, au Theatre, au Camp, au barreau, dans les assemblées publiques, ils distribuent le blâme, & la loüange, comme il leur plaît, en presence d'une Multitude, facile à seduire, avec des exclamations, redoublées par les echos d'alentour; est-il sages preceptes, qu'on ecoute, respect pour le devoir, qui se fasse entendre, & qu'ils ne bannissent du cœur? Toutes les idées du bon, & de l'honnête, du juste, & de l'injuste, sont desormais confondues; & le dangereux language des passions est le seul qu'on parle. ADIMANTE. Chacun loüera, blamera, fera comme eux. SOCRATE. Encore, s'ils en demeuroient aux simples paroles. Mais ils ont en main les recompenses, pour ceux qui mettent leurs leçons en pratique; & les chatiments, pour ceux qui les meprisent; fletrissures, amendes, prisons. Souvent même la mort, oui la mort, est de la partie. ADIMANTE. Etranges moïens, pour convaincre les gens! SOCRATE. Ridicules, horribles! Mais est-il Philosophie, eloquence, qu'ils ne renversent? Ne seroit-ce pas même une veritable folie, que de vouloir se roidir contre le torrent, & rendre le Monde sage, à ses propres perils? Il ne changera point en mieux. La vertu sera toûjours ce que voudront ces faux Docteurs, armés de la puissance, & ligués contre elle. Je mets le miracle à part. Mais il en faut certainement un très distingué, pour empêcher un jeune homme bien né, d'être enveloppé dans cette corruption generale des particuliers, & des Republiques. ADIMANTE. Aussi, mon cher Socrate, à peine en voïons nous echapper un, sur mille.

SOCRATE. J'ai, mon cher Adimante, une chose encore à vous apprendre. C'est que les Sophistes d'ecole, auxquels touts les jours on entendra ces autres du grand air se plaindre que l'argent seul ouvre la bouche, & qu'ils appelleront hardiment la peste des Sciences, ne sont au fond que leurs organes, & leurs interpretes. Toute l'occupation des premiers est de reduire en Systême les opinions, que les derniers ont mises en vogue; & sans honte ils l'ornent du nom de Sagesse. Leur talent consiste à sçavoir manier un fougueux Elephant, la Multitude. Ils connoissent admirable-

TOME II. Aa ment

ment ses instincts, & ses phantaisies; ses bons, & ses mauvais regards; les moments de l'approcher, ou de s'armer de precaution; les endroits, auxquels il souffre qu'on le flatte, ceux auxquels il fremit; les sons auxquels il est accoutumé, ceux qui lui sont nouveaux, & qui lui font pousser des heurlements terribles. Leur grande maxime est d'appeller mal tout ce qui le courrouce; bien, tout ce qui le calme, & qui l'adoucit. Après une etude longue des passions epouvantables auxquelles il est sujet, & des causes qui les produisent; ils en forment un corps de Philosophie, admiré, lucratif. Ils l'enseignent, avec pompe; sans regle encore une fois pour distinguer le vrai du faux, le bien du mal, que les attitudes menaçantes, ou pacifiques, de l'animal ombrageux, qu'ils ont à conduire. ADIMANTE. Elle emprunte assurement de vos meneurs d'Elephant un beau lustre! SOCRATE. Quelle difference entre eux, & ces hommes à la mode, habiles gens pretendus, en fait de peinture, de musique, de poësie, de politique; mais en effet adulateurs vils, seducteurs artificieux du grand nombre? Artisans infaillibles du goût universel, ils le donnent à chacun pour arbitre souverain de ses jugements, & de sa conduite. Qu'il soit question des affaires publiques, d'un ouvrage d'esprit, ou de la main; vous en parlerez precisement comme eux. Plus cruels que ne l'etoit le cruel Diomede envers les Etrangers, qu'il reçevoit dans sa maison, & qu'il forçoit avant que de leur ôter la vie, à goûter les plaisirs de l'Hymen avec ses hideuses filles; ils contraignent les gens d'epouser toutes leurs opinions, quoiqu'absurdes, quoiqu'horribles. *Leur en vîtes vous jamais une seule, qui ne fût l'un ou l'autre, ou les deux ensemble? ADIMANTE. Non, mon cher Socrate; & de gens de leur espece je n'attends rien de mieux à l'avenir. SOCRATE. Comment le commun du Monde, enseigné de la sorte, s'eleveroit-il à distinguer l'idée du beau de cette multitude infinie de choses belles, qu'il touche, & qu'il voit? Connoîtra-t-il l'Etre infiniment simple, & souverainement parfait; bien different de ceux qui font nombre; touts essentiellement limités,

---

* Nous avons inseré le Commentaire dans le texte; parceque nous avons cru qu'il pouvoit l'embellir. Il s'agit là du Diomede de Thrace; & non pas du ravisseur du Palladium.

essen-

LIVRE SIXIEME.

essentiellement defectueux? ADIMANTE. Les hommes, déjà par eux-mêmes grossiers, distraits, esclaves de leurs sens, ne pourroient qu'à peine être frappés de la beauté suprême, ni comprendre même qu'elle existe. Que sera-ce donc ; aveuglés qu'ils sont encore, dès la plus tendre enfance, par ces Maîtres d'erreur ? SOCRATE. Il n'est donc presque pas possible qu'ils aient du goût, que dis-je ? du respect même pour la sagesse. ADIMANTE. Non. SOCRATE. Ses Amateurs par consequent seront en butte au mepris, à la haine du Vulgaire, & de ses Docteurs ? ADIMANTE. C'est leur destinée ordinaire. SOCRATE. Dans ce courant, où chacun roule, mettez l'esprit le plus heureux, & la plus belle âme ; quelle force, cher Adimante, aura-t-il en lui-même, pour n'être point entraîné ? Il effacera touts ses egaux, par son merite personnel. S'il excelle encore par les avantages du corps, par ceux de la naissance, & de la fortune ; il sera generalement estimé, cheri. Homme fait ; Parents, Amis, Citoïens, lui confieront leurs interêts particuliers ; & ne seront point contents, qu'ils ne le voient gemir sous le poids des affaires publiques. Toute l'occupation de la Cour nombreuse dont il se verra continuellement environné, sera de rafiner en matiere d'hommages, & de flatterie. Chacun enfin s'empressera de briguer une part avantageuse à son elevation prochaine. ADIMANTE. Mon cher Socrate, c'est le grand Monde.

SOCRATE. Un seul Etat ne suffira plus à son ambition, ainsi de toutes parts echauffée. Sa tête ne sera point assez vaste, pour contenir ses projets immenses. Il commencera par toute la Grece ; & touts les Barbares accourront ensuite à l'envi dans ses fers. Le sourcil rehaussé de ce Conquerant futur, annoncera dabord une raison, entierement etouffée par l'orgueil ; qui se manifestera par son luxe, & par son faste. ADIMANTE. Vous peignez là parfaitement un jeune homme, fier de se voir le vent en pouppe, comme on parle. SOCRATE. Pendant qu'il vogue de la sorte, avec la derniere assurance ; vous & moi si nous allions charitablement lui dire à l'oreille un fait, important à sçavoir pour lui ; que la boussole est derangée ; & que toutes les bonnes lumieres, qui font le fruit d'un long affujettiffement au travail, lui manquent abfolument; penfez vous que nous dûffions efperer un accueil favorable? Agité de mille paffions tout à la fois, fe commanderoit-il affez, pour ne pas nous renvoïer, accablés d'infultes? ADIMANTE. En mon particulier, mon cher Socrate, je m'eftimerois fort heureux de voir encore les objets, dans fes antichambres. SOCRATE. Je veux fuppofer neanmoins, que je ne fçai quel inftinct pour la verité, qui demeure comme enfeveli, quoiqu'on faffe pour l'etouffer, au fond de l'âme, & qui dans les hommes, nés bons, fe reveille quelquefois au plus fort de leur etourdiffement, le difpofe à nous ecouter. Que même devenu docile, on le voie de jour en jour fe retourner vers la Philofophie. Dieux! quels gemiffements ne pouffera point cette foule defolée d'adorateurs; qui trouvoient de fi grands charmes dans fon commerce; & qui deja le regardoient comme un Patron, capable de les mener à tout! Refiftera-t-il à leurs follicitations, leurs careffes, leurs menaces, leurs mauvais traitements? Le vifage nouveau, le Philofophe, le Convertiffeur, avec fon pedantifme, & fes confeils, viendra-t-il à bout de le retenir? ADIMANTE. Non. Ces vrais perfecuteurs, amis pretendus, l'obligeront de faire divorce avec la Philofophie; à moins que le Ciel ne tonne, comme vous l'avez dit, pour l'arracher de leurs mains.

SOCRATE. Vous comprenez prefentement, cher Adimante, qu'un jeune homme d'un excellent charactere, mais à qui la bonne education aura manqué, ou dont les mauvaifes Compagnies s'empareront de bonne heure, fera plus facilement debauché qu'un autre à la fageffe. ADIMANTE. L'experience, mon cher Socrate, eft pour vous. SOCRATE. Ajoûtez ce que nous avons remarqué plus haut; que les fujets d'un merite rare font les feuls, qui faffent les grands biens, ou les grands maux dans le monde; fuivant la premiere tournure qu'ils ont reçue, les habitudes que d'eux-mêmes ils contractent enfuite, & l'heureufe, ou funefte enchainûre des circonftances, dans lefquelles ils fe trouvent engagés. Pour les autres, à peine s'apperçoit-on qu'ils fe donnent des mouvements fur la furface de la terre; & c'eft deja, tant pour toutes les perfonnes auxquelles

ils

LIVRE SIXIEME.

ils ont rapport, que pour le Public, comme s'ils avoient passé le Stix. ADIMANTE. Oui, mon cher Socrate; ils vivent, & meurent, sans consequence.

SOCRATE. De cette sorte, les esprits, sur qui la Philosophie auroit eu les plus grands droits, la fuient, & la laissent rêver seule, dans ses forêts de Myrthe. Infidelles à leurs hautes destinées, ils suivent un genre de vie indigne d'elle, indigne d'eux. Abandonnée, si je l'ose dire, par son propre sang, & reduite à ne sçavoir dans quels lieux reculés du monde en aller recueillir les nobles restes; elle voit touts les jours se ramasser autour d'elle une troupe nombreuse de faux Parents, dont elle rougit; & qui ne justifient que trop le mal qu'on publie de ceux qui l'approchent. Des millions de petits hommes voient son Palais desert, & superbement orné d'une longue suite d'hommes illustres, qu'à la faveur de l'ignorance publique, ils peuvent impunement se donner pour predecesseurs, & pour ancêtres. Ils s'y jettent, avec la même precipitation, avec laquelle des criminels, heureusement venus à bout de percer leur prison, courent au Temple prochain. Ils n'ont pas plutôt acquis un certain relief dans une profession obscure, qu'ils s'elancent legerement, d'une boutique, dans une Ecole. Quoique l'etude de la Sagesse ne soit pas à beaucoup près honorée dans le monde au point qu'il le faudroit; elle y conserve neanmoins de son eclat; & l'on n'en est pas encore à lui faire l'injure, de la mettre au niveau des arts mechaniques. Ces restes imparfaits de lustre, ne manquent point d'attirer un grand nombre de gens, faits à la hâte par la nature; dont un travail servile a, pour surcroît, entierement appesanti le corps & l'esprit. ADIMANTE. La tentation est trop belle, mon cher Socrate; il n'est pas etonnant qu'ils y succombent. SOCRATE. Toutes les fois que je rencontre quelqu'un de ces intrus; il me semble voir un diminutif d'homme, chauve, noir de visage, & tout contrefait; qui du pied de son enclume, après s'être au miroir jugé passable dans son habit neuf, vole chez le baigneur. Quand il aura l'air frais, il ira donner la main à sa fiancée; charmante personne, & personne de noble extraction; mais contrainte par l'indigence d'epou-

ser

fer l'argent de fon Adonis, avec fa mine. Jugez des enfants, qui feront le fruit de cet affortiment bizarre! ADIMANTE. Ils feront aimables! SOCRATE. Ceux qui fortent par pelotons, le bouclier ferme, & le javelot baiffé, du cerveau lubrique des Sophiftes, ont à mon gré plus de gentilleffe encore. Dans ce prodigieux nombre de fubtilités, avec travail que touts les jours ils enfantent, nous trouveroit-on rien de fenfé, d'utile, de beau; rien, dont la Morale foit enrichie, les Sçiences perfectionnées? ADIMANTE. Heureux, fi laborieufement ils n'enfeveliffoient pas la verité, fous leurs monçeaux d'opinions abfurdes, & de Sophifmes! SOCRATE. Que la fageffe, mon cher Adimante, aura donc peu de partifans, dont elle puiffe à jufte titre s'enorgueillir! Encore afin qu'on voie la plûpart d'entre eux fe plaire jufqu'au bout à fes leçons, faut-il qu'un exil, ou quelque autre difgrace eclatante, viennent comme les arracher à l'ambition, & leur faire chercher un azile auprès d'elle. Quelquefois, c'eft que, nés avec un cœur magnanime dans un petit Etat, ils dedaignent de fe mouvoir dans une Sphere fi bornée. D'autres fois, les traverfes, qu'ils auront effuiées dans le maniement des affaires publiques, les rejetteront vers la Philofophie. Enfin fouvent un frein, auffi capable de matter, qu'eft celui qui retient le cher Theagès, lui conferve des Sujets excellents; que touts fes charmes ne l'auroient point empêchée de perdre. Rien de moins qu'une petite fanté, n'eût fauvé ce precieux Ami. Tout nous menaçoit autrement de ne l'avoir jamais, ou de ne l'avoir pas toujours. Heureufement pour nous, & pour lui, fes incommodités frequentes l'ont forcé de renoncer à la politique, & ne lui permettent aujourdhui que de philofopher. Mon Demon à moi, qui dès ma jeuneffe m'en infpira le deffein, & qui depuis eut toujours un parfait afçendant fur moi, n'eft point à citer; parcequ'il eft unique. Du moins auroit-on peine à trouver le femblable, dans tout le cours des fiecles paffés.

Quel plan de vie au refte penfez vous que fe formeront ce petit nombre d'echappés; qui connoiffent tout le prix de la vraie fageffe; & qui goûtent fans interruption combien il eft doux, grand,

heu-

LIVRE SIXIEME.

heureux, de la posseder? Vers quelque endroit qu'ils tournent les yeux; ils ne decouvrent que preuves de la manie des Etats, & des particuliers. Où rencontrer celui, dont le cœur brûle de zele pour la Republique; & qui prenne les bonnes voies, pour lui procurer le bonheur solide? Envain se donnent-ils des mouvements; ils ne peuvent engager personne à venir avec eux tirer d'oppression la justice, accablée, & foulée aux pieds en touts lieux. Ils sont hommes; reconnoissables, à touts les traits de l'humanité. Mais ils ne se jettent pas plutôt au dehors, qu'ils sont obligés d'être incessamment aux prises avec des animaux feroces. Incapables de faire ferme, seuls contre touts, mais beaucoup plus encore de se prêter à l'Injustice; ils voient qu'en se roidissant contre la Multitude, ils ne feroient que succomber eux-mêmes, sans utilité pour leur Patrie, & pour leurs Amis. Toutes reflexions faites, ils se condamnent au repos; & desormais ils ne sçavent d'autre parti, que de se borner au soin de leurs propres affaires. Tels qu'un voïageur, surpris par un ouragan terrible, qui se felicite, à la rencontre d'un mur favorable, derriere lequel il est à l'abri; pendant que les autres hommes sont battus par les tempêtes furieuses, qu'à toute heure excitent leurs passions; les solitaires illustres dont je parle, sont charmés d'avoir un coin du monde, où passer leurs jours dans l'innocence, & dans la paix; où les finir; pleins d'esperances assez belles, pour leur faire envisager la mort, non seulement avec tranquillité, mais avec joie. ADIMANTE. Ce n'est pas, mon cher Socrate, n'avoir joué qu'un rôle mediocre dans la vie, que de la quitter, avec de si magnifiques sentiments, après en avoir eu l'âme toujours penetrée. SOCRATE. J'en conviens. Ne le prenez pas cependant pour le plus beau. Un Philosophe enseveli, ne remplit que très imparfaitement sa destinée. Pour paroître bien ce qu'il est; il ne lui faut pas un moindre theatre qu'une Republique, prête à suivre les purs instincts de la Nature, sous ses auspices. C'est à la tête d'un Etat, que brilleront ses lumieres, & ses vertus. Leur eclat augmentera touts les jours; & leurs influences benignes desçendront, depuis ceux qui partageront le faix avec lui, jusqu'à ceux qui n'auront

ront pour appui que fa tendreffe. En avons nous dit affez, mon cher Adimante, pour repouffer le tort qu'on fait à la Philofophie; & pour aneantir les nombreux chefs d'accufation, que la Multitude etale contre elle? Eft-elle difculpée, croïez vous? ADIMANTE. Trop, mon cher Socrate. Beaucoup moins auroit fuffi. Il ne refteroit plus que de nous montrer une de ces Republiques traitables, qui ne refifte point à fon bonheur; & dont la docilité fage ouvre au vrai Philofophe la plus noble carriere, dites vous, qu'un grand cœur puiffe fournir. SOCRATE. Vous me prenez au depourvu, mon cher Adimante. Je rougis de le dire; mais je n'en connois point, qui merite de l'avoir pour Maître; & c'eft le grand fujet de ma douleur. Une difette fi generale de peuples, difpofés à plier fous l'empire de la Raifon, pour être heureux, fait que les Sages commencés, auxquels ils fe donnent quelquefois à conduire, las de travailler à faire changer de cours aux affaires publiques, fe laiffent eux-mêmes aller au torrent. Surmontés par le defir de fe rendre agreables, ils font enfin auffi mauvais que les autres, après avoir longtemps fait d'inutiles efforts, pour les rendre meilleurs. Il en eft d'eux, à peu près comme des graines apportées de loin, & femées dans un terroir, qui ne leur eft aucunement propre. Les plantes qu'elles produifent, nourries de fucs peu convenables, ou contraires, degenerent, & ne reffemblent bientôt plus à celles du climat, auquel on les a derobées. De la même forte, les âmes, en qui la Nature avoit caché de grandes femences de vertu, mal placées dans les Etats vicieux, où le fort les fit naître, y deviennent meconnoiffables, & fe corrompent entierement par degrés. Que fi le Ciel leur en menageoit quelqu'un, où l'on pût à bon droit les regarder comme dans leur fol naturel; alors le germe divin qu'il a mis en elles, fe manifefteroit, par des fruits d'une tout autre excellence que l'ordinaire. Dans quelle partie du monde, me demanderez vous toujours, rencontrer cette Republique, où le vrai Philofophe pourra bien fe developper? ADIMANTE. Non; je comprends qu'il ne reüffiroit parfaitement que dans la notre. SOCRATE. Il eft vrai, mon cher Adimante, que c'eft la bonne terre, &

l'elel'element qu'il lui faudroit. Suppofons le trouvé pour lui. Feignons un Etat, où l'on veuille ne perdre jamais de vue les idées fublimes, d'après lefquelles un Legiflateur plein de lumieres aura formé fes loix. En un mot que tout y refpire l'amour de la Sageffe; & voïons les moïens de l'y conferver. La decouverte n'en eft pas facile; mais je n'oublie point que le beau ne s'obtient jamais fans peine.

ADIMANTE. Il en fait, ce me femble, dautant plus de plaifir, qu'il a plus coûté, mon cher Socrate.

SOCRATE. Premierement il faudroit fans doute enfeigner la Philofophie aux jeunes gens, mais changer bien des chofes à la maniere.

ADIMANTE. En quoi fe conduit-on mal? SOCRATE. Outre qu'ils commencent trop tôt; on joint à cette etude, à laquelle ils ne donnent que peu d'années, celle de l'Oeconomie, & du commerce. Comment feroit-il poffible, même à ceux qui font nés avec le plus d'ouverture d'efprit, de faire en fi peu de temps, & dans ce grand nombre d'occupations, des progrès confiderables dans l'art de penfer, & de bien vivre? Parvenus à l'âge viril; ils croiront faire beaucoup, aux follicitations reiterées d'un parent, d'un ami fage, de frequenter à des heures perdues les Ecoles publiques. Couverts de cheveux gris, ils font de pire condition que le Soleil d'Heraclite; fujet à s'eteindre, mais capable auffi de recouvrer fa lumiere. La leur, de tout temps foible, & tremblante, s'evanouït, fans aucune efperance de retour. ADIMANTE. Que voudriez vous qu'on fît, mon cher Socrate? SOCRATE. Le contraire, encore une fois, de ce que la mode prefcrit. La Philofophie ne devroit, fi je l'ofe dire, que badiner avec les enfants. Il s'agiroit, dans cet âge tendre, de leur former principalement le corps; dont la bonne habitude eft fi neceffaire pour les exercices de l'efprit. Le dernier doit être mûr, avant que de le tenir extremement tendu, par une application vehemente aux objets qui lui font propres. Quand les forces diminuent, & qu'un particulier aura fait fon temps, comme on parle, dans le Senat, ou dans l'armée; on lui donnera la campagne libre. Je veux dire, qu'excepté peut-être en certains cas extraordinaires, il fera dechargé de tout emploi. Des hommes, qui de concert aſpireront à la vie heureuſe, & qui ne manqueront pas d'en avoir de juſtes idées, voudront certainement faire ſucceder à leurs travaux politiques, & militaires, une oiſiveté ſçavante; qui leur donne un avant-goût de la beatitude, dans le ſein de laquelle bientôt la Mort viendra les plonger.

Adimante. Vous perſuadez, mon cher Socrate. Cependant vous n'aurez pas tout le Monde pour vous; à commencer par Thraſymaque. Je lis dans ſa phyſionomie, qu'il n'eſt pas content. Socrate. Ne me brouillez point avec lui, cher Adimante, je vous en conjure; puiſque nous nous aimons fort depuis un temps; & que jamais nous ne nous ſommes beaucoup haïs. Quoiqu'il en ſoit de mon ſuccès; il n'eſt point d'efforts que je ne faſſe, pour le convaincre, non ſeulement lui, mais touts les hommes, de verités, dont la pratique ſeule peut leur faire comprendre tout le prix. Adimante. Ils devroient penſer que la vie eſt courte; & qu'ils feroient ſagement de la mettre à profit. Socrate. Dites plutôt, cher Adimante, qu'elle occupe le point d'eſpâce comme imperceptible, qui ſepare la durée infinie qui la precedée, de celle qui doit la ſuivre. Ne ſoïons au reſte point ſurpris, de ce que le commun du monde fait ſi peu d'acceuil aux leçons de ce genre. D'une part, où ſont les Orateurs, qui vivement penetrés eux-mêmes de ce qu'ils enſeignent aux autres, ne puiſent leur eloquence que dans le ſein de la Nature, & dans leur propre cœur? De l'autre, où ſe rencontre la parfaite ſageſſe, unie avec la Souveraine puiſſance? Adimante. Il faut des ſiecles, pour produire les premiers. Un Philoſophe, maître d'un Etat, ou le Maître d'un Etat Philoſophe, eſt un phainomene auſſi des plus rares. Socrate. Oui, mon cher Adimante. Les diſcours, où tout ne reſpire que la vertu, dans leſquels celui qui parle ait ſi manifeſtement pour but la verité, que chacun voie qu'il ſe croira paié des efforts qu'il fait pour la decouvrir, par le ſeul bien de la connoître, & par l'eſperance de la faire embraſſer aux hommes; les diſcours de ce charactere encore une fois, ne ſont du tout point ceux auxquels ſont accoutumées les oreilles du Public. La fauſſe eloquence, inſtrument redoutable de l'eſprit de contention, de

l'a-

LIVRE SIXIEME.

l'avarice, & de l'orgueil, regne dans les Ecoles, dans le barreau, dans le Senat, & dans les Assemblées populaires. C'est tantôt ce qui m'a fait dire ; que le Monde ne cessera point d'être mauvais, & malheureux, jusqu'à ce qu'il soit gouverné par les vrais sages, pretendus gens inutiles, ou que Dieu tourne puissamment le cœur de ceux qui le gouvernent vers la vraie sagesse. Que l'un ou l'autre arrive, sera chose difficile tant qu'on voudra ; mais de quel droit la juger impossible ? De ce grand nombre d'hommes illustres, qui dans touts les temps se consacrerent à la Philosophie, combien acquirent leur gloire dans l'administration des affaires publiques ? Est-il bien sûr que plusieurs, dans ces vastes païs, que leur eloignement derobe à notre vue, n'ont pas encore aujourdhui des Nations entieres à conduire ? Pourquoi donc le plan d'une Republique vertueuse passeroit-il pour inexecutable ; ou ne seroit-il pas même realisé, dans quelques lieux de la Terre ignorés pour nous ? ADIMANTE. Peut-être ne faut il pas desesperer du genre humain à ce point là. Mais, pour avoir si bonne opinion du gros du Monde, je crains fort, mon cher Socrate, qu'il ne vous regarde comme un parfait visionnaire.

SOCRATE N'en disons point toujours du mal, cher Adimante. Pensons plutôt à toute l'estime qu'il aura pour nous, s'il voit que ce n'est point un esprit d'opposition qui nous mene. Appliquons nous, sans aigreur, à le detromper. Peignons lui sans fard les Philosophes, dignes du nom ; & faisons lui comprendre qu'ils sont tout differents des fausses representations qu'il s'en fait. N'oublions pas ces petits menagements ; & nous verrons qu'il leur rendra plus de justice. Mon cher Adimante, il n'est pas facile d'avoir le cœur indisposé contre des gens, qui n'ont de la mauvaise volonté contre personne ; & la douceur triomphe de la malignité souvent la plus grande. Il est vrai qu'il se trouve des hommes assez mechants, pour haïr, precisément parcequ'on est bon ; mais de pareils monstres sont rares. Les causes veritables de l'aversion, & du mepris, qu'on a communement pour ceux qui s'appliquent aux sciences, sont une multitude innombrable de sçavants bourrus, & Misanthropes ; dont tout le plaisir est de nuire aux autres, de les dechirer, & de reprendre en eux feverement leurs propres defauts, & leurs propres vices. Ils font affurement faire à la Philofophie un perfonnage, fort indigne d'elle. ADIMANTE. Leur maniere de penfer bizarre, & leur mauvais charactere, font tout ce qu'elle abhorre le plus.

SOCRATE. Quand on eft rempli des magnifiques idées, qu'elle offre à l'efprit, & comme abforbé dans les grandes penfées de l'Infini; croïez moi qu'on n'a pas des attentions de refte, pour les prodiguer aux menus details de ce que font, ou difent les hommes. On a quelque chofe de meilleur à faire, que de les pourfuivre l'un après l'autre par fes invectives; & de paffer la vie à les foulever contre foi-même, à fe dechaîner contre eux. Spectateur attentif d'un Monde, eclairé des raïons purs de la verité, inacceffible à l'injuftice, adorateur charmé de l'Etre immuable; on n'eft en peine que de reffembler à ce qui donne inceffamment de l'admiration, & du plaifir. Quand on en goûte un inexprimable dans le commerce d'un bel objet; peut-on ne pas fouhaiter en foi les perfections qu'on lui trouve? ADIMANTE. On n'eft point content, mon cher Socrate, qu'on ne foit, pour ainfi dire, tout ce qu'on aime. SOCRATE. Uni continuellement à la Divinité, dans qui tout n'eft qu'ordre, beauté, proportion; un amateur de la fageffe fera par confequent touts fes efforts, pour en être une fidelle image? ADIMANTE. C'eft à quoi fe tournera fa principale etude. SOCRATE. Si les vrais Philofophes fouffrent dans l'opinion du monde; ce n'eft donc qu'à l'occafion des Sophiftes? ADIMANTE. Inconteftablement. SOCRATE. Si les premiers, après s'être eux-mêmes formés fur le plus parfait modelle, font appellés, par leur naiffance, ou par la voix publique, à faire paffer touts les traits qu'ils y decouvrent dans les mœurs, foit d'un Etat, ou d'un grand nombre de particuliers; feront-ils à votre avis de mauvais artiftes? Se pourra-t-il au contraire quelque chofe de plus fini, que les morceaux, qui touts les jours fortiront de leurs mains? Qui reüffira mieux en un mot à nous faire des leçons de juftice, de temperance, des autres vertus? ADIMANTE. On leur fera pleine reparation, lorfqu'ils feront connus, mon cher Socrate. SOCRATE. Comptez là deffus. Quand le

LIVRE SIXIEME.

le Monde verra que leur portrait ici n'eſt aucunement flatté; j'en veux être guarand pour le Monde; il n'aura pour eux que de l'amour, & du reſpect. Je ne ſçai même s'il ne commencera pas beaucoup à nous croire, lorſque nous lui diſons; qu'envain ſe promettra-t-il la fin de ſes maux, tant que ſes formes de gouvernement vicieuſes ne ſeront pas corrigées par des eſprits, pleins du Patron ſublime dont je parle. ADIMANTE. Mon cher Socrate, j'eſpere bien pour vous, & pour eux. Mais enſeignez nous, je vous en ſupplie, de quelle maniere ils s'y prennent, pour l'exprimer dans un Etat? SOCRATE. Le premier ſoin d'un Peintre eſt d'approprier ſa toile. Un Philoſophe, ſouhaité par une Republique, avant tout exigera pareillement des mœurs pures; ſous peine d'être abandonnée à ſon mauvais ſort. ADIMANTE. C'eſt un preliminaire, qu'il ne lui ſera pas facile d'obtenir. SOCRATE. Il eſt vrai; mais notre habile homme, en ce point different des autres, a pour maxime de ne ſe mêler ni d'Etats, ni de particuliers, ſi premierement on ne montre une forte reſolution de faire divorce avec le vice. ADIMANTE. Une ſi loüable ſingularité lui fait aſſurement beaucoup d'honneur. SOCRATE. A cette condition, il ebauchera ſon plan. Pour en perfectionner l'une après l'autre toutes les parties, il conſultera l'idée du Beau. D'après elle, il dictera les devoirs; il formera les arrangements, les plus capables de procurer la felicité publique. Il ne ceſſera point de confronter le Tout moral qu'il compoſe, avec ſon Modéle; juſqu'à ce qu'il voie le dernier tout à fait rendu; & que les perfections de la Divinité, dont Homere nomme les gens de bien de vivantes copies, ſoient imitées, autant qu'on peut le demander à la foibleſſe humaine. ADIMANTE. De cette ſorte, il produira, mon cher Socrate, comme vous le diſiez tout à l'heure, un ouvrage bien diſtingué! SOCRATE. Oui, cher Adimante. A force d'ajoûter ici, de retrencher là, de mettre la derniere main partout; il fera quelque choſe, qui ne meritera pas ſeulement l'admiration de touts les ſages, mais qui ſera même un digne objet de la complaiſance divine. ADIMANTE. Rien n'egalera ſon travail; il faut en convenir.

SOCRATE.

SOCRATE. Exposons le simplement à la vue de ce bataillon très echauffé, qui tantôt etoit en marche contre nous. Le pareil, lui dirons nous, jamais ne sortira que de l'Ecole de ces hommes, auxquels on trouve si mauvais que nous donnions les autres à conduire. A cet aspect, ne croïez vous pas que les combattants penseront à reprendre leurs habits; & que, honteux de leur meprise, ils jetteront bas les armes? ADIMANTE. Oui, si le Vulgaire entendoit raison. SOCRATE. Obstiné, tant qu'il vous plaira. Niera-t-il que les Philosophes, j'entends ceux que nous souhaitons au Monde pour Maîtres, n'aiment passionnement la verité; que l'Etre suprême ne tienne le premier rang dans leur esprit, & dans leur cœur? ADIMANTE. Ce n'est que par là, mon cher Socrate, qu'on acquiert un droit à ce beau titre. SOCRATE. Dira-t-il que toutes les qualités, dont nous exigeons qu'ils soient pourvus, n'aient pas un grand rapport avec celles de l'objet excellent, qui possede entierement leur âme? ADIMANTE. Ce rapport est trop visible, pour être contesté. SOCRATE. Enfin nous citera-t il quelque chose au dessus de ces vrais sages; ou les mettra-t-il en parallele avec mille imposteurs, qui les contrefont mal, & qui le seduisent? ADIMANTE. Il a devant les yeux le juste portrait des uns & des autres; il ne sera pas assez de mauvais goût, assez aveugle, pour les confondre. SOCRATE. Detrompé de la sorte, le Vulgaire s'effarouchera moins de nous entendre souvent dire, que loin d'arriver au bonheur parfait, dont nous proposons les idées dans notre plan de Republique, le Monde ne verra point la fin de ses maux, jusqu'à ce que la justice, & l'ordre, soient retablis en touts lieux par les sinceres amateurs de la Sagesse, choisis pour Maîtres, ou par les Maîtres, devenus sinceres Amateurs de la Sagesse. ADIMANTE. Vous aurez du moins la vie sauve, j'ose l'esperer, mon cher Socrate; & peut-être dissiperez vous cette armée de braves, qui tout à l'heure etoit en posture de fondre sur vous. SOCRATE. Permettez moi, je vous prie, d'attendre quelque chose de plus. ADIMANTE. Puisque vous le voulez; ils auront du bon sens, & de l'esprit.

SOCRATE.

LIVRE SIXIEME.

Socrate. Quand on accorderoit que toutes les personnes qui sont aujourd'hui revêtues de la souveraine puissance, n'auront eternellement que du mepris pour la Philosophie; sçait-on qu'aucun de leurs descendans jamais n'aura des empressemens pour elle? Adimante. La prediction seroit aussi temeraire, qu'affligeante assurement. Elles auroient lieu de s'en plaindre, & nous d'en gemir. Socrate. Environnées d'ecueils, tant qu'on voudra; sur quoi fondé soutiendra-t-on, que dans les Siecles passés toutes y firent naufrage; & qu'elles auront toutes le même triste sort dans les Siecles à venir? Adimante. On peut, sans risque, en excepter plusieurs de la loi commune. Socrate. Il ne faudroit qu'un Roi, secondé par des sujets dociles, pour faire voir au Monde ce qui nous paroît trop beau, pour être esperé. Adimante. Il est vrai, mon cher Socrate; un seul feroit changer de face à tout. Socrate. Quelle impossibilité qu'il entre avec zele dans nos idées; & qu'un Peuple soit assez amoureux de son bonheur, pour se laisser entierement conduire à lui? Adimante. Sans prodige, elles peuvent un jour être les siennes; puisqu'elles sont les nôtres; & quelque Nation peut-être sçaura l'ecouter. Socrate. Si notre plan de Republique est pratiquable; c'est un point entre nous depuis longtemps arrêté, qu'il rendroit les hommes, de miserables qu'ils sont aujourd'hui, parfaitement heureux. Adimante. Vous l'avez demontré, mon cher Socrate. Socrate. Nous conseillons par consequent le meilleur à faire. Il n'est pas d'une execution facile; mais aussi ne doit-on point le juger impossible. Adimante. Toutes ces choses, à mon avis, ne souffrent plus aucune difficulté.

Socrate. A quoi faudra-t-il appliquer les Dieux tutelaires futurs de la Republique; & quelles occupations leur donnerons nous, dans les differents âges? Cette question s'offre ici naturellement à resoudre; mais de nouveaux scrupules m'arrêtent. Adimante. Vos embarras, vous le sçavez, mon cher Socrate, nous touchent mediocrement. Socrate. Il est vrai. Depuis longtemps, j'ai l'experience qu'envain je tâche d'eloigner certains articles, qui peu favorablement
inter-

interpretés, peuvent fonner très mal dans le Monde; & qui vraifemblablement n'y rencontreront jamais que des oppofitions. Que n'ai-je point fait, par exemple, pour m'epargner celui de la communauté des femmes! J'ai perdu mon temps. Il m'a fallu me traîner comme j'ai pu jufqu'au bout d'un fujet, où la parfaite affûrance d'avoir la raifon de fon coté, ne doit prefque point faire efperer même de pouvoir impunement dire ce qu'on en penfe. Celui du bon choix des Magiftrats, expofe au moins à du travail; & peut-être à de pareils rifques. J'en ai deja beaucoup dit. Mais je m'apperçois que, fi je veux me conferver auprès de vous, il faut vous en parler fur nouveaux frais. ADIMANTE. Il s'agit de nous inftruire des plus grandes verités, mon cher Socrate. Meprifez les hazards, & la peine; c'eft à quoi je vous exhorte. SOCRATE. Un grand zele pour la Patrie, un zele infurmontable à la crainte, à l'efperance, aux fatigues, aux dangers, eft, fi vous vous en fouvenez, la principale vertu, que nous avons exigée en eux. Nous avons ordonné de les mettre à toutes les epreuves; & de ne confier le fort de l'Etat qu'entre les mains de ceux, qu'on n'aura point vu ceder aux affauts les plus violents de la douleur, & du plaifir. Enfin nous avons dit qu'on ne pourra, lorfqu'ils en feront toujours fortis victorieux, affez les combler d'honneurs pendant leur vie; ni leur en decerner de trop diftingués après leur mort. Les vrais Philofophes etoient les hommes que j'avois en vue. Mais, pour eviter les affaires, dont je ne me fuis pas exempté neanmoins, je m'étois foigneufement abftenu de les nommer; & de hazarder avant le temps ce paradoxe, capable d'exciter une fedition contre moi; que le Monde ne fera jamais bien gouverné par d'autres. Rendu brave par vos pourfuites, & les yeux fermés aux inconvenients, j'ai tout dit. ADIMANTE. Mon cher Socrate, on a remarqué chacune de vos demarches; & l'on s'eft apperçu de vos fuites. SOCRATE. Où les trouver, ces vrais Philofophes? C'eft la difficulté qui nous refte. Pour les former, il faut un affemblage de qualités, rarement que la nature unit enfemble. On voit dans peu de perfonnes un efprit fin, beau, penetrant, aifé. Les grands cœurs

font

LIVRE SIXIEME.

sont ordinairement sujets à l'inconstance, & n'aimeront point la vie paisible. Ce même beau feu, qui les anime, s'accorde mal avec le solide, les rend legers, & les emporte. ADIMANTE. Il est vrai. SOCRATE. On aura beaucoup plus à compter sur les gens d'un esprit tout à fait reposé, comme on parle. Ils sont d'une ressource infinie, dans la guerre entre autres ; où rien ne les etonne, & n'est capable de leur faire abandonner une belle enterprise. Mais tournez les du côté des Sçiences ; ils sont pesants, bouchés, endormis. Cependant l'un, sans l'autre, n'est pas assez, comme nous l'avons dit ailleurs, pour faire des Sujets dignes d'occuper les premieres places du Senat, & de l'armée. ADIMANTE. Ils doivent être egalement propres aux excercices de la Gymnastique, & de la Musique. SOCRATE. On les mettra donc aux prises encore avec tout ce que la derniere a de plus difficile, & de plus abstrait ; pour voir s'ils auront le courage de le braver, ou s'il les fera palir. Tel ne craindra point les flêches de l'Ennemi, qu'une verité metaphysique epouvante. ADIMANTE. Ce nouveau genre d'epreuve est sans doute necessaire, mon cher Socrate ; mais quelles sont les hautes Speculations, devant lesquelles vous exigez qu'ils fassent bonne contenance, avant qu'on les juge dignes de porter le faix de l'Etat ?

SOCRATE. Vous n'avez pas oublié, mon cher Adimante, que dans l'âme nous avons distingué trois appetits ; & que cette division nous a servi beaucoup à connoître les quatre principales vertus ; la sagesse, la justice, la valeur, la temperance. ADIMANTE. Je l'ai très presente à l'esprit. SOCRATE. Dans l'endroit, je vous ai dit que je sçavois une voie plus directe, pour arriver à ce même but ; mais qu'elle etoit longue ; & que je voulois abreger pour l'heure. J'ai donc sacrifié l'exactitude à l'ordre naturel ; avec d'autant moins de scrupule, que nous ne l'avez point trouvé mauvais. ADIMANTE. Je n'ai pas vu, mon cher Socrate, que vous aïez mal fait en rien. SOCRATE. Je ne puis, je vous l'avoue, mon cher Adimante, aimer extremement votre indulgence, & votre aquiescement, à mon gré trop facile. Faites reflexion, je vous en supplie, qu'on

TOME II. Cc perd

perd toujours de la verité beaucoup plus qu'il ne faudroit, lorsqu'autour d'elle on laiffe encore des nüages, qui l'obfcurciffent. Mon fentiment eft, en un mot, que rien de fait à demi ne doit contenter, lorfqu'il s'agit d'elle. Bien des gens ne pouffent pas leur delicateffe à fon egard fi loin, je le fçai; mais ne foïons pas du nombre. ADIMANTE. La non-chalance, il eft vrai, mon cher Socrate, eft le vice des âmes, qui n'ont pour la verité que de mediocres empreffements. Nous ne devons pas avoir à nous le reprocher. SOCRATE. Il ne convient moins à perfonne, qu'aux Depofitaires futurs des loix, aux Vengeurs de toutes les infultes faites à la Republique. On exercera par confequent les uns & les autres avec un foin egal dans la carriere des Sçiences, & dans le Cirque; ou quelque chofe de fort effentiel leur manquera. ADIMANTE. Quoi, je vous prie, mon cher Socrate? La pratique de la vertu n'eft-elle donc pas tout? SOCRATE. Non, cher Adimante. Il faut qu'elle foit accompagnée d'une lumiere peu commune; qui feule en fait l'heroïfme; & qui doit être le partage de toutes les perfonnes d'un haut rang, fous peine d'en être jugées entierement indignes. Se peut-il rien de plus honteux, qu'on exige toute la perfection poffible dans un faifeur de vers, un joüeur de Lyre; pendant qu'on eft de fi bonne compofition fur le fait d'un Senateur, & d'un homme de guerre? ADIMANTE. C'eft très bien remarqué. Mais quelle fçience eftimez vous la plus neceffaire pour eux?

SOCRATE. L'ignorez vous, mon cher Adimante; ou vous plaifez vous à me fufçiter eternellement des affaires? Je croirois le dernier plutôt; après tout ce que vous m'avez fouvent ouï dire, à la loüange de celle qui nous unit au Souverain Bien. Elle eft rare; quoique d'elle feule toutes les autres tirent leur prix; & que feule elle rende l'homme heureux. En effet que fervira de connoître, & de poffeder tout le refte, à qui vit malheureufement privé de la vûe, & de la joüiffance de ce beatifique objet? Embraffer dans fon efprit toute la ftructure de ce grand Univers, avoir en fa puiffance touts les biens, fe voir maître de toutes les beautés, qu'il renferme, dans l'abfence du Bon, & du Beau; cher Adimante,

eft-

LIVRE SIXIEME.

eſt-ce un etat fort à ſouhaiter? ADIMANTE. Il n'eſt point ſans lui de felicité veritable. SOCRATE. Je doute que le Monde ſoit beaucoup de votre avis. La plûpart des hommes ne connoiſſent d'autre bien que le plaiſir; & de ceux qui penſent plus raiſonnablement, très peu diſtinguent le bien de la Sageſſe. ADIMANTE. Il eſt vrai. SOCRATE. Quand on prie les derniers de la definir; après de longs circuits, ils retombent toujours à dire, qu'elle conſiſte dans la connoiſſance, & dans l'amour du Bien. Ils ſuppoſent qu'on entend ce mot, quand ils le prononcent. N'auroit-il plus de ſens, lorſque nous venons à nous en ſervir? ADIMANTE. La choſe n'eſt pas vrai-ſemblable. SOCRATE. Les autres, mon cher Adimante, rencontrent moins bien encore. Forcés de reconnoître des voluptés condamnables, ils en ſont reduits à regarder un grand nombre de choſes comme bonnes, & mauvaiſes tout enſemble. De là des equivoques dans leur eſprit; fort capables de produire des erreurs dans leur conduite. ADIMANTE. Ces deux manieres de penſer me paroiſſent egalement inſoutenables.

SOCRATE. Prenons garde, cher Adimante, que les apparences du bien ne ſatisfont perſonne; au lieu que celles de la vertu ſuffiſent preſque à tout le monde. ADIMANTE. On veut certainement la poſſeſſion reelle de l'un; mais beaucoup de gens ſe bornent aux ſeuls dehors de l'autre. SOCRATE. N'eſt-il pas ſurprenant que l'âme, pouſſée continuellement par le plus fort inſtinct à chercher un miel, qui ſeul cauſe touts ſes mouvements, ſoit pour l'ordinaire depourvûe de cet œil, neceſſaire pour appercevoir partout ſa depouille precieuſe; & qu'aveugle, elle voltige inceſſamment d'un objet à l'autre, ſans jamais en revenir chargée? Eſt-il un malheur pareil au monde, à celui de ne pas connoître ce qu'on deſire avec l'ardeur la plus parfaite; & de s'egarer à toute heure dans une pourſuite, dont le ſuccès intereſſe entierement le cœur? Frappés d'un aveuglement ſi pitoïable, ceux qui doivent être les yeux de la Republique, ſeroient-ils propres à la conduire? ADIMANTE. Non aſſurement. SOCRATE. S'ils ignorent à quoi la juſtice eſt bonne, en quel ſens elle eſt un bien; la poſſederont-ils dans un

Cc 2 degré

degré fort eminent; & devra-t-on beaucoup attendre deux? S'ils le fçavent; l'Etat aura les Maîtres qu'il lui faut. ADIMANTE. Mais qu'eft ce donc, mon cher Socrate, que le Bien, dont vous nous parlez tant? Le faites vous confifter dans la connoiffance, dans le plaifir, dans quelque autre chofe?

SOCRATE. Du charactere dont vous etes, vous ne m'en quitteriez pas, mon cher Adimante, pour vous inftruire fimplement de ce que d'autres en ont penfé. ADIMANTE. Je l'avoue, mon cher Socrate. Je veux qu'un homme qui fe pique de fçavoir, ne fe borne pas à me faire l'hiftoire des opinions de fiecle en fiecle; quand je l'interroge fur des matieres, fur lefquelles il m'obligeroit de ne me dire que la fienne propre. SOCRATE. Vous accommodez vous mieux de ces efprits decififs, qui parlent fçientifiquement de ce qu'ils n'entendent pas à fond? ADIMANTE. A Dieu ne plaife! Je leur permettrois tout au plus d'alleguer modeftement leurs conjectures. SOCRATE. Pour moi, cher Adimante, je vous dirai que je fuis moins indulgent. Je meprife prefque au même point le faux fçavant, qui ne fçait ce qu'il dit, & le demi-fçavant, qui devine. L'opinion l'emporte, felon moi, peu fur l'ignorance; & je compare à des aveugles, qui trouvent leur chemin par un fimple cas fortuit, ceux que le pur hazard conduit au vrai. Pour tout vous dire; tel eft mon goût. J'aime qu'on m'apprenne toujours des chofes claires, certaines, utiles, belles. Me reffemblez vous? ADIMANTE. Le refte ne donne aucune veritable fatisfaction à l'efprit.....

GLAUCON prit ici la parole..... Mon cher Socrate, je vous conjure, au nom du plus grand des Dieux, de ne point vous laffer, me dit-il; puifque vous approchez du terme. Faites nous connoître le Bien, auffi parfaitement que vous avez fait la juftice; & nous aurons toutes les actions de graces à vous rendre. SOCRATE. Je voudrois fort vous obeïr, mon cher Glaucon, lui repondis-je; mais vous ririez bientôt de ma chute, fi je prenois mon vol fi haut. Parlons, croïez moi, plutôt du Fils, production merveilleufe du Bon, & fa parfaite image. GLAUCON. A condition qu'enfuite vous nous entretiendrez auffi des perfections du Pere. SOCRATE.

Pûffai-

LIVRE SIXIEME.

Pûſſai-je vous les etaler dignement, & rehauſſer mes idées, pour vous en donner de convenables à ſa grandeur! Mais je prevois qu'au moins ne faudra-t-il pas beaucoup tarder à nous rabbatre au plus magnifique de ſes ouvrages. Du reſte c'eſt à vous de veiller à ce qu'il ne m'echappe aucun faux raiſonnement, qui nous jette les uns & les autres dans l'erreur. GLAUCON. Si vous quittez le droit chemin, on vous redreſſera, mon cher Socrate, comptez là deſſus. Faites nous part ſeulement de vos penſées.

SOCRATE. Rappellons nous d'abord ce que nous avons dit ſouvent. Les hommes parlent à toute heure de pluſieurs biens, d'une infinité de choſes belles. Mais l'idée generique du bon, du beau, du bien, de l'Etre, n'eſt qu'une, & ne s'apperçoit que par l'entendement pur; au lieu que tous les objets particuliers frappent nos ſens. GLAUCON. Ce principe metaphyſique eſt depuis longtemps avoué, mon cher Socrate. SOCRATE. Avez vous quelquefois pris garde à ce qui diſtingue la vue de tous les autres? GLAUCON. Peut-être ai-je omis quelque obſervation à faire là deſſus. SOCRATE. Il ne faut que deux choſes, pour entendre les ſons; l'orgâne de l'ouie, avec un mouvement d'ondulation, cauſé dans l'air, par les vibrations du corps ſonore. Il en eſt de même de l'odorat, du goût, & de l'attouchement. GLAUCON. Fort bien. SOCRATE. Pour voir, il en faut trois; l'oeil, les couleurs, & la lumiere, qui nous les fait diſcerner. GLAUCON. Je n'avois pas aſſez remarqué cette difference. SOCRATE. Il n'eſt pas fort neceſſaire de vous demander, quel eſt l'aſtre, j'ai penſé dire, le Dieu viſible; qui la repand; & qui n'a qu'à ſe montrer, pour nous decouvrir le grand ſpectacle du Ciel, & de la terre. GLAUCON. Le ſoleil, ſans doute. SOCRATE. L'œil, qu'il eclaire, le voit. GLAUCON. Oui. SOCRATE. Preſentement vous comprenez, je m'aſſûre, pourquoi je l'ai nommé le Fils du Bon, & la parfaite image du Pere. C'eſt que l'un eſt dans le Monde intelligible, ce que l'autre eſt dans le Monde corporel. GLAUCON. Je commence à vous entendre. Expliquez vous neanmoins encore, je vous prie.

SOCRATE.

SOCRATE. Vous fçavez que nous avons beau la nuit tourner les yeux de toutes parts ; nous voïons aussi peu, que si nous en etions entierement privés. L'astre du jour bientôt revient-il sur l'horizon ; la vue des objets nous est rendue avec lui. GLAUCON. Ce phainomene, pour être de touts les jours, n'en est pas moins admirable. SOCRATE. Qu'est l'entendement autre chose, que l'œil de l'âme, cher Glaucon ? Lorsqu'aux raïons de cette autre lumiere, qui s'elance continuellement vers elle de l'Etre divin, l'homme examine les choses ; il en decouvre la nature ; il est participant de la vraie sagesse. Mais quand l'amour des biens sensibles obscurcit pour lui le Soleil des Esprits ; il est dans les tenebres, il ne voit rien ; il croit fçavoir, & le moment d'après il reconnoît qu'il se trompe. Tout en lui n'est qu'erreur, aveuglement, folie. GLAUCON. Cette Theologie, mon cher Socrate, est egalement sublime, & solide. SOCRATE. Celui de qui nous tenons la faculté de connoître, & de qui touts les objets de nos connoissances empruntent la grande clarté dont ils brillent, est celui-la même que j'ai nommé le Pere, le Bon, le Bien Souverain. Lui seul nous communique la Science. La verité ne se trouve point ailleurs qu'en lui. Si l'une & l'autre passent tout ce que nous pouvons du reste conçevoir de plus excellent, & de plus beau ; que penserons nous de l'Etre immense, lumineux, toujours present, du sein duquel, comme de leur unique source, eternellement elles emânent. GLAUCON. Que son excellence, & sa beauté, seront infiniment au dessus encore. SOCRATE. N'en demeurons pas là, mon cher Glaucon. Outre que le Pere du jour eclaire le monde materiel ; il y donne la naissance, & l'accroissement à tout. Les Etres intelligents de même ne reçoivent pas seulement la sagesse du premier Esprit ; il est aussi le principe adorable de leur existence. Combien ne leur est-il donc pas superieur en puissance, en perfection, en grandeur ! . . . . .

Glaucon etoit depuis longtemps fort attentif ? Il s'ecria dans cet endroit, avec un léger souris : Grand Apollon ! Socrate nous fait ici monter bien haut dans les nues ! . . . . Cher Glaucon, lui repondis-je, n'en accusez que vous seul je vous en conjure, si je

m'y

m'y suis perdu; puisque c'est vous, qui m'avez fait prendre mes aîles. Glaucon. Vous ne m'entendez pas, mon cher Socrate. Je suis au contraire si charmé de votre nouvelle comparaison, que je la veux toute entiere. Socrate. Il est certain qu'elle est feconde en beaux rapports. Glaucon. Il faut nous les parcourir touts. Socrate. Vous aurez ceux que pour l'heure mon esprit me fournira.

Deux Mondes; l'intellectuel, & le sensible. Deux astres, pour y presider; notre soleil, & l'Etre Divin. Me comprenez vous ? Glaucon. Parfaitement, jusqu'ici. Socrate. Coupez en deux parties inegales une ligne, qui represente les deux Mondes; & chacun des extrêmes en quatre; de telle sorte que leurs segments soient en proportion avec l'evidence des objets, que l'un & l'autre Monde renferment. Le premier segment de celui des extrêmes, qui tient la place du Monde visible, exprimera les corps; le second leurs ombres; le troisième leurs images, vues dans l'eau, par exemple, ou dans un miroir; & le quatrième enfin leurs qualités sensibles. Me fais-je toujours entendre ? Glaucon. Oui, mon cher Socrate; je n'ai point encore de peine à vous suivre. Socrate. Ces trois derniers termes sont au premier, c'est à dire, que l'apparence est à la realité, ce que l'opinion est à la Science. Les quatre portions de ligne qui nous restent, nous marqueront d'autre part les quatre manieres differentes, par lesquelles nous parvenons à connoître la verité. La plus parfaite nous la fait apperçevoir, par voie d'intuition. Les trois autres empruntent le secours de ses ombres, & de ses images, pour nous la faire decouvrir. La moins defectueuse de celles-ci, à la faveur de certaines suppositions accordées, conduit l'esprit avec adresse, mais toujours en tâtonnant, de consequences en consequences, jusqu'à celle qui resout la question. La premiere le fait monter incontinent aux principes; qui lui servent les uns après les autres comme d'échelons, pour descendre jusqu'à celui qu'il faut prouver; & fixe continuellement sa vue sur les idées, que successivement lui fournit le sujet. Glaucon. Vous nous parlez, je le vois, des Methodes

thodes, Analytique, & Synthetique; mais je n'en comprends pas encore assez nettement la difference. Socrate. Vous l'allez sentir. Les Geometres, & les Arithmeticiens, ont en reserve, pour le besoin, comme vous sçavez, un grand amas d'axiômes, & de demandes, sur les nombres, & sur les lignes; parmi lesquels ils choisissent, lorsqu'un problême leur est proposé, les plus capables de leur en donner la resolution. Glaucon. Leur maniere est très connue. Socrate. Ils commencent par tracer leurs figures; mais ce n'est du tout point d'elles que dans tout le cours de leurs demonstrations ils parlent. Ils en contemplent d'autres, infiniment correctes; qui sont les seules, dont les rapports les interessent. Je veux dire, que ce n'est point d'un tel triangle, d'un tel quarré, ni d'un tel cercle, mais du quarré, du triangle, du cercle, qu'ils demontrent les proprietés. Ceux qu'ils decrivent au hazard, sont des signes, utiles seulement pour donner prise à l'entendement pur sur des objets, que tout relevé qu'il est au dessus des sens, il auroit de la peine autrement à saisir. Glaucon. Je vous entends. Le quarré, le cercle, & le triangle vus, ne font qu'arrêter l'attention sur le quarré, le triangle, & le cercle intelligibles. Socrate. Vous avez un œil d'aigle, mon cher Glaucon. Je poursuis.

Dans la methode Synthetique, l'esprit ecarte absolument tout le sensible; &, par une enchainûre suivie d'idées claires, il avance, de principe en principe, jusqu'à celui qui tient immediatement à sa proposition generale. Glaucon. Je ne vous perds point encore ici de vue, mon cher Socrate. Vous dites beaucoup; & vous nous faites souvenir de la grande preeminence que la Dialectique a sur la Geometrie, & sur la Science du Calcul. Quand on enseigne, la lumiere sort egalement de toutes les parties du discours. Mais lorsqu'on demontre, on en est reduit à chercher par de longs detours les verités les plus composées, à la lüeur d'un petit nombre des plus simples. Socrate. Vous m'avez excellemment compris, mon cher Glaucon. Nous avons dans l'Entendement humain, pour repondre à nos quatre derniers segments proportionnels, l'intuïtion pure,

LIVRE SIXIEME.

pure, le raisonnement, la foi, l'opinion. Je les range dans l'ordre, qu'exige le genre d'evidence qui leur convient. GLAUCON. Je reçois votre division. Elle nous met sous les yeux toutes les differentes approches de notre esprit vers la verité. SOCRATE. Puisque vous etes satisfait, nous finirons. GLAUCON. Il est en temps.

DE LA RÉPUBLIQUE;
OU
DU JUSTE, ET DE L'INJUSTE.

LIVRE SEPTIEME.
SOCRATE.

POUR ouverture d'un nouvel Entretien, je m'avifai de l'image qui va fuivre. Elle vous exprimera, dis-je à Glaucon, toute la différence que je conçois, entre les hommes dont l'ignorance eft le partage, parceque jamais ils n'eurent que les fens pour Maîtres ; & ceux qui par un long commerce avec touts les objets du Monde intellectuel, ont enrichi leur efprit des connoiffances les plus fublimes. Voici les uns & les autres, au naturel.

Imaginez vous d'une part des forçats, depuis leur premiere enfance enchaînés par touts les membres du corps, dans un antre fouterrain ; en telle forte qu'il ne leur eût jamais eté poffible de fe retourner vers la lumiere ; dont un large foupirail, ouvert fur un chemin paffant, laifferoit devant eux les foibles raïons aller mourir, au fond de la caverne. Ils y verroient defiler continuellement des ombres d'hommes, d'animaux, de voitures. Vieux efclaves de l'habitude, ils les prendroient unanimement pour des realités ; ils leur attribueroient tout
le

LIVRE SEPTIEME.

le bruit entre autres, dont leurs oreilles feroient frappées, au paſſage de chacune. Ils en parleroient enſuite, preciſement comme nous faiſons des choſes mêmes. GLAUCON. Ce debut, mon cher Socrate, nous prepare à quelque denouement fort extraordinaire. SOCRATE. Moins que vous ne penſez, mon cher Glaucon. C'eſt le commun des hommes, dont l'oeil eſt comme immobile, dans la priſon tenebreuſe où nos corps ſont renfermés, depuis leur premiere entrée au Monde, & colé ſur les objets materiels, que je pretends vous peindre. Continuons.

Si quelqu'un, après avoir briſé les fers d'un de ces malheureux, l'invitoit à tourner la tête, & s'efforçoit de le tirer par la main de ce reduit obſcur; aux premieres approches de la lumiere, ne ſouffriroit-il pas les plus cruelles peines? GLAUCON. Ses yeux en ſeroient etrangement bleſſés; il ſeroit entierement ebloui. SOCRATE. Mais quel ſeroit ſon etonnement; lorſqu'il entendroit ſon Conducteur traiter ſes images ſombres de phantômes vains, & lui vanter les nouveaux objets, dont il ſeroit environné! Interrogé de ce qu'il en penſeroit, ne ſeroit-il pas dans un parfait embarras; & n'aſſureroit-il pas qu'ils n'auroient ni la realité, ni la douceur des autres? GLAUCON. Il les croiroit enchantés; il s'en detourneroit; il en auroit peur. SOCRATE. Que ſeroit-ce donc, ſi par un ſentier difficile, il etoit conduit au grand jour? Quelles douleurs! Quels hauts cris! Quelle entiere impoſſibilité de voir! Quels regrets pour ſes chaînes, & pour ſes ombres! GLAUCON. Il regarderoit l'effet du bon zele de ſon Guide charitable, comme un très mauvais ſervice. SOCRATE. Sa vue par degrés ſe fortifieroit. Il commenceroit par les corps les moins eclairés. De l'un à l'autre, il parviendroit à ſoutenir la reverberation des raïons du Soleil, vu dans un miroir, ou dans l'eau. Enfin il auroit le regard aſſez ferme, pour en contempler quelques moments le diſque. GLAUCON. Oui, mais que de mal aux yeux, mon cher Socrate, avant que d'en venir là! SOCRATE. Il eſt vrai. Mais preſentement fait comme un autre, il raiſonneroit ſur la nature de cet Aſtre; il admireroit la regularité merveilleuſe de ſon cours, le bel ordre qu'il met dans les ſaiſons, & le nombre infini de ses productions admirables sur notre terre. Glaucon. Le grand spectacle du monde visible, auroit dans sa nouveauté, quelque chose de ravissant pour lui.

Socrate. Quand, revenu de son premier transport, il se rappelleroit le souvenir de sa tenebreuse demeure, de ses anciens compagnons d'esclavage, & des manieres de penser estimées entre eux; combien ne se feliciteroit-il pas de son nouvel etat; & quelle compassion n'auroit-il pas du leur! Que d'indifference, & que de mepris, pour les loüanges, & pour les honneurs, dont ils combloient ceux qui faisoient à leur gré les observations les plus fines sur leurs neants mobiles; & qu'ils regardoient comme les plus beaux genies; pour deviner mieux que les autres le moment precis de leur arrivée, ou de leur eclypse! Porteroit-il envie aux plus admirés, aux plus applaudis? Plutôt que d'aspirer à l'empire de la caverne; ne croïez vous pas qu'il choisiroit, avec le Heros chagrin d'Homere; " d'aller servir le Bouvier le plus indigent du plus pauvre hameau?". Glaucon. Vivre avec eux, & se repaître de chimeres avec eux, lui paroîtroit assurement le plus grand des supplices.

Socrate. Emu de pitié pour ces miserables, d'autant plus à plaindre, qu'ils ne sentiroient point leurs maux; s'il formoit le dessein genereux de les aller rejoindre, pour leur en faire connoître toute l'etendue; & si, tout offusqué longtemps qu'à son arrivée il ne pourroit manquer d'être, on le faisoit parler sur les vieux sujets d'entretien, & de contestation; quels prodigieux eclats de rire dans toute la chaîne, à chaque mot qu'il diroit? Il auroit les yeux perdus, en punition de les avoir quittés; & l'on seroit fou, d'aller, après un si triste exemple, rendre visite au Soleil. Si, malgré ce mauvais accueil, il s'obstinoit à leur conseiller de venir se rendre participants de son bonheur; quel soulevement n'exciteroit-il pas contre lui? La mort, oui la mort, seroit peut-être sa recompense. Glaucon. Les huées cependant, mon cher Socrate, devroient suffire.

Socrate. Cette Allegorie s'explique d'elle-même. L'antre souterrain, c'est le monde sensible. L'enlevement d'un des Captifs,

arraché

arraché de sa prison obscure, pour être conduit à la lumiere, figure l'assomption de l'âme dans le Monde intellectuel, si j'ose parler de la sorte, operée par la Philosophie. Dieu sçait, mon cher Glaucon, si je la comprends bien. Du moins vous dirai-je ma façon de l'entendre. De toutes les idées intelligibles, celle du Bien est la plus sublime; & pour les yeux ordinaires aussi la plus difficile à decouvrir. Quand on la contemple attentivement; on voit que toutes les beautés, qui parent ce grand Univers, & l'Univers même, ne sont que des emanations de lui. Non seulement il conserve allumé, pour nos besoins, l'immortel Flambeau qui nous eclaire, dit-on, dans les transports de l'adoration la plus respectueuse, & de l'admiration la plus vive; il en fait lui-même l'office, dans cet autre Monde; en comparaison duquel celui que nos corps habitent, n'est qu'un cachot, horrible par ses tenebres. C'est lui qui repand les raïons purs de la verité, dans tout cet horizon immense, auquel s'etend la vue des Esprits: c'est lui qui leur distribue la Sagesse. Tout particulier, tout homme public, qui n'entend point ce language, n'en aura certainement qu'une portion très mediocre; & ne sera jamais ce qu'on appelle un grand homme, ni dans sa maniere de penser, ni dans sa conduite. GLAUCON. Le moïen d'avoir des lumieres, quand on ne connoît pas celui qui les donne?

SOCRATE. Ne soïons aucunement surpris, que les habitants heureux de ce Monde, entierement inconnu pour la plûpart des hommes, aient tant de peine à le quitter, pour s'interesser dans ce qu'on nomme parmi nous les grandes affaires; & que leur âme, attachée au lieu de son origine par les plus forts liens, ne se plaise que très imparfaitement ailleurs. Il est impossible autrement, si notre allegorie est juste. GLAUCON. Le gain seroit petit, & la perte infinie pour eux. SOCRATE. Nous ne devons point davantage nous etonner, de les voir deconcertés, confus, presque interdits; lorsqu'au sortir d'un commerce instructif, & plein de charmes, avec la Divinité, ils retrouvent les hommes, avec leurs chimeres, & leurs vices. Jusqu'à ce que par degrés leurs yeux se familiarisent avec l'obscurité; se peut-il qu'ils trouvent aussi bien les

êtres

êtres que les autres? Comment n'apprêteroient-ils pas souvent à rire, dans un barreau; où l'on mugit; où l'on se bat, helas! pour l'ombre de la justice; aussi cruellement outragée par ceux qui la violent, que peu connue de ceux qui l'administrent? La Cour pareillement, le Senat, l'Armée, doivent être des païs, assez perdus pour eux. Cependant comme il est certain qu'on voit mal, soit que l'on passe d'un lieu fort eclairé dans un lieu sombre, ou d'un lieu sombre dans un autre où le jour luit; pour avoir droit d'insulter à leurs tatonnements, il faudroit avoir bien examiné, de laquelle de ces deux causes viendroient les embarras, & la mauvaise vue. On pourroit ensuite à meilleur titre les feliciter, ou les plaindre; & juger si les rieurs, avec leur œil, depuis l'enfance colé sur leurs ombres, ne seroient pas eux-mêmes les gens ridicules. GLAUCON. Mon cher Socrate, ils seroient presque toujours les victimes d'une exactitude scrupuleuse à raisonner, sur les choses qui les divertissent.

SOCRATE. Les Sophistes, mon cher Glaucon, leur fourniront un plus beau champ; lorsqu'ils se vantent entre autres d'avoir des yeux de leur façon à nous donner; pendant que notre âme est constamment née avec celui de la perception, qui vaut touts les autres. GLAUCON. Il n'est rien qu'il ne penetre. SOCRATE. Vous avez raison. Mais il est fixement attaché sur les objets sensibles. Elle ne peut être eclairée, à moins que par un mouvement entier d'elle-même, elle ne se retourne, de tout ce qui perit, & qui forme un cahos parfaitement tenebreux au devant d'elle, vers l'Etre eternel, qui n'est que lumiere; vers le Bien Souverain. C'est à quoi doivent l'aider touts les Preceptes. GLAUCON. Ceux qui n'operent pas ce retour vers Dieu, sont desavoués par la vraie Philosophie. SOCRATE. Si la Nature n'avoit pas mis en nous l'œil merveilleux dont je parle; ils ne nous le donneroient certainement pas. Mais ils ecartent les obstacles; ils l'epurent; ils le dirigent, ils le tournent du coté qu'il faut. GLAUCON. C'est très bien dit. SOCRATE. Il n'en est pas de l'Entendement, comme des qualités acquises. Les dernieres sont le fruit de l'application, & des bonnes habitudes. On se les procure; on peut les perdre. L'autre

est

est un present du Ciel. Nous pouvons le bien, ou le mal appliquer ; mais le vice, outré même, ne l'ôte à personne. Mon cher Glaucon, n'avez vous jamais eté surpris de la grande finesse d'esprit, que souvent on trouve à certains hommes fort corrompus ? Ce n'est assurement point la penetration, c'est un cœur droit & bon qui leur manque. Parcequ'ils n'ont pas l'un, touts leurs autres talents ne servent qu'à les rendre plus mauvais, & gens plus à fuir dans le commerce. GLAUCON. Il seroit beaucoup à souhaiter pour eux, aussi bien que pour toutes les personnes auxquelles ils ont affaire, qu'ils fussent à la lettre des stupides. Ils auroient moins de mouvement, d'instinct, & d'avantages pour nuire. SOCRATE. Oui. Mais si quelque main propice avoit de bonne heure soulagé leur âme de ces poids enormes, qui la tiennent courbée vers la terre ; on l'auroit vue se redresser avec effort ; & plus eprise que mille autres des charmes de la verité, s'elancer vers elle, avec une ardeur fort au dessus de l'ordinaire. GLAUCON. Vous voulez dire, mon cher Socrate, qu'une bonne tournure, donnée de jeunesse, auroit des plus illustres Sçelerats fait les plus grands hommes. SOCRATE. C'est mon sentiment. L'education fait presque les uns & les autres ce qu'ils sont. Entendez moi neanmoins.

Je ne veux pas dire que les esprits trop amoureux de la Philosophie, & de tout temps comme absorbés dans les Sçiences, doivent être jugés beaucoup plus propres à gouverner, que ceux qui n'y firent jamais aucuns progrès ; & qui se montrerent toujours sans goût pour elles. Les grandes fins, pour lesquelles on vit, particulier, homme public, seront entierement cachées pour les derniers ; & par consequent ils seront de mauvais guides, pour y tendre. Les Meditatifs aussi ne sont pas fort capables d'un si beau soin ; par la raison que leur cabinet est les champs Elysées pour eux ; & qu'ils ne peuvent se resoudre à le quitter, pour aller augmenter le nombre des Ixions dans le grand Monde. GLAUCON. Ils y demeurent ; parcequ'ils y jouïssent d'un bonheur, que rien n'egale ; & que, de leur retraite, ils voient les pierres monstrueuses, qu'ils auroient à rouler, s'ils devenoient personnes publiques. SOCRATE. Mais quoi ? Pendant qu'à leurs yeux,

des

des Peuples entiers feront dans l'accablement, & dans la fouffrance, vivront-ils feuls ainfi dans les delices, & dans le fein du repos? Non. Ils feront arrachés de leur fejour tranquille; après qu'ils auront connu, goûté le Souverain Bien; affez pour ne plus nous donner lieu de craindre, que jamais ils logent dans leur âme aucune paffion, prejudiciable à celle qu'on doit avoir pour lui. Ils feront deformais gens trop neceffaires, pour confentir à nous priver de leurs fervices. Nous les obligerons de redefçendre vers d'infortunés captifs; vers des aveugles, dont le trifte etat implore à haute voix leur fecours. Ils iront partager avec eux, & leurs grands travaux, & leurs grands titres; qu'il ne leur fera pas libre de refufer, fous pretexte qu'ils les meprifent. GLAUCON. Mon cher Socrate; pour des gens à votre compte qui meritent tout, vous les traitez fort durement, ce me femble; de leur enlever ainfi les douçeurs de leur fçavant loifir, pour les plonger dans l'embarras des affaires. SOCRATE. Mon cher Glaucon, vous oubliez qu'un Fondateur de Republique etend fes vues au general. Il ne travaille point à ne rendre heureux qu'un certain nombre de Citoïens. Au contraire il veut que touts contribuent de leurs talents à la felicité commune. Son but principal eft de les unir etroitement, par un commerce de bons offices mutuels. Craint-il d'echoüer, par la voie de la perfuafion; il emploiera la force, pour les contraindre à beaucoup facrifier de leurs avantages particuliers à l'interêt public. Sa plus grande fraïeur eft, qu'ils ne vivent detachés les uns des autres; comme il arrivera, lorfqu'ils vivront chacun à fa mode, & chacun pour foi; & fon plus grand foin, de former entre eux des liens, que rien ne puiffe rompre. GLAUCON. J'ai tort, mon cher Socrate. Il feroit criminel, pour les perfonnes les plus capables de faire le bonheur des autres, de fe renfermer tout entieres en elles-mêmes. Le reproche qu'elles auroient à fe faire de leur inutilité, leur cauferoit de l'amertume; &, quoi qu'il en foit, la Republique aura befoin d'elles.

SOCRATE. Pour leur faire moins regretter leurs prairies, emaillées de fleurs, & leurs arbres toujours verds; nous avons beaucoup

LIVRE SEPTIEME.

de choses à leur dire. Il est vrai, leur avouerons nous d'abord, que les Etats d'aujourdhui, mal arrangés dès leur premiere origine, & gouvernés plus mal encore, n'ont aucun droit d'exiger de vous un devouement absolu de vous-mêmes à leur service. Vous ne devez ce que vous etes qu'à vous seuls. Il vous a même fallu tout votre courage, pour triompher de ce nombre infini d'obstacles, que forment leurs mauvais gouvernements, & la grande corruption de mœurs qu'on y voit, à l'acquisition de la Sagesse. Quand on ne la tient que de son propre fond, comme vous autres, & de son travail uniquement ; on ne peut être, en titre de justice, obligé de la repandre sur un Public, non seulement qui ne fournit point de facilités pour l'acquerir, mais qui souvent même traverse de toutes les manieres ceux qui la cherchent. Cependant souvenez que vous etes redevables à nos leçons de ce noble empire, que vous avez sur vous-mêmes, & qui vous rend dignes de commander au reste du Monde. La reconnoissance vous impose le devoir de nous prêter la main, pour l'execution d'un nouveau plan ; qui, si les hommes le veulent suivre, les mettra touts en voie d'arriver au même parfait bonheur, dont vous jouïssez, à l'ecole de la Vertu. Que leur caverne soit aussi peu charmante, leurs tenebres aussi desagreables pour vous qu'il vous plaira ; c'est à vos yeux de s'agguerrir, & c'est à vous de les contraindre. L'horreur qu'elles vous causeront, vous fera d'autant mieux sentir la douce impression de la lumiere, que vous irez de temps en temps revoir. Avec un peu d'habitude, assûrez vous aussi que vous raisonnerez plus pertinemment qu'eux sur leurs ombres ; parceque vous aurez secrettement commerce avec les realités ; & que le vrai, le juste, le beau, feront des objets familiers pour vous. Pour fruit de nos sacrifices, & de nos travaux ; nous aurons une Republique, où la vie sera pour chacun des Citoïens quelque chose de beaucoup meilleur qu'un rêve inquiettant, & qu'un mauvais sommeil. On n'y verra point les personnes les plus distinguées par leurs talents, & par leur naissance, la tête ceinte du bandeau de l'Ambition, s'entre-arracher des mains le commandement : comme si le souverain bien etoit de se voir maître des au-

TOME II.   E e   tres!

tres! Cependant quoi de plus certain, qu'un Etat fleurit, à mesure que ceux qui gouvernent ont moins de cet empressement vicieux; & qu'il ne faut rien davantage, pour le mettre à toute heure sur le penchant de sa ruïne? Qu'en pensez vous, mon cher Glaucon? Nos Disciples, ou, pour mieux dire, ceux de la Philosophie, nous refuseront-ils leur secours; & s'obstineront-ils à ne point vouloir quitter leur Ciel pur, pour un lieu sombre? Glaucon. Ils feront leurs reflexions, mon cher Socrate; & j'augure qu'elles vous seront favorables. Ils aimeront la justice; & vous ne leur demandez rien que de juste. Socrate. Oui, mon cher Glaucon, ils se laisseront persuader. Mais on les verra monter aux premiers postes, avec des sentiments fort differents des ordinaires; comme des gens, que leur inclination porteroit entierement à se cacher; mais que l'utilité publique, dont la consideration doit l'emporter sur toutes les autres, fait seule resoudre à se produire. Glaucon. Quand est-ce, mon cher Socrate, que les Grands voudront penser de la sorte! Socrate. Si par touts nos efforts, nous pouvions leur faire connoître, & goûter une vie, sans comparaison meilleure que celle dont ordinairement l'orgueil est en eux le mauvais principe; nous commencerions enfin à voir des Etats bien gouvernés, & des Peuples heureux. C'est alors que le Monde auroit des Maîtres veritablement riches; riches, moins par leurs amas d'or, & d'argent, que par la possession des thresors, infiniment plus precieux, de la sagesse. Mais tant qu'il n'en aura que de necessiteux, d'insatiables, à qui tout manque, au milieu de tout leur faste, & de toute leur abondance, enfin d'empressés uniquement de servir le Public, pour se charger de ses depouilles; qu'attendre, que touts les malheurs ensemble? Où pourroit aboutir cette guerre intestine, eternellement allumée entre eux, à qui sera le plus en situation de faire un gros butin, que souvent à les ensevelir eux-mêmes dans le tombeau de la Republique? Glaucon. C'est à quoi l'Ambition tôt ou tard conduit. Socrate. Une passion ardente pour la vraie Philosophie, mon cher Glaucon, est seule capable de refroidir un cœur pour des objets, qui sont dans le Monde une source continuelle de renversements; & de faire concevoir pour

eux

eux un noble mepris. Glaucon. Pour n'en être point enchanté, mon cher Socrate, il en faut connoître, il en faut aimer d'autres ; dont seule elle fait sentir les charmes, & qu'elle seule fait decouvrir. Socrate. La bonne regle sera, pour mettre fin à touts ces combats echauffés, de ne confier la puissance qu'à ceux qui la redoutent, beaucoup plus qu'ils ne la desirent. Autrement à la tête de l'Etat, on n'aura qu'une troupe de concurrents ; qui le sacrifieront, pour s'aggrandir. Glaucon. C'est, mon cher Socrate, ce qu'on voit arriver, lorsqu'on la donne à la brigue. Socrate. Si les Peuples ont leur repos, & leur salut à cœur ; outre qu'ils ne prendront jamais pour Maîtres que les plus habiles dans l'art de gouverner ; ils choisiront aussi toujours ceux qui sçavent être touchés d'une gloire, preferable à toute l'enflure de l'orgueil ; & qui sont animés de motifs, très superieurs à touts ceux que l'Ambition inspire. Glaucon. Ils sont les seuls dignes d'occuper les postes les plus eminents de la Republique ; parceque seuls ils ont assez de grandeur d'âme, pour les mepriser.

Socrate. Je crois, mon cher Glaucon, pouvoir enseigner au Monde le secret de se former des hommes de ce charactere ; & de les evoquer, pour ainsi dire, de leurs tenebres favorites, comme, par le secours de la magie, on fait les mânes de leur sombre sejour. Glaucon. Voulez vous bien nous l'apprendre ? Socrate. C'est mon dessein. Mais auparavant je dois vous avertir, qu'il s'agit ici de beaucoup plus, que de ce jeu d'Enfants, auquel c'est la Dame, noire par dessous, qui gagne, lorsqu'après avoir fait ses tours en l'air, elle tombe sur le blanc. Il est question de tourner l'âme, entierement obscurcie, du coté qu'elle presente au Monde materiel ; jusqu'à ce qu'elle ait de front celui, que la Divinité remplit de sa lumiere. C'est encore une fois l'ouvrage de la Philosophie ; ou, pour mieux dire, son grand miracle. Glaucon. Il est bien nommé grand. Socrate. De ses nombreuses forces mouvantes, laquelle sera capable, mon cher Glaucon, de lui faire ainsi changer tout à fait de posture ; & de vaincre les poids enormes, dont je vous parlois tantôt ? Quelle science la ramenera vers l'Etre immuable ;

able; & lui fera comme tourner le dos à tout ce qui naît, & qui perit?..... La queſtion eſt du plus haut genre..... Souffrez que j'y penſe un moment..... Nous avons fait ſouvent l'eloge de la Gymnaſtique, & de la Muſique. GLAUCON. Unies enſemble, elles produiſent des effets, qui ne ſe peuvent exprimer. SOCRATE. Oui; mais prenez garde que la premiere ne perfectionne que le corps; & qu'elle eſt utile ſeulement pour ſe conſerver la paiſible jouïſſance des biens qui paſſent. GLAUCON. Il eſt vrai. SOCRATE. Ce n'eſt donc pas celle qu'il nous faut. GLAUCON. Non. SOCRATE. Que dirons nous de la Muſique? GLAUCON. Elle donne des mœurs; elle eſt Mere de l'elegance, & de l'harmonie, dans les actions, & dans le diſcours; ſoit qu'il ait la fable, ou la verité pour ſujet. Cependant je ne vois pas encore qu'il en faille attendre la connoiſſance du Souverain Bien, dont vous etes en peine. SOCRATE. Envain l'eſpererions nous, à plus forte raiſon, des Arts mechaniques. GLAUCON. Ils ſont d'un ordre beaucoup inferieur. SOCRATE. Nous reüſſiſſons très mal, ce me ſemble, dans le particulier. Peut-être dans le general ſerons nous plus heureux. GLAUCON. Tirez nous d'embarras, je vous en ſupplie, mon cher Socrate.

 SOCRATE. Vous allez être ſurpris, mon cher Glaucon. Pour introductrice à la Science relevée, que nous cherchons, j'en conſeillerois une, que toutes les autres emploient très utilement au beſoin; mais qui cependant n'eſt pas fort eſtimée; l'Arithmetique, en un mot. Vous ſçavez qu'elle eſt d'uſage partout; à commencer par l'art militaire. Dans nos Tragedies, Palamede fait certainement les Grecs plus ſtupides qu'ils ne pouvoient l'être; lorſqu'il ſe vante au ſiege de Troie d'en avoir eté le premier inventeur; & qu'il aſſûre, ſans lui qu'ils n'auroient pas ſçu le nombre de leurs Vaiſſeaux, ni de leurs Troupes. Sans Palamede, Agamemnon auroit ignoré combien de pieds il avoit de haut, & combien de doigts à la main! GLAUCON. Ce ne ſeroit pas être, je ne dirai pas grand Capitaine, mais homme ſeulement, que de ne ſçavoir pas compter, un, deux, trois, quatre. SOCRATE. Fort bien. Mais croiriez vous, pendant qu'on ne fait gueres ſervir la ſçience

LIVRE SEPTIEME.

du calcul qu'aux ufages les plus communs, qu'elle pût conduire l'efprit à des connoiffances très fublimes; & l'elever même naturellement à celle de l'Etre fuprême? GLAUCON. Vous m'etonnez. De quelle maniere, je vous prie? SOCRATE. Je ferai mes efforts, pour vous l'expliquer, mon cher Glaucon. Vous me remettrez dans la voie, fi je m'ecarte.

De nos fenfations, les unes font parfaites; & ne laiffent dans notre efprit aucun embarras, fur les qualités des objets, qui nous les caufent. Les autres nous jettent au contraire dans mille incertitudes; qui nous exçitent à des recherches; pour fçavoir à quoi nous en tenir. GLAUCON. Apparemment vous entendez ceux qui font eloignés, ou peints. SOCRATE. Non. Je parle des corps qui nous environnent, & qui font même fort près de nous. Mes trois doigts, le petit, le fuivant, & celui du milieu, vous feront comprendre ce que je veux dire. Je les vois d'une certaine figure, & je ne revoque point en doute le temoignage de la vue; parceque jamais elle ne varie à cet egard. Il n'en eft pas de même de leurs qualités fenfibles; de leur groffeur, par exemple. Si je les compare à ceux d'un enfant, elle me fera juger qu'ils font enormes; à ceux d'un Geant, le contraire. Les autres fens ne font pas moins fujets à nous dire le pour & le contre. Ils nous reprefenteront le même corps petit & grand, dur & mou, pefant & leger, vite, & lent tout à la fois. GLAUCON. Ces expofés irreconciliables, ne peuvent manquer en effet de caufer à l'âme d'etranges embarras; & de lui faire chercher les moïens de s'eclaircir. SOCRATE. Elle confulte l'entendement pur; afin d'apprendre s'ils parlent d'une feule chofe, ou de plufieurs. Bientôt il fepare les idées, qu'ils avoient confondues. En un mot il corrige leurs faux jugements, & la ramene, comme en titre d'office, à la verité. C'eft là deffus que la diftinction fameufe de l'intelligible, & du fenfible, eft etablie. GLAUCON. Elle eft très jufte. SOCRATE. Il refte à voir auquel de ces deux genres appartient l'unité, mere, comme on fçait, de tous les nombres. GLAUCON. Je n'oferois, mon cher Socrate, me hazarder à refoudre une queftion fi metaphyfique. SOCRATE. Ce qui vient de preceder nous met neanmoins beau-

coup

coup sur les voies. Nos sens nous representent à toute heure un objet, comme un, & multiple, en même temps. Il faut un Juge, qui prononce lequel on croira. L'âme rentre en elle-même, pour etudier, sans leur intervention, la nature de l'unité veritable; dont la connoissance lui sert d'echelon ensuite, pour l'elever jusqu'à celle de l'Etre souverain. GLAUCON. Il est vrai que l'unité sensible en est fort differente; puisqu'elle subsiste avec la multitude, dans toutes les choses materielles.

SOCRATE. L'Arithmetique sera donc une des sciences que nous cherchons. GLAUCON. On ne peut nier qu'elle ne tourne beaucoup l'esprit vers la verité pure. SOCRATE. L'homme de guerre auroit tort de l'ignorer; ne fût-ce que pour sçavoir mieux ranger son monde. Le Philosophe doit s'en faire un capital; parcequ'elle detache l'âme des choses perissables, & l'unit à l'Essence divine. GLAUCON. Je comprends, mon cher Socrate, qu'elle se rapporte naturellement à ces deux fins sublimes. SOCRATE. On ne se contentera donc pas de l'enseigner superficiellement, & seulement pour l'usage de la vie, à ceux qui rempliront un jour les plus importantes charges de la Republique. Il faudra leur faire sentir avec soin tout le merveilleux de la nature des nombres; dans la vue de les passionner pour les verités immuables; & de les accoutumer, si je l'ose dire, à traverser toute la basse region des objets corruptibles, pour arriver jusqu'à l'Etre eternel. GLAUCON. Etudiée de la sorte, elle contribuera beaucoup à l'acquisition de la vraie sagesse.

SOCRATE. Mon cher Glaucon, je ne puis assez admirer combien la science dont nous parlons est commode pour tout, & belle en soi; pourvu qu'un vil interêt ne soit pas le motif qui porte à l'apprendre; & qu'on y cherche à se perfectionner l'Esprit. Il est incroïable à quel point les speculations qu'elle lui presente, le degagent des sens, & de la Matiere. On sçait, par exemple, qu'elle est infiniment divisible. Mais qu'on prie un Arithmeticien de partager l'unité veritable en deux moitiés, ou d'y faire apperçevoir l'affinité la plus legere avec le corps; il ne repondra que par un souris, qui punira le faiseur de question. L'a-t-on divisée? Il multipliera

LIVRE SEPTIEME.

tipliera le numerateur de la fraction par le diviseur; & la rendra tout ce qu'elle etoit, avant la division. GLAUCON. Il est vrai. SOCRATE Que repliquera-t-il encore, si le même Esprit grossier lui demande, un million de fois multipliée par elle-même, comment elle ne donne toujours qu'elle-même pour produit ; & comment, rompue à l'infini, elle demeure indiscerpible ? Qu'elle a ces proprietés, & mille autres, incomprehensibles à nos sens; mais que le meilleur pour eux est de se taire, quand la raison parle, & leur impose silence. GLAUCON. On a demonstration pour toutes ces choses, mon cher Socrate. Il seroit extravagant de les contester. L'Arithmetique est donc une Science des plus necessaires; puisqu'elle fournit un exercice continuel à l'entendement pur ; & qu'elle forme insensiblement un goût pour la verité, plus delié qu'on ne peut dire. J'ajoûte qu'elle donne de l'ouverture pour toutes les autres ; ou qu'elle augmente beaucoup celle qu'on avoit dejà. Enfin il n'en est aucune, qui demande un travail plus opiniâtre; & par consequent elle accoutume à tout celui, dont elles sont la recompense. GLAUCON. Par touts ces endroits, les jeunes gens, de qui l'on aura des attentes plus qu'ordinaires, doivent l'apprendre à fond. SOCRATE. Me direz vous, à laquelle il faudra les tourner ensuite? GLAUCON. A la Geometrie, apparemment. SOCRATE. Vous me devinez. GLAUCON. Il est hors de doute qu'elle est très utile dans la profession des armes; pour camper, pour se fortifier, pour se mettre en bataille, pour faire les evolutions, pour ordonner les marches. Un Guerrier Geometre s'en acquittera toujours mieux qu'un autre. SOCRATE. Oui. Mais avec assez peu de Geometrie, & d'Arithmetique, on fera très habilement la guerre. L'essentiel est de voir, si la premiere approche aussi l'âme du Bien Souverain; dont la connoissance est le grand fruit, comme nous l'avons posé d'abord pour principe, qu'on doit remporter de toutes ses etudes. Si donc il nous paroît qu'elle l'unisse à cette bienheureuse Essence, elle meritera touts nos eloges; mais nous en ferons assez peu de cas, si toute la pompe de ses decouvertes ne s'etend point au delà de la sphere des choses passageres. GLAUCON. Mon cher Socrate, les

Sciences

Sçiences veritables tiendront beaucoup à la Religion ; s'il eft vrai qu'elles nous faffent de la forte avoir un commerce intime avec la Divinité!

Socrate. Pour peu qu'on ait penetré la nature de celle dont je parle ; on fçaura que ceux qui l'eftiment uniquement, par les bons fervices qu'elle rend aux arts, en ont une très fauffe idée ; puifque la Theorie eft certainement le principal, & les ufages, l'acceffoire. C'eft pourtant une erreur fort commune, parmi les perfonnes même qui la manient. Glaucon. A leur compte, il femble que fon utilité feroit mediocre. Socrate. Affurement. Qu'elle nous aide à calculer touts les mouvements des Aftres, & qu'elle nous faffe trouver fous la pointe du Compas les dimenfions de touts les corps ; il ne s'agit là que d'objets, qu'un jour vit naître, & qu'un autre verra perir. Le fien eft affranchi des loix du temps. Glaucon. Il eft vrai. Les rapports, qu'elles nous decouvre dans l'Etendue ideale, font neceffaires, immuables, eternels.

Socrate. Mieux que l'Arithmetique encore, elle fouftrait l'efprit à l'empire des fens, le detache des chofes corruptibles, l'unit à la verité, le prepare aux leçons les plus fublimes de la fageffe. On la cultivera donc avec foin dans une Republique, où chacun n'aura point de plus forte paffion que de les pratiquer. Glaucon. On auroit tort d'y negliger une Sçience, à laquelle on ne peut faire trop d'accueil. Socrate. La multitude, & l'excellence de fes ufages, la rehauffent encore beaucoup. Ce n'eft pas dans la guerre feulement que l'efprit geometrique eft d'un grand fecours. Il fe fait remarquer partout ; & s'il manque, on le fent d'abord. Glaucon. Il eft vrai. Dans quelque genre que ce puiffe être, la difference eft prefque entiere.

Socrate. Après que nos jeunes gens auront percé toutes les profondeurs de la Geometrie ; à quoi les appliquerons nous ? Glaucon. Mon cher Socrate, je fuis arrêté. Votre fentiment, je vous prie ? Socrate. A l'Aftronomie. Glaucon. Elle eft utile à beaucoup de chofes. La navigation, en particulier, lui doit tout. Socrate.

Mon

LIVRE SEPTIEME.

Mon cher Glaucon, vous femblez craindre qu'on ne nous accufe de vanter ici des Sçiences, dont la Societé civile ne tire que des avantages mediocres. Cependant, croïez moi, le danger n'eft point là du tout. La difficulté feroit de faire comprendre aux hommes, qu'elles epurent, & qu'elles raniment l'œil de l'âme; unique orgâne qu'elle ait reçu de la nature, pour decouvrir la verité, plus precieux par confequent mille fois que les yeux du corps; pendant que celles qui dans le Monde ont le plus d'eclat, le gâtent, ou le font même fouvent perdre tout à fait. Ceux qui connoiffent toute l'excellence des premieres, applaudiront avec empreffement à nos loüanges. Mais les autres les croiront données fur des fondements peu folides; ou meritées feulement par les endroits, j'ai prefque dit meprifables, dont nous parlons toujouts en fecond lieu. Auxquels adrefferons nous ici la parole, mon cher Glaucon? Nous contenterons nous fimplement d'approfondir ce grand fujet, pour notre inftruction particuliere; fauf à ne point envier aux Efprits bien difpofés ce que nous aurons appris de bon. GLAUCON. J'aurois pour maxime, d'apprendre toujours, mon cher Socrate; fans contraindre perfonne de partager mes acquifitions en fait de connoiffances avec moi.

SOCRATE. Puifque vous etes refolu de marcher, foit qu'on vous fuive, ou qu'on vous laiffe; tournons la tête un moment derriere nous. L'ordre, ce me femble, eft violé. Du plan, que la Geometrie confidere en premier lieu, nous avons paffé tout d'un coup au corps en mouvement; fans faire hommage à la doctrine des folides. GLAUCON. Imparfaite comme elle eft encore, mon cher Socrate, qu'en dirions nous? SOCRATE. Deux chofes font, à mon avis, que nous fommes fi fort en arriere. Les Mathematiques pures font difficiles, & mediocrement honorées. Les decouvertes font peu nombreufes, parceque les recherches font languiffantes. Il faudroit d'habiles gens, pour y prefider; ils font rares. Fût-il poffible d'en trouver; les Mathematiciens pour l'ordinaire font gens trop pleins d'eux-mêmes, pour daigner fe conduire par autrui. Le remede feroit, que le Public s'en mêlat. Si, par les recompenfes, il excitoit l'emulation des beaux genies; on verroit bientôt les difficultés vaincues, & la verité contrainte par leurs efforts de se trahir. De quelques epines que soient environnées les belles Sçiences dont je parle; quoique le Monde en retarde infiniment les progrès, par son mepris; enfin, quoique leurs beautés principales soient absolument cachées pour la plûpart de ceux qui les cultivent; telle est la force irresistible de leurs charmes, que malgré ce grand nombre d'inconvenients, touts les jours elles se perfectionnent, & s'enrichissent. GLAUCON. On ne doit point en être surpris. Le plaisir attire; & rien n'egale celui qu'elles donnent à l'esprit. Mais revenons, je vous prie, mon cher Socrate. Après la Geometrie, vous placiez l'Astronomie dabord; mais vous vous etes repris. SOCRATE. Je laisse entre elles un vuide, que la premiere aura bientôt rempli, si quelque Republique en fait son affaire. GLAUCON. A cette condition, je conçois que la Stereometrie avanceroit. Mais vous, mon cher Socrate, qui tout à l'heure me faisiez des reprimandes, pour vanter à l'excès votre quatrième Sçience, comme vous souhaitez qu'on la compte; remarquez vous que vous l'estimez? Il doit par consequent m'être permis de lâcher un peu la bride à ma passion pour ses loüanges. J'en appelle à touts les hommes. Ils vous diront touts que l'Astronomie eleve l'âme; & même jusqu'à lui faire etablir son domicile dans les Cieux. SOCRATE. Enorgueillissez vous de leur suffrage tant qu'il vous plaira, mon cher Glaucon. Dans le sens que vous l'entendez, vous n'aurez jamais le mien. GLAUCON. Pourquoi donc? SOCRATE. Cette Sçience, pretendue sublime, de la maniere qu'on l'etudie ordinairement, ravale plutôt l'esprit, & le fait descendre, selon moi. GLAUCON. Vous m'etonnez! SOCRATE. Cher Glaucon, c'est moi qui suis un peu surpris de vous entendre! A ce que je vois, vous auriez grande opinion d'un Curieux; couché sur le dos, qui les nuits entieres, contempleroit aux bougies un plât-fond bien peint? Je trouverois pour moi qu'il auroit les yeux fort emploïés, mais l'entendement fort inutile. Peut-être est-ce moi qui me trompe; mais j'estime que l'âme ne regarde en haut, que l'œil detaché de touts les objets des Sens, lorsqu'elle observe les intelligibles. Un homme aura

beau,

LIVRE SEPTIEME.

beau, l'Astrolabe en main, poursuivre infatigablement touts les corps celestes ; & las de ce travail, faire la dissection de touts les corps terrestres l'un après l'autre ; je ne conviendrai point qu'il acquiere une Science. Monté sur le plus haut observatoire de l'univers, eût-il la vue toujours fixée au Zenith ; je soutiendrai qu'il regarde en bas, & qu'il rempe à terre. GLAUCON. Je suis puni, mon cher Socrate. Mais comment remedier à l'abus qu'on fait de l'Astronomie ; & la faire servir aux fins relevées, auxquelles vous entendez qu'on la rapporte ? SOCRATE. Je consentirois qu'on regardât cette multitude innombrable de globes lumineux, que la main du Createur fait rouler si majestueusement sur nos têtes, comme tout ce que le Monde sensible offre à nos yeux de plus digne d'être admiré. Mais je voudrois qu'on sçût en même temps, que ce grand spectacle, tout ravissant qu'il est, cede beaucoup en magnificence à cet autre, que presentent à la contemplation de l'Entendement pur les Spheres archetypes, & veritables ; qui, de leur coté, figurent entre elles dans l'etendue ideale, avec une justesse, une regularité, que les premiers n'ont point. En un mot je penserois à la vue du Ciel, comme feroit un Geometre, à la rencontre d'un marbre animé par un habile ciseau, d'une toile, devenue eloquente, par l'art divin d'un peintre fameux. Il ne refuseroit pas ses eloges à ces chefs-d'oeuvres ; qui nourriroient quelques moments son admiration. Mais il se mocqueroit avec raison d'un Connoisseur, qui passeroit la vie à se recrier sur leur excellence ; & bientôt il retourneroit à ses idées Geometriques, à son gré tout autrement pleines de Symmetrie, & de beauté ? GLAUCON. Pour ce qui plaît à l'œil, il ne seroit assurement pas homme à quitter ce qui charme l'esprit. SOCRATE. L'Astronôme philosophe estimera pareillement le ceintre merveilleux, qui fait l'objet de son etude, l'ouvrage le plus beau du grand Ariste, qui de ses mains forma le Ciel, & la terre. Mais quelle pitié n'aura-t-il pas d'un mal-habile homme, qui leur attribuera dans leurs mouvements, & dans leurs figures, une exactitude, dont les choses materielles ne sont aucunement capables ? Il plaindra son ignorance davantage encore, s'il va jusqu'à s'imaginer,

Ff 2　　　　　　　　　　　que

que cette reguliere succession de jours, & de nuits, de mois, & d'années, qui se comptent par les revolutions des corps celestes, soit inalterable de sa nature, eternelle dans sa durée. Glaucon. L'Astronomie intelligible, mon cher Socrate, à ce que je vois, passe de beaucoup celle qui manie le Telescope. Socrate. Nulle comparaison à faire, mon cher Glaucon. Les problêmes astronomiques seront par consequent dirigés aux mêmes fins, que ceux de l'Arithmetique, & de la Geometrie. On s'y proposera moins de satisfaire une curiosité loüable, sur tout ce qui regarde les etoiles, & les planettes, que d'enrichir, & d'orner cette partie de l'Ame, que la Nature destina pour sanctuaire à la Sagesse. Glaucon. Vous preparez aux Astronômes plus d'affaires, que vrai-semblablement ils ne jugeront à propos de s'en donner. Socrate. Peu nous importe. C'est à nous de finir l'article des Sciences, en Legislateurs assez instruits de leurs utilités, pour faire connoître aux hommes ce qu'elles ont de meilleur. En sçauriez vous quelqu'une encore, bonne à faire apprendre aux jeunes gens? Glaucon. Non, je n'en ai point, mon cher Socrate.

Socrate. L'idée du mouvement neanmoins, qu'elle offre incessamment à l'esprit, fait naturellement penser à plusieurs autres, dont il est aussi l'objet. Un plus habile homme vous en feroit l'enumeration exacte. Mais c'est assez pour un Mathematicien du second ordre, comme je suis, de vous en indiquer une, Sœur de l'Astronomie. Glaucon. Sœur, par quelle raison, je vous prie, mon cher Socrate? Socrate. C'est qu'elle enchaîne les oreilles aux instruments; comme celle-ci fait les yeux aux astres. Un Disciple de Pythagore vous prouveroit mieux la parenté. Glaucon. Je vous entends; & j'aurois dû me souvenir de la Musique, proprement dite. Socrate. C'est aux grands praticiens de nous en faire des leçons. Mais, à tout ce qu'ils auront la bonté de nous en dire, ils nous permettront d'ajoûter un mot. C'est qu'il est encore plus vrai d'elle, que ni de l'Arithmetique, ni de la Geometrie, ni de l'Astronomie, quelle n'est pas fort estimable; à moins qu'elle ne conduise à la fin sublime, à laquelle dans toutes nos etudes je repete que nous devons tendre. Cependant vous sçavez que les Maîtres de l'harmonie ont ordinairement des vues, qui ne sont pas fort elevées. Tout occupés du soin de marier les sons ensemble, de la maniere la plus capable de charmer les sens; ils travaillent aussi laborieusement à ranger leurs notes, que les Astronômes, à calculer leurs eclipses. GLAUCON. Je me divertis souvent, je vous l'avoue, mon cher Socrate, à voir les premiers, la bouche remplie d'un jargon, intelligible pour eux seuls, avancer l'oreille par dessus les epaules les uns des autres, & la tenir des heures entieres tendue; pour ne perdre aucun bel endroit d'un tumultueux concert. L'un distingue un ton, trop delicat, pour être senti par le reste de la Troupe. L'autre se recrie sur un nouveau, plus imperceptible encore; mais qui paroît beaucoup en approcher. Enfin le plaisir d'entendre est tout, & celui de penser n'est rien pour eux. SOCRATE. Vous peignez bien le vulgaire des Musiciens; qui passeront la meilleure partie du temps à gronder leurs cordes; à punir l'insolence des unes, & le peu de langue des autres. Mais j'attaque les Orphées; esprits aussi peu sages que les Astronômes, selon moi. Enchantés de l'execution, ils negligent la Theorie; & quelquefois même ils iront jusqu'à la mepriser. GLAUCON. Quoi de plus curieux cependant, que de connoître en nombres les rapports, d'où resultent les consonances douces, & celles qui deplaisent; en un mot de voir les raisons, qui rendent les unes agreables, & les autres penibles à l'oreille? SOCRATE. De cette sorte, la Musique ne conduiroit pas moins à la connoissance du Beau par essence, du Bien Souverain, que l'Arithmetique, la Geometrie, & l'Astronomie, purement intelligibles. La premiere est utile par cet endroit; mais du reste à quoi peut-elle beaucoup servir? GLAUCON. A l'amusement; à la satisfaction de la mollesse.

SOCRATE. Pour tirer, si je l'ose dire, la moüelle des Sçiences, mon cher Glaucon; il faut donc aller jusqu'à ce qu'elles ont d'abstrait, & de commun entre elles. De cette maniere nous en remporterons un fruit, digne de nos travaux; dont autrement nous serons toujours mal recompensés. Elles nous uniront toutes à l'E-
tre

tre parfait. GLAUCON. Quoi de plus à souhaiter! Je trouve seulement que vos eleves auront bien de l'emploi.

SOCRATE. Vous n'y pensez pas, mon cher Glaucon. Je n'en suis qu'aux preliminaires encore avec eux. Ignorez vous qu'on peut être bon Geometre, Astronôme du premier ordre, Musicien excellent, & Dialecticien pitoïable? GLAUCON. Non; mais il n'est pas facile d'être homme universel, au point que vous le demandez. SOCRATE. Il n'en est pas moins vrai, qu'il vaudroit presque autant ne rien sçavoir, que sçavoir toutes choses à demi; & que la nouvelle Science, dont il me reste à vous parler, est la plus necessaire, aussi bien que la plus sublime, dont puisse être orné l'Esprit humain. Le forçat, perdu nouvellement pour la caverne, a tout à fait recouvré la vue, lorsqu'il en est au point de regarder fixement le Soleil. Quand aussi l'œil de la perception est assez vigoureux, pour s'arrêter facilement sur les idées lumineuses de la * Metaphysique, & sur les essences des choses, que renferme dans son immensité l'Etre bon par excellence; il est parfaitement gueri; aucun objet du Monde intellectuel ne lui causera plus de peine. GLAUCON. C'est, je le vois, où tendoit la belle Allegorie, qui me demeurera toujours dans l'esprit. SOCRATE. Oui, mon cher Glaucon. D'un coté, les chaînes tombent; le commerce avec les ombres finit; le mal d'yeux oblige de ne pas trop les exposer dabord au grand jour. De l'autre, les plus forts des liens, par lesquels on tenoit à la matiere, se rompent. On passe dans un horizon nouveau. Le regard, affermi par degrés, se porte librement sur toutes les verités immuables; & l'on juge des choses passageres, aux raïons purs de la lumiere divine. La partie du corps la plus distinguée, là parvient à considerer le plus bel objet du Monde visible. Ici, la partie la plus noble de l'âme, devient capable de contempler le plus excellent de touts les Etres, dont l'eclat remplit tout le Monde intellectuel.

GLAUCON. Mon cher Socrate, je trouve qu'il est egalement difficile de vous comprendre, & de vous contredire. De si hautes

* Platon commence à parler de la Dialectique. Mais pour le faire mieux entendre, nous avons mieux aimé d'abord lui donner un nom, plus connu de nous autres Modernes.

speculations demandent qu'on les proportionne à la foiblesse de notre esprit. Faites nous donc connoître la Metaphysique, & developpez nous en les mysteres; puisque c'est elle qui fait arriver au terme, où l'on n'a plus, dites vous, qu'à se feliciter, & prendre haleine.

SOCRATE. Je doute qu'il soit en mon pouvoir de vous satisfaire. Cependant je vais rassembler toutes mes forces; excité par l'importance extraordinaire du sujet, & par un desir parfait de vous marquer mon zele. Ce ne seront plus au reste ici des ombres, & des images de la verité; c'est elle-même, qui va paroître à decouvert. Je n'ose davantage m'etendre, sur les loüanges de la Science dont je vous parle. Mais j'estime que si la clarté lui manque, il ne faut l'attendre de pas une autre. GLAUCON. Je vous ecoute.

SOCRATE. Elle seule conduit l'Esprit par ordre, dans l'examen de chaque chose, & l'instruit parfaitement de sa nature. La Physique n'a pour objet que la composition, ou la decomposition des corps. Les Sciences, qui dans le monde ont le plus d'eclat, ne roulent que sur les opinions, & sur les differents jeux des passions des hommes. Celles dont le grand charactere est d'approcher l'âme de l'Etre immuable, la Geometrie, & les autres, ne la font avancer dans ses recherches, pour ainsi dire, qu'à tâtons. Ce n'est qu'à force d'axiômes, & d'hypoteses, qu'elles font arriver à la resolution de leurs problêmes. Des Sciences, dont toute l'enchainûre depend ainsi de choses qui ne sont pas connues, n'en meritent assurement pas beaucoup le nom. GLAUCON. Il est vrai.

SOCRATE. La Metaphysique, sans le secours d'aucune supposition, mene toujours l'esprit, de principe clair, en principe clair. Elle epure l'œil de la perception, sali par les approches impetueuses des objets sensibles; & le tourne vers les plus sublimes d'entre les intellectuels. Par deference pour la coutume, nous avons donné jusqu'ici le nom de Sciences à celles-là; quoiqu'elles ne soient à proprement parler que des arts, ministres de celle-ci. GLAUCON. Je comprends, mon cher Socrate, qu'elle merite toute notre estime.

SOCRATE.

Socrate. Notre divifion d'autrefois ici retrouve fon lieu, mon cher Glaucon ; & nos differentes manieres d'apperçevoir fe rangent encore naturellement, de la maniere qui fuit : l'intuïtion, le raifonnement, la foi, la probabilité. Les deux premieres forment en nous la Sçience ; & les dernieres l'opinion. L'une borne l'efprit aux chofes corruptibles, & ne le repaît que d'incertitudes. L'autre, par une vue claire, lui fait embraffer l'Etre eternel, dans fon infinité. L'effence eft à l'exiftence, ce que la connoiffance intuitive eft à l'opinion ; ce que la Sçience eft à la foi ; ce que la demonftration eft à la vrai-femblance. Pour eviter les redites ; j'omets la divifion generale du fenfible, ou de l'apparent, & de l'intelligible, ou du reel. Glaucon. J'entre tout à fait dans vos penfées, mon cher Socrate. Achevez, je vous en fupplie.

Socrate. Un Metaphyficien eft un homme, qui penetre le fond des chofes ; & qui par cette raifon, en parle jufte. Celui qui ne les voit pas jufques dans l'interieur, à bien dire, ne fçait rien ; & n'apprendra jamais rien aux autres. Glaucon. Pour enfeigner, il faut entendre parfaitement ce qu'on enfeigne. Socrate. Que juger par confequent de toute perfonne, qui manque de la force d'efprit neceffaire, pour ecarter, comme les armes à la main, touts les phantômes, qui fe brouillent inceffamment avec la plus vafte, & la plus fimple de nos idées ; finon qu'il ne connoît ni le Bien fouverain, ni les biens, qui font emanés de lui. Eternellement duppe des apparences, il paffe la vie dans les illufions d'un fonge, qui ne fe diffipe, que lorfque la mort le reveille. Glaucon. Il n'eft certainement point d'ignorance plus deplorable, que celle qui nous derobe la vue de ce divin objet.

Socrate. Vous ne confierez pas, j'en fuis perfuadé, mon cher Glaucon, le fort des hommes à des gens, à qui l'on pourroit juftement la reprocher ; & qu'on verroit muets, fi-tôt qu'on parleroit de quelque Sçience abftraite en leur prefence ? Glaucon. Les Maîtres des autres, ne doivent pas feulement être meilleurs qu'eux, mais auffi plus eclairés. Socrate. Avant que de les elever aux premiers emplois, on leur fera donc percer toutes les profondeurs de la Metaphyfique ;

LIVRE SEPTIEME.

physique; pour achever de les rendre habiles dans l'art de penser; au dessus duquel on n'estimera rien pour eux. La Dialectique en un mot, finira ce que les autres Sçiences n'auront fait qu'ebaucher. GLAUCON. Elle en est le couronnement, je le conçois, mon cher Socrate.

SOCRATE. Touts les esprits n'y sont pas propres. C'est donc à nous d'assigner les marques, auxquelles on distinguera ceux qui certainement y feront un jour de grands progrès. On attendra que nous enseignions aussi la maniere de les conduire dans une etude, encore une fois plus importante que toutes les autres. GLAUCON. Ces nouvelles recherches serviront beaucoup à notre instruction.

SOCRATE. Nous avons souvent recommandé, pour avoir toujours de quoi remplir avantageusement les deux premiers ordres de la Republique, d'elever dans une classe à part les jeunes gens d'un beau naturel, & d'une bonne grace exterieure parfaite, autant qu'il sera possible. Ici nous avertissons qu'ils ne surmonteront jamais les difficultés, qui rendent les Sçiences abstraites à la portée de si peu de personnes; sans une etendue, une force, une penetration d'esprit plus qu'ordinaire. Nous avons ailleurs dit qu'elles ont quelque chose de plus effraïant pour l'âme, que les exercices du corps les plus penibles. Elle est comme soulagée, par la part qu'il a dans les derniers; au lieu qu'elle est seule à vaincre les autres. De là vient qu'un problême de Geometrie, une meditation Metaphysique, fera pâlir tel, qui se plaît à se voir couvert de poussiere dans le Cirque; & qui dans un jour de bataille se montrera parfaitement intrepide. Noublions pas l'amour du travail, effet d'une passion ardente pour la verité. GLAUCON. Ces qualités seront toutes necessaires, mon cher Socrate, pour ne se point rebuter dans une double carriere, si difficile à fournir.

SOCRATE. Ne nous etonnons plus de voir la Philosophie decriée dans le monde, au point que nous le disions tantôt, mon cher Glaucon; puisqu'il faudroit que son Temple ne fût ouvert qu'aux plus excellents sujets; & qu'il est prophané par des millions d'hommes, qui pour ne rien dire de plus, n'ont que le faux merite en

TOME II. Gg partage.

partage. GLAUCON. Il est vrai que tout s'y jette en foule. SOCRATE. Elle ne s'accommode point des personnes infatigables aux exercices du corps, mais pleines de langueur, lorsqu'il faut passer à ceux de l'esprit? N'aimer aussi que les derniers, seroit pêcher beaucoup, par un autre endroit. GLAUCON. Elle a, mon cher Socrate, un droit egal sur les deux parties qui nous composent. Elles doivent sortir egalement perfectionnées de son ecole. SOCRATE. Oui. Mais certaines âmes, naturellement pleines d'opposition pour le parfait, ne profitent jamais qu'à demi de ses leçons. Elles haïront le mensonge, jusqu'à tomber dans une espece de noir chagrin, à la vue de son extrême deformité. Mais elles reçevront l'erreur à bras ouverts; & semblables à certains animaux sales, elles se plairont à se rouler dans la fange de l'ignorance. GLAUCON. Les vrais Philosophes, mon cher Socrate, sont exempts de ces defauts. Ils veulent tout connoître; ils ne craignent rien tant que de se tromper. SOCRATE. Il est d'une consequence infinie de ne les pas confondre avec les faux. Autrement la temerité s'appellera bravoure, la profusion magnificence, l'ambition grandeur d'âme. Touts les vices en un mot seront vertus, & les vertus vices. La Republique ensuite ne pourra que très dangereusement se meprendre dans les choix de ses Magistrats; & le Citoïen, dans celui de ses amis. GLAUCON. Il est vrai. SOCRATE. Si nous prenons soin de n'appliquer à la Gymnastique, & de n'introduire dans le Sanctuaire des Sçiences, que les meilleurs sujets; la Sagesse elle-même, du haut du Ciel, baissera les yeux sur notre Etat; qui joüira sous leurs auspices d'un parfait bonheur. Mais si nous nous relâchons là dessus; il en reçevra le plus grand prejudice; & la Philosophie en souffrira plus que jamais dans l'opinion du Monde. GLAUCON. C'est une double raison, pour les bien choisir.

SOCRATE. Je fais un retour assez etrange, mon cher Glaucon, sur l'apologie que nous venons de faire en sa faveur. Dieu veuille que nous ne l'aïons pas desservie! GLAUCON. Comment donc? SOCRATE. Emporté par le desir de la venger du tort qu'on lui fait; je crains d'avoir trop lâché la bride à ma douleur; & quoi qu'au fond

LIVRE SEPTIEME.

fond très juftement indigné contre ceux que j'en accufe ; je ne fçai, je vous l'avoue, fi je ne dois pas me reprocher d'en avoir trop dit fur leur chapitre. GLAUCON. Je ne me fuis pas apperçu, mon cher Socrate, que vous leur aïez fait injuftice. Ni ceux qui la defhonorent, par leur fauffe maniere de raifonner, & par leurs mœurs corrompues, ni ceux qui la decrient, par une injufte antipathie pour elle, ne meritent à mon avis d'être epargnés. SOCRATE. Je n'ofe être tout à fait de votre fentiment, cher Glaucon ; & j'apprehende qu'au lieu d'engager les uns à bien penfer, & les autres à lui rendre plus de juftice, nous n'aïons fait que les aigrir. Quoiqu'il en foit ; abandonnons les deformais à leurs reflexions ; & retournons à notre fujet.

Nous voulions plus haut des perfonnes d'âge, pour les fonctions de la Magiftrature, & de la guerre. C'eft de jeunes gens, pour les Sçiences, qu'il nous faut. Quoique Solon fût dans un autre principe ; la vieilleffe eft auffi peu faite pour apprendre, que pour courir. Tout le feu de nos plus belles années eft certainement neceffaire, pour bien reüffir aux exercices du corps, & de l'efprit. GLAUCON. Il eft etonnant, mon cher Socrate, que ce grand Legiflateur ait pu fe laiffer prevenir d'une erreur, inexcufable dans un Efprit ordinaire.

SOCRATE. On enfeignera donc aux enfants de fort bonne heure, les elements de toutes celles qui prepareront les voies à la Dialectique ; mais on leur ôtera ce vifage aufteré, qui fouvent pour toute la vie leur en infpire un eloignement parfait. Pendant que pour l'ordinaire on les force de regarder l'etude, comme une occupation, qui demande extraordinairement qu'on fe captive ; on s'y prendra de façon au contraire à la leur faire envifager, comme un paffage, de leurs petits amufements, à de grands plaifirs. Tout ce qui reffemble à la contrainte, rebute, & revolte une âme, qui n'eft pas tout à fait ftupide. Pour n'avoir d'abord monté qu'avec chagrin, peut-être n'en feront-ils pas moins bien à cheval, après quelques années. Mais tout ce qui leur fera mis dans l'efprit par force, n'y fera pas un long fejour ; & de plus ils en concevront pour tout ce qui s'appelle fçience une averfion, que rien ne pourra jamais guerir. GLAUCON. La crainte eft un mauvais principe, & ne produit aucun bon effet durable. SOCRATE. Qu'on leur faffe donc tracer des figures, & refoudre des problêmes, comme en badinant; ne fût-ce, dans les moments où leur belle humeur les trahira davantage, que pour decouvrir à quoi le fond de leurs inclinations les porte, & ce que la Nature en veut faire. GLAUCON. Vos preceptes fur l'education des jeunes gens, mon cher Socrate, font admirables.

SOCRATE. Nous avons autrefois confeillé de les rendre Spectateurs des combats, à quelque diftance du peril; & de leur donner l'avant-goût du carnage; comme on fait aux jeunes chiens de meute celui du Sang. GLAUCON. Je m'en fouviens. SOCRATE. On tirera de la foule ceux qui dans les rencontres auront montré le plus de mepris pour les fatigues militaires, le plus de fang froid dans les dangers, & le plus d'ardeur pour les Sçiences. GLAUCON. A quel âge leur donneriez vous une premiere teinture de celles-ci? SOCRATE. Après leurs exercices finis. Les deux ou trois années qui fuivront, ne feront gueres propres que pour l'etude; avec les paifibles travaux de laquelle ils s'accordent auffi peu, qu'avec l'inaction parfaite. Il faut ajoûter que la maniere dont ils auront reüffi dans les uns, aidera beaucoup à juger de ce qu'on aura lieu d'en attendre dans l'autre; & de leurs fuccès dans les deux genres, on pourra furement conclurre tout ce qu'ils feront un jour. GLAUCON. Vos remarques, mon cher Socrate, continuent d'être à mon gré tout à fait judicieufes. SOCRATE. Les plus avancés, dont le Public excitera l'emulation par touts les endroits, à vingt ans feront une revue generale de tout ce qu'ils auront appris, & feront conduits plus avant. On s'appliquera particulierement à leur faire fentir les etroites liaifons que toutes les fçiences ont entre elles; pour leur developper enfin le grand myftere de leur reünion, dans l'Etre infiniment parfait. GLAUCON. Cette efpece de recapitulation achevera de les mettre en pleine poffeffion des connoiffances qu'ils auront acquifes, & beaucoup en voie de les etendre. SOCRATE. Elle fera de plus cônnoître ceux qui bientôt excelleront dans la

Dia-

LIVRE SEPTIEME.

Dialectique, & ceux qui toute leur vie demeureront en arriere. Les uns verront une fçience entiere, pour ainfi dire, d'un coup d'œil; pendant que les autres y regarderont toujours de fort près, & n'en decouvriront que de petits cotés à la fois. GLAUCON. L'efprit d'analyfe eft la marque la moins equivoque d'un beau genie.

SOCRATE. Quand les premiers auront paffé trente ans; on fera paffer tout de nouveau dans une claffe plus elevée, aux fignes que nous avons donnés, ceux qui feront jugés capables des principales charges de l'Etat. On etudiera plus attentivement que jamais leur portée, & leurs inclinations. Pour derniere epreuve, on effaiera leur vue fur tout ce que la Metaphyfique a de plus fublime, & de plus abftrait. On examinera s'ils l'ont affez forte, pour l'arrêter fixement fur l'Etre immenfe, qui fait luire conftamment le grand jour de la verité pour touts les Efprits. Qui pourroit dire le foin, ici qui fera neceffaire, mon cher Glaucon, pour les armer contre les impoftures de la fauffe Dialectique? GLAUCON. Mon cher Socrate, qu'en apprehendez vous pour eux?

SOCRATE. Une image nouvelle vous le fera comprendre. Reprefentez vous un enfant de bon naturel, derobé dans fes premiers jours à des parents fages; pour être elevé dans le fein d'une famille pleine de fafte; où fes bienfaiteurs pretendus emploieront touts les artifices de la flatterie, pour le façonner à leur maniere. A peine eft-il en âge, qu'il eft informé de ce que la nature l'avoit fait naître; mais quelques recherches qu'il faffe, il ne peut decouvrir fon Pere, & fa Mere. Tiré d'erreur, vous concevez bien qu'il fe comportera tout differemment de ce qu'il faifoit, lorfqu'elle duroit encore. Dabord il avoit de beaucoup plus grands egards pour les perfonnes, auxquelles il croïoit appartenir de fort près, que pour cette foule de gens, empreffés à lui plaire. Etoit-il queftion de caufer du chagrin aux unes, ou de mecontenter les autres? Les derniers etoient facrifiés à coup fûr. C'eft le contraire, depuis qu'il a fçu qu'il leur eft redevable de fa haute fortune. Il leur tranfporte incontinent tout le refpect, qu'il avoit autrefois pour ceux dont il ne doutoit pas qu'il n'eût reçu le jour. S'il n'a le

cœur

cœur autrement bien placé que l'ordinaire ; toute sa tendresse, toutes ses deferences, & ses assiduités, ne seront plus que pour les auteurs de son elevation. GLAUCON. Mon cher Socrate, l'application, je vous prie? SOCRATE. Les bons Parents, sont les preceptes, par lesquels dans notre enfance on nous forme à la vertu. Les opposés, qui nous portent au plaisir, ne corrompent que difficilement les belles âmes. Elles demeurent toujours longtemps pleines de veneration pour les autres. GLAUCON. L'allegorie est jusqu'ici bien soutenue. SOCRATE. Un jeune homme, dans les commencements, ne vous repondra qu'avec une parfaite emotion, quand vous lui demanderez ce que c'est que l'Honnête, & le Beau. Touché d'un sentiment religieux ; il vous le montrera sur l'airain ; tel qu'il est émané de la bouche d'un Legislateur, plein de Sagesse, vous dira-t-il. Qu'un Libertin, sur les entrefaites, un Sophiste exercé, dressent leurs batteries ; pour lui persuader qu'il s'entête puerilement d'idées vaines, & qu'il adore des chimeres ; de quel coté la victoire se declarera-t-elle, pensez vous? GLAUCON. C'en est fait ; il sera bientôt perverti. SOCRATE. Plein de penchant pour des maximes, qu'une ancienne habitude lui fit toujours regarder comme sacrées ; mais d'une lumiere trop foible, pour en connoître assez parfaitement le prix ; quel genre de vie choisiroit-il, que le plus favorable à ses passions ; qui toutes lui diront à l'envi, que ses nouveaux Maîtres entendent admirablement la Dialectique? GLAUCON. Touts les beaux principes de Morale s'eclipseront ; & les Loix même ne seront plus un frein pour lui. SOCRATE. J'excuse beaucoup, mon cher Glaucon, des esprits encore neufs dans l'art de penser, lorsqu'ils chancelent ainsi dans le bien ; & qu'ils se laissent ravir leur innocence, par ces deux especes, egalement redoutables, de Sophistes. GLAUCON. Loin de les condamner trop ; j'ai comme vous pitié d'eux.

SOCRATE. Pour empêcher une ruïne, si digne de larmes ; j'interdirois entierement l'usage de la Dialectique, avant l'âge de trente ans. Permettre plutôt d'entrer en lice avec des adversaires experimentés, seroit exposer de jeunes gens au plus grand peril. Incapables

LIVRE SEPTIEME.

pables à leur âge de rien approfondir, & pleins d'un feu, qui les porte à se faire honneur de tout ce qu'ils sçavent; pour peu qu'on leur donne le champ libre, ils acquierent tous les jours le mauvais talent, de soutenir indifferemment sur toutes les matieres le pour & le contre. Leur plaisir est d'engager la dispute avec les premiers venus. Ils ressemblent aux jeunes mâtins; qui ne peuvent long-temps être en compagnie, sans tirer quelqu'un par l'habit. Si les attaqués ne jouent, & ne sont incessamment sur la defensive; ils sortiront dechirés, ou du moins très mal divertis. GLAUCON. L'argent, mon cher Socrate, assurement n'est pas perdu, quand les Parents recouvrent, au sortir des Ecoles, des enfants si philosophes, & si pleins d'esprit! SOCRATE. A force de combattre les sentiments des autres, & de voir les leurs combattus; ils n'en conservent plus aucun; ils deviennent parfaitement neutres en fait d'opinions. Cependant la Philosophie est rendue très injustement responsable de la sottise des Maîtres, & de leurs Disciples. GLAUCON. On sçait, mon cher Socrate, que de tout temps elle eut de grands fardeaux à porter. SOCRATE. Un homme fait n'aura point cette extrême fureur de contester. Il aimera sans comparaison mieux s'entretenir raisonnablement avec un homme d'âge, assez plein de condescendance, pour le conduire à la verité, qu'user inutilement toutes les forces de son esprit, & perdre son temps à de vaines disputes. La modestie, & la douceur, les autres qualités aimables qu'on lui verra, feront un peu respirer la Philosophie. On dira qu'elle ne souffre dans les jugements du Monde, qu'à l'occasion d'une foule de Pedants; qu'elle abhorre, & dont elle rougit. GLAUCON. Il est vrai qu'un seul de ses nourrissons la dedommage quelquefois.

SOCRATE. Je ne me contenterois pas de fermer l'Ecole de la sagesse aux esprits trop jeunes; j'en exclurrois sur-tout les esprits pleins d'audace, qui tous les jours s'y presentent, sans genie, & sans mœurs. GLAUCON. Combien d'années voudrez vous que donnent les Sujets d'elite à la Dialectique? SOCRATE. Cinq, ou six; à condition même d'une application vive, & soutenue; sans autre soin pendant ce long temps, que celui de ne pas oublier leurs exercices.

cices. GLAUCON. Qu'en ferez vous enfuite? SOCRATE. On les obligera de redefçendre dans la caverne. Je veux dire, qu'on les fera fucceffivement paffer par toutes les charges du Senat, & de l'armée. Cependant on ne difcontinuera point de les eprouver, & de les faire marcher entre les attraits du vice, & de la vertu; pour voir s'ils conferveront jufqu'au bout un attachement inviolable pour l'une, & de l'horreur pour l'autre. GLAUCON. Combien de temps rouleront-ils par touts les emplois inferieurs, civils, & militaires? SOCRATE. Depuis trente ans, jufqu'à cinquante. Alors commencera le dernier acte, & le plus beau de la vie pour eux. On attendra qu'après avoir glorieufement fourni la carriere des Sçiences, & fervi l'Etat avec diftinction, ils aient l'œil inceffamment tourné vers l'Etre adorable, qui feul eclaire touts les Efprits; afin que leur âme, penetrée de fa lumiere, ne faffe elle-même rien à l'aveugle, & la reflechiffe continuellement fur toute la Republique. Ainfi tenus dans le refpect, & dans le devoir, par la prefence du Souverain Bien, auquel ils s'efforceront de reffembler touts les jours de plus en plus; ils formeront les mœurs des Citoïens, fur un fi parfait modele. Pour s'animer à l'execution de fi grandes chofes, leurs entretiens les plus frequents feront avec la Philofophie. Quand leur tour viendra de prendre en main le timon; loin d'en avoir de la joie, ou de la fierté; ils feront voir au contraire, par leur modeftie, & par leur desintereffement, que la vue des befoins publics etoit la feule, qui fût capable de les arracher au repos, & de les engager dans le mouvement des affaires. Non contents de pratiquer eux-mêmes ces leçons, ils les inculqueront foigneufement aux autres; pour laiffer à l'âge fuivant des Peres de la Patrie, auffi dignes qu'eux de fa veneration, & de fa tendreffe. Après qu'ils auront vieilli dans l'exercice de toutes les vertus, fortables à l'importance de leur charge; il ne leur reftera plus, au milieu de fes actions de graces, & de fes applaudiffements, que d'attendre avec tranquillité le moment de paffer dans le fejour des Ames bienheureufes. Quand elle les aura perdus; moins occupée de fa douleur, que de fa reconnoiffance, elle jettera les fleurs à pleines mains fur leurs tombeaux.

LIVRE SEPTIEME.

On leur decernera les sacrifices, usités pour les Genies, si l'Oracle les autorise; ou les honneurs qu'on a coutume de rendre aux hommes divins.

GLAUCON. Vous etes un merveilleux Artiste, mon cher Socrate. Vôtre pinçeau vient de nous faire des Maîtres bien accomplis. SOCRATE. Vous ne dites rien des Maitresses, mon cher Glaucon. Cependant il faudroit vous souvenir que les femmes ont la moitié, dans tout ce que nous donnons aux hommes. GLAUCON. J'ai tort, mon cher Socrate. Le beau Sexe ne doit en rien être separé du notre.

SOCRATE. Que vous en semble presentement, cher Glaucon. Nos idées, difficiles à remplir, tant qu'on voudra, sont-elles impraticables? Mais espererons nous, dites moi, de les voir jamais executées par d'autres, que par de vrais Philosophes; par des âmes nobles, qui sçauront mepriser tout ce que l'ambition estime, & mettre leur gloire à faire partout regner la justice? GLAUCON. Ils sont les seuls, de qui l'on doive attendre les grands biens. Mais je ne vois pas sur quel fondement on assûreroit que les siecles à venir jamais ne produiront aucun Souverain de leur charactere.

SOCRATE. Je n'ai plus qu'un mot, pour obvier aux brigues. Je serois du sentiment que les Magistrats ne fussent en charge dans la Capitale que dix ans. On les relegueroit dans les Provinces ensuite; & leurs enfants seroient gardés, pour être elevés, conformement à nos preceptes.

Tels sont les moïens, selon moi, de former un Etat heureux, sous les auspices de la vertu. GLAUCON. Si le Monde en a quelque jour un semblable; il ne s'eloignera certainement pas de votre plan. SOCRATE. Nous finirons, si vous y trouvez bien l'homme juste, & la Republique juste. GLAUCON. Vous avez parfaitement reüssi, mon cher Socrate. Que le reste soit pour un nouvel Entretien.

DE LA
REPUBLIQUE;
OU
DU JUSTE, ET DE L'INJUSTE.

LIVRE HUITIEME.

NOUS avons vu que trois choses consommeroient la felicité publique, mon cher Glaucon; la communauté des femmes, & des enfants, dans les deux premiers ordres de l'Etat; la coutume de former la jeunesse, de l'un & de l'autre Sexe, à touts les exercices du corps, & de l'esprit; enfin la regle, de n'elever aux grands emplois que les Sujets, les plus distingués par leurs progrès dans les Sçiences veritables, aussi bien que par un merite superieur dans la profession des armes. GLAUCON. Il ne faut pas douter, mon cher Socrate, que par ces voies, elle ne fût portée au plus haut point. SOCRATE. Nous avons aussi donné, ce me semble, de suffisantes preuves, que les malheurs, & les renversements seront eternels dans le Monde, aussi longtemps que les Magistrats, & les Gens de guerre, possederont quelque chose en propre; maisons, ameublements, revenus, fonds de terre. De ce que les uns sont chargés de pourvoir à touts les besoins de l'Etat, & les autres, d'en repousser les ennemis; la reconnoissance, & l'interêt, s'unissent pour l'engager à leur fournir dequoi se conduire au
bout

LIVRE HUITIEME.

bout de l'an ; mais la prudence l'oblige à s'en tenir là. GLAUCON. J'ai toutes vos raisons presentes à l'esprit.

SOCRATE. Presentement que nous voïons où nous en sommes ; rappellons nous les pas que nous avons fait. GLAUCON. Je decouvre, ce me semble, très distinctement les principaux objets, que nous laissons derriere nous. Pour nous faire mieux connoître le Citoïen, exact observateur de la justice, vous nous avez, à differentes reprises, fait la description d'une Republique juste. Si rien n'y manque, nous avez vous dit ; toutes celles qui nous environnent, seront etrangement depravées ; puisqu'elles s'en ecartent presque entierement. Vous les avez distinguées en quatre classes ; & vous avez promis de les examiner chacune à part. Le grand but, auquel vous n'avez point cessé de tendre, est la parfaite connoissance du cœur de l'homme de bien, & du mechant homme. L'usage que vous en pretendez faire, est de nous demontrer que le bonheur suit la vertu, de même que l'ombre fait le corps ; & que le vice porte en croupe la misere. Vous alliez, à ma requête, parcourir les vices des quatre especes de gouvernements corrompus, dont vous nous avez depuis longtemps fait l'enumeration. Adimante, & Polemarque, vous ont interrompu. Sans eux, nous aurions perdu la belle digression, qui nous a conduits où nous voici.

SOCRATE. Que votre memoire est fidelle, mon cher Glaucon ; & que les endroits de consequence font une vive impression sur votre esprit ! GLAUCON. Mon cher Socrate, il est question d'autre chose ici que de compliments. Je vous somme, en Athlete rigide sur le point d'honneur, de me rendre la même prise avantageuse, que j'avois tantôt ; sauf à vous de me porter ensuite par terre. SOCRATE. Oui, cher Glaucon, si j'ai des forces. GLAUCON. Esperez bien ; & presentez vous. C'est tout ce qu'il faut. SOCRATE. J'obeïs.

La division, à laquelle vous me ramenez, est ancienne. L'Aristocratie, universellement estimée le gouvernement le plus parfait, se voit actuellement à Lacedemône, & dans l'Isle de Crette. L'Oligarchie,

ligarchie, où les defordres commencent d'être grands, vient en fecond lieu. La Democratie, par l'etabliffement de laquelle un Peuple mutin fe gouverne fuivant fon caprice, la fuit. Elle fraie le chemin à la Tyrannie; des fleaux qui peuvent affliger un Etat, le plus terrible. Les principautés, les feigneuries, toutes les autres efpeces, dont le nombre eft infini, dans les Païs etrangers, & dans la Grece, ne font que des combinaifons des premieres. Celles-ci naiffent de la difference des mœurs du gros des particuliers, dont l'affemblage fait les Nations. Aux cinq characteres dominants, qui fe rencontrent parmi les hommes, y compris celui du bon Citoïen, repondront par confequent cinq formes de Gouvernement, à la tête defquelles fera la plus excellente. GLAUCON. Retracez nous en l'idée, je vous prie.

SOCRATE. L'homme ne fe corrompt pas tout d'un coup. D'ambitieux, il devient amateur des richeffes ; d'avare, diffolu ; de libertin, oppreffeur des autres. Une Republique degenere auffi par degrés. L'efprit de conquête, affecté particulierement aux Ariftocraties, & reprochable à Sparte, fe tourne en paffion pour l'argent. Les Riches appauvriffent les Nobles ; & l'Oligarchie s'etablit. Elle ne dure pas longtemps. Les Depouillés fe revoltent ; & forment la Democratie. La licence monte bientôt à fon comble ; & la Tyrannie fe montre. Suivant notre methode ordinaire, nous confiderons dabord les divers progrès de la depravation des mœurs dans le grand ; pour les fuivre avec moins de peine dans le raccourci. Quand nous en ferons à l'homme vicieux au plus haut degré ; nous le comparerons au parfait adorateur de la Vertu. Ce parallelle nous donnera la refolution de notre ancien problême ; & nous fera decouvrir lequel eft l'heureux, lequel le miferable. Il ne reftera plus que de choifir auquel reffembler ; & peut-être faudra-t-il nous laiffer conduire par Thrafymaque dans les fentiers charmants du vice. GLAUCON. Cet ordre eft beau, mon cher Socrate ; & la matiere à mon gré la plus intereffante, qui puiffe être au monde.

SOCRATE. Les revolutions n'arrivent dans un Etat, que par les diffenfions qui s'elevent entre les poffeffeurs de la fouveraine puiffance,

LIVRE HUITIEME.

fance. GLAUCON. Tout eft calme, lorfqu'ils font d'accord. SOCRATE. Qui nous dira quelle Furie, envieufe du bonheur des humains, fort des enfers; pour foulever les uns contre les autres les Peres, & les Defenfeurs de la Patrie? Invoquerons nous les Mufes, à l'exemple d'Homere, cher Glaucon; & les prierons nous de nous enfeigner, avec cet air de badinage, dont elles ont peine à fe defaire, lors même qu'elles ont les evenements les plus tragiques à raconter, de quelle maniere la Difcorde en premier lieu s'introduifit dans le Monde? GLAUCON. Le fujet y convie.

SOCRATE. Une Republique, formée fur le modele de la nôtre, ne tomberoit pas en decadence facilement. Comme neanmoins tout ce qui prend naiffance, degenere par degrés, & perit enfin; après un temps, elle fubiroit la loi commune. Les Magiftrats, quoique d'ailleurs très eclairés, ne fçauront pas toujours exactement celui d'affortir les couples; pour lui menager des enfants, bien conditionnés de corps, & d'efprit. * Ils auront par confequent des Succeffeurs, qui ne les vaudront pas. Ceux-ci negligeront la Mufique premierement, & la Gymnaftique enfuite. Le difcernement, l'attention, leur manquera; pour diftinguer l'or de l'argent, & l'airain du fer; fi vous fouffrez une autre fois le ftile figuré d'Hefiode. De leur funefte alliage, l'inimitié, la Guerre. GLAUCON. Il me femble, mon cher Socrate, que les neuf Sœurs, par votre orgâne, l'entonnent affez bien. SOCRATE. Faut-il être furpris qu'on s'exprime avec un enthoufiafme plus grand

---

* J'omets dans cet endroit un raifonnement tout à fait inintelligible, fondé fur la nature des nombres; que fait mon Auteur, pour determiner le temps dont il s'agit. J'ofe prendre cette liberté; parcequ'on fçait bien qu'il n'eft pas facile de traduire ce qu'on n'entend pas; & que d'ailleurs on n'aimeroit pas à ne voir par l'efpace de quelques lignes que du blanc & du noir. Nous ne rifquons rien au refte à laiffer dans fes tenebres ce paffage, de tout temps qui donna d'inutiles tortures aux Commentateurs; après que deux auffi grands admirateurs de Platon, que l'etoient Ciceron, & Quintilien, en ont parlé comme ils ont fait. Le premier, dans le feptiême livre de fes Epitres à Atticus, ne croit pas mieux pouvoir tourner en ridicule je ne fçai quelle enigme impenetrable; qu'en difant, qu'elle paffe le nombre de Platon. L'autre menage plus fes termes; Chap. X. du premier livre de fes Inftitutions. Platon apparemment s'entendoit lui-même. Homme d'un fens exquis, comme il fe montre partout ailleurs, il n'eft pas vrai-femblable qu'il en eût manqué, jufqu'à ne fçavoir en certaines rencontres abfolument ce qu'il difoit. Nous ne nous avifons pas de bien des chofes, qu'il avoit dans l'efprit, quand il ecrivoit; & de là viennent apparemment les obfcurités fans egales, que nous trouvons quelquefois dans fes ecrits. Peut-être avoit-il auffi des connoiffances fort elevées au deffus des notres; & comme les grands hommes d'Egypte, auprès defquels il etoit allé jeune encore chercher des lumieres, avoit-il fes raifons pour s'envelopper.

4

grand que l'ordinaire, lorsqu'on est actuellement inspiré par ces Deesses? GLAUCON. Non; mais qu'auront-elles encore de bon, & d'excellent, à nous apprendre?

SOCRATE. Les âmes, dans lesquelles domineront l'airain, & le fer, n'auront de passion que pour les richesses, les ameublements superbes, les palais somptueux, les delicatesses de la table. Les autres, inaccessibles à la pauvreté, par la possession des metaux precieux, que la nature aura mis en elles, aspireront presque uniquement à celle de la vertu; & ne cesseront de soupirer après le retour de l'ancienne innocence. Dans ce combat d'inclinations opposées, deux Ennemis, très animés l'un contre l'autre, *le Mien*, & *le Tien*, se disputeront le champ de bataille. Pour moderer leur acharnement, on fera le partage des terres. Les Magistrats, desormais attentifs aux occasions d'asservir leurs Concitoïens, ne traiteront plus qu'en vassaux, en esclaves, ceux qu'ils servoient autrefois, & qu'ils cherissoient comme leurs egaux, leurs amis, & leurs Peres nourriciers. Les deux grandes affaires du Peuple seront, de fournir à leur depense, & d'aller à la guerre pour eux. GLAUCON. Vous decrivez parfaitement le premier grand pas, que fait un Etat vers la servitude.

SOCRATE. L'Ambition y sera le vice dominant; & sa nouvelle forme de gouvernement s'appellera Timocratie. Elle retient beaucoup de l'Aristocratie; mais elle a ses characteres particuliers. On y revere encore beaucoup les personnes constituées en dignité. La Gymnastique est toujours plus en recommendation que tout le reste; & l'art militaire fait negliger entierement touts les autres. Les refectoires publics subsistent; & les Citoïens continuent à manger en commun. Mais les vrais sages, dont le nombre se trouve extraordinairement diminué, sont craints pour Maîtres. On se tourne vers les esprits bouillants, altiers, inquiets. Ils ne proposent les honneurs, & les recompenses, qu'à ceux qui s'efforcent de porter à sa perfection un metier sanguinaire, presque devenu l'unique. GLAUCON. C'est Lacedemône, au naturel.

SOCRATE. Comme dans l'Oligarchie, le Dieu des richesses a mille Temples, impenetrables à la lumiere du jour. Ses adorateurs

fa-

LIVRE HUITIEME.

farouches regulierement s'y proſternent devant leur coffres forts. Retrenchés dans leurs hôtels, comme en des fortereſſes inacceſſibles ; ils n'y font entendre le bruit de leurs cent clefs, que lorſqu'il faut meriter les careſſes de leurs Reines, achetter les ſoumiſſions de leurs Eſclaves. GLAUCON. C'eſt là ce que notre ſiecle voit ; & ce que nos Deſçendants verront après nous. SOCRATE. Cependant à d'autres egards, auſſi jaloux de leurs threſors, que prodigues dans ces rencontres de l'argent du public ; ils menagent dans les reduits les plus cachés un ſanctuaire à la debauche. Ils y raſſemblent tout ſon cortege ; & s'y livrent aux plaiſirs les plus criminels, à l'inſçu des Loix ; qu'ils redoutent, comme des enfants libertins font un Pere, armé de l'inſtrument, qui doit les punir. La perſuaſion ne peut rien ſur eux. Ils ne ſont prenables que par la force ; parceque de tout temps inſenſibles aux charmes de la Philoſophie, ils prefererent les avantages du corps à ceux de l'eſprit. GLAUCON. On voit là, mon cher Socrate, un melange de bien, & de mal. SOCRATE. Il eſt vrai ; mais le dernier l'emporte ; & l'Ambition gouverne tout. J'omets les details, qui ſeroient infinis. Les vues generales nous ſuffiſent. GLAUCON. Vous avez raiſon d'aller au plus court.

SOCRATE. Je paſſe à la Timocratie en petit ; je veux dire, à l'homme de bien, dans qui la paſſion de l'Orgueil aura cauſé les mêmes derangements, que nous venons de voir dans l'Etat Timocratique. ADIMANTE. Si vous voulez, mon cher Socrate, que je vous diſe ma penſée ; j'apprehende que ce ne ſoit un peu mon très cher Frere, que vous allez nous peindre. Je vous le donne pour un Philoſophe, amoureux de la belle gloire, autant qu'homme du Monde. SOCRATE. Vous le connoiſſez mieux que perſonne, il n'en faut pas douter, cher Adimante. Cependant j'oſerois bien repondre, que nous ne lui donnerons, ni vous, ni moi, les traits qui vont ſuivre.

Un Ambitieux eſt un Eſprit plein d'audace ; & facile à connoître, par ſon inconcevable dedain pour les Sçiences. Il ſe plaira quelquefois neanmoins à des converſations ſçavantes, par boutade, ou par vanité. Mais il tiendra chez lui ſoigneuſement toutes les avenues fermées

aux

aux inſtructions ſalutaires de la Philoſophie ; & ſa pareſſe, ſous les plus grieves peines, lui defendra ſurtout de jamais aſpirer aux lauriers toujours verds de l'Eloquence. Infiniment eloigné des ſentiments de l'honnête homme, qui n'aime à fouler perſonne aux pieds; il n'a point de plus grande beatitude, que de voir de malheureuſes victimes de ſon arrogance proſternées devant lui. Pendant qu'à ſon tour il rempe de la maniere la plus baſſe devant ſes Maîtres; il n'eſt que politeſſe, & que douçeur, pour touts ceux qui n'ont point affaire de lui. Nul poſte aſſez elevé dans l'Etat, pour ſon orgueil. Ce n'eſt pas que par les beaux endroits il puiſſe y pretendre. La chaſſe, les courſes de chevaux, la guerre, ſont les ſeuls par leſquels il brille. Dans ſes jeunes années, il aura mepriſé les richeſſes; mais, avec l'âge, il y prend goût; & parceque ſon penchant le porte à l'avarice; & parcequ'il manque du ſentinelle, qui defend à touts les vices l'entrée du cœur. Adimante. De quel ſentinelle parlez vous ? Socrate. D'une raiſon eclairée, ſeule capable, ſelon moi, juſqu'à la fin de la conſerver à la vertu. Adimante. Il eſt vrai, mon cher Socrate, qu'elle n'eſt ſolide, qu'autant qu'elle a de ſaines lumieres pour principe, & pour ſoutien.

Socrate. Tel eſt l'homme ambitieux, mon cher Adimante; fidelle image d'un Etat, gouverné par la même paſſion. Adimante. Pourſuivez, je vous prie.

Socrate. Peut-être viendra-t-il d'un pere, honnête homme ; que le malheur de la naiſſance aura fait tomber de haut, dans une Republique, dont les deſordres, & les deſaſtres, l'auront toujours fait gemir. Incapable d'y faire aucun bien, il fuit les honneurs, le procès, & le maniment des affaires publiques; & pour vivre en paix, il renonce même à toutes ſes pretentions legitimes. Cependant une Mere, pleine de vanité, ne fera que deplorer continuellement ſon malheur; d'avoir un mari, qu'elle n'appellera point autrement que ſon hermite; & de ſe voir la fable, dira-t-elle, des femmes de ſon rang. Nul empreſſement pour les belles charges ; nulle vivacité ſur le fait des richeſſes. L'entendit-on jamais tonner dans le menage à leur ſujet ? Un noir chagrin ſe repandroit ſur ſon

viſage,

LIVRE HUITIEME. 241

visage, si quelques jours il lui falloit essüier les cris epouvantables du Barreau, pour les arracher des mains du ravisseur. Il en souffre la perte, sans presque ouvrir la bouche, pour se plaindre. Sa grande compagnie c'est lui-même; &, pour sa femme; il ne manque à rien; mais du reste il n'en fait pas tout le cas possible. Chaque jour elle en pousse de nouveaux soupirs..... Votre pere n'est-il pas un homme indolent, &, pour le bien definir, un corps sans âme; dit-elle sans cesse à son fils; avec toute la Rhetorique, donnée au Sexe, lorsque le cœur sent la plus legere blessure..... Les Domestiques, ardents à faire les personnes attachées, couronnent l'œuvre..... Notre jeune Maître, nous en sommes très sûrs, aura l'âme beaucoup mieux placée que son pauvre Pere. Il donnera moins de bon temps à ses creanciers; & par les premiers venus il ne se laissera point ravir son bien..... Sort-il de la maison paternelle; il voit le personnage desagreable, qu'ont à soutenir dans le Monde ceux qui ne se mêlent que de leurs propres affaires. Chacun en parle, comme d'Esprits imbecilles; pendant qu'on n'a point assez de loüanges pour ceux qui s'intriguent, & qui sont partout. ADIMANTE. On ne conçoit pas, mon cher Socrate, qu'il soit fort possible de resister à de si nombreux, à de si violents assauts. SOCRATE. Non. Mais enfant né d'un bon naturel, temoin constant de la serenité, repandue sur chacun des jours que la Parque file pour son Pere, & captivé par le miel, qui decoule incessamment de ses levres; il est à toute heure sur le point de se rendre pour jamais à ses leçons. Placé de la sorte, entre un Precepteur cher, & respectable, qui fait à petit bruit touts ses efforts pour le gagner à la Philosophie, & mille corrupteurs empressés, qui ne lui tiennent que le language de l'Orgueil; il ne sçait longtemps quel parti prendre. Enfin l'Ambition victorieuse l'enleve à la sagesse; & le traîne après son char à l'Empire du monde. ADIMANTE. Vous nous demontrez là, d'une main fine, mon cher Socrate, la formation de l'Ambitieux; pris, si j'ose ainsi m'exprimer, depuis son point saillant.

Socrate. Eschyle nous diroit ici, cher Adimante: "Pour une espece nouvelle de Republique, il faut un homme d'un tout d'esprit nouveau." Adimante. Achevez, mon cher Socrate, un parallelle, si fecond en beaux rapports.

Socrate. Dans l'Oligarchie, où les terres ne font aussi plus en commun, l'administration ne roule que fur les riches ; & les pauvres en font exclus. Adimante. Racontez nous, je vous prie, de quelle maniere elle prend la place de la Timocratie ? Socrate. L'amour du faste avoit produit l'amour de l'argent ; & ce dernier à fon tour bannit l'amour du faste. C'est dabord à qui rencherira fur les autres, en fait de luxe. Pour le fupprimer, on est contraint de faire des loix ; mais les Magistrats, & leurs femmes, font les premiers à les enfreindre. Il faut des fommes immenses, pour le foutenir. Chacun n'est occupé que du foin d'accumuler. C'est une ancienne obfervation, que la vertu tombe dans le mepris, à mefure qu'un vil metal devient l'objet de l'estime publique. Ils trebuchent toujours enfemble. Quand l'un monte ; l'autre defcend à coup fûr. Adimante. Il est vrai ; la regle est certaine. Socrate. Au commencement, on facrifioit tout à la vanité ; prefentement tout cede au lucre. Les distinctions nombreufes de la Societé fe perdent, dans celles de pauvre, & de riche. L'un est adoré, l'autre chassé de partout; l'un tremble, & l'autre fronce le fourcil ; l'un regorge d'abondance ; l'autre voit, & meurt de faim. Adimante. Tels font les maux, & plus grands encore, qu'une paffion aveugle pour l'argent produit !

Socrate. Le premier foin du nouveau Senat, est d'ordonner qu'à moins d'un certain bien, on ne parviendra point aux emplois; & que les plus importants feront pour les mieux rentés. L'Oligarchie s'etablit au reste, ou les armes à la main ; ou quand toutes les mefures font prifes, pour empêcher le Peuple d'y former des oppofitions. Adimante. Qu'y remarquez vous de plus vicieux ?

Socrate. J'aimerois autant voir un vaisseau, je vous l'avoue, cher Adimante, où l'on feroit mouffe, matelot, pilote, fuivant qu'on auroit la bourfe pleine ; pendant que tout homme qui l'auroit mal garnie,

fçût-

LIVRE HUITIEME.

fçut-il le pilotage divinement, fe promeneroit fur le tillac; fans autre affaire, que celle d'admirer la manoeuvre des gens aux piftoles. Adimante. Il auroit affurement de quoi rire; fi la Mer entendoit raillerie. Socrate. Seroit-il poffible que la regle fût mauvaife, de quelque autre emploi de la vie civile qu'il foit queftion; & bonne feulement, lorfqu'il s'agira de conduire une Republique? Adimante. Comme il n'en eft point de plus important, ni de plus difficile; il n'en eft point auffi qu'on doive plus donner au merite.

Socrate. Le grand mal eft, mon cher Adimante, qu'un Etat Oligarchique en renferme deux; & même deux très ennemis l'un de l'autre; l'un petit, mais puiffant; l'autre vafte, mais epuifé. Adimante. Les guerres inteftines par confequent n'y finiront point. Socrate. Les Ennemis du dehors, mon cher Adimante, n'auront pas beaucoup à faire. Toutes les fois qu'ils paroîtront en campagne; le Magiftrat fera contraint, ou d'armer la multitude, au hazard de la trouver infidelle; ou de marcher à leur rencontre, avec une poignée de gros rentiers; avec une armée oligarchique dans toutes les formes. Sans dire qu'on ne fait pas la guerre fans depenfe; & que dans une Oligarchie on va toujours à l'epargne. Adimante. L'alternative eft confolante; il faut en convenir.

Socrate. L'union de plufieurs profeffions enfemble, dont nous avons exageré les inconvenients plus d'une fois, en eft un troifiéme ici, moindre à la verité que les deux autres, grand neanmoins. Adimante. Tout l'argent eft foigneufement refferré par les riches. Il ne reftera donc aux autres, que de faire tout les metiers, pour vivre.

Socrate. Voici quelque chofe de plus encore, mon cher Adimante. C'eft que les loix, faites par des Senateurs, uniquement attentifs aux moïens d'avoir tout, permettront de vendre jufqu'à fon habit, & de rouler enfuite fur les terres de l'Etat, fans autre Seigneurie, que celle d'homme qui n'a rien. Adimante. Comment fe pourroit-il autrement qu'ils euffent tout l'argent; & que les pauvres fiffent les deux tiers de la Republique?

Ii 2   Socrate.

SOCRATE. Je vous laisse à penser, mon cher Adimante, si plusieurs d'entre eux, lorsqu'ils etoient dans les emplois, ont bien merité d'elle, par avoir eté grands dissipateurs? ADIMANTE. Elle est au contraire aujourdhui la victime de leur prodigalité; qui dans un Etat ouvre la porte à l'avarice. SOCRATE. Je compare egalement les avares, & les prodigues, à des frêlons; qui font un degât inexprimable dans la rûche. Il faut remarquer seulement, que Dieu n'a point armé d'un eguillon les frêlons moûches. De ceux à deux pieds, les uns sont depourvus aussi de cet instrument terrible; mais les autres, en recompense, l'ont d'une longueur epouvantable. Vous m'entendez. Les premiers sont les hommes d'Etat, dont toute la mechanceté se borne à faire un butin, que les seconds ordinairement leur enlevent. Mais ces derniers, outre qu'ils mangent beaucoup mieux encore, sont à tout ce qu'ils recontrent les plus douloureuses blessures. ADIMANTE. Je vous comprends. Ceux-là pensent davantage à devorer le miel, qu'à nuire. Ceux-ci piquent avec fureur, pour demeurer seuls maîtres des raïons. SOCRATE. Retenez de moi cette observation, qui ne vous trompera jamais. C'est qu'où l'on voit des Malheureux; les Filoux, les Brigands, les Sacrileges, qui les ont depouillés, & reduits à ce deplorable etat, sont grandissime chere dans les Coupe-gorges voisins. ADIMANTE. Mon cher Socrate, elle est vraie, au delà de tout ce qu'on peut dire. La nature, mere commune, & liberale, assigne une legitime à touts ses enfants. Si quelques-uns en sont frustrés, les autres la leur ont ravie. SOCRATE. Puisque les Miserables ne sont nulle part ailleurs plus nombreux, que dans un Etat Oligarchique; il en faut conclurre que l'Injustice s'y trouve à son comble. ADIMANTE. Oui. SOCRATE. Il retire donc un gros essain de ces insectes, formidables par leurs piquures, dont nous parlions tout à l'heure; je veux dire qu'il a le malheur d'avoir une troupe de Maîtres, affranchis du joug des loix, & libres en toute occasion de satisfaire leurs mauvais instincts. ADIMANTE. Il est vrai. SOCRATE. Touts ces maux, & mille autres, que l'Oligarchie traîne après elle, viennent de ce que les personnes qui sont à la tête des affaires, ont manqué

d'une

d'une education vertueuſe, & ſçavante? Adimante. Elle, apprend à ſentir le plus touchant de touts les plaiſirs; celui de faire du bien à tout un Monde. Socrate. Voïons preſentement de quelle maniere l'Eſprit Oligarchique s'empare de l'homme ambitieux; & quel nouveau genre de vie il lui fait embraſſer. Adimante. Je ne perdrai pas un mot de ce que vous allez nous dire.

Socrate. Un jeune homme aura longtemps ſuivi l'exemple d'un Pere, qui fera ſa chute, dans le moment auquel il couroit le plus rapidement à la fortune. Il le verra terriblement froiſſé. Les grands emplois, les beaux palais, la nombreuſe cour, diſparoîtront tout à coup. Noirci par des calomniateurs malins, aſſailli de procès criminels, enfin depouillé de touts ſes biens, perdu d'honneur, il ira groſſir la troupe des illuſtres malheureux. Peut-être expirera-t-il même ſur un gibet. Adimante. De ſi grands deſaſtres produiront une revolution d'idées entiere dans l'eſprit du Fils. Socrate. Epouvanté, nud preſque; il en dethrône promptement l'auteur, & le chaſſe pour jamais de ſon âme. Adimante. Il fait un divorce eternel avec l'Orgueil. Socrate. Oui. La pauvreté lui rabaiſſe le ſourcil, beaucoup au deſſous du naturel, & le courbe entierement vers le lucre. Il y trouve un nouveau charme; qui l'anime dans ſes travaux, & qui lui fait trouver du goût dans ſes epargnes. Quel bonheur comparable au ſien, quand ſes coffres ſeront pleins! A peine en un mot l'Avarice a-t-elle mis en fuite Ambition, qu'elle eſt couronnée Reine dans ſon cœur. Toutes les paſſions, toutes les facultés, lui ſont données pour ſatellites, & pour Miniſtres. Elles s'y proſternent devant elle; & dans cette humble poſture, la Raiſon elle-même attend ſes ordres. On lui defend d'eſtimer que les richeſſes, & les gens riches. On lui preſcrit de s'emploïer à fournir des inventions, pour faire de moins plus, & de rien quelque choſe. Adimante. Le paſſage d'un vice à l'autre, ſouvent eſt entier, & ſubit.

Socrate. L'homme copie, à l'ordinaire, d'après l'Etat. Comme l'Etat Oligarchique, le jeune Avare fait de l'argent ſon unique
objet.

objet. De part & d'autre, on se donne des mouvements inconçevables, pour s'enrichir. On se refuse jusqu'au necessaire; & l'on ne connoît plus que deux arts utiles; celui du gain, & celui du menage sordide. ADIMANTE. La ressemblance, mon cher Socrate, continue d'être parfaite. SOCRATE. La mauvaise education est pareillement la cause de la fureur, avec laquelle un jeune homme se livre à ce vice nouveau. Eût-il jamais de la sorte fléchi le genou devant une Divinité farouche, si de bonne heure on avoit etalé devant ses yeux les supplices, auxquels elle condamne ses adorateurs; & pris un guide, le plus propre à l'egarer dans la recherche du bonheur veritable? ADIMANTE. Non. Il seroit devenu tout autre, à l'ecole de la Sagesse. SOCRATE. Etudiez le de près, mon cher Adimante, & vous le trouverez frêlon; je dis frêlon de la pire espece; quoique les occasions de montrer son eguillon ne se presentent pas toujours. Mais qu'il ait des Orphelins confiés à sa garde, & qu'il trouve des indefendus en son chemin; on verra jusqu'où le portera sa rapine, & combien de larmes leur fera verser le mauvais ferment, dont il est plein. Ce n'est pas qu'il ne sçache admirablement contrefaire l'abeille, & supprimer à propos ses deux instincts pernicieux. On approchera de lui, sans defiance; parcequ'il aura touts les dehors de l'homme de bien. Ce ne sera pas neanmoins humanité, raison, amour du bien, qui l'empêcheront de faire du mal; mais fraïeur, en se pressant trop d'accumuler ses injustices, d'en perdre tout d'un coup le fruit. ADIMANTE. C'est un cœur, que devore la passion des richesses, exprimé très parfaitement.

SOCRATE. Poussé d'un côté par sa convoitise, & retenu de l'autre par la crainte, ce cœur sera le theatre d'une guerre intestine, un champ de bataille disputé; que la derniere emportera le plus souvent. Il faudra donner un frein à la premiere. Il ne la reprimera point avec ce calme, qu'eprouvent au dedans les personnes, chez qui tout est paisible, parceque tout est dans l'ordre; mais avec un trouble, un desespoir, causés par l'impossibilité d'obtenir certaines fins, que par le sacrifice de mille autres. Il redoutera la depense, beaucoup plus qu'il n'estimera la gloire. Cependant echauffé contre des rivaux,

LIVRE HUITIEME. 247

vaux, qui le furpafferont dans la carriere des honneurs, dans mille occafions, il s'arrachera les entrailles, pour l'emporter fur eux. L'Efprit oligarchique n'en conferve pas moins fon afcendant fur lui; & dans le courant, fon vice dominant tient le pied fur la gorge à touts les autres. ADIMANTE. La Philofophie, mon cher Socrate, epargne ces combats, & ce martyre, à fes amateurs. Ils apprennent d'elle à tout aimer avec moderation, & tout fuivant fon prix.

SOCRATE. J'ai dit que l'Oligarchie etoit rarement de longue durée. L'amour des richeffes, & la frugalité, ne peuvent compatir enfemble. Les Prodigues vont aux emprunts en foule chez les Magiftrats; qui, loin d'oppofer les digues accoutumées à la fureur de leur depenfe, ouvrent au contraire touts les jours de nouvelles ravines, pour faire entrer tout l'argent dans leurs maifons. Le tiers Etat manque de pain. La Nobleffe vit fans patrimoine, & pour la plus grande partie, effroïablement oberée. Jugez fi les depouillés, abhorreront des Maîtres, qu'ils voient courbés fous le poids d'un butin, fait fur eux; & fi d'un commun accord, ils ne mediteront pas une revolution dans l'Etat. ADIMANTE. C'eft deformais l'unique reffource, pour ceux qui periffent. SOCRATE. Les Changeurs feignent de ne pas voir les profondes plaies, qu'ils ont faites aux premieres familles; & continuent de fournir des fommes, à groffe ufure. La Republique fe remplit chaque jour de gens inutiles, & defeperés, d'avoir mangé tout. Ne craignez pas, je le repete, qu'il foit parlé de loix, pour arrêter ces defordres; ni qu'on fe mette en peine de recommander aux Citoïens la pratique de la vertu. Bientôt elle en auroit tari la fource. Mais pauvres, & riches, la foulent aux pieds egalement. ADIMANTE. Les derniers s'en trouveroient mal; & l'argent ne rouleroit plus dans leurs coffres avec la même impetuofité. SOCRATE. Pendant que nuit & jour ils travaillent à lui faire mille nouveaux chemins; leurs femmes, leurs enfants, touts ceux qui les approchent, vivent dans les plaifirs, & dans la molleffe. ADIMANTE. Où tout fe termine-t-il enfin? SOCRATE. Quand ils fe rencontrent au theatre, fur mer,

en

en voïage, à la guerre, avec ceux dont ils ont plusieurs années fait leur proie; ils commencent à ne les plus traiter avec le même dedain. Tel d'entre ceux-ci, n'aura pour tout en partage que la maigreur, & la disette. Mais son corps sec, & decharné, lorsqu'il est question de marcher à l'ennemi, brave les ardeurs les plus cuisantes du Soleil. A ses côtés se trouve un camarade opulent, qui traîne avec difficulté sa lourde masse; & dont l'allarme n'est pas moins apparente sur le front, que la süeur, qui decoule à gros bouillons de son visage. Le premier se dira certainement tout bas à lui-même, que c'est bien sa faute, s'il n'a rien; pendant que ce gros homme, tout transi de peur, & tout hors d'haleine, jouït de cent fois plus qu'il ne merite, & qu'il ne lui faut. ADIMANTE. Touts les squelettes, mon cher Socrate, assembleront là dessus leur grand conseil.

SOCRATE. Un souffle abbat un corps infirme; & decide entre les mauvaises humeurs, qui s'y combattent. Sans l'intervention même d'aucune cause du dehors, le mal souvent devient mortel. Une force ennemie, peu redoutable par elle-même, reduira pareillement aux dernieres extremités un Etat, epuisé par l'Avarice de ceux qui gouvernent. Que dis-je? Il ne sera pas toujours besoin qu'une puissance etrangere fomente ses divisions. Un des partis ruïnera l'autre. ADIMANTE. Il est vrai. La comparaison est parfaitement juste. SOCRATE. Si les riches succombent; les plus haïs seront immolés à la vengeance publique: on bannira le reste. Quelquefois la crainte les portera deux-mêmes à prendre la fuite. Les restaurateurs de l'egalité, jaloux de la conserver entre eux, tirent ordinairement au sort les charges de la Magistrature. La Democratie commence; & le Peuple se conduit. ADIMANTE. Mon cher Socrate, nous direz vous de quels nouveaux symptômes est travaillé presentement le corps politique?

SOCRATE. D'abord il brille de liberté, si j'ose m'exprimer ainsi. On parle, on dit, on fait ce qu'on veut. ADIMANTE. C'est le cas de plusieurs villes de la Grece; où chacun est Maître, & vit comme bon lui semble. SOCRATE. Une bigarrure de mœurs, & d'occupations inexprimable, sera le premier effet de l'Anarchie. Les

ama-

LIVRE HUITIEME.

amateurs de la varieté, quelque bizarre que foit leur goût, y trouveront de quoi le fatisfaire. Jamais boutique de joüallier, jamais foire au Monde, n'eut le premier coup d'œil auffi charmant. Les plans de Republique entre autres, y feront à choifir. Qu'un Citoïen ait touts les talents, pour commander; on ne le force point. Il obeït pareillement, fi bon lui femble. Le matin on embraffe le fervice; on le quitte le foir. Les loix auront eu beau profcrire un coupable illuftre, l'eloigner du manîment des affaires, ou mettre l'adminiftration de la juftice en d'autres mains, & le condamner même, foit à la mort, foit au banniffement; il leve la tête; il conferve touts fes emplois, il fe fait voir dans les rues, comme en triomphe. Pour comble, on n'en éft point furpris; on ne dit mot. Se peut-il une maniere de vivre plus agreable! ADIMANTE. Elle aura pour les efprits inquiets de grands charmes. SOCRATE. Pour ofer tout, & parvenir à tout, il ne faut que plaire à la Multitude. Le merite, pour l'acquifition duquel nous avons fouvent dit qu'envain la Nature aura donné les plus grands avantages, fi l'art, & le travail, ne les font valoir, feroit de trop. Quelquefois du fond d'une boutique, porté fur les epaules d'une bruïante Populace, dans les atours d'un Magiftrat, un vil Artifan ira s'affeoir au timon. Voila, cher Adimante, l'image veritable de la Democratie; où chaque particulier gouverne; où marchent fur la même ligne le fçelerat, & l'homme de bien, le faquin, & l'homme d'efprit. ADIMANTE. C'éft, mon cher Socrate, ce que nous voïons en plufieurs endroits autour de nous.

SOCRATE. Comme un Etat, l'homme paffe de l'avarice à la licence. Un Pere, brûlé de la foif des richeffes, la communique à fon fils. Celui-ci, dans les commencements, reprimera foigneufement chez lui touts les goûts, qui l'expoferoient à la depenfe. Enfin il fe reduira touts les jours de plus en plus à l'etroit neceffaire; que pour la clarté, je voudrois definir. ADIMANTE. Mon cher Socrate, je ferai bien aife d'apprendre en quoi vous le faites confifter.

Socrate. La Nature, cher Adimante, nous a donné des passions, qu'il n'est pas en notre pouvoir de frustrer entierement, & dont le contentement nous fait plaisir. Adimante. Celles du boire, & du manger, sont les principales. Socrate. On s'en fait d'autres; dont l'assouvissement, loin de causer une satisfaction veritable, expose au contraire à des inconveniens infinis. La crapule, & la lubricité, sont de ce dernier genre. Elles nuisent au corps, à l'âme. De jeunesse par consequent rien ne seroit plus facile, que de les empêcher de prendre l'ascendant. Adimante. Il ne s'agiroit que de former de bonnes habitudes; qu'on auroit ensuite peine à rompre. Socrate. On les rassasie difficilement, & toujours à grands frais; au lieu que peu satisfait les premieres. L'Intemperant lâche la bride à celles-là; mais l'Avare la tient serrée même à celles-ci. Adimante. Presentement nous direz vous, mon cher Socrate, comment de l'un on devient l'autre?

Socrate. Attiré par le bourdonnement des frêlons, un jeune homme accourt au pillage, qui les occupe. Il goûte le miel, de compagnie, & le trouve delicieux. Toute la troupe des voluptés souleve l'amour du plaisir contre l'Avarice; qui perd bientôt l'autorité souveraine dans son cœur. Adimante. L'Oligarchie finit; & la Democratie commence. Socrate. Cette nouvelle espece de revolution n'arrive gueres dans un Etat, que par la jonction de quelques alliés avec les pauvres, attentifs aux occasions de se venger des riches. Le penchant d'un jeune homme au libertinage, ne demeureroit pas aussi communement vainqueur de celui, qui l'avoit rendu longtemps esclave des richesses; s'il n'etoit fortifié par les impressions du mauvais exemple. Adimante. La justesse du parallelle, mon cher Socrate, continue d'être parfaite. Socrate. Cependant son Pere, & ses Proches, que l'esprit d'epargne n'aura point quittés, l'accableront de remontrances; & s'efforceront en lui de rallumer l'amour de l'argent, à mesure qu'ils le verront prêt à s'eteindre. Interieurement combattu, longtemps il tiendra la victoire en balance. Quelquefois l'avarice reprendra ses anciens droits sur lui. Peut-être un grand fond de bonté naturelle, lui fera concevoir de l'horreur

pour

LIVRE HUITIÈME.

pour les deux extremités, & prendre le parti de se remettre tout à fait dans l'ordre. ADIMANTE. Il n'est point rare que de la sorte un jeune homme passe du bien au mal, & du mal au bien. SOCRATE. Non. Mais le plus souvent, pour une passion déréglée, qui sera bannie; mille autres auront touts les chemins libres dans son âme. Cette multitude inquiete, reçoit, comme j'ai dit, chaque jour du renfort, par la frequentation des mauvaises Compagnies. Elle plante le siege devant la Citadelle même, si j'ose ainsi m'exprimer, & l'emporte d'assaut; parcequ'elle manque des remparts, qui dans les personnes cheries du Ciel, la mettent entierement hors d'insulte : j'entends ces pures lumieres, & ces habitudes vertueuses, qui sont le fruit de la bonne education, & qui munissent la Raison contre toutes les attaques du dehors. ADIMANTE. Il ne faut pas s'etonner, dans cet etat, s'il est pour le vice une conquête facile. SOCRATE. D'autant plus facile, mon cher Adimante, qu'il est trahi par un million de fausses maximes, & d'opinions corrompues; qui s'emparent de son esprit, pitoïablement ouvert à toutes les suggestions de ses maîtres de luxure. Vous le verrez, au milieu d'eux, oublier les graves leçons d'un Pere, grand Oeconôme, aussi parfaitement que les Compagnons d'Ulysse firent leur Patrie; engagés par le mets cheri des Lotophages. Que les personnes, à touts egards les plus dignes d'être ecoutées, lui parlent de mettre fin à sa debauche, à sa depense; touts leurs avis salutaires echoueront contre les mauvais preceptes, que d'ailleurs on lui donne. La modestie, & la retenue, ne sont bientôt plus que bêtise à son compte, & bassesse d'âme. Il estime la temperance une austerité ridicule; & l'attention à ses affaires, une extrême petitesse de genie. Toutes les vertus sont chassées comme des infâmes, & touts les vices reçûs en triomphe dans son cœur. Il en fait un Temple; qu'il dedie à ses nouvelles Divinités, avec les ceremonies les plus augustes. L'orgueil, la dissolution, la licence, la prodigalité, l'impudence, y sont adorés, sous les plus beaux noms. N'est-ce pas là, mon cher Adimante, un jeune homme, d'avare qui devient libertin?

tin? ADIMANTE. Oui, mon cher Socrate. La maniere dont il se metamorphose, est très bien expliquée.

SOCRATE. Il se jette ordinairement dans les excés à corps perdu. Cependant quelquefois ses passions seront moins emportées; & l'âge, au pis aller, avec ses glaces, en viendra moderer l'ardeur. Au lieu de se livrer tout entier à quelqu'une, au prejudice des autres; il retablira l'egalité; pour mieux dire, il introduira l'anarchie entre elles. Le hazard decidera toujours de celle, qui pour un temps aura l'empire dans son âme. ADIMANTE. C'est ainsi que le sort faisoit tantôt le Magistrat, dans le gouvernement populaire. SOCRATE. Si vous lui vantez les plaisirs de la Science, & de la vertu, comme infiniment superieurs à touts les autres; il ne vous en croira point; mais il ne vous le contestera point aussi; plein de la maxime, qu'en fait d'amusement tout est bon. Jamais il ne pense au delà du jour auquel il vit; & pour n'y laisser aucun vuide, la phantaisie qui le saisit à son reveil, est l'oracle qu'il consulte. Le premier du mois, une partie, où l'on boive jusques fort avant dans la nuit, sera quelque chose de très interessant. Le jeûne plaira d'avantage, le second. Une flûte chassera la melancholie du jour suivant. Le charme d'une semaine entiere, ecoulée dans l'inaction, se fera beaucoup mieux sentir, après un combat de ceste. On ira l'esprit content au Senat; où l'on fera tout ce que la caprice pourra suggerer; où l'on dira tout ce que l'imagination pourra fournir; du Senat, au comptoir, & du comptoir, au camp. La Philosophie une fois l'année aura son tour, & son moment d'audiance. Enfin la suprême beatitude, pour ce Prothée en fait des mœurs, est de vivre sans regle, sans attention, sans contrainte. ADIMANTE. Voilà sans doute un homme libre, & le parfait raccourci d'un Etat Democratique, mon cher Socrate! SOCRATE. La bigarrure, dont nous parlions tantôt, se trouve ici de part & d'autre. ADIMANTE. Assurement au plus haut point.

SOCRATE. De touts les characteres le plus engageant, & l'espece de gouvernement aussi la plus aimable, cher Adimante, nous restent à decrire: le Tiran, & la Tirannie. Elle s'etablit sur les ruïnes

ruïnes de la Democratie, en confequence d'un excès, fort femblable à celui qui renverfe Oligarchie, & qui releve le gouvernement populaire. D'un coté, c'eft une paffion demefurée pour les richeffes, qui perd les riches ; & de l'autre, un amour aveugle de la liberté, qui fait tomber dans l'efclavage. L'amour de l'argent avoit ouvert la porte à la licence; & bientôt la licence demande un frein.
ADIMANTE. Expliquez nous, mon cher Socrate, de quelle maniere ce dernier defaftre arrive aux Etats democratiques ?
SOCRATE. Pour eteindre la nouvelle foif, dont chacun eft confumé; des Echanfons, devenus liberaux, à force d'être cent fois le jour appellés gens endormis, verfent à boire autant qu'on veut ; & font les premiers à rire de touts les mouvements irreguliers, que produit l'ivreffe. ADIMANTE. Les Magiftrats, expofés à d'eternelles plaintes, s'ils ne fe montrent d'une facilité fans bornes, cedent au torrent; contre lequel ils s'efforceroient inutilement de fe roidir. C'eft, mon cher Socrate, ce que vous voulez dire. SOCRATE. Oui. Pour meriter le nom d'âme fervile, il fuffit de refpecter leurs ordres ; & les chofes vont mal, toutes les fois qu'elles ne s'accommodent pas aux idées de l'homme qui bat l'enclûme, ou qui manie l'aleine. ADIMANTE. On peut dire certainement alors, que la licence eft montée à fon comble. SOCRATE. Vous vous trompez, mon cher Adimante; elle va plus loin encore. Des hommes, le croiroit-on ? elle defcend jufqu'aux animaux. ADIMANTE. Oh! Oh! voïons, je vous prie ? SOCRATE. Pendant que le fils falue à peine fon Pere ; le Pere ne paroît que la tête nue devant fon fils ; & pour meriter fes bonnes graces, il s'applique à prendre fes airs, & fes manieres. Le Maître, le Valet, le Bourgeois, le Païfan, l'Etranger, l'Efclave, l'Affranchi, l'homme libre ; tout va du pair enfemble. Celui dont la charge fera d'enfeigner, tremble devant fes Difciples; heureux, par fes complaifances, d'eviter leurs railleries, & leurs infultes. Les jeunes gens tiennent enfin tête hardiment aux perfonnes d'âge ; qui n'ont plus d'autre parti, que d'outrer avec eux la belle humeur, pour être jugés de même parure, & pour ne point être eftimés des Mifanthropes infupportables. L'autre fexe de fon côté
s'oublie

s'oublie egalement. ADIMANTE. C'est l'image d'un parfait desordre. SOCRATE. A moins que d'avoir soi-même vu les choses dans une Republique, où le Peuple gouverne le Magistrat; jamais on ne s'imagineroit à quel point la liberté, comme on la nomme, y fleurit. Le Proverbe s'y verifie parfaitement; & les Epagneuls n'y sont pas sur un moins grand pied que leur Maitresses. Par une espece de contagion, qui se repand; les Mulets, d'un trot plein de fierté, couvrent de boue le passant, & le renversent de très bonne heure, s'il ne fait place. ADIMANTE. Je suis la preuve de leurs manieres degagées, mon cher Socrate. Je ne vais point à ma maison de campagne, qu'une partie de l'accident ne m'arrive.

SOCRATE. Ce goût, de faire ce qu'on veut, forme dans l'âme une mauvaise delicatesse, qui la rend incapable de souffrir le joug de la raison, & celui des loix. Elle redoute l'ombre même de la contrainte, & s'effarouche au seul nom de tout ce qui s'appelle un Maître. ADIMANTE. C'est la grande maladie, qui produit les simptômes terribles, qu'on voit dans le Gouvernement Populaire. SOCRATE. L'excès est pernicieux en tout; & d'une extremité l'on passe aisement à l'autre. Ces deux maximes, vraies dans la Nature, ne le sont pas moins dans la Morale, & particulierement lorsqu'on parle du Corps politique. Une passion furieuse pour la liberté, conduit à la plus affreuse servitude; & la Tirannie forge ses chaînes, à mesure que l'esprit d'Anarchie brise ses freins. ADIMANTE. Il est vrai, mon cher Socrate. Mais dites nous si les principes, qui causent la dissolution de l'Oligarchie, & celle d'un Etat Democratique, ont du rapport; ou faites nous voir comment ils different.

SOCRATE. Dans la premiere; parmi les amateurs du luxe, auxquels elle doit sa naissance, nous avons dit que les uns etoient hardis, entreprenants, capables d'entraîner les Peuples après eux; & du reste mechants au plus haut point. Les autres, timides, paresseux, vont comme on les mene; & n'ont pas grande intention de nuire. Ces deux especes de Frêlons, se retirent dans touts les Etats; où, quelquefois sans bruit, ils font d'horribles ravages. A l'exemple du Jardinier,

LIVRE HUITIEME.

dinier, qui tremble pour ſes abeilles, un ſage Legiſlateur prendra des meſures efficaces, pour empêcher qu'ils ne s'engendrent; & coupera l'appartement entier, dans lequel ils auroient deja formé leur eſſain. ADIMANTE. Autrement toute la rûche, puiſque vous aimez la comparaiſon, ſera pillée impitoïablement. SOCRATE. Les uns & les autres font touts les maux, dans les deux genres de Republiques dont nous parlons; avec cette difference, que le Peuple, dans la diſtribution des emplois, compte pour beaucoup d'avantage les talents qui le frappent, que les richeſſes. Tout roule ſur les Orateurs; qui ſçavent le mieux s'emparer de ſes oreilles. Ceux à qui l'eloquence manque, voltigent autour de leurs tribunes; où, par leur bourdonnement epouvantable, ils etouffent toutes les propoſitions des perſonnes ſages, & des gens de bien. ADIMANTE. Que voïons nous autre choſe, dans les Etats Democratiques? SOCRATE. Cependant un grand nombre de Citoïens laborieux, & zelés pour le Public, amaſſent du bien, par les voies legitimes. C'eſt la proie, comme on ſçait, des Moûches affammées dont je parle. Quant à la Multitude; renfermée dans un petit cercle d'affaires, elle ne ſort des boutiques de temps en temps, que pour donner les charges, & pour faire les loix. Vous comprenez bien, mon cher Adimante, que jamais ſa complaiſance pour ſes Oracles n'eſt parfaitement deſintereſſée; & qu'elle ne laiſſera pas faire aux Frêlons un butin conſiderable, ſans en avoir ſa part. ADIMANTE. Il eſt juſte qu'elle partage avec eux les depouilles de qui bon leur ſemble. Elle ſe contente au reſte du rebut; qui la paie des acclamations, par leſquelles, au moindre ſigne, elle conſacre leur rapine. SOCRATE. Les attaqués rempliſſent tout de leurs cris; & ſe liguent, pour ſe mettre à couvert de l'oppreſſion. Ce ne ſont plus que factions, qui s'entre-choquent avec fureur. Enfin quand les bien-intentionnés voient le Souverain charmé d'être ſeduit, & reſolu de les perdre; ils ſe retournent vers l'Oligarchie, comme leur unique, refuge dans leur deſeſpoir. Les inſectes dangereux, dont l'eguillon s'eſt fait ſentir, cauſent partout des mouvements convulſifs; dont la ſuite eſt une revolution dans l'Etat. ADIMANTE. C'eſt où mene ordinairement

ment l'injuſtice des Tribuns du Peuple, auſſi-tôt qu'ils ont affermi leur autorité.

SOCRATE. Il ne peut ſe paſſer d'un favori; qu'il aime à diſtinguer extraordinairement par deſſus touts les autres. Sur lui coule avec impetuoſité le torrent de ſa bienveillance, & de ſes graces. ADIMANTE. On ſçait qu'il lui faut toujours un Preteur. SOCRATE. Il a, mon cher Adimante, les jambes, & les cuiſſes du Tiran. A meſure que le dernier s'acheve; on voit par degrés la même etrange metamorphoſe, qui faiſoit trembler d'effroi toute l'Arcadie, aſſemblée aux jours ſolemnels dans le Temple de Jupiter Lupin. ADIMANTE. Aidez ma memoire, mon cher Socrate, je vous en prie. SOCRATE. Touts ceux à qui le malheur arrivoit d'y goûter de quelque viſcere humain, confondu par megarde avec les entrailles des victimes, etoient ſur l'heure changés en Loups. Vous rappellez vous le miracle? ADIMANTE. La fable n'en a point de plus frappant, ni de plus celebre. SOCRATE. Un Roi de la Multitude, après avoir porté juſqu'à ſa langue impie les premieres gouttes du Sang de ſes Concitoïens; mis à mort les uns, banni les autres, amorti les dettes, fait brêche aux loix agraires; un Oppreſſeur de ce haut genre encore une fois, ceſſe pareillement d'être homme; & devient Bête feroce. L'alternative pour lui deſormais, eſt de reüſſir à devorer tout ce qu'il rencontre, ou de perir. ADIMANTE. Le premier eſt difficile; & pour eviter le ſecond, il faut n'être emu d'aucun ſentiment d'horreur, à la vue des plus inſignes ravages. SOCRATE. Dabord il ſaute ſur touts les gens riches, l'un après l'autre. Peut-être ſeront-ils aſſez heureux, pour venir à bout de le bannir. Mais ſon exil ne ſera pas long; & bientôt, avec tout l'appareil d'un Conquerant, il reviendra, plein de fierté, reçevoir les hommages forcés de tout le monde. ADIMANTE. Il ne ſera plus facile de le chaſſer. SOCRATE. Non. Mais on aura le poignard ſous l'habit; & chaque jour fera penſer à de nouveaux moïens de s'en defaire. ADIMANTE. C'eſt le retour, auquel doit s'attendre un particulier entreprenant, j'ai penſé dire ſacrilege, qui,

LIVRE HUITIEME.

pour satisfaire une ambition demesurée, envahit les libertés de sa Patrie.

Socrate. Une garde nombreuse est necessaire, pour empêcher les assassins d'approcher le Dieu tutelaire du Peuple : c'est le titre que lui-même il s'arroge, & le nom que ses flatteurs lui donnent. Adimante. Quel malheur, si leur fer audacieux trenchoit sa belle vie! Socrate. Le grand interêt qu'on prend à sa personne, & la haute opinion qu'on a de son amour sincere pour le Public, font en un instant paroître une forêt de hallebardes autour de lui. Implacable ennemi de touts ceux, qu'il n'a pas encore appauvris tout à fait; vous jugez bien, que suivant la prediction faite par l'Oracle à Cresus, il secouera toute honte, & que les crimes les plus horribles ne lui coûteront plus rien. Adimante. Si dans quelque rencontre il hesitoit à les commettre; il ne balanceroit pas deux fois.

Socrate. Le nouveau Maître, enhardi par son peril, met donc efficacement la main à l'œuvre. Il fait monter les uns derriere son char, & les autres sur un echafaud. Adimante. De ces deux manieres, il faut que sans relâche il travaille à sa propre sûreté.

Socrate. Il n'est pas encore temps, cher Adimante, d'examiner s'il vit heureux. Felicitons seulement la Republique, d'avoir nourri dans son sein un Monstre si formidable; & finissons de le peindre. Adimante. Je m'interesserai fort au portrait.

Socrate. Son grand soin est de ne point se montrer, noir comme il est dans l'âme, & de ne point aller trop vîte. Les premiers jours, un souris de commande, adoucit presque tout ce que la Nature mit de farouche dans son regard, & dans les principaux traits de son visage. D'après de lui chacun sort comblé de belles paroles, & de caresses. Ciel, quel tort n'auroit-on point de le regarder comme un Tiran! Le Public est dejà soulagé. Les particuliers auront, avec le temps, ce qu'il leur faut. On dechargera toutes les personnes oberées. Sa Maison entiere est sur la Liste, pour des arpents de terre. Le Peuple en aura sa part. Touts en un mot seront contents; & touts auront un Pere en lui. C'est comme il parle. Adimante. Ces magnifiques promesses, & ces airs engageants, mon cher Socrate, sont des moïens qu'il emploie, pour appaiser la vengeance publique. SOCRATE. Il est perdu, s'il ne trouve le secret de se rendre necessaire. Pour cet effet, il travaille à tout pacifier au dehors, par des guerres heureuses, ou par des Traités avantageux. Mais il prend soin que le Public en ait toujours quelqu'une de reserve à soutenir. ADIMANTE. De cette maniere, les lauriers du Generalissime de l'Etat ne se fletriront point. SOCRATE. Ce n'est pas tout. Le Peuple, saigné par les plus cruelles depenses, n'aura ni forces, pour s'opposer à ses entreprises, ni temps de reste, pour former des Conspirations. Cependant chaque nouvelle action lui fournira mille belles occasions d'exposer à la mort certaine ceux, qu'il soupçonnera de pleurer en secret sur le tombeau de la Republique. Par toutes ces raisons, il ne fera la paix, que pour la rompre. ADIMANTE. S'il n'accable tout, mon cher Socrate, il faut que lui-même il succombe. SOCRATE. Il deviendra par consequent touts les jours de plus en plus odieux. Plusieurs de ceux même qui l'auront aidé, par attachement pour sa personne, ou par imprudence, à jetter les fondements de sa Tirannie, commenceront d'en conçevoir la derniere horreur. Les plus timides la detesteront dans le particulier; & les plus hardis oseront faire eclater leur haine en public. ADIMANTE. Il verra l'indignation peinte sur les visages autour de lui. SOCRATE. Amis, Ennemis, de quelque rang, de quelque merite qu'ils puissent être, s'ils ouvrent la bouche, perdront la vie. ADIMANTE. Son grand emploi sera d'imaginer des moïens, pour s'en defaire. SOCRATE. De quel œil d'aigle, ouvert nuit & jour, n'aura-t-il donc pas besoin, pour voir qui d'entre les Citoïens a de la probité, de la bravoure, de l'esprit, des richesses, de la consideration dans le Monde; quelqu'une des qualités en un mot, qui peuvent les faire craindre? Ou purger la Republique de ces hommes redoutables; ou tomber sous leurs coups. Point de milieu pour lui. ADIMANTE. O la belle evacuation, mon cher Socrate! SOCRATE. Un Medecin tâche de procurer au Corps humain celle de ses mauvaises humeurs. Le Tiran va chercher touts les sucs nourriciers, jusques dans les veines

ca-

LIVRE HUITIEME.

capillaires du Corps politique. Adimante. Il faut le tenir mourant, ou perir. Socrate. Que sa condition est donc heureuse, mon cher Adimante! Il faut qu'il ne vive, qu'entouré d'esprits mechants, comme lui, qui touts l'abhorrent, s'il veut vivre. Adimante. Elle est assurement digne d'envie! Socrate. Haï de plus en plus, exposé touts les jours à de nouvelles entreprises contre sa personne, il pense à renforcer extraordinairement sa garde. Adimante. Il a raison. Il y va pour lui du tout. Socrate. Où trouver assez de Janissaires? C'est l'embarras. Adimante. Une paie mediocre en fera bientôt accourir en foule de toutes les parties du Monde. Socrate. C'est pour le coup, cher Adimante, qu'on verra, si je l'ose dire, l'air obscurci par une epaisse nuée de frêlons, venus de loin, & bigarrés, autant qu'il est possible. Adimante. Quel autre parti, mon cher Socrate? Un Citoïen, un Ennemi, sont pour un Tiran des noms synonimes. Socrate. Vous oubliez, mon cher Adimante, un grand nombre d'Esclaves, qui dans l'horrible boucherie, par laquelle il aura cimenté son depotisme, auront perdu leurs Maîtres. Est-il rien de plus propre à voltiger dans son palais, avec sûreté pour lui, qu'un essain, vil en apparence, d'affranchis? Adimante. Il n'aura point de gens plus attachés. Socrate. Quoi de comparable, pouvons nous, cher Adimante, encore ici nous demander à la douçeur de sa vie? Defait heureusement de mille personnes incommodes; combien d'autres, entierement devouées, dont l'unique affaire est d'eloigner touts les maux qui le menacent, & de travailler à ses delices! Les gens de bien qui restent, fuïent sa vue. Mais en peut-il être mieux consolé, que par cette multitude, empressée à lui plaire, à le flatter, à le defendre, à le servir? Adimante. Pourvu qu'on le craigne, & qu'on tremble à ses ordres, qu'importe qu'on l'aime?

Socrate. Il faut avouer que la Tragedie est une invention merveilleuse de l'esprit humain! Je trouve entre autres que rien n'est au dessus d'Euripide, quand il nous dit: " qu'un Tiran ac-
" quiert une sagesse consommée, par le commerce qu'il a conti-
" nuellement avec les sages; qui de toutes parts viennent embel-

" lir fa Cour." Peu s'en faut qu'il ne nous en faffe un Demi-Dieu dans toutes les formes! ADIMANTE. On remarque prefque partout dans les Poëtes la même beauté de fentiments, la même juftefle d'efprit. SOCRATE. En hommes, apparemment plus fages que nous autres, faifeurs de Republiques, ils nous pardonneront de ne point fouffrir qu'ils approchent de la nôtre; pendant qu'ils feront ainfi refolus de prodiguer leurs eloges aux Oppreffeurs du Genre Humain. ADIMANTE. Les plus raifonnables d'entre eux, mon cher Socrate, ne feront pas affez injuftes, pour s'en plaindre. SOCRATE. Plutôt que de penfer à nous, je leur confeille de faire à pied le tour de la Grece; & d'aller de ville en ville, reciter leurs vers admirables à des auditoires nombreux, une bourfe à la main. Ils peuvent raifonnablement fe promettre une quête abondante, lorfque, par les preftiges de leurs poëfies, ils feront venus à bout d'ôter aux Peuples entiers l'horreur de l'efclavage, ou de leur infpirer l'amour de la licence. Les Tirans furtout leur feront accueil. Ils iront encore affez bien à la gloire, aux recompenfes, dans les Etats, où c'eft le Peuple qui les diftribue. Mais s'ils veulent effaïer de monter plus haut; un gros afthme les empêchera de faire des progrès. Le meilleur fera de refter en bas; avec toutes leurs couronnes de lierre, & toute leur haleine. ADIMANTE. Le confeil eft bon. Ni dans une Oligarchie, ni dans une Ariftocratie vertueufe, on ne feroit enthoufiafmé d'eux.

SOCRATE. Où l'Oppreffeur de fon païs, mon cher Adimante, prendra-t-il dequoi païer fa garde, & fes troupes? C'eft le fujet pour lui d'un autre fouci. ADIMANTE. Les depouilles de touts les Temples dans les commencements y fuffiront, avec des taxes modiques. SOCRATE. Et quand touts les vafes facrés auront difparu? ADIMANTE. Le Peuple trouvera des fonds nouveaux, pour Satellites, Gens de guerre, Favoris, Maitreffes. SOCRATE. Le Peuple, cher Adimante, l'a mis au monde: Il eft jufte qu'il le nourriffe. ADIMANTE. Envain deformais voudroit-il s'en defendre; il eft contraint de fournir à tout. SOCRATE. Peut-être le dernier epuifement arrachera-t-il quelques plaintes, affez permifes, de fa bouche.

LIVRE HUITIEME.

Il dira que le fils en âge, ne doit point être à la charge du Pere; & que c'eſt au premier de pourvoir à touts les beſoins de celui du quel il a reçu la naiſſance. S'il a tout fait, pour aggrandir un ſujet, ajoûtera-t-il, avec amertune; etoit-ce pour n'avoir qu'un Maître avide, imperieux, cruel; & pour être en proie à ſon Eſcorte, ramaſſée de touts les endroits du Monde. Au contraire on eſperoit, que donné pour chef à touts les bons Citoïens, il s'oppoſeroit avec eux aux entrepriſes des mechants..... Si, pour concluſion, le Peuple s'aviſoit de vouloir uſer du même empire, avec lequel un Pere, las du vacarme que lui fait touts les jours un fils diſſolu dans ſa maiſon, l'en chaſſe, avec touts ſes inſtruments, & ſes groſſes Compagnies: par Jupiter, le Peuple verra quel horrible Monſtre il a graſſement nourri.
ADIMANTE. Mon cher Socrate, il ſera beaucoup trop tard, pour lui faire quitter la partie. SOCRATE. Quoi? L'enfant denaturé n'obeïra point; & s'oubliera même, juſqu'à frapper! ADIMANTE. Juſqu'à paroître, les armes à la main. SOCRATE. O Ciel! Le deteſtable Parricide! Eſt-ce ainſi que le Peuple mord à l'hameçon du depotiſme, caché ſous un appas trompeur de liberté? Il fuit l'ombre de la ſervitude, & tombe dans tout ce qu'elle a de plus affreux. ADIMANTE. C'eſt une faute, qu'eternellement il commet; & qu'il expie toujours à loiſir.

SOCRATE. N'avons nous pas, cher Adimante, aſſez bien vu, comment la Tirannie s'etablit ſur les ruïnes du gouvernement populaire; & de quelle deſolation epouvantable elle eſt ſuivie? ADIMANTE. Mon cher Socrate, vous avez tout dit.

DE LA RÉPUBLIQUE;
OU
DU JUSTE, ET DE L'INJUSTE.

LIVRE NEUVIEME.

SOCRATE.

LA formation du Tiran, & l'etat veritable de fon âme, cher Adimante, nous reftent à decrire. Voïons de quelle maniere la debauche allume le defir en lui de la puiffance abfolue; ce qui fe paffe dans fon interieur, quand il s'en eft mis en poffeffion; & s'il eft heureux, ou miferable, dans le temps que tout fléchit le genou devant lui. ADIMANTE. C'eft, mon cher Socrate, ce que nous nous fommes propofé, comme la fin principale de nos recherches.

SOCRATE. Avant que d'entrer en matiere, touchons quelque chofe en general des paffions; afin de repandre plus de lumiere fur tout ce que nous avons à dire. ADIMANTE. Vous etes le Maître; & c'eft à vous de nous montrer le chemin.

SOCRATE. Celles qui nous portent au plaifir illicite, font dans touts les hommes plus ou moins fortes. Mais retenues dans les plus emportés par la crainte des loix, & par la reflexion dans les plus Sages, elles s'amortiffent prefque tout à fait dans quelques

LIVRE NEUVIEME. 263

mes privilegiés; pendant qu'au moindre objet qui les enflamme, elles mettent aisement tout en combustion dans le cœur des autres. ADIMANTE. Dites nous, je vous prie, lesquelles principalement vous avez en vue. SOCRATE. Celles qui s'echappent durant le sommeil; après que la Raison en a comme laissé tomber les rênes; & qu'echauffées par les excès precedents, elles courent, où leur fougue impetueuse les emporte. Nul crime alors, pour enorme qu'il soit, ne se presente à l'imagination, dont la partie animale ait horreur. ADIMANTE. Je vous entends, mon cher Socrate. Un homme, qui s'endort, le sein rempli du feu de la debauche, est adultere, meurtrier, sacrilege, toute autre chose qu'un homme en un mot. SOCRATE. Au contraire un autre, à qui les plaisirs n'auront point manqué le jour, mais qui n'en aura fait aucun excès, est tranquille, quand il va prendre son repos. Il n'est point agité par la folle joie, inquietté par le noir chagrin, troublé par la penible colere. Son esprit, elevé, si je l'ose dire, au dessus de l'atmosphere des passions, contemple mieux qu'en tout autre temps la verité pure, est exempt de toutes les illusions de la nuit. ADIMANTE. Il n'est jamais en plus grande liberté, mon cher Socrate. Le passé, le present, l'avenir, sont un livre ouvert devant lui. SOCRATE. Ce que je veux conclurre de là, mon cher Adimante; c'est que les plus reglès, les plus calmes, les plus Philosophes, ont une moitié d'eux-mêmes fiere, indisçiplinable, toujours prête à se revolter contre l'autre. ADIMANTE. Touts n'eprouvent que trop ce combat deux-mêmes contre eux-mêmes, aussi pendant la veille.

SOCRATE. Ce principe etabli; souvenez vous de la maniere, dont un jeune homme passe de l'avarice à la dissolution. Fils d'un Pere grand Oeconôme, ennemi du superflu, dans les habits, dans la table, dans les ameublements; il tombe au milieu d'une troupe de Libertins, à force de ravilir en sa presence tout ce qui s'appelle regle, esprit de menage, qui font naître en lui bientôt l'amour du faste, & de la licence. Cependant né d'un meilleur charactere, & retenu par les bons exemples, qu'après les avoir quittés il retrouve dans la maison paternelle; il epouse un milieu, fort semblable à

celui

celui qui characterife une Democratie naiſſante. ADIMANTE. Il aime ſes plaiſirs ; mais il evite la debauche.

SOCRATE. Un de ſes enfants aura ſuivi longtemps ſes traces, & vecu toujours en deçà comme lui de touts les excès. Les plus à craindre de touts les Enchanteurs, ceux qui poſſedent l'art abominable de metamorphoſer un jeune homme doux en Tiran inhumain, deſeſperés preſque de reüſſir, après avoir tout emploié, lui mettront enfin l'Amour en tête. C'eſt un frêlon, cher Adimante, qui vole bien ; & qui fait de cruelles bleſſures. ADIMANTE. Ce n'eſt pas d'aujourdhui qu'il fait parler de lui dans le monde ſur ce pied là, mon cher Socrate. SOCRATE. Cette paſſion imperieuſe, devient Reine de toutes les autres dans ſon cœur. Moûches, de leur coté mechantes, & deſormais à ſes commandements, elles goûtent à l'envi de ſon miel. Touts leurs nerfs abreuvés ſe reparent ; &, par leur bourdonnement, elles lui ſignifient leur empreſſement à la ſervir. Fiere de ſe voir ainſi maitreſſe ; elle s'oublie, elle s'abandonne aux mouvements les plus irreguliers, elle entre en fureur. Si dans l'âme il reſte quelque opinion ſaine, de la bonté, de la modeſtie, de la retenue, de la pudeur ; elle fait main baſſe, & n'epargne rien. Sans oppoſition, elle en bannit tout ce qui d'un peu loin reſſemble à la ſageſſe. ADIMANTE. Je vous entends, mon cher Socrate. L'Amour, le redoutable Amour, acheve le Tiran. SOCRATE. Oui, depuis longtemps, avec juſtice, il en porte le nom. ADIMANTE. Il commence par exercer au dedans ſon deſpotiſme ; qui ſe manifeſte au dehors touts les jours, par des traits, ſuffiſants pour allarmer tout un Monde. SOCRATE. Je ne vois point à quoi mieux les comparer, mon cher Adimante, qu'aux ſymptômes les plus dereglés de l'ivreſſe, & de la phreneſie. Dans la chaleur du vin, & dans un delire, on voit les hommes, & les Dieux, infiniment petits ; on s'eſtime capable de gouverner le Ciel, la terre, & l'onde. ADIMANTE. Rien n'eſt trop, pour l'orgueil de l'Homme, veritablement phrenetique, dont vous parlez. SOCRATE. Ses paroxiſmes les plus aigus ſont cauſés par l'Amour, & par une extrême noirçeur de temperament ; dont l'effet immanquable eſt d'ôter

même

LIVRE NEUVIEME.

même à cette paffion tout ce que la Nature lui donna d'humain. C'eft ainfi qu'il fe forme, cher Adimante. Nous decrirez vous prefentement les exploits, dont eft femée d'un bout à l'autre fa belle vie; & par lefquels de très bonne heure il aura paru deftiné pour être le fleau du Monde? ADIMANTE. Je vous repondrai fur le ton plaifant, mon cher Socrate; que vous n'avez point du tout befoin qu'un autre vous aide. SOCRATE. Les jeux, & les ris, fuivent partout, comme on fçait, le char de l'Amour. Bals, grands Repas, Concerts, Maitreffes, abforbent dans peu d'années les revenus, & les emprunts. Une foule d'appetits necefliteux, & fouvent fruftrés, dont le nombre croît touts les jours, demandent avec hauteur fi l'Univers manque de gens, à qui, par l'artifice, ou par la force, enlever de quoi les fatisfaire. Il faut choifir. Ou fouffrir les plus cruelles tortures au dedans; ou prendre à toutes mains. ADIMANTE. Le fecond eft deteftable; mais il eft jugé le moins penible. SOCRATE. Les paffions, qui s'emparent l'une après l'autre du Tiran futur, ne fe contenteront pas des aliments, qui fuffifoient à celles d'autrefois. Le bien du Pere, & de la Mere, après qu'il aura mangé fa legitime, ne fera point facré pour lui. S'il ne les trouve pas affez indulgents, pour conniver à fes ufurpations declarées; il emploiera la rufe; & s'ils ne font pas affez faciles à tromper, il ufera de violence. Ils s'armeront de fermeté. Quelquefois ils oferont ne point fermer les yeux à tout. Ne doutez pas qu'alors il ne laiffe voir à leur egard les traits les plus marqués de fon humeur farouche. ADIMANTE. Ils feront à plaindre. SOCRATE. Les plus etroits liens du fang, anciens autant que lui-même, feront brifés par d'autres, formés recemment avec une femme debauchée, avec une troupe de Libertins. Ses nouvelles connoiffances, introduites avec ceremonie dans la maifon paternelle, qu'on les priera de regarder parfaitement comme la leur, adrefferont touts leurs hommages à leur Hôte veritable. De concert, ils relegueront au coin du feu le vieillard, & fa bonne Menagere; ou peut-être même ira-t-on jufqu'à les mettre hors de chez eux. ADIMANTE. C'eft un grand bonheur, en verité, mon cher Socrate, que d'avoir mis au monde un fils debonnaire, & refpectueux

TOME II.   M m   fpectueux

spectueux à ce haut point! SOCRATE. Quand tout est dissipé; que faire de mieux, que vivre sur le Public. De nuit on perce les murs du voisin; on detrousse dans les rues le passant; on ne respecte pas les Temples. Toutes ces passions indomptées, qui dans le temps auquel il n'avoit pas encore tout à fait secoué le joug du Pere, ne couroient à bride abbatue où leur fougue les emportoit, que sous les auspices du sommeil, mordent, si je l'ose dire, le frein des loix; & foulent aux pieds toutes les maximes, qui dans l'enfance le penetroient d'estime pour la vertu. Entrainé de la sorte, il est aujourdhui pendant la veille, ce qu'il n'etoit autrefois, que lorsque Pluton lui detachoit les songes les plus affreux. Les debauches outrées, les meurtres horribles, les sacrileges enormes, ne l'arrêtent plus. L'Amour, souverain Maître de son cœur, le remplit d'audace. Du ton de parfait Monarque, il lui commande, à quelque prix que ce puisse être, de trouver dequoi fournir à la subsistance des satellites nombreux, qu'il a comme à sa solde, tant au au dedans, qu'au dehors. Ai-je exageré quelque chose, mon cher Adimante; & reconnoissez vous à touts ces traits l'Esclave, qui bientôt va mettre son Païs, &, si ce n'est assez, le Monde entier aux fers? ADIMANTE. Il est tiré d'après nature, mon cher Socrate; & rien ne se peut de plus ressemblant.

SOCRATE. Si les mauvais Esprits, qui sont venus à bout de le pervertir, ne se voient qu'en petit nombre; & si dans l'Etat on estime les bonnes mœurs; ordinairement ils s'en bannissent; pour aller grossir la Cour de quelque Tiran qui fait du bruit, ou s'engager dans ses guerres. Quand l'occupation leur manque au dehors; ils se retrenchent à faire chez eux des maux, qui valent peu la peine qu'on en parle. ADIMANTE. Par exemple? SOCRATE. Couper des bourses, voler sur le grand chemin, piller, comme j'ai dit, les Temples, noircir l'innocence, exercer le metier de faux temoins, corrompre la justice, est leur pis aller, & leur amusement de touts les jours. ADIMANTE. Ils sont encore, mon cher Socrate, en trop petit nombre, pour entreprendre des exploits d'une plus haute importance. SOCRATE. Qu'ils aient le temps de former leur troupe;

on

LIVRE NEUVIEME.

on les verra porter la defolation dans le lieu de leur naiffance. Auffi-tôt qu'ils auront appris qu'on y commence à marcher fur leur traces; affez pour fe dire les uns aux autres, le verre à la main, qu'ils font forts; ils y retourneront, comme en triomphe, à la fuite du plus determiné d'entre eux. Bientôt ils jettent les fondements de fa Tirannie, heureufement fecondés par l'infatuation du Peuple. ADIMANTE. Un fi bon chef les affûre d'un prompt fuccès. SO-CRATE. Peut-être fa Patrie ne fubira-t-elle pas le joug fans refi-ftance. Il traitera fa Patrie, nom eftimé fi tendre par toutes les Nations du Monde, & par les Cretois entre autres, avec la même dureté, que dans fa jeuneffe il eut pour ceux qui lui donnerent le jour. Il l'abandonnera comme au pillage à fes compagnons d'exil. Telle eft fon etoile, & la leur. ADIMANTE. Quels tigres!

SOCRATE. Vous vous trompez, mon cher Adimante; rien dans les commencements de plus doux. Etudiez leur air, à l'approche des gens dont ils ont befoin. Vrais Prothées, ils prendront toutes les formes, pour les gagner. On s'en iroit perfuadé qu'ils n'au-roient point de parents plus proches, d'amis plus chers; s'ils les con-noiffoient le moment d'après. ADIMANTE. La duplicité, mon cher Socrate, & l'infenfibilité, font les deux principaux characteres du Tiran. SOCRATE. Pour le bien definir; c'eft un homme qui n'aime rien, & qui n'eft aimé de perfonne. Une âme baffe; qui rempera de-vant mille inferieurs, pour voir à fes pieds vingt de fes egaux. L'amitié, la liberté, font des biens entierement inconnus pour lui. ADIMANTE. Un triple airain defend fon cœur; & pour Tirans il a touts ceux qui lui font utiles pour fes fins. SOCRATE. C'eft une âme fans foi, fans honneur, fans droiture. Le nom d'injufte, fi nous en avons bien compris le fens, lui convient dans toute fon etendue. ADIMANTE. A qui mieux le donner, qu'à l'homme affez eperduement amateur de lui-même, pour facrifier tout l'Univers au plus frivole de fes defirs? SOCRATE. Il fera donc mechant au plus haut point; auffi mechant eveillé, qu'il eft poffible de l'être endor-mi. N'oublions pas que plus il vit dans la grandeur, plus il croît en malice. . . . .

GLAUCON.

GLAUCON prit ici la parole ; & foufcrivit à tout, avec de grandes marques d'approbation….. Fort bien, repris-je. Mais, dites moi, le plus mechant homme, cher Glaucon, eft il auffi le plus miferable ; & jugerons nous qu'un Tiran eft de plus en plus malheureux, parcequ'à mefure qu'il avance en âge, il devient de jour en jour incorrigible ? Les fentiments ne s'accordent pas là deffus. Je voudrois fçavoir le vôtre ? GLAUCON. Mon cher Socrate, j'eftime, à la premiere vue, qu'il n'eft point de mifere pareille à celle, de n'être au Monde, que pour y faire du mal. SOCRATE. Prenons garde que le bonheur d'un particulier naît des mêmes fources, eft fujet aux mêmes differences, que celui d'un Etat. L'amour de la gloire, & l'efprit de conquête, y caufent de moindres calamités que l'avarice ; l'avarice de moindres que l'anarchie ; & l'anarchie encore de moindres que le depotifme. Rien n'approche de la felicité d'une Republique, foumife aux Loix de la Raifon, aux regles de la vertu ; telle en un mot que nous l'avons decrite ; & rien n'egale au contraire le malheur d'une autre, affervie aux paffions d'un feul. Pour ne fe point ici tromper, il ne faut pas fe laiffer eblouïr par le vain eclat, dont eft environné le Maître ; & qui ne fe repand que fur un petit nombre d'Oppreffeurs du fecond ordre, abforbés dans la grandeur, comme lui. GLAUCON. Il n'eft point de condition plus heureufe, que celle d'un Peuple fagement gouverné, mon cher Socrate ; ni de plus trifte, que celle d'un autre, fujet à touts les mouvements irreguliers du Pouvoir defpotique.

SOCRATE. Tranfportons ces idées de bonheur, & de mifere, cher Glaucon, des quatre efpeces de Republiques, dont nous avons parlé fouvent, aux quatre characteres, qui leur repondent parmi les hommes ; & pour bien juger de celui du Tiran, ne foïons point les duppes encore une fois de tout ce fafte, qui derobe aux yeux du vulgaire les tourments, que lui caufent les furies, dont il eft interieurement agité. C'eft aux perfonnes capables de penetrer le fond des chofes, & furtout à celles qui le voient touts les jours hors de fes habits de theatre, à nous apprendre ce qu'il faut penfer de lui. GLAUCON. Elles feules peuvent bien nous dire, fi nous devons eftimer

fon

LIVRE NEUVIEME.

fon etat redoutable, ou digne d'envie. SOCRATE. Pour ne point interrompre le Dailogue, fi vous en etes confentant, ofons nous mettre l'un & l'autre de leur nombre, & parler ici, comme elles feroient à nôtre place. GLAUCON. J'en fuis d'accord. Vous interrogerez, mon cher Socrate; & je continuerai de repondre à vos queftions.

SOCRATE. Après vous avoir fait fouvenir du parallelle, qui doit nous fervir de moïen, pour refoudre le grand problême, que nous avons à manier; je vous demande fi vous appellerez libre un Etat, où le defpotifme eft à fon comble ? GLAUCON. Au contraire, j'affurerai qu'il eprouve une cruelle fervitude. SOCRATE. Cependant, on y voit beaucoup de gens qui font ce qu'ils veulent, & dont chacun s'empreffe d'executer les ordres. GLAUCON. Oui. Mais fans dire qu'ils font les plus vicieux; leur nombre eft petit, en comparaifon du refte des Citoïens; dont les plus gens de bien font foulés aux pieds par ces maîtres arrogants, & pleins d'infolence. SOCRATE. Nul efclavage donc auffi plus dur, que celui dont eft affligée l'âme du Tiran. La partie la plus noble, & la plus digne en lui de commander, eft pareillement afservie à la plus vile, à la plus indifçiplinable. GLAUCON. Il eft efclave, mon cher Socrate; vînt-il à bout de faire porter fes chaînes au Monde entier. SOCRATE. Pendant que tout femble aller au devant de fes defirs; il n'eft au fond perfonne, qui faffe plus fouvent le contraire de ce qu'il defire. Pour fatisfaire les plus preffants, il faut à toute heure vaincre fes plus fortes repugnances, & faire les plus violentes revulfions dans fon cœur. Eguillonné par l'ambition d'un côté, retenu de l'autre par l'avarice, pouffé d'un fens par l'amour, & d'un autre par la crainte, il avance, il recule. Son partage eft l'inquietude, le chagrin, le trouble, & le remords. GLAUCON. Ajoûtons, le defefpoir, toutes les fois qu'il echoue dans fes entreprifes. SOCRATE. L'indigence de touts cotés paroît dans fes Etats, & dans fon âme; que l'Univers conquis laifferoit encore dans le befoin. GLAUCON. Il eft toujours pauvre, parcequ'il eft infatiable. SOCRATE. Autour de lui s'il met tout dans les gemiffements, & dans l'allarme; fes paffions inquiettes, fruftrées, timides, le dechirent, le rongent, l'ef-

fraient,

fraient, & lui font essuïer les plus terribles agonies à son tour. GLAUCON. Il souffre plus qu'il ne fait souffrir aux autres.

SOCRATE. En ramassant le tout ensemble ; rien de plus malheureux qu'un Etat opprimé. Que devons nous penser de l'Oppresseur ? GLAUCON. Suivant la regle de comparaison, que vous avez etablie, pour en juger ; c'est de touts les hommes le plus miserable. SOCRATE. Oui, pourvu que, du charactere dont il est né, il ne demeure pas resserré dans les bornes d'une condition privée ; & que son mauvais Destin l'eleve jusqu'à l'Empire. GLAUCON. Le paradoxe etonne, mon cher Socrate. Il sembleroit au contraire que ses peines interieures dûssent être fort adoucies, par la possession de la souveraine puissance. Je presumerois cependant qu'elles sont grandes. SOCRATE. Ce n'est pas assez, mon cher Glaucon. Il faut que la conviction soit parfaite, lorsqu'on veut s'assûrer de ce qui fera le bonheur de l'homme durant tout le cours de la vie, ou sa misere. Pour comprendre celle d'un Tiran, qui tient un Peuple nombreux dans l'oppression ; jugeons en par celle d'un simple particulier, qui maltraite ses gens. Quelque imperieux qu'il soit à leur egard, il ne les redoute point ; & dans sa maison il se compte en parfaite sûreté. GLAUCON. Qu'auroit-il à craindre d'eux ? SOCRATE. Mais faites vous reflexion à ce qui le tranquillise ? GLAUCON. Tout l'Etat le protege ; & les loix sont armées en sa faveur. SOCRATE. Oui ; mais s'il vivoit avec eux seul, au milieu des forêts ? Quelle fraïeur continuelle n'auroit-il pas d'en être à toute heure assassiné, lui, sa femme, & ses enfants ? GLAUCON. Il se croiroit sans doute en fort grand peril. SOCRATE. L'unique parti seroit de recourir aux paroles douces, aux belles promesses, aux bons traitements ; pour les empêcher de rien entreprendre contre lui. GLAUCON. Peu s'en faudroit qu'ils ne fûssent les Maîtres, & lui le Domestique. SOCRATE. Si de plus Dieu lui donnoit un voisinage, resolu de ne souffrir l'oppression de personne, & de punir toujours severement l'Oppresseur ? GLAUCON. Environné d'ennemis dans son domestique ; au dehors menacé de touts les chatiments par des voisins gens de bien ; il vivroit dans de perpetuelles alarmes ; il ne dormiroit ni jour ni nuit. SOCRATE. Celles
d'un

LIVRE NEUVIEME.

d'un Tiran font-elles moindres, cher Glaucon? Pouſſé par ſon inſtinct à faire du mal; il eſt expoſé de touts cotés à des repreſailles; & ſon cœur d'effroi palpite, à chaque nouvelle hoſtilité, qu'il exerce contre le Genre humain. GLAUCON. Armé contre touts les hommes, il arme touts les hommes contre lui. SOCRATE. Pendant que les autres Citoïens demeurent dans leur Patrie, ou vont librement d'un bout du Monde à l'autre ſatisfaire une innocente curioſité; la crainte, & l'avarice, le tiennent priſonnier dans ſes Louvres; & l'envie le devore, quand il entend parler des grands fruits, qu'ils ont remportés de leurs voïages. GLAUCON. C'eſt un Ours, après ſes expeditions nocturnes, à qui le bruit des chaſſeurs fait paſſer tout le jour en allarme dans ſa tanniere.

SOCRATE. Oui, mon cher Glaucon; c'eſt un fait certain qu'un homme, dont le derangement interieur va juſqu'à n'avoir aucun empire ſur lui-même, n'eſt jamais plus malheureux, que d'avoir à commander aux autres. Avec cette funeſte anarchie au dedans; il le ſeroit moins, au fond d'une ſolitude, que ſur le plus beau thrône du monde. Lorſque ſa naiſſance le produit, ou que la Fortune le met aux priſes avec les grands evenements; qu'eſt-ce autre choſe qu'un malade, impitoïablement trainé du lit dans l'arène, pour eſſaïer ſes forces contre des corps vigoureux? GLAUCON. L'image eſt magnifique. SOCRATE. Sa condition eſt donc plus triſte, que nous ne l'avons jugée dabord. Malgré toute la pompe, qui brille autour de ſa perſonne, c'eſt le pire de touts les eſclaves. Meurtri ſans relâche ſous le foüet de ſes paſſions, il obeït eternellement à celles des hommes les plus mechants. Lorſqu'il travaille avec le plus de ſuccès à contenter les ſiennes propres; il les ſatisfait moins, qu'il ne les irrite. Neceſſiteux, effaré, toujours rugiſſant; il eſt encore plus à plaindre que ceux qu'il accable; & dans ſa vie à peine trouveroit-on de courts moments, capables d'interrompre ſes continuels ſupplices. En un mot, le pouvoir ſuprême ne lui ſert qu'à devenir injuſte, perfide, inhumain, impie; &, par cet aſſemblage d'horribles qualités un Ixion, puni ſans interruption. GLAUCON. Un homme ingenieux à faire ſon propre tourment, & celui des autres.

So-

SOCRATE. Vous avez cinq characteres differents, tracés devant vous, mon cher Glaucon; l'Homme de bien, l'Ambitieux, l'Avare, le Voluptueux, le Tiran. Prenez les balances de Themis; pour decider par ordre, auquel un amour propre eclairé doit nous faire donner la preference ? GLAUCON. Mon cher Socrate, puisque vous me les mettez en main; je n'hesite point à prononcer, que le degré de vice, ou de vertu, qu'on y decouvre, doit regler celui du bonheur, ou de la misere, qu'il faut attribuer à chacun d'eux. SOCRATE. Ciel! qu'entends-je ? Ferai-je crier à haute voix par un Herauld, ou me chargerai-je moi-même de publier la magnifique sentence, que vient de rendre l'incomparable fils d'Ariston ? Emprunterai-je l'orgâne de la Renommée; pour aller apprendre à tout l'Univers, que l'homme le plus vertueux, & le plus juste, c'est à dire le plus maître de lui-même, est le plus heureux; que le plus injuste, & le plus vicieux, ou le plus esclave de ses passions, & le plus obeï dans tout ce qui peut les satisfaire, est le plus miserable ? GLAUCON. Armez vous de sa trompette, mon cher Socrate, j'y consens; parcequ'il est de la derniere consequence, qu'une si grande verité ne soit ignorée d'aucun Particulier, ni d'aucun Peuple. SOCRATE. Ajoûterai-je que cet arrêt, si digne en touts lieux d'être conservé sur l'airain, n'en seroit pas moins regulierement executé; fût-il possible de faire le bien, & le mal, à l'insçû des Dieux, & des hommes ? GLAUCON. Oui. C'est une clause très importante, & qui ne doit point en être separée. SOCRATE. Il n'est pas desormais necessaire, mon cher Glaucon, de confirmer par de nouvelles preuves un Oracle, parfaitement Oracle pour nous. Cependant j'aurois une autre voie, pour demontrer le grand axiôme en fait de Morale, dont nous parlons. GLAUCON. Mon cher Socrate, je ferai bien aise de l'apprendre.

SOCRATE. Nous avons autrefois distingué dans l'âme trois appetits; le raisonnable, l'irascible, & le concupiscible. GLAUCON. Je m'en souviens. SOCRATE. Ce troisième se distingue en plusieurs; celui qui nous porte à la recherche des aliments, & de plus à celle des plaisirs du Corps. Comme l'argent est le grand moïen pour se les procurer;

procurer; on peut confondre cet appetit avec l'amour du lucre. Le fecond nous fait afpirer en tout à la fuperiorité. C'eft l'amour de la gloire. Le premier enfin n'a pour objet, ni la reputation, ni les richeffes. Il nous paffionne uniquement pour la connoiffance de la verité. C'eft le defir de fçavoir, ou l'amour des Sçiences. GLAUCON. Je foufcris à vos definitions. SOCRATE. L'un de ces trois amours l'emporte fur les deux autres dans touts les hommes; & fait dire qu'on eft Philofophe, Ambitieux, Avare, empreffé pour les biens de la Fortune. GLAUCON. La paffion dominante fait ce qu'on appelle un charactere; & touts les characteres fe reduifent à ceux dont vous parlez. SOCRATE. Touts ces amours ont leurs plaifirs. Demandez même en particulier à ces trois fortes de perfonnes, lefquels ils jugent les plus doux; elles vanteront, chacune à leur tour, celui qui poffede entierement leur âme; & temoigneront pour ceux des autres un parfait mepris. L'homme ardent pour le bien, ne comprendra feulement pas quel goût on peut trouver à briller dans le monde, à tout connoître; à moins que l'argent ne vînt, & que les coffres ne fe rempliffent par ces deux voies. L'Ambitieux, pareillement furpris qu'on foit capable d'une foif, auffi meprifable qu'eft celle des richeffes, ou fe plaire, comme il parle, à voïager avec des fatigues immenfes par les efpâces imaginaires, nommera l'avarice un horrible defaut, & les Sçiences, des conteufes de fornettes; bonnes feulement, lorfqu'elles pourront tourner au profit de l'Ambition. Le Sçavant, & l'Amateur de la fageffe, de fon coté, plein de la derniere compaffion pour fes deux Competiteurs, en matiere de felicité, trouve des utilités, & des charmes, dans la recherche de la verité, qui le fatisfont infiniment, & qu'il prefere de beaucoup à tout le refte. Il n'oublie pas un foin moderé d'acquerir l'eftime, & d'amaffer un neceffaire; parcequ'il le faut. Mais il leur abandonne, avec dedain, tout l'or, qu'ils aiment fi paffionnement; & toute la fumée, après lefquels ils courent, avec une fi folle ardeur. GLAUCON. Cette ancienne conteftation, entre plufieurs Antagoniftes, qui fe donnent à l'envi mutuellement le tort, eft affez de confequence, pour meriter un examen fort attentif. SOCRATE. Elle a, mon cher Glaucon, de quoi d'autant plus etonner, qu'il ne s'agit point entre eux d'une theorie fine fur les devoirs, mais d'une chofe de pur fentiment. La difpute n'eft pas du meilleur en foi; mais de ce qui touche l'âme le plus delicieufement, & la rend heureufe. Glaucon. Mon cher Socrate, comment terminerez vous ce different? Socrate. Je ne vois point de moïen plus infaillible, que de nous en tenir à ce que nous en dira celui des trois Adverfaires, partagés fur la grande affaire du bonheur, à qui nous aurons lieu d'attribuer une plus parfaite connoiffance de caufe, & des lumieres moins fujettes à l'erreur, dans les divers genres, fur lefquels ils auront à prononcer. Glaucon. C'eft parfaitement bien dit.

Socrate. Prenons d'abord le Philofophe, & l'Avare, mon cher Glaucon. Lequel, à vôtre avis, eft le juge le plus competent des plaifirs de l'autre? Glaucon. J'y mettrois une extrême difference, mon cher Socrate. Le premier ne peut aucunement ignorer la jufte valeur des richeffes; parcequ'il en a toute fa vie eprouvé les douçeurs, auffi bien que le fecond. Au contraire celui-ci, de tout temps qui negligea de s'eclairer l'efprit, n'a jamais goûté les delices inexprimables de la vraie Sçience. Si même il s'avifoit de vouloir fi tard en effaïer; apparemment feroit-il arrêté tout court; & n'y trouveroit-il que le plus affreux degoût. Socrate. Le prix de la gloire leur eft à touts egalement connu; ne fût-ce que par la raifon qu'ils y parviennent touts, lorfqu'ils excellent, dans la voie qu'ils ont choifie. Le Riche, l'Ambitieux, le Sage, ont de la confideration dans le monde. Mais il n'eft donné qu'au dernier, de fçavoir par experience combien la Sageffe eft liberale de plaifirs, & combien la poffeffion de fes threfors eft douce. Il eft donc le feul, qui doive en être confulté; & fur les deux autres articles auffi bon juge que fes Rivaux, il aura du moins droit d'opiner avec eux. Glaucon. On ne peut juftement lui contefter ce double privilege. Socrate. Comme il n'appartient qu'à la Raifon de regler nos jugements, & qu'il ne prend qu'elle pour fon Oracle; pendant qu'ils evoquent tout au tribunal aveugle, & corrompu des fens; il meritera d'être plus ecouté. Glaucon. Affurement. Socrate. En fait de gloire, & de richeffes, peut-être faudroit-il

fouf-

LIVRE NEUVIEME.

foufcrire à leur decifion. Mais on auroit tort d'en reçevoir une autre que la fienne, dès qu'il s'agira de Sçience, & de Vertu. GLAUCON. Ils doivent certainement lui ceder. SOCRATE. Des trois efpeces de biens, dont l'homme eft capable, il nous affûre que ceux de l'efprit font infiniment fuperieurs aux autres; & que s'ils ne tiennent le premier rang, c'eft envain qu'on efpere d'être heureux. L'honneur, qui participe davantage de leur nature, vient enfuite; & les biens de la fortune en dernier lieu. GLAUCON. De cette forte, mon cher Socrate, ils feront touts de vrais biens; parcequ'ils feront aimés dans l'ordre.

SOCRATE. Mon cher Glaucon, fouvenez vous que c'eft ici la feconde victoire, qu'à remportée l'homme jufte. Une troifiême l'attend; pour laquelle rendons par avance des actions de graces à Jupiter Confervateur; avec toute la reconnoiffance, que la Grece fait eclater aux jeux Olympiques, lorfqu'elle a, par un effet de fa protection particuliere, pleinement triomphé de fes Ennemis. Les plaifirs de l'Ambitieux, & de l'Avare, font defectueux, & fort furpaffés par leurs amertumes. Un Sage les appelle à bon droit, des plaifirs en perfpective. Ceux du Vainqueur, deux fois couronné, font reels, purs, touchants, parfaits. GLAUCON. Si vous reüffiffez, mon cher Socrate, à nous prouver l'un & l'autre, par un nouveau tour; il aura tout l'avantage fur les deux vaincus.

SOCRATE. Le plaifir eft l'oppofé de la douleur; & l'exemption de la peine tient le milieu. GLAUCON. Il eft vrai. SOCRATE. Vous fçavez le difcours ordinaire des malades, mon cher Glaucon. Prefque infenfibles auparavant à la jouïffance de la fanté, quand ils l'ont perdue, ils s'ecrient, que c'eft de touts les biens le plus precieux. GLAUCON. Ce jargon les foulage. SOCRATE. En general, touts ceux qui fouffrent, ne conçoivent point de plus grand bonheur, que la delivrance actuelle du mal qui les afflige. Un homme accablé de trifteffe, ne va point jufqu'à defirer de la joie. La felicité fuprême eft pour lui, de ne plus eprouver un fentiment fi defagreable. GLAUCON. Peut-être le plaifir, mon cher Socrate, n'eft-il que l'abfence du chagrin. SOCRATE. Le chagrin ne feroit donc aussi que l'absence du plaisir. GLAUCON. Quel inconvenient, je vous prie? SOCRATE. A ce compte là, mon cher Glaucon, l'insensibilité seroit tantôt plaisir, & tantôt chagrin. Elle n'est, de sa nature, ni l'un, ni l'autre. Comment deviendroit-elle tour à tour les deux? GLAUCON. Il est impossible. SOCRATE. La tristesse, & le chagrin, le plaisir, & la douleur, sont par consequent des sensations particulieres de l'âme; qui la penetrent, & la modifient, de la maniere la plus vive. GLAUCON. Rien ne seroit plus mal entendu, que de les confondre avec un etat, où l'on ne sent rien. SOCRATE. Ce qui trompe, mon cher Glaucon; c'est qu'il paroît agreable, par rapport à tel autre, fâcheux; & fâcheux, par rapport à tel, agreable. GLAUCON. C'est un jugement de pure comparaison, plein d'erreur par consequent; au lieu qu'il faudroit juger de chaque situation en soi. SOCRATE. Sans parcourir toutes les differentes especes de modifications contraires, dont nous sommes capables; pour achever de nous convaincre que le plaisir est quelque chose de plus que l'exemption de la douleur, & la douleur, que la privation du plaisir; prenons une bonne odeur pour exemple. Qu'elle saisisse un homme, qui ne sentoit point de mal auparavant; il aime à la flairer; mais après qu'il l'a perdue, il demeure tranquille. GLAUCON. C'est une sensation à part; on n'en peut douter.

SOCRATE. De tout ce qui precede, mon cher Glaucon, je veux conclurre, que les plaisirs, qui nous tirent simplement de peine, en meritent fort peu le nom; & vous faire observer, que touts les plaisirs du corps sont de ce meprisable genre. Sçavez vous à qui je compare un Sensuel, qui n'en estime, & qui n'en connoît point d'autres? GLAUCON. Dites le moi, je vous en supplie? SOCRATE. A quelque homme, chargé de la colere du Ciel; dont la sentence l'obligeroit, comme un Pendule, à decrire eternellement la moitié de la perpendiculaire, tirée du Zenith, au Nadir. Sa premiere vibration à peine commencée, s'il baissoit les yeux vers le dernier de ces deux points, dont il seroit parti; fort etonné du long chemin qu'il auroit fait, il croiroit avoir infailliblement atteint le premier. GLAUCON. Son erreur viendroit, de ce que dans l'Univers, il ignoreroit

roit où prendre ailleurs le Zenith veritable. Socrate. Il ne feroit pas en plus grand mecompte, selon moi, qu'un autre espece de Voïageur perpetuel; qui, pour n'avoir que des idées confuses de toutes choses, & pour s'orienter mal dans la vie, quand de la douleur il a monté jusqu'à la fin de la souffrance, de bonne foi s'imagine être au sommet, je veux dire, être parvenu jusqu'au plaisir. Glaucon. L'image est neuve, & tout à fait rejouïssante. Socrate. C'est encore un mauvais juge, en fait de couleurs; qui, faute de connoître le beau blanc, le confond avec le gris, parcequ'il le voit auprès du noir. Glaucon. Cette meprise, toute grossiere qu'elle est, mon cher Socrate, vu la grande ignorance où l'on vit, n'a rien qui doive surprendre.

Socrate. Que sont la faim, la soif, les autres instincts naturels, que des sensations, qui nous portent à subvenir aux besoins du corps? L'Ame a les siens à part. L'usage des aliments satisfait aux uns, & l'acquisition de la sagesse aux autres. Glaucon. Il est vrai. Socrate. La question est de sçavoir, laquelle de ces deux sortes de nourritures est la plus delicieuse, & la plus capable de rassasier? Glaucon. Un estomac, chargé de viandes, ne vaut pas assurément un esprit rempli de lumieres, un cœur plein de vertu. Socrate. En voici la preuve. La realité n'appartient, à proprement parler, qu'à ce qui n'est point sujet au changement; & l'immutabilité n'est l'attribut que de l'Etre eternel. Glaucon. Touts les autres, sujets à de continuelles vicissitudes, sont un moment, & ne sont plus, ou sont differents d'eux-mêmes, le moment d'après. Socrate. Il renferme touts les rapports de grandeur, & de perfection, dans son essence infinie. En un mot, la Verité ne se trouve point ailleurs. La Science nous la decouvre; & par consequent elle est de sa nature invariable, comme son objet. Glaucon. Il ne se peut rien de mieux dit. Socrate. L'âme, par son union avec Dieu, se realise, si j'ose ainsi m'exprimer, se fixe, & s'ennoblit; jusqu'à participer en quelque sorte au grand charactere qui le distingue; pendant que le corps, & tout ce qui ne tend qu'à ses utilités, est vil, n'est jamais deux instants le même, & se dissipe pe enfin. Glaucon. Il eſt vrai. Socrate. Si les plaiſirs doivent être touchants, à meſure que la cauſe qui les produit renfermera plus d'excellence & de perfection en ſoi ; combien ceux que nous goûterons dans la contemplation de l'Etre immuable, ſurpaſſeront-ils ceux que nous eprouvons dans l'uſage des choſes corruptibles ? Glaucon. Ils feront infinis. Socrate. Puiſque la joüiſſance de touts les biens, propres à nôtre nature, a neceſſairement des charmes pour nous ; plus ces biens feront reels, moins ils feront ſujets à l'inſtabilité, plus notre âme en trouvera la poſſeſſion delicieuſe. Glaucon. Aſſurement. Socrate. Ceux donc, qui mauvais Connoiſſeurs en fait de beatitude, juſqu'à negliger l'acquiſition de la Sçience, & de la vertu, quoiqu'elles en ſoient les principales ſources, vont inceſſamment de l'apathie à la volupté, & de la volupté retournent à l'apathie, ne font que monter quelque temps, pour bientôt retomber au même centre. Jamais ils n'arrivent à la haute region, où ſe trouvent les vraies delices. Courbés vers la terre, à la façon des Brutes ; ardents pour une pâture, qui les excite à s'entre-choquer avec des armes, plus redoutables que ni pieds de derriere, ni griffes, ni defenſes ; ils laiſſent la plus noble partie d'eux-mêmes ſans la nourriture qu'il lui faudroit, pour augmenter ſes forces naturelles, & pour la mettre en etat de reduire la partie animale. Glaucon. Mon cher Socrate, vous repreſentez bien les mauvais inſtincts de la plûpart des hommes.

Socrate. Que le chagrin corrompt leurs plaiſirs, mon cher Glaucon ; & qu'ils ſont eloignés d'être purs ! On diroit que très legers en eux-mêmes, ils ne ſe font ſi vivement ſentir, que par la violences des peines, qui les ſuivent toûjours de près. L'habitude qu'ils ont d'en juger avantageuſement, par comparaiſon avec ce qu'à toute heure ils ſouffrent, ſemble être la ſeule cauſe de cette fureur, qui les pouſſe à ſe les entre-diſputer, avec une opiniâtreté, qui va juſqu'à les faire travailler ſans relâche à la deſtruction les uns des autres. On peut bien leur appliquer ce que Steſichore diſoit des Grecs, acharnés au ſiege de Troie ; qu'une Helene phantaſtique leur inſpiroit toute leur belle ardeur ; & qu'elle venoit de ce qu'ils ignoroient, quel lieu du

Monde

Monde possedoit la veritable. * GLAUCON. Si les hommes connoissoient les vrais biens; les biens imaginaires causeroient des guerres moins animées entre eux. SOCRATE. L'ambition, l'envie, la colere, la vengeance, ont-elles de plus grands charmes que la volupté; les portent-elles à de moindres excès? GLAUCON. Ces vices horribles ne font que les exposer au contraire à des maux plus affreux encore, de touts les genres. SOCRATE. Osons par consequent assûrer, que le contentement des deux appetits, dont les dereglements produisent toutes les calamités que nous voïons dans le monde, ne contribue au bonheur que de ceux qui sçavent leur donner un frein; & qui pour remplir ce vuide prodigieux, que laissent après eux les plaisirs des sens, recherchent avec empressement ces autres, infiniment plus parfaits, qu'on trouve dans la connoissance, & dans l'amour de la verité. Par leur union, la Raison est satisfaite; & les passions ne murmurent point. GLAUCON. Le Philosophe, mon cher Socrate, est le seul, qui possede l'art de les accorder ensemble. SOCRATE. Nul trouble, nulle rebellion, aucun dechirement dans son âme. Chacun des appetits, juste, s'il m'est permis de le dire, à l'egard des autres, se tient dans les bornes que la nature lui prescrit; & s'applique paisiblement à la recherche des biens qui lui sont propres. GLAUCON. L'homme rend sa félicité complette, par la subordination qu'il sçait conserver entre eux. SOCRATE. Quand au contraire l'un des trois fait tort aux deux autres; il corrompt toute la douceur de ses objets, & les frustre en même temps des leurs. GLAUCON. L'Avare ne jouït point de ses richesses, & renonce à la gloire. L'Ambitieux sacrifie argent, santé, vie, à la reputation. La Science, & la vertu, sont tout à fait du reste sans attraits pour eux. SOCRATE. Plus on est l'un ou l'autre, mon cher Glaucon, & moins on a de goût pour elles; moins on a de contentement, & plus on eprouve touts les maux que nous avons dit. GLAUCON. On n'en peut disconvenir. SOCRATE. C'est le cas du Tiran; dont le Sage est l'opposé. GLAUCON. Oui. SOCRATE. Le dernier vit donc

---

* On sçait que Paris l'avoit enlevée. Herodote raconte leurs avantures en Egypte. Les Grecs remonterent sur leurs vaisseaux, quand ils apprirent que leur proie leur etoit echappée.

heureux, & l'autre miserable. GLAUCON. C'est une verité, qui doit passer deformais pour demontrée dans toutes les formes.

SOCRATE. Il ne resteroit plus qu'à determiner le rapport du bonheur de l'un, au malheur de l'autre. GLAUCON. Un exposant, qui l'exprimeroit, ne fût-ce qu'imparfaitement, satisferoit beaucoup ma curiosité. SOCRATE. Il n'est pas facile d'y parvenir: essaïons pourtant.

Des trois especes de plaisirs, dont le juste melange fait la felicité parfaite, ceux de l'esprit sont les plus grands. Un Tiran est absolument incapable de les goûter; & l'emportement avec lequel il se livre aux autres, fait qu'ils se changent en vrais tourments pour lui. Le Philosophe au contraire, est toûjours dans la pleine jouïssance des premiers; & par la moderation qu'il observe dans l'usage de ceux des sens, il ne perd jamais rien de ce qu'ils ont d'aimable. GLAUCON. Je vous ecoute.

SOCRATE. Soient donc les plaisirs du Sage, & ceux de l'Oppresseur du Genre humain, les deux extrêmes d'une progression geometrique. Ceux de l'Ambitieux, de l'Avare, & du Voluptueux, seront les moïens. Si nous la reduisons en nombres; je dis que les chiffres suivants representeront assez bien le rapport cherché:

$$9 : 27 : 81 : 243 : 729.$$

C'est à dire, comme les Mathematiciens l'entendront facilement, qu'un Tiran sera, dans un jour, dans un mois, dans tel espâce de temps qu'on voudra marquer, sept cents vingt neuf fois moins heureux qu'un honnête homme, revêtu de la Souveraine puissance. * GLAUCON. Vous m'etonnez! Qui l'auroit cru, mon cher Socrate? SOCRATE. Ce n'est pas tout. Dans le Calcul il faut de plus faire entrer l'infamie, attachée au vice, & la gloire, inseparable de la

---

* On s'est ici beaucoup plus eloigné qu'à l'ordinaire des paroles de l'Original; & l'on a suppléé les chiffres; pour en exprimer le sens aux Geometres, d'une maniere plus nette, & plus concise.

LIVRE NEUVIEME.

vertu. GLAUCON. Le mechant homme est defait, par Jupiter; & rien ne manque au triomphe de l'homme juste.

SOCRATE. Nôtre principal dessein est heureusement executé, & nôtre grand Problême resolu, mon cher Glaucon. Il ne s'agit plus que de revenir à Thrasymaque; pour essaïer de le convaincre, & de le ramener à nous. Il a mis en avant qu'un scelerat, qui sçait habilement se contrefaire, & ne point l'être à demi, de touts les hommes est le plus heureux. GLAUCON. Je n'ai pas oublié qu'il en etoit là, quand nous l'avons quitté. SOCRATE. Pour lui faire horreur à lui-même de son paradoxe, assez affreux à la premiere vue; j'emprunterai le secours d'une fiction, plus hardie que toutes celles des Poëtes; & je lui prepare un Monstre de ma façon, plus effroïable, que ni la Chimere, ni l'Hydre, ni le Chien des enfers. GLAUCON. Oh! oh! Voici de quoi nous rendre attentifs. Voïons, je vous prie?

SOCRATE. Imaginez vous un Lion, homme jusqu'au dessous de la poîtrine; avec un grand nombre de têtes, attachées en rond, à l'endroit qui la separe. Elles naissent, & meurent, elles acquierent de l'embonpoint, & maigrissent tour à tour. Les unes sont des animaux les plus doux; & les autres des plus feroces. GLAUCON. Vous etes un très habile Artisan, mon cher Socrate. Aussi paroît-il que vous travaillez sur une matiere, cent fois plus obeïssante que l'argille. Achevez donc. SOCRATE. J'ai fini, mon cher Glaucon; & je ne vous demanderai plus, à ce que j'ai dit, qu'un sur-tout de figure humaine. GLAUCON. J'ai parfaitement vôtre epouvantable composé dans l'esprit.

SOCRATE. Le grand principe de Thrasymaque, vous le sçavez, est qu'on ne peut arriver que par l'Injustice au vrai bonheur. N'est-ce pas comme s'il pretendoit, que le monstrueux animal, dont je vous ai fait la description, ne sera jamais plus à son aise, que lorsque toute la nourriture coulera dans les arteres du Lion, pendant que l'homme deviendra sec? N'est-ce pas encore, comme s'il exhortoit les mille têtes à se mordre incessamment les unes les autres; au lieu de s'entre-souffrir, & de s'accoutumer à vivre ensemble?

Glaucon. Oui. Mais il eſt bien ſûr que le plus grand mal pour l'homme, eſt que les paſſions profitent, & que la Raiſon languiſſe. Socrate. Pour être heureux, il doit ſe nourrir, travailler à connoître la verité, continuellement augmenter en ſoi l'amour de la juſtice. De cette maniere, il ſe procure en même temps l'utilité, la gloire, & le plaiſir. Glaucon. Peu s'en faut, mon cher Socrate, que je ne laiſſe echapper contre vôtre Adverſaire quelque parole dure. Socrate. Gardez vous en bien, mon cher Glaucon. Uniſſons nous plutôt, pour le detromper avec douçeur ; puiſqu'il eſt certain que ce n'eſt jamais de gaieté de cœur que l'on ſe trompe.

Apoſtrophons le donc charitablement ; pour ne pas l'aigrir au moins, ſi nous ne reüſſiſſons pas à le convaincre..... Quelle difference, mon cher Thraſymaque, faites vous du Vice à la Vertu, de l'Honnête, à ſon contraire ? N'eſt-ce pas que nôtre attachement pour l'un, conſerve à la partie la plus noble, & la plus divine qui ſoit en nous, ſon empire naturel ſur la plus vile, & la plus brutale ; au lieu que notre aſſujettiſſement à l'autre change cet ordre ; & fait que la premiere, naturellement pleine de lumiere, apprivoiſée, obeït aux mouvements aveugles, & dereglés, de la plus farouche. Glaucon. Il ne vous conteſtera pas une verité ſi manifeſte.

Socrate. Puiſqu'on ne peut ravir le bien d'autrui, par exemple, ſans qu'un renverſement ſi deplorable arrive ; où ſeroit l'avantage, d'en ſouiller criminellement ſes mains ? Suppoſons, le moment d'après, qu'il fallût voir un enfant cheri tomber en celles des Barbares. Quel ſeroit le Pere aſſez denaturé, pour à ce prix vouloir joüir des fruits de ſa rapine ? Glaucon. L'amour de l'argent, mon cher Socrate, rendroit peu de gens durs à ce point. Socrate. Que penſerons nous par conſequent de l'homme, qui de ſon propre mouvement livre ſon âme, ce qu'il a de plus excellent, & de plus precieux, je le repete, à des ennemis domeſtiques, mille fois plus cruels ; & complice charmé de leur Atheïſme, qui va juſqu'à ſe plaire dans la coupable poſſeſſion d'un vil metal, après un ſacrifice d'un ſi haut genre ? N'eſt-il pas, cher Glaucon, plus à plaindre que la deteſtable Eriphyle ; qui, pour un colier, prit la reſolution ſacrilege d'envoïer

à

LIVRE NEUVIEME. 283

à la mort certaine Amphiaraüs son Epoux ? GLAUCON. De beaucoup, mon cher Socrate. Je continue de vous repondre, pour Thrasymaque; puisqu'il s'obstine à garder un morne silence.

SOCRATE. Pourquoi, je vous prie, a-t-on une si grande horreur pour l'intemperance, lui demanderai-je toûjours ; si ce n'est parcequ'elle fait prendre un mauvais cours aux sucs nourriciers du Monstre, nôtre semblable en apparence, dont nous parlions toût à l'heure ? L'homme qu'il renferme, a de l'insolence, & de la fierté; quand ils lui sont derobés en abondance par le Lion ; de la pusillanimité, de la mollesse au contraire, quand le dernier en est frustré. Le premier deperit encore, à mesure que, par la flatterie, & par la dissimulation, il s'efforce d'arriver aux richesses, aux honneurs. Cependant le Serpent, & le singe profitent. GLAUCON. Je vous comprends. A mesure que chaque vice dans l'homme se fortifie, sa metamorphose s'acheve par degrés; jusqu'à ce qu'enfin il ne lui reste plus de l'homme que la figure.

SOCRATE. Oui. Mais ce n'est pas tout. On met à bon droit presque au rang des brutes, ceux d'entre les hommes qui sont bornés au travail des mains, & que le gain seul anime. La Raison est trop foible en eux, pour tenir dans l'ordre la menagerie nombreuse, qui les suit partout; & leurs plus hautes pensées ne vont qu'à donner un prejudiciable embonpoint aux nombreux bouts d'animaux feroces, qui la composent. Aussi convient-on qu'ils doivent être gouvernés par ceux, qui se meuvent constamment par l'action du principe divin, que le Ciel a mis dans nôtre âme. Les premiers doivent obeïr ; non pour servir de malheureuses victimes à l'orgueil de ceux qui commandent, & pour satisfaire les passions du plus Fort, comme Thrasymaque le pretend; mais pour en tirer eux-mêmes au contraire le plus grand fruit : celui d'être conduits à tout ce qui peut leur procurer le plus grand bien, par les inspirations toûjours salutaires de la sagesse. Le plus à souhaiter assurement seroit de l'avoir en propre. Mais que faire de mieux, lorsqu'elle manque, ou qu'on n'en a qu'une portion mediocre, que d'emprunter celle de ces âmes distinguées, à qui la Nature donna des facilités extraordinaires pour l'acquerir ; & qui, par des foins infatigables, fçurent couronner fes largeffes. C'eft le moïen que touts, reünis fous l'obeïffance d'une même Souveraine, la Raifon, entrent dans une entiere conformité de fentiments, & vivent en parfaite bonne intelligence enfemble. GLAUCON. Mon cher Socrate, il eft l'unique. SOCRATE. Pourquoi les loix, cher Glaucon ? N'eft-ce pas pour intimer fes ordres aux Efprits, incapables, par un grand defaut de lumiere, de les reçevoir immediatement d'elle ; & pour les mettre, fans effort de leur part, en poffeffion de fes plus importants Oracles ? Les Enfants fur-tout ont befoin de fecours exterieurs. On ne les abandonne à leur propre conduite, qu'après qu'on a, fi je l'ofe dire, mis la police chez eux ; & quand on les voit difpofés à fuivre le Guide, que nous devons touts ne jamais perdre un moment de vue. GLAUCON. Par là, mon cher Socrate, il paroît bien qu'on eft generalement perfuadé, qu'il nous mene au but, & qu'on ne peut que mal aboutir, lorfqu'on le quitte. SOCRATE. Par quel endroit, mon cher Glaucon, feroit il donc avantageux de commettre des injuftices, de fe livrer à la debauche, & de ne pâlir en aucune rencontre à l'afpect du crime ; puifque, l'empire même de l'Univers en dût-il être la recompenfe, prefentement c'eft un fait certain qu'on eft malheureux, à mefure qu'on eft mauvais ? GLAUCON. On a beau vanter les charmes du vice, mon cher Socrate ; il n'en a point ; ceux qu'il a, font trompeurs. SOCRATE. S'il eft ignoré, s'il n'eft fuivi d'aucun fâcheux retour ; ce n'eft qu'un nouvel eguillon, pour y perfeverer toute la vie. Le chatîment au contraire, & l'infamie, en degoûtent. Ils reffufçitent par confequent l'homme, & rabbatent les fougues du Lion. Seroit-il donc fage de ne les pas juger plus fouhaitables que l'impunité ; s'il eft vrai que l'âme, rendue fouple, & ramenée au devoir par leur moïen, recouvre fa force, & fa beauté naturelles ; de beaucoup preferables à toute la vigueur, à touts les agrements du corps ? GLAUCON. Que le Monde eft dans l'erreur, mon cher Socrate ; fi le Mechant qui profpere, comme il ne faut plus en douter, eft deux fois miferable !

SOCRATE. Oui, mon cher Glaucon, le Monde eft fort en mecompte.

compte. Le Sage calcule plus juste. Rempli de ces idées, qui ne sont point sujettes à l'inconstance, il n'aura d'autre soin, que d'y conformer parfaitement sa vie. La Sçience, qui les fait incessamment luire à ses yeux, comme les emanations les plus pures de la Verité, & qui lui fit cette grande âme, qu'il ne voudroit pas changer pour une autre; la Sçience, dis-je, possedera tellement son estime, qu'en comparaison, il n'aura qu'indifference, & que mepris pour tout le reste. Je ne veux pas dire qu'il n'aimera point la santé, ni qu'il se refusera touts les plaisirs : Mais il donnera ses attentions à l'une, & se procurera les autres, dans la vue d'en pouvoir mieux goûter ceux de la sagesse, & perfectionner la plus importante partie de lui-même. GLAUCON. Le Philosophe, mon cher Socrate, subordonne les moindres aux plus grands. Par ignorance, ou par depravation de goût, il ne fait point divorce avec les derniers. Par un usage excessif, il ne tourne point les premiers en peines. SOCRATE. Incapable d'être ebloüi par les plans de felicité mal-entendue, qui mettent en mouvement le commun des hommes, & de se laisser entraîner par le torrent du mauvais exemple, il n'amassera point à l'infini ; pour augmenter ses maux, comme eux, dans la même proportion que ses richesses. GLAUCON. Une haute prudence l'empêche d'imiter leur folie. SOCRATE. Pendant qu'ils accumulent, avec inquietude, avec fatigue; il travaille à regler son cœur, à mettre le bon ordre dans toutes ses facultés, à se menager au dedans la tranquillité parfaite. Il evite presque egalement d'avoir trop, ou trop peu ; dans la juste apprehension que l'abondance, ou la disette, n'y produisît du renversement, & du trouble. En un mot, il sçait proportionner sa depense à ses revenus, & ses acquisitions à ses besoins. GLAUCON. De quel profond calme ne joüira-t-il pas, avec ces dispositions! SOCRATE. Fait precisement de même sur le chapître des honneurs, il acceptera ceux qui pourront fortifier ces precieuses dispositions en lui, qui du moins ne viendront pas à bout de les affoiblir ; il fuira les autres. GLAUCON. Mon cher Socrate, au portrait que vous en faites, je doute qu'il puisse jamais se resoudre à se mettre au timon des affaires.

So-

SOCRATE. Non; à moins que le fort ne lui prefente un Etat, extraordinairement cheri du Ciel; je fuis guarand pour lui, qu'il ne penfera qu'au bon gouvernement de lui-même. GLAUCON. Je vous entends. Il faut qu'il rencontre une Republique, dans le goût de la nôtre. Mais, où la trouver fur la terre? SOCRATE. Je ne vous le dirai pas, mon cher Glaucon. Mais je fçai que tout homme n'à qu'à lever les yeux enhaut, pour decouvrir le divin original, d'après lequel nous avons travaillé; & qu'il ne tiendra qu'à lui de realifer nôtre ouvrage, au moins dans fon âme. Qu'elle foit en quelque lieu du Monde au refte, cette Republique, docile à la voix de la Nature, & difpofée, pour être heureufe, à fuivre les confeils du Sage, ou qu'elle n'exifte qu'en idée; ce n'eft point un fouci pour lui. Toûjours eft-il certain, qu'il ne fe prodiguera jamais à pas une autre. GLAUCON. Il en feroit pour fon repos, & pour fes peines; fans efperance de faire que des biens très limités, & fort difproportionnés à fon zele.

LIVRE DIXIEME.

DE LA
REPUBLIQUE;
OU
DU JUSTE, ET DE L'INJUSTE.

LIVRE DIXIEME.

NOtre plan de Republique me paroît complet, mon cher Glaucon. Ce que j'y trouve presque de mieux, c'est d'en avoir banni la Poësie mimique. Les progrès que nous avons faits dans la connoissance de l'homme, m'assûrent que c'est parfaitement bien fait. GLAUCON. Oui, mon cher Socrate; mais les Poëtes ne seront pas fort de vos amis. SOCRATE. Vous n'irez pas trahir la confidence, & me brouiller avec eux. Ainsi je vous parlerai naturellement sur leur sujet. Mon sentiment est, que leurs poisons, preparés avec tout l'art du monde, se glisseront infailliblement dans tout esprit, qui n'a pas l'antidote prêt. GLAUCON. Vous ne les epargnez point. SOCRATE. Croïez moi, cher Glaucon, je ne me fais pas à moi-même une mediocre violence, pour les maltraiter ainsi. Je ne sçai quelle pudeur, fruit de l'enfance, & pour ne rien aussi vous deguiser, un grand foible en particulier pour Homere, m'en feroient monter aisément le rouge au visage. La verité me commande neanmoins, de le respecter aussi peu que les autres. GLAUCON. Si toute la foule de ses adorateurs vous entendoit!

So-

Socrate. Mon cher Glaucon, ne nous laiſſons point communiquer leur yvreſſe, & leur enthouſiaſme ridicule. Mon premier embarras eſt de ſçavoir, quelle fin utile ſe propoſe dans la Societé raiſonnable ce qu'on appelle un Poëte ; & quel bien elle retire de lui ? Glaucon. Si vous l'ignorez, mon cher Socrate, qui pourroit oſer vous l'apprendre ? Socrate. Pourquoi, je vous prie ? Souvent, avec des yeux aſſez mauvais, un homme verra certaines choſes, qu'avec de meilleurs n'apperçoit pas un autre, même ſuppoſé plus clairvoïant d'ailleurs. Glaucon. Il n'eſt pas impoſſible. Quoiqu'il en ſoit ; où vous etes, je n'aimerois pas à me hazarder beaucoup. Socrate. Hé bien, pour ne point vous faire ſouffrir, je prends la parole.

Pour juger avec lumiere, permettez moi d'emprunter le ſecours de la Metaphyſique ; dont le premier ſoin, comme vous ſçavez, eſt de ranger les Etres particuliers ſous divers genres, pour leur donner enſuite dans chaque genre un nom commun. Prenons un lit, une table, par exemple. Ces deux mots ne reveillent que deux idées ; quoiqu'on puiſſe faire de ces meubles à l'infini. Glaucon. Il eſt vrai. Socrate. Les deux Ouvriers ont ces idées preſentes à l'eſprit, tout le temps qu'ils ſont en œuvre ; mais vous concevez bien qu'elles ne ſont point leur ouvrage. Glaucon. Oui. Je comprends même que s'ils les perdoient un moment de vue, ils travailleroient entierement à l'aveugle. Quand du reſte on leur donneroit aſſez de puiſſance, aſſez d'habileté pour les faire ; ſur quel modelle, mon cher Socrate, les feroient-ils ? Socrate. Vous avez raiſon. Mais le Poëte eſt un Artiſte, incomparablement plus habile que touts les autres. Il ſçait faire des lits, des tables, de tout. Glaucon. A ce compte là, quel eloge aſſez beau pour lui ! Socrate. Que dis-je ? Il ne ſe borne pas aux utenſiles innombrables d'un menage. Rien n'arrête ſon talent ; plantes, arbres, animaux, rivieres, aſtres, Dieux celeſtes, terreſtes, infernaux. Lui-même enfin, pour comble, il eſt ſoumis à ſon art merveilleux. Glaucon. C'eſt un Enchanteur, un homme divin, mon cher Socrate ! Je n'ai point d'epithete, aſſez haute pour lui. Socrate. Que vous etes
bon !

bon! Par une legere inflexion de poignet, vous le furpafferez tout à l'heure. GLAUCON. Comment donc? SOCRATE. Detachez ce Miroir, je vous prie; & faites le tourner un moment fur fon axe, à la fenêtre..... Ne vous l'ai-je pas dit? Nous avons dejà tout l'horizon fait; & vous ferez auffi rapidement toute la chambre, fi bon vous femble. GLAUCON. Oui; mais ce ne font là que des apparences. SOCRATE. Hé bien, cher Glaucon, vous etes peintre, comme le Poëte, ou l'Artifte, qui fait generalement tout ce qu'il veut: n'eft-ce pas beaucoup? GLAUCON. J'en conviens; mais cette glace reüffit beaucoup mieux que lui. SOCRATE. Et le Tourneur, qu'en dirons nous? Il fera deux, trois cent tables. Mais la table, d'après laquelle il en fait mille, n'eft encore une fois point de fa façon. GLAUCON. Non affurement. SOCRATE. Puifque touts ceux qui foumettement la matiere à nos befoins, ne font point les auteurs des idées, qui les dirigent dans leur travail; & qu'ils trouvent les effences des chofes, auxquelles ils tâchent de le rendre femblables, toutes faites, fi j'ofe m'exprimer ainfi, devant eux; ils imiteront, plus & moins parfaitement: c'eft tout. GLAUCON. Pour arriver jufqu'à la realité, mon cher Socrate, il faut monter plus haut que les Ouvrages de la main; qui ne font que des copies defectueufes, & corruptibles, d'Archetypes neceffaires, & corrects. SOCRATE. Nous aurons par confequent des tables, de trois fortes bien differentes. Les ideales, qui de tout temps exifterent dans la Nature, chefs-d'œuvres effentiels de l'Art divin; celles qu'on prend chez l'ouvrier; & celles qui naiffent au bout du pinçeau. Nous aurons auffi trois efpeces d'Artifans; Dieu, le Tourneur, & le Peintre. GLAUCON. Fort bien. SOCRATE. Soit neceffité, foit bon plaifir en Dieu; fi vous fouffrez un language, pris à la rigueur, très impropre; il a de toute eternité fait la table par excellence, effentiellement unique. GLAUCON. Pourquoi, mon cher Socrate, n'en auroit-il pu faire deux? SOCRATE. Il les auroit neceffairement formées d'après ce Modelle, fur une troifième, prealablement conçue dans fon Entendement fuprême; qui n'auroit point ceffé d'être une, eût-il produit au dehors toutes celles de même forme, qui font nombre. Glorieux de le posseder, ce modelle eternel, immuable, incorruptible, de toutes les tables particulieres, dans le thresor immense de ses idées ; il ne s'est point abaissé jusqu'à celles que le temps consume. GLAUCON. Toutes les personnes, accoutumées aux raisonnements abstraits, mon cher Socrate, trouveront ceux-ci parfaitement clairs, & solides. SOCRATE. Declarons le donc Pere de toutes les choses, qui sont veritablement ; parcequ'elles sont invariablement, eternellement. GLAUCON. Cet adorable attribut lui convient, à d'autant plus juste titre, qu'il a donné l'être à la matiere, dont l'Ouvrier tire tout ce qui sert à nos usages. SOCRATE. Il merite aussi quelque loüange, pour les meubles propres, & commodes, qu'il nous fait. GLAUCON. Assurement. SOCRATE. Mais que pensez vous du Peintre ? GLAUCON. Tout son merite est de bien imiter l'art, & la nature. SOCRATE. Un Poëte, mon cher Glaucon, lui ressemble. Il sera par consequent aussi plus reculé du vrai, d'une classe entiere, que le Tapissier, & le Tourneur. GLAUCON. Les derniers travaillent immediatement sur les idées archetypes ; mais les deux autres ne font rien que d'après les copies. SOCRATE. Un lit, une table, ne changent point de figure, pour former une differente projection dans l'œil, & pour être vus directement, ou de profil. Cependant, tout occupé du soin de lui plaire, le Peintre neglige absolument le reel, & ne s'attache qu'à l'apparent. GLAUCON. Il s'applique à representer les choses comme on les voit, & non pas comme elles sont. SOCRATE. Sans jamais avoir manié l'aleine ; il la mettra si proprement à la main d'un Cordonnier, que les femmes, & les enfants, accourront en foule, & se diront les uns aux autres, avec extâse, qu'assûrement le bon vieux homme tout chauve est en besogne. GLAUCON. Après qu'ils ont touché la toile plusieurs fois ; les exclamations redoublées, en l'honneur du sçavant Artiste, ne finissent point. SOCRATE. Oui ; mais nous, qui nous piquons de n'être pas peuple, mon cher Glaucon ; à qui nous parlera de venir voir les Cef-d'œuvres admirés d'un de ces hommes qui fait tout, & ne sçait rien ; nous lui repondrons qu'il n'est de la sorte infatué d'un Imposteur, que parcequ'esprit simple, il s'imagine

que

LIVRE DIXIEME.

que le talent d'imiter eft une grande fçience; pendant qu'il eft le fruit, & la marque d'une ignorance, qui fait peur. GLAUCON. Sa curiofité ridicule meritera cette reprimande. SOCRATE. Mille gens nous foutiendront qu'Homere etoit confommé dans la Theologie, dans la Morale, dans touts les Arts: Sans quoi, le moïen d'exceller, comme il a fait? Nous examinerons avec eux, s'il n'eft pas vrai que ce Poëte, & touts les autres, n'approffondiffent rien; s'il n'eft pas jufte de ne leur attribuer, que ce petit merite d'imagination, qui voltige agreablement fur la furface des chofes; &, fans en avoir même une connoiffance mediocre, fi l'on ne pourroit pas avoir ecrit leurs ouvrages. GLAUCON. Il eft bon d'arrêter, par des oppofitions de ce genre, mon cher Socrate, les fougues de l'admiration qu'on a pour eux.

SOCRATE. Un homme a de l'habileté, pour bâtir de pompeux edifices, & pour les decrire, ou pour en loüer l'Architecte en beaux vers. S'il choififfoit de confacrer toute fa vie à ces derniers emplois; n'auroit-il pas entierement perdu l'efprit? GLAUCON. Affurement. SOCRATE. Il aimeroit beaucoup mieux, s'il etoit fage, laiffer après lui des monuments dignes d'une eftime folide, que de vaines defcriptions; & meriter les remercîments les plus purs des Siecles à venir, par de grands biens, faits à fes Contemporains, qu'aller fe faire fiffler chez nos Defcendants, par des volumes de panegyriques frivoles. GLAUCON. L'un feroit plus glorieux fans doute, & plus utile au Monde, que l'autre.

SOCRATE. Epargnons Homere, & les Poëtes, fur beaucoup d'articles. Mais qu'ils nous difent, avec tout leur talent à badiner autour de la Medecine entre autres, fi jamais de leur Corps venerable ils fortit un Efculape; & fi quelqu'un deux fonda, comme lui, des Ecoles fameufes, pour le foulagement des miferes du Genre humain? Je leur fais grace, ils ont ma parole, fur le chapître des autres arts, qui fervent à nous rendre la vie agreable, & commode. Mais puifque leur Chef ofe manier les plus grands fujets; l'education des Enfants, la fondation des Etats, la Politique, la Guerre; il faut le diftinguer dans la troupe.....

Divin

Divin Homere, si vous n'etes pas, de profession, eloigné de la verité d'un plus grand intervalle que le faiseur de Cestes, & de boucliers ; si vous avez sçû dans votre vie ce qui peut rendre un homme bon, ou mauvais, heureux, ou miserable ; produisez nous quelque Etat, qui l'ait appris de vous ; & qui vous ait les obligations, que Lacedemône aura, par exemple, eternellement à Lycurgue. L'Italie, & la Sicile, retentissent des loüanges de Charondas. Nous ne voïons autour de nous que les Statues du grand Solon. Mais à quel coin reculé du Monde, pauvre Homere, donnâtes vous jamais de sages Loix ? GLAUCON. Ses Admirateurs mêmes sont modestes à cet egard. SOCRATE. De son temps fut-il guerre, heureusement terminée par la justesse de ses conseils, ou par la force de son bras ? GLAUCON. Non ; les Filles de Memoire s'en taisent parfaitement. SOCRATE. Elles celebrent, avec les accents les plus vifs, mille decouvertes, pleines de sagacité, milles inventions precieuses, dont les Philosophes enrichirent les Arts, & les Sçiences ; par lesquelles ils polirent, ils reformerent les mœurs, ils ornerent la vie humaine, ils en multiplierent les agrements. Ne citons qu'Anacharsis, le Scythe, & Thalès, de Milese. L'Auteur de l'Iliade, & de l'Odyssée, qu'a-t-il fait ? GLAUCON. Rien de pareil, qu'on sçache. SOCRATE. Du moins, rival de Pythagore, aura-t-il eu le secret d'enchaîner les gens par la beauté, par la douçeur de son charactere, pendant sa vie ; & d'attirer autour de lui, par les charmes imperieux de son commerce, une foule d'illustres sectateurs, honorés de porter son nom, après sa mort ? GLAUCON. Celui de Creophile, qui fait une allusion ridicule à l'indigence de son Heros en matiere de Poësie, est le seul que l'Histoire ait fait passer jusqu'à nous. Encore semble-t-elle, au travers de toute son estime, laisser voir quelques traits de mepris. SOCRATE. Homere, n'en doutons pas, auroit eté recherché, couru, cheri, comme un grand nombre d'autres, s'il avoit eu des lumieres à repandre, capables de rendre les hommes plus sages, & meilleurs ; s'il avoit sçu quelque chose de plus interessant pour eux, que faire des vers, & pousser la fiction à l'infini. Protagore, d'Abdere, Prodique, de Chio, combien d'autres grands Personnages, sont

venus

LIVRE DIXIEME. 293

venus à bout de faire comprendre à leurs Concitoïens, que les affaires du Particulier, & celles de la Republique, iroient toûjours mal; aussi longtemps qu'ils refuferoient de prêter l'oreille à leurs preceptes, & qu'ils ne viendroient pas apprendre fous eux l'art de bien vivre. Charmés de leur fageffe, efclaves des Oracles qui fortoient de leur bouche; volontiers ils les euffent portés, comme en triomphe, fur les epaules. Ils n'ont point eu de marques de veneration, affez grandes pour eux. Ceux d'Homere, & d'Hefiode, les auroient-ils, je le demande, laiffés triftement promener de porte en porte leurs incomparables Rhapfodies; s'ils en avoient pu tirer des utilités reelles pour la vie civile, & des fecours extraordinaires pour la vertu? Quelqu'un d'eux ne les auroit-il pas, fi j'ofe m'exprimer de la forte, achettés au poids de l'or; & ne leur eût-il pas fait violence, pour accepter une retraite honorable dans fa maifon? S'ils avoient mieux aimé vivre en liberté; ne feroit-on pas venu de toutes parts, avec le dernier empreffement, ecouter leurs graves leçons, & profiter de leurs beaux exemples? GLAUCON. Les habits de ces Poëtes euffent apparemment eté moins dechirés; fi quelque Mufe bienfaifante les eût favorifés d'un cerveau plus fage.

SOCRATE. Le tort de touts ces Verfificateurs fameux, dont Homere conduit la Troupe, eft encore une fois de n'avoir pour but que d'amufer; au lieu qu'il eft beaucoup moins queftion de plaire, que d'inftruire. Un de ces Apelles, qui donneroit infiniment à rire, s'il entreprenoit de tailler un Cuir, ne fe propofe d'enfeigner le metier à perfonne. Il eft content, s'il en exprime les poftures les plus divertiffantes au naturel; & par fes reprefentations naïves, s'il reüffit à fe faire admirer d'une Multitude, auffi mal-habile à faire un foulier que lui. Le Poëte, comme on a dit, rival du Peintre, a fes couleurs. Le mal eft qu'il les prête à tout, fans rien connoître. Retranchez les; fa raviffante poëfie, devenue miferable profe, reffemble à ces vifages, que le brillant de la jeuneffe fait fupporter, ou quelquefois même rend gracieux; mais qui, pour n'avoir pas la regularité des traits, font peur, quand les rofes & les lis s'effacent. GLAUCON. La comparaifon me charme. SOCRATE. Tel eft le

pouvoir

pouvoir enchanteur du nombre, & de l'harmonie, mon cher Glaucon, que fi l'on n'y prend garde, ils feront imperceptiblement couler dans l'efprit les plus grandes fottifes, debitées par un ignorant, qui ne manquera pas d'oreille ; & qui parlera de ligneul, de labourage, de batailles rangées, de Politique, de tout, fans jamais fçavoir ce qu'il dit. Qu'on ôte feulement au vers fa cadence ; qu'on le decharge de fes epithetes, & qu'on exprime ce qu'il renferme en termes communs ; on fera choqué des mêmes chofes, qui captivoient auparavant : du moins feront-elles infipides. GLAUCON. Pour faire fouffrir aux perfonnes de bon goût les belles images, & les belles paroles, mon cher Socrate ; il faut qu'elles couvrent toujours un beau fens ; & le Poëte court uniquement après les premieres. SOCRATE. Oui, c'eft un vrai badin, qui ne connoît pas la verité, qui la meprife, & qui trafique en pures apparences. Mais il faut examiner de plus près encore la jufte valeur de fon talent.

Le Peintre embouche un Courfier vigoureux ; le Sellier fait la bride ; l'Ecuïer monte, & manie fon animal fougueux avec adreffe. Lequel, je vous prie, eft le plus à prifer des trois? GLAUCON. Le premier imite ; le fecond execute ; le dernier recueille les utilités reelles. SOCRATE. Sans parcourir touts les differents arts l'un après l'autre ; je diftinguerai donc l'artifan ; l'habile homme, qui le met en œuvre ; & l'homme inutile, qui pour tout fçavoir, copie bien. GLAUCON. Il ne fe peut rien de mieux penfé, mon cher Socrate. SOCRATE. La perfection d'un ouvrage, ou d'une action en general, confifte dans fon rapport aux fins, que l'Art, ou la Nature, s'y propofent. GLAUCON. Ce principe eft inconteftable. SOCRATE. L'homme qui fçait tirer les ufages d'une chofe, faite pour un certain but, les connoît mieux que l'Ouvrier, qui travaille de la main. Celui-ci par confequent doit être conduit par l'autre. Un joüeur de flûte en marque les defauts à celui qui l'a faite. Le dernier la reforme, fous le bon plaifir de ce Dieu des fons ; à l'ecole duquel il apprend touts les jours. L'un eft paié, pour fon adreffe, & pour fa docilité. On admire le genie de l'autre, & fon habileté. GLAUCON. Il eft vrai. SOCRATE. L'Imitateur eft beaucoup

LIVRE DIXIÉME.

au deſſous d'eux. Armé de la plume, ou du pinçeau, envain il pourſuit touts les objets de ce grand Univers l'un après l'autre, pour les peindre; il n'en acquiert une connoiſſance veritable, ni par ſa deference pour ceux qui la poſſedent, ni par la contemplation reiterée de ſes propres tableaux. Excellent Copiſte, mais Eſprit faux, ignorant, derouté, quelque ſujet qu'il manie, & fier des applaudiſſements de ceux qui ne vont point au delà de l'ecorce des choſes; il ſe remercie, avec eux, infiniment de ſon ignorance, & de ſes erreurs. GLAUCON. Vous l'avez plus haut bien defini, mon cher Socrate. C'eſt un homme qui parle de tout, & qui ne ſçait rien. SOCRATE. Oui. Son art eſt un pur badinage : Gardons nous bien de l'appeller un art ſerieux. Je n'excepte pas au reſte les faiſeurs d'ïambes, & de vers heroïques. GLAUCON. Ils ſont auſſi Poëtes, & peut-être encore plus cenſurables que les autres.

SOCRATE. Voici, cher Glaucon, de quoi finir de leur faire bien leur procès..... La vue nous trompe, en mille manieres : c'eſt un fait conſtant. Un changement peu conſiderable dans la diſtance, nous fait juger fauſſement de la grandeur, de la figure, & du mouvement des mêmes corps. GLAUCON. De loin, une Pyramide nous paroît un Cône; un Parallelippipede, un Cylindre. Plus on s'en eloigne, plus ils s'appetiſſent. Au bout d'un certain eſpâce, ils diſparoiſſent tout à fait. SOCRATE. Lors même qu'ils ſont proches; il ſeroit infini de raconter les erreurs, de nos yeux entre autres, à leur egard. GLAUCON. Elles ſont aſſez connues. Quand on en parle, on n'oublie point l'exemple du bâton droit, qu'on voit courbé dans l'eau. SOCRATE. Charlatans, Enchanteurs, Peintres, Poëtes, inſtruits de l'extrême foibleſſe de nos ſens, & du prodigieux empire, qu'ils ont neanmoins ſur nôtre âme, s'appliquent touts entiers à les mettre dans leur interêts; &, par leur entremiſe, lui cauſent un enſorcelement veritable. GLAUCON. Il faut avouer, mon cher Socrate, que ſon penchant à ſuivre leurs faux rapports, ouvre un très vaſte champ à l'Impoſture. SOCRATE. Elle eſt arrêtée tout court, par l'Arithmetique, la Geometrie, la Statique. Ces trois ſçiences, pleines de lumiere, pour nous empêcher d'être ſeduits, meſurent,

peſent,

pesent, calculent; & par leurs raisonnemens exacts, nous mettent en possession de la verité. Glaucon. A cette parfaite justésse, qui fait leur propre charactere, mon cher Socrate, on distingue le Mathematicien, & le Philosophe, des autres Artistes. Socrate. La regle, & le compas en main, il trouve que la Raison donne aux sens le dementi sur la plûpart des choses; & qu'à n'ecouter que leurs suggestions fausses, un même corps seroit grand, petit, mou, dur, leger, pesant, loin, proche, mille fois le jour. Glaucon. Il est vrai qu'ils se contredisent perpetuellement. Socrate. Puisqu'il en est ainsi; l'une sera tout ce que l'homme renferme en soi de plus excellent, & les autres de plus à mepriser, lorsqu'ils la contredisent. Glaucon. Assurement. Socrate. La Peinture, tant celle dont le faux language s'adresse aux oreilles, que celle qui parle aussi faussement, & sans fruit, aux yeux, ont les alliances les plus etroites avec ces Maîtres d'erreur. Ces Arts seront par consequent les moins amis du vrai; ceux desquels on pourra le moins esperer quelque chose de bon. Glaucon. On doit les juger dangereux, ou du moins inutiles.

Socrate. Ce parfait rapport de la Poësie mimique avec la Peinture, ne fait pas honneur à la premiere. Mais ce n'est pas assez, mon cher Glaucon. Pour avoir un plein droit de la proscrire, il faut lui trouver ses defauts à part. Glaucon. Vous avez raison. Socrate. Elle prend pour sujet les actions des hommes; dont les unes sont l'effet de la contrainte, & les autres celui d'un choix libre. Ils s'abandonnent à la douleur, à la joie; ils se felicitent de ce qu'ils ont fait, ou de ce qui leur est arrivé, ils s'en affligent, ils s'en repentent; selon qu'ils voient des raisons d'en attendre du bien, ou du mal. N'est-ce pas là tout? Glaucon. Vous n'oubliez rien, mon cher Socrate. Socrate. Tour à tour on les voit fort differents d'eux-mêmes; & ces prodigieuses variations dans leurs jugements sur les objets sensibles, dont nous parlions tout à l'heure, n'egalent point celles qu'on remarque dans leur conduite. Glaucon. Il est vrai. Socrate. Nous avons souvent exaggeré le nombre, & la fureur des combats, qu'ils ont

inte-

LIVRE DIXIEME.

interieurement à soutenir. J'en ai de nouveaux à vous decrire. GLAUCON. Je vous ecoute.

SOCRATE. Un Pere vertueux perd un fils, qu'il cherissoit beaucoup ; ou la mort lui ravit quelque autre objet, aimé tendrement. Il en reçevra le coup, avec plus de resignation, plus de fermeté, plus de grandeur d'âme, qu'un mechant homme, à sa place. GLAUCON. Sa pieté, mon cher Socrate, en adoucira pour lui certainement la rigueur. SOCRATE. Il ne sera pas tout à fait insensible ; puisque la nature ne le fit point à l'epreuve de la douleur ; mais il sçaura par ses reflexions la moderer, & se la rendre supportable. GLAUCON. C'est le plus que nous puissions faire, lorsqu'elle nous attaque par certains endroits vifs ; & c'est assez que le temps, qui triomphe de tout, en devienne le remede. SOCRATE. Quand se croira-t-il permis de laisser echapper quelques larmes ? En public ; ou seul, & sans temoins ? GLAUCON. Dans la solitude, il aura de l'indulgence pour des soupirs, qu'il auroit honte qu'on entendît. Il se contraindra moins, pour supprimer certaines demonstrations, dans le fort desquelles il rougiroit d'être surpris. SOCRATE. C'est la Raison, qui le porte à se contenir ainsi devant le Monde. La passion dans le particulier se dedommage, & se met à l'aise. GLAUCON. Oui. SOCRATE. Voilà deux Antagonistes, en grande contestation. L'un dit qu'il est beau de conserver au milieu des afflictions au moins un reste de serenité ; l'autre veut qu'on se desole, & qu'on s'abandonne au desespoir. Le premier remontre qu'il est très incertain, si l'objet qu'on pleure avec tant d'amertume, auroit fait nôtre bonheur, ou s'il auroit eté nôtre tourment. Après tout, nos gemissements ne viendront pas à bout de nous le rendre. Toutes les choses de la vie sont-elles d'ailleurs si dignes de nôtre amour, qu'il faille excessivement s'affliger à leur sujet ? Enfin la tristesse ne tend pas seulement à nous accabler par son propre poids ; elle nous derobe encore la vue des moïens, qui peuvent nous faire incessamment reparer nos pertes. Il s'agiroit de souscrire paisiblement à l'arrêt de la Parque, inexorable à toutes nos plaintes. Sur un dez peu favorable, un habile joüeur, au lieu de quereller puerilement la fortune, fait ses arrangements le mieux qu'il eſt poſſible. Dans les deſaſtres qui nous arrivent, pourquoi ſe conſumer en vaines lamentations; & ne pas de même voir incontinent le meilleur coup à faire? GLAUCON. C'eſt le ſeul bon parti, mon cher Socrate. Il faut laiſſer aux enfants à pleurer, quand ils tombent; au lieu de ſe relever dabord, & de reprendre leur chemin. Que fait la douleur immoderée, que redoubler nos maux, y mettre le comble? SOCRATE. Il n'eſt donc rien de plus ſage, que de la calmer; & rien de plus inſenſé que de l'aigrir; rien qui marque d'avantage une âme lâche, incapable de ſe roidir contre les accidents fâcheux, que la vertu ſurmonte. GLAUCON. Mon cher Socrate, tout ce que nous avons dit eſt parfaitement inconteſtable.

SOCRATE. Retournons ſur nos pas. Le Tragique eſt, comme on ſçait, le fort de la Poëſie. Plus que touts les autres genres, il lui fournit cette agreable varieté, qui la fait par un grand nombre de gens ſi paſſionnement cherir. Un eſprit calme, un homme toujours ſemblable à lui-même, eſt un fond beaucoup plus ſterile, qu'un autre, qui tour à tour s'abandonne à touts les emportements de la joie, & de la triſteſſe, de l'eſperance, & de la crainte. Ce premier charactere de plus n'eſt pas facile à peindre. Le Poëte fît-il des prodiges; le Monde, accoutumé ſur le theâtre, & dans le commerce ordinaire, à d'autre mœurs, n'entendroit aucunement ſon language. GLAUCON. Heureux ſi les ſifflets ne ſe dechaînoient pas contre lui! SOCRATE. Il ne faut donc pas s'etonner, que le pinçeau de celui-là, toujours mis en œuvre par une paſſion demeſurée pour les applaudiſſements du grand nombre, n'aime rien moins qu'à s'emploïer ſur un ſujet, difficile en lui-même, & de plus ennuïeux pour la plûpart des Spectateurs, par la raiſon qu'il eſt uniforme. Pour les enchanter, & pour ne rien perdre auprès d'eux auſſi de ſon talent; il faut des habits ſombres, des cheveux arrachés, des fleuves de larmes. GLAUCON. Il brille, à meſure que ſes heros pleurent.

SOCRATE. C'eſt donc lui faire grace, mon cher Glaucon, que de le mettre au niveau du Peintre. Ce n'eſt point à la Raiſon qu'ils
par-

LIVRE DIXIEME.

parlent; & la verité regarde leurs ouvrages, du haut du Ciel, avec le même dedain. Ainsi mon avis est, qu'ils soient bannis ensemble de nôtre Republique. Il ne nous y faut point de beaux genies, dont l'art ne tende qu'à flatter les sens, exciter les passions. Un Citoïen, qui dans un Etat se ligueroit avec les mechants, contre les bons, travailleroit de la maniere la plus efficace à sa ruïne. Dans l'Homme, un Poëte qui sollicite continuellement la partie la plus dereglée à l'usurpation de l'empire, & qui n'amuse l'Ame que d'images, propres à former en elle une espece de revolte generale contre la verité, sera-t-il jugé moins pernicieux? GLAUCON. Mon cher Socrate, je ne vois point de raison, pour disculper l'un plus que l'autre.

SOCRATE. Je ne vous ai pas dit encore, cher Glaucon, le plus grand mal que j'y trouve. C'est que les Esprits même les plus sains, auront quelquefois toutes les peines du monde à se defendre de ses poisons. Qu'Homere, ou quelqu'un des Tragiques, mette une long recit de vers lugubres à la bouche d'un de ses Acteurs; qu'il nous le represente armé contre lui-même, & dans toutes les attitudes, que font prendre les transports les plus excessifs de la douleur; peu s'en faut que l'Auditeur ému, ne se frappe aussi la poitrine, & ne se roûle dans la poussiere, avec lui. S'il passe à des mouvements de joie; peu s'en faudra qu'un Parterre sot de touts les membres du corps ne les exprime. Ces differents jeux de mechanisme se jouent, comme à l'insçu de la raison. L'Auditoire charmé, ne peut ensuite assez combler d'eloges l'habile main, qui sçait mouvoir un si grand nombre de ressorts, & toucher delicatement, comme on parle, toutes les parties sensibles. GLAUCON. La Serenité, mon cher Socrate, n'est pas l'etat qui plaît à la plûpart des hommes. SOCRATE. Cependant rien de plus ordinaire, que d'affecter un air de constance, dans les malheurs inopinés qui leur arrivent. Ils veulent paroître en quelque sorte braver la fortune; & souvent ils se feront beaucoup de violence, pour ne laisser voir aucun abattement au dehors. N'est ce pas qu'ils trouvent je ne sçai quoi de beau, de seant, de mâle, à se commander; & qu'après avoir eté femmes au Theâtre, ils jugent qu'elles feules ont quelque droit de montrer de la foibleſſe dans ces rencontres? Glaucon. On ſçait qu'il eſt toûjours glorieux de vaincre, & honteux de ſuccomber. Socrate. Dans les regles, ce devroit être une raiſon, pour moins admirer un Heros de poëme, qui fond en larmes, à quelque deſaſtre imprevu. N'eſt-il pas vrai que d'après lui, nous rougirions d'en verſer, de nous en prendre aux hommes, d'accuſer les Dieux? C'en eſt donc une auſſi, pour moins eſtimer le jugement du Poëte; qui le rabaiſſe, & dans le temps qu'il ne penſe qu'à le faire grand à nos yeux, nous le fait mepriſer. Glaucon. Le bon ſens, mon cher Socrate, manque certainement là beaucoup. Socrate. Il ſemble qu'il ne faſſe des efforts, que pour ouvrir dans l'âme, ſi l'on ſouffre l'expreſſion, toutes les ecluſes de la pitié; que la Raiſon y ferme preſque toûjours aſſez foiblement contre lui. On ne voit point le mal, de plaindre un illuſtre affligé; quelque ridiculement qu'il s'oublie. Que dis-je? on y trouve même les plus grands charmes. L'excès condamnable de ſa douleur, eſt preciſément ce qui donne au poëme de la pointe, & du haut goût. Le Poëte ne pourroit être moins touchant; à moins que de vouloir paſſer abſolument pour inſipide. Peu de gens voient, qu'on devient malade, auſſi bien de triſteſſe, que d'une infirmité corporelle; & qu'on ſe laiſſera facilement aller dans les occaſions à tous les ſymptômes extravagants, dont une imagination feconde ſçait embellir cette paſſion, au gré du Vulgaire. Glaucon. Le Poëte pathetique, & ſes Demi-Dieux, le plus ſouvent deſolés à l'infini, mon cher Socrate, ne peuvent que fournir aux Eſprits judicieux beaucoup à rire.

Socrate. Le Comique outré, cher Glaucon, n'eſt pas moins juſtement reprehenſible, que le Tragique impertinent. Au Theatre, en compagnie, on ne ſe fait aucun ſcrupule de lâcher la bride à je ne ſçai quelle humeur folle, à des plaiſanteries, dont on ne voudroit pas être le Pere; parcequ'on n'aimeroit pas à paſſer dans l'eſprit des perſonnes ſages pour un Bouffon. Glaucon. C'eſt un defaut, que l'on connoît, mon cher Socrate, & dans lequel d'honnêtes gens tombent neanmoins tous les jours.

Socrate.

LIVRE DIXIEME.

Socrate. Les mauvais effets de la Poësie au reste ne se bornent pas à ces deux inconveniens supportables. Elle reveille, elle enflamme les passions; l'amour, la colere, les autres; qu'il faudroit beaucoup plutôt amortir. Par degrès, elles deviennent maitresses, toûjours obeïes, dans l'âme; elles, qu'il s'agiroit de tenir rigoureusement soumises. La vertu nous quitte; & le bonheur nous fuit. Glaucon. Vos raisons, mon cher Socrate, sont convaincantes par elles-mêmes; & l'experience de plus n'est ici que trop pour vous.

Socrate. Quand donc un adorateur d'Homere viendra nous dire, que cet Homme sublime a dans ses divins Ouvrages enseigné la bonne politique à toute la Grece, & qu'on ne peut si parfaitement apprendre l'art de bien vivre ailleurs; nous le baiserons vingt fois; parceque son extase ne viendra certainement d'aucun fond de malice. Nous aurons soin de ne point lui nier, que son Poëte n'entendît le vers, & la fiction, excellemment. Dans toute la Troupe des Tragiques, nous avouerons même qu'il n'en est point de comparable à lui. Mais, ajoûterons nous, dans nôtre petite Republique, des hymnes en l'honneur des Dieux, & des hommes, par des mœurs parfaites, qui leur ressemblent, nous suffisent. Nôtre maxime est, qu'une Poësie molle, epique, dramatique, affoibliroit la veneration due aux loix, dans le cœur des Citoïens. Peut-être les debaucheroit-elle entierement à la Raison; du moins les accoutumeroit-elle infailliblement à passer tour à tour, des plus grands excès de la joie aux agonies de la tristesse, & des agonies de la tristesse, aux plus grands excès de la joie. Glaucon. Mon cher Socrate, vous avez pleinement justifié l'arrêt de bannissement, que nous avons depuis longtemps prononcé contre eux.

Socrate. Afin qu'on voie qu'il n'est dicté par aucune humeur bizarre, aucune aversion pour les Muses; il est bon de faire souvenir, que de tout temps la Poësie fut en guerre declarée avec la Philosophie. Depuis combien de siecles n'a-t-on pas dit de la premiere, à l'occasion des hostilités, qu'elle exerce contre sa Rivale?

" Cette

" Cette Chienne glapissante, ne cessera-t-elle point d'abboïer con-
" tre sa Maitresse ?

Parlant d'un Poëte :

" C'est un Oracle, une Divinité, pour le Vulgaire ; & pour les
" gens, d'un aussi petit sens que lui."

" Le Monde aura toujours des sages de son espece, en abon-
" dance.

" Les Esprits de sa trempe, font rarement grosse maison.

Je pourrois citer mille autres monuments de l'inimitié, qui fut toujours entre les Poëtes, & les Amateurs de la sagesse. Personne cependant, je vous assûre, n'entendroit plus volontiers ce que les premiers auroient à dire ; pour nous montrer, dans une Republique vertueuse, à quoi leur art pourroit être bon. Ce n'est pas que je n'en sois moi-même souvent charmé, plus qu'un autre. Mais quelque plaisir, lorsque je suis peu sur mes gardes, qu'il me fasse ; la verité m'est trop chere, pour la trahir. Avouez le moi, cher Glaucon. Ne vous sentez vous point êmu, lorsque la Poësie vous dit ses raisons, entre autres, par l'orgâne d'Homere ? GLAUCON. Beaucoup, mon cher Socrate. Je suis dans une espece de saisissement, à certains endroits, extraordinairement pathetiques. SOCRATE. L'accusée ne peut donc qu'esperer de nous une audiance très favorable. Ses Defenseurs doivent se promettre d'autant mieux ecoutés, en prose, en vers, que nous y verrons pour nous un gain fort considerable, s'ils reüssissent à nous faire voir qu'elle ait des fruits, avec les fleurs, à nous donner ; & de bonnes qualités, propres à faire valoir ses graces. GLAUCON. De cette maniere, on y trouveroit l'utile, & l'agreable ensemble. Quoi de plus à souhaiter ? SOCRATE. Après avoir tout entendu ; s'il est impossible de revoquer l'arrêt de proscription, porté contre elle ; il ne restera plus que de faire comme les Amans, bien conseillés. Quand ils voient que leur tendresse les exposeroit à de mauvais retours ; ils se font une violence extraordinaire, pour s'en guerir. La plaie demeure, ils ont beau faire ; mais cependant ils se retirent. Celle que nous conçûmes dès l'enfance pour un Art, trop honoré parmi toutes les Nations polies,

nous

LIVRE DIXIEME.

nous fera toûjours prier le Ciel de menager à la Poëfie de bons apologiftes. Mais, jufques à ce qu'ils aient deploïé leur talent, à nôtre parfaite fatisfaction; nous oppoferons nos contre-charmes à fes philtres. Loin d'être pour elle fous d'amour, comme le grand nombre; nous l'eftimerons entierement incapable de nous conduire à la verité, de nous former à la vertu. Juftement allarmés, pour cette Republique interieure, dont le bon gouvernement doit faire le principal de nos foins; nous fermerons les oreilles au chant des Poëtes, auffi doux, mais auffi dangereux que celui des Sirênes. Aurons nous une derniere fois vôtre fuffrage, mon cher Glaucon, pour des Loix feveres contre eux? GLAUCON. Oui, mon cher Socrate, je les croirai juftes.

SOCRATE. Quoiqu'il en puiffe d'abord fembler, mon cher Glaucon; il faut plus que de mediocres efforts, pour fe determiner entre le Vice, & la Vertu; & pour fe fixer une bonne fois au bien. On a befoin d'une force d'efprit plus qu'ordinaire, d'une grandeur d'âme très peu commune, pour fe refoudre à ne jamais chanceler dans la pratique de la juftice; & pour n'être point pris à l'amorce des richeffes, ebloüi par l'eclat des honneurs, feduit par les preftiges de la Poëfie. GLAUCON. Touts nos entretiens paffés, mon cher Socrate, nous en font guarands; & vos Contradicteurs feront en fort petit nombre ici. SOCRATE. Mais fi les difficultés font grandes; les recompenfes propofées les furpaffent infiniment. Nous n'en avons jufqu'ici touché que la moindre partie. GLAUCON. Mon cher Socrate, eft-il poffible? En auriez vous de plus magnifiques encore à nous decouvrir? SOCRATE. Ne donnez point un fi beau nom à toutes celles, qui n'ont pour objet que le court efpace de la vie prefente. L'ouvrage penible dont je vous parle, meriteroit beaucoup moins nos travaux; fi nous n'en devions pas recueillir plus abondamment les fruits, dans toute l'etendue immenfe de la durée, qui doit la fuivre. Qu'eft le petit nombre de nos années, en comparaifon, qu'un point, qui s'evanoüit? GLAUCON. Il eft vrai. Le rapport eft nul. SOCRATE. Un plan de felicité, qui fe bor-

borneroit à quelques jours, mon cher Glaucon, peut-il valoir si fort les applications d'un Esprit, fait pour des siecles infinis?.....

Glaucon jetta sur moi dans cet endroit un regard, qui marquoit de la surprise..... Douteriez vous donc, lui dis-je, que nôtre âme soit immortelle; & seriez vous aussi des gens qui pensent, qu'avec le corps elle doit perir?..... Après un moment de silence, il me repondit..... Je serois peut-être embarassé qu'en dire. Tirez nous de peine, mon cher Socrate, je vous en conjure. SOCRATE. Je vous ai depuis longtemps promis de faire tout ce que vous souhaiteriez, mon cher Glaucon. Cependant j'oserois assûrer, s'il vous plaisoit, que vous debrouilleriez un point, qui n'a selon moi rien d'obscur, parfaitement bien sans moi. GLAUCON. Je suis charmé d'entendre qu'il n'ait rien d'epineux pour vous. On en a d'autant plus droit à vos secours. Comptez seulement que vous allez être ecouté plus que jamais avec plaisir.

SOCRATE. Je me rends..... Vous reconnoissez du bien, & du mal, dans le Monde, cher Glaucon. GLAUCON. Oui, sans doute. SOCRATE. Apparemment aussi que nous avons les mêmes idées de l'un & de l'autre? GLAUCON. Je vous le dirai bientôt. SOCRATE. Le bien de chaque chose, de la maniere que je le conçois, est tout ce qui la conserve dans son etat naturel; & son mal, tout ce qui l'en tire, ou qui la derange, & la detruit. La nielle est le mal du bled, si je l'ose dire; la rouille, celui du fer; la pourriture, en general, celui de presque tous les corps inanimés; la maladie, & la mort, ceux de l'homme, & des animaux. GLAUCON. Oui. SOCRATE. Les principes contraires, à l'action desquels sont exposées toutes les choses corruptibles, les alterent, & les decomposent tout à fait. Ceux qui les preservent, ou qui ne leur sont nuisibles en aucune maniere, n'en causeront pas l'entiere dissolution. GLAUCON. Assurement. SOCRATE. Dans le nombre infini des Etres, que renferme l'Univers, si donc il s'en trouve quelqu'un, sujet au mal, comme les autres, mais dont le mal n'interesse aucunement son existance; nous dirons qu'il est immortel. GLAUCON. Nous en aurons une premiere demonstration, très suffisante.

La

LIVRE DIXIEME.

Socrate. Comme le corps, l'âme a ſes maux. Glaucon. L'ignorance, l'erreur, l'injuſtice, l'intemperance, l'orgueil, l'avarice, la puſillanimité ; mille autres. Socrate. Ces defauts, & ces vices, la corrompent. Mais vont-ils juſqu'à l'aneantir ?..... D'être malade, on meurt ; mais qu'on ſoit injuſte, ignorant, inſenſé, tant qu'on voudra ; certainement on ne s'en portera pas moins bien. Glaucon. Au contraire, on ſera contrefait, infirme, & ſage, vertueux, au plus haut point. Socrate. Prenez donc garde. Le mal du corps le mine par degrés, & le fait enfin tomber en ruïnes. Il faudroit que celui de l'âme par conſequent eût un effet pareil ſur elle, pour en conclurre qu'elle eſt mortelle, comme lui. Cependant il eſt inouï, que reduite au neant, à force d'être depravée, elle ait fait la ſeparation la premiere. Glaucon. Il eſt vrai que jamais elle ne vient de ſon coté. Socrate. Ne ſeroit-ce pas, mon cher Glaucon, la choſe du monde la plus etonnante, que ſon propre mal ne pût rien ſur elle, pour la faire ceſſer d'être ; & que celui d'un aſſocié, diſons plutôt, d'un parfait Etranger, fût capable de la faire perir ? Il ne devient point la proie des vers, parcequ'un arbre ſêche, ou qu'un grain pourrit dans la terre ; mais parceque des cauſes internes produiſent le derangement de ſes orgânes. Si donc l'âme auſſi doit n'être plus ; ce ne ſera point, parcequ'il ſe confondra bientôt avec la pouſſiere ; mais parcequ'elle aura dans elle-même les principes de ſa deſtruction. Mais nous venons de voir qu'elle eſt à l'epreuve de touts ceux qu'elle renferme. Glaucon. Cette entiere ſympathie entre deux êtres, dont les biens & les maux n'ont rien de commun, eſt hors de toute vrai-ſemblance. Socrate. Juſqu'à ce qu'on nous ait montré qu'elle devient ignorante, injuſte, impie, à meſure que le corps eſt conſumé par les ardeurs de la fievre, par exemple ; nous ne conviendrons point qu'elle meure avec lui. Nous y trouvons auſſi peu d'apparence, qu'à nous perſuader, qu'un homme robuſte perd la vie, parcequ'une fleur tendre ſe flêtrit. Glaucon. On aura certainement de la peine à vous prouver qu'un malade, un mourant, ſoit un plus mechant homme, qu'un homme en pleine ſanté. Vôtre principe general est d'ailleurs incontestable; & rien n'est plus clair, que la dissolution de l'Ame, ou de tel Etre au Monde que l'on voudra même, ne peut être operée que par des causes, nées dans son propre fond.

SOCRATE. Si les Esprits forts, par aversion pour le sentiment de l'Immortalité de l'âme, s'obstinent à vouloir en trouver quelques-unes; ils ne peuvent alleguer raisonnablement que les divers crimes, dont elle se rend coupable. Ils sont un principe infaillible de mort en elle: c'est tout ce qui leur reste à dire. En ce cas, les gibets seroient de trop, pour l'en punir. GLAUCON. L'horreur des plus grands forfaits diminueroit beaucoup, à ce compte là, mon cher Socrate; puisqu'ils rendroient à ceux qui les commettent le bon service, de leur procurer un aneantissement total. Quoi de plus souhaitable pour eux, que d'être, par ce moïen, soustraits pour toûjours au chatiment? Je serois au contraire d'opinion que le meurtre, par exemple, bien loin d'exterminer le meurtrier, ne fait que lui donner aux Enfers un sentiment plus vif de ses tourments, & plus exquis. SOCRATE. C'est excellemment dit, mon cher Glaucon. Il reste à conclurre, que si le mal souverain de l'âme n'est point capable de la detruire, à plus forte raison ne sera-t-elle point enveloppée dans les ruïnes du corps. Ajoûtons même, de touts les êtres differents d'elle. GLAUCON. Leurs maux ne sont point les siens; mon cher Socrate. Pourquoi donc, seule exceptée de la loi generale, seroit-elle, par les desordres qui leur arrivent, menacée d'un sort pareil au leur? SOCRATE. Si le derangement, & l'aneantissement absolu même, ni de l'un, ni des autres, ne peuvent en aucune maniere interesser le fond de son être; elle subsistera toûjours. Loin donc qu'à la mort on doive penser qu'elle perd tout; c'est alors plutôt, comme vous l'avez dit, qu'elle commencera proprement à vivre. GLAUCON. Elle est immortelle, mon cher Socrate; j'en suis pleinement convaincu.

SOCRATE. Je ne vois pas qu'on doive hesiter, mon cher Glaucon, à regarder le nombre des Etres immortels comme necessairement fixe. De nouveaux tireroient leur origine du sein des choses perissa-

LIVRE DIXIEME.

riſſables; qui toutes changeroient un jour de nature, par cette transformation, operée ſans fin. GLAUCON. La choſe paroît devoir être comme vous le dites, mon cher Socrate.

SOCRATE. Puiſque l'âme n'eſt point ſujette aux accidents, après mille eclatantes marques de caducité, qui font aboutir le corps au ſepulcre, & qu'elle reſiſte même à touts les principes apparents de diſſolution, qui ſont en elle; c'eſt un ſigne manifeſte, qu'elle eſt infiniment ſimple. GLAUCON. Le nombre des parties l'expoſeroit à ces combats du dedans, à ces attaques du dehors, dont la fin eſt la diſſipation entiere des Etres compoſés. Son unité l'en met parfaitement à couvert.

SOCRATE. L'immortalité de l'âme, cher Glaucon, ſe demontre en beaucoup d'autres manieres. Sa beauté paſſe tout ce qu'on en peut dire. Le malheur eſt, que nous la voïons ordinairement plus differente d'elle-même, & plus defigurée, par les impuretés dont la couvre l'Ocean toûjours enflé des choſes materielles; que ne l'eſt un Dieu Marin, endormi profondement ſur le ſable, par toutes les herbes, & touts les coquillages, que les flots, parmi l'ecume, ont roulé ſur lui. Elle paroît quelque choſe de ce qu'elle eſt à nos yeux; quand l'onde pure, que de ſon urne la ſageſſe fait tomber ſur elle, a fini d'entraîner tout ce qui ſaliſſoit. On lui trouve deſormais beaucoup l'air, & les penchants d'une Immortelle. Defaite entierement de ceux, que les charmes trompeurs des objets paſſagers tenoient autrefois ſi fort en haleine; elle n'aſpire plus qu'après d'autres, eternels, comme elle, immuables, divins. C'eſt lorſqu'elle en aura la pleine jouïſſance, qu'elle ſera parfaitement elle-même. C'eſt alors qu'il nous ſera poſſible de parler ſçavamment de ſa nature; & que s'evanouïra tout ce qu'aujourdhui pour nous elle a d'obſcur. D'ici là, qu'il nous ſuffiſe d'avoir entrevu quelques-uns de ſes principaux lineaments, au travers des voiles, qui nous la cachent dans la vie preſente. GLAUCON. Mon cher Socrate, je ſuis charmé.

Socrate. Avant que de mettte fin à nos Entretiens ; il nous reste encore une chose à faire, mon cher Glaucon. C'est de couronner la justice, & de lui rendre nos derniers hommages. Nous avons prouvé, demonstrativement ce me semble, que l'homme ne sçauroit posseder un plus grand thresor ; & qu'eût-il l'anneau de Gygès, avec le casque de Pluton, pour se derober, quand il voudroit, à la vue des autres, il devroit toûjours la pratiquer, & la cherir, pour être heureux. Glaucon. C'est un point depuis long-temps arreté, qu'elle merite par elle-même tout nôtre attachement; & que sans elle, il n'est point de bonheur solide. Socrate. La gloire, & les biens, qu'au sentiment d'Homere, & d'Hesiode, elle procure, pendant la vie, après la mort, de la part des Dieux, & de la part des hommes, viennent encore, mon cher Glaucon, rehausser à nos yeux son prix ; & finir de nous convaincre, qu'elle est la plus grande source de felicité pour nous. Glaucon. Vous en dites beaucoup, mon cher Socrate. Je souhaite que vous ne vous hazardiez point trop en sa faveur ! Socrate. Reposez vous en sur moi ; & rendez moi seulement ce que je n'ai fait que vous prêter. Glaucon. Quoi, je vous prie? Socrate. Je vous en ferai souvenir. Ni vous, ni moi, nous ne doutons que l'œil de la Divinité n'eclaire toutes les demarches de l'homme de bien, & du mechant homme ; & qu'ils ne soient tôt ou tard connus aussi dans le Monde pour ce qu'ils sont. J'ai cependant bien voulu pour un temps supposer le Ciel aveugle, & touts ceux qui vivent en liaison avec eux, trompés sur leur sujet. On a peint l'un depouillé de touts les avantages exterieurs, selon moi, qui sont naturellement annexés à la vertu ; & l'autre, en possession de touts les fruits d'une heureuse hypocrisie, ordinairement abhorrée. Vous le desiriez ainsi de moi ; & nous avons touts eté bien aises de comparer la Justice dans son foible, à l'Injustice dans son fort ; pour voir laquelle, dans cette inegalité même, trop desavantageuse pour la premiere, remporteroit le prix. Glaucon. Vous avez, il est vrai, cedé beaucoup de vos droits, mon cher Socrate ; parceque nous vous en avons prié. Socrate. J'exige donc

LIVRE DIXIEME.

donc prefentement que touts fes appanages lui foient rendus. Ce n'eft point affez qu'elle verfe mille douçeurs, dans le fein de touts ceux qui l'ouvrent, pour les reçevoir; &, quand nous l'aimons fans referve, qu'interieurement elle ne fruftre point nôtre attente. Il faut de plus montrer qu'elle donne la reputation, & les autres biens du dehors. C'eft le moïen de mettre le comble à fon triomphe. GLAUCON. Vous ne demandez rien que de raifonnable, mon cher Socrate; pourvu que votre amour pour elle ne vous emporte pas trop loin.

SOCRATE. Si les Dieux connoiffent le cœur de l'homme de bien, & du mechant homme; ils auront l'un en abomination; ils cheriront l'autre. GLAUCON. Leur Sainteté ne permet pas qu'on en doute. SOCRATE. Ils combleront certainement de touts les biens celui qu'ils aiment; à moins que les pechés d'une vie anterieure à celle-ci, ne fufpendîffent le cours de leurs bienfaits. GLAUCON. Il eft digne de toute leur protection; & les Dieux font juftes. SOCRATE. Qu'il foit donc pauvre, meprifé, malade, accablé de ce que le commun des hommes redoute comme les plus grands des maux; qu'il vive enfin, & qu'il meure; tout ne fçauroit que tourner à fon plus grand bien. Un homme, qui s'efforce, autant que la foibleffe de la nature le permet, de fe rendre femblable au Souverain Etre, par un foin conftant de pratiquer la juftice, & d'arriver à la parfaite vertu; n'a point à craindre, mon cher Glaucon, de ne pas être à la mort, & durant la vie, l'objet de fes attentions les plus tendres. GLAUCON. Quelle apparence qu'il neglige celui, dans lequel il voit fon image? SOCRATE. Le contraire eft veritable, de l'homme injufte. Pendant que le premier a raifon de fe promettre tout favorable de la part du Ciel; l'autre n'en doit rien attendre que de funefte. GLAUCON. Il fe dedommagera du coté du Monde. SOCRATE. Il faut avoüer qu'il entre bien en lice. D'abord, pour la rapidité, c'eft un eclair. Mais au milieu de la carriere, les oreilles lui flottent fur les epaules; & chacun le fiffle. Cependant, à pas egaux, vient derriere lui le bon Coureur; qu'on admire, & qui remporte le prix. GLAUCON. On parle neanmoins

fi

si fort de la prosperité des mechants, & de l'accablement des gens de bien, dans cette vie! SOCRATE. Donnons leur seulement, cher Glaucon, le temps de vieillir. Nous verrons les derniers pour l'ordinaire suppliés d'accepter les premieres charges de la Republique. Chacun briguera l'honneur de leur alliance. Les gros partis s'offriront en foule ; & leurs enfants se distribueront avec facilité dans les plus grandes Maisons. Enfin ils seront environnés de toute l'abondance, & de toute la gloire, que vous nous representiez autrefois comme le partage immanquable des Impies. Il est vrai qu'un Fourbe, enveloppé des nüages de l'Hypocrisie, avant que d'être penetré, fera quelquefois d'assez bons coups. Peut-être tout lui reüssira-t-il même, pendant la fleur de l'âge. Mais l'Infamie l'attend, avec ses foüets, à l'entrée de ses vieux jours. Parents, Amis, Etrangers, Concitoïens, n'auront pour lui que de l'horreur, & souvent le chargeront à l'envi d'insultes. C'est du moins alors qu'on verra fondre sur lui ce deluge de maux, sous lequel vous, & Thrasymaque, vous nous avez peint l'Homme de bien occupé toute la vie à gemir. Heureux, si le dernier supplice ne met pas fin à touts ses crimes. Voïez si vous trouverez bon que je vous combatte ainsi de front; & que je transporte à l'un tout ce que vous avez dit en faveur de l'autre. GLAUCON. Vôtre Adversaire, & moi, nous sommes vaincus, mon cher Socrate; & j'en suis charmé. Jusqu'aux plus sçelerats même sont forcés de païer le tribut de leur estime à l'homme de bien ; & tout l'avantage lui demeure.

SOCRATE. Je n'ai pas fini, mon cher Glaucon; & l'essentiel me reste à vous ajoûter. Les biens, qui sont dans cette vie la recompense ordinaire de la vertu, ne sont rien, en comparaison de ce qui leur est reservé dans une autre. Il faut en parler avec etendue ; pour nous acquitter pleinement de ce que nous avons entrepris. GLAUCON. Mon cher Socrate, vous ne serez point long ; & nous aurons un extrême plaisir de voir si parfaitement couronner l'œuvre.

SOCRATE.

LIVRE DIXIEME.

Socrate. Je ne vous prepare ici, cher Glaucon, rien de pareil aux contes incroïables, dont le causeur Ulysse entretint les Conviés, au repas que lui donnoit Alcinoüs. C'est l'histoire authentique, & merveilleuse, du fameux Herès de Pamphilie, que vous allez entendre. Enlevé mort du champ de bataille par ses proches, après douze jours, sans aucune marque de corruption; il ne fut pas plutôt etendu sur le bucher, qu'au grand etonnement des Spectateurs, il se leva; pour leur faire part, conformement à ses ordres, de tout ce qu'il avoit vu dans le sombre sejour des Mânes.

A peine eus-je reçu le coup fatal, dit-il; que nos aîles nous transporterent en troupe dans une prairie delicieuse. Elle avoit au milieu deux ouvertures, d'une extrême largeur, percées jusqu'aux Enfers. Au dessus, dans la voute azurée, on en voïoit deux autres, qui servoient comme de vues au palais de Jupiter. Un amphitheâtre de gazon bordoit l'espâce, qui separoit les premieres. Pluton, souverain juge des vivants, & des morts, sous un dais de lumiere assis au centre, tenoit là son lit de justice. A mesure qu'il prononçoit à chacun son arrêt; il ordonnoit aux bons de passer à sa droite; & leur montroit du doigt le Ciel ouvert au dessus d'eux. Bientôt ils prenoient leur vol enhaut, armés d'etendards, où paroissoient en broderie leurs belles actions, & leurs bonnes œuvres. Les mechants, relegués à la gauche, avec des inscriptions honteuses derriere le dos, etoient poussés en confusion dans l'un des abîmes.

Quand, pour le Ressuscité, le temps fut venu d'approcher du redoutable Tribunal; il lui fut enjoint d'observer soigneusement tout; pour en aller faire un recit fidelle aux Mortels.

Après la seance finie; par l'autre soupirail, il avoit, ajoûtoit-il, vu monter en foule des âmes fatiguées, & toutes couvertes de poussiere; des squelettes, pour la maigreur. Vis à vis, il en desçendoit par l'air, dans le même nombre; avec des habits, dont la blancheur etoit rehaussée par un teint, plus vif que les roses. Les unes & les autres, à leur arrivée, cherchoient des yeux leurs anciennes Connoissances; & prenoient plaisir reciproquement à se faire

mille

mille queſtions empreſſées, aſſiſes à l'ombre de Cedres, toûjours verds. Les premieres ſe plaignoient avec amertume des travaux infinis, qu'elles avoient eſſuïés, dans un voïage de mille ans. Les autres exaggeroient, avec tranſport, la magnificence de l'heureux ſejour, qu'elles avoient quitté; & les delices inexprimables, dont il etoit rempli.

Je n'aurois jamais fait, mon cher Glaucon, de vous dire tout. En general, Herès aſſûra ſes auditeurs, que touts ceux qui pendant la vie avoient commis des injuſtices, en etoient punis au decuple; & les religieux obſervateurs de la juſtice, recompenſés de même. Il ne dit rien de memorable des enfants morts nés; ni de ceux qui ne font qu'ouvrir, & fermer les yeux à la lumiere. Les Meurtriers inſignes, les Homicides volontaires, les Infracteurs des droits du Sang, le Traîtres à leur Patrie, les Oppreſſeurs du Genre humain, les Impies, les Athées, ont des ſupplices à part; & les hommes, recommendables par une longue obſervance des vertus contraires, une beatitude très diſtinguée.

Il raconta qu'il s'etoit trouvé dans une Compagnie; où quelqu'un avoit demandé ce qu'etoit devenu le grand Aridée, ſouverain d'une ville de Pamphilie, mort depuis dix Siecles; & coupable, entre autres forfaits, d'avoir fait aſſaſſiner ſon Pere caduc, avec ſon Frere aîné. Il n'eſt point dans la prairie; & ne l'attendez pas, repondit-on. Nous l'avons apperçu de loin, quand nous commencions d'entrevoir le jour, au milieu d'un grand nombre d'autres fameux Tirans, & de pluſieurs illuſtres Sçelerats, qui dans une vie privée, les avoient egalés en malice. Touts ils s'efforçoient d'arriver en-haut. Mais (phainomêne, de touts ceux qui ſur la route nous cauſerent de l'effroi, le plus capable de faire trembler!) l'embouchure mugiſſoit horriblement, toutes les fois qu'ils s'y preſentoient; & rejettoit avec fureur vers le Tartare les incorrigibles dans le mal; avec les Damnés, qui n'avoient reçu qu'en partie leur chatiment. Pour ſurcroît, elle etoit gardée par des ſentinelles, d'horrible figure; qui rendoient le feu par les yeux, par la bouche, & par les narines. At-tentifs

LIVRE DIXIEME.

tentifs aux retours frequents du bruit epouvantable, qui leur etoit donné pour fignal; ils fe jetterent touts enfemble fur Aridée, & fes Compagnons, avec une viteffe plus grande que celle des eclairs. Après les avoir ecorchés vifs; ils leur attacherent les pieds, & les mains, avec la tête; pour les roûler enfuite, à côté de nôtre chemin, par un precipice, couvert d'epines, dont la pente roide les conduifoit en très peu de temps au fond des Enfers. Ces Executeurs inexorables de la divine juftice, ne s'interrompoient, que pour dire aux paffants les crimes de ces Malheureux, & les raifons, pour lefquelles ils etoient ainfi reftitués à l'Averne. Auffi-tôt que l'antre avoit fini fes refonnements; chacun profitoit à l'envi du moment favorable, pour arriver à la lumiere.

Toutes les âmes, après fept jours de conference dans la prairie, fe rendoient en quatre, dans une autre; d'où fe voit un grand arc de lumiere fermé; dont les couleurs font mille fois plus vives que celles de l'Iris; & qui foutient le Ciel tout entier. Du fommet, pend le fufeau de la Neceffité, dont les tours mefurent le nombre de fes revolutions. Les pointes, & le corps, font de diamant, emaillé d'autres pierres auffi dures. Il eft compofé de huit cônes renverfés, & proprement enchaffés les uns dans les autres. Leurs bâfes, feparées, forment enfemble un plan horizontal; & s'elargiffent, à mefure qu'elles s'eloignent de l'axe. Quand la Deeffe, entre les genoux de laquelle il eft fufpendu, le meut; les fept interieurs tournent dans le fens contraire; avec des viteffes inegales, fuivant leur ordre; à commencer par le plus proche du centre commun; qui fait fes tours avec plus de rapidité que les autres. Chacun emporte une Sirène; qui chante en partie avec fes Compagnes. Les trois Filles de la Neceffité, affifes fur un thrône, leur repondent en chœur. Elles ont des habits blancs, & portent une couronne en tête. Lachefis entonne le paffé, Clothon le prefent, Atropos l'avenir. Les trois Sœurs partagent tour à tour le travail de leur Mere. La feconde imprime le mouvement, de la main droite, à la Zône exterieure du facré fufeau La derniere prefide à celui des interieures;

TOME II. S f qu'elle

qu'elle touche, de la gauche; & la premiere fait ce double office, tantôt d'une main, tantôt de l'autre.*

Les âmes premierement comparoissent devant celle-ci. Un de ses Prêtres, après les avoir fait mettre en ordre, va prendre avec respect dans son giron des billets numerottés; & d'autres, où sont marqués des genres de vie, de toutes les especes. Il monte ensuite sur une tribune, pour les haranguer..... Vous toutes, dont la vie precedente ne fut que d'un jour, & qui devez bientôt en recommencer une autre, aussi courte; ecoutez les Oracles, & les arrêts, que la Vierge Lachesis, fille de la Necessité, vous prononce par ma bouche. On vous donne vôtre condition future à choisir; mais soïez averties qu'elle sera fixe. La Vertu seule n'est point soumise à l'empire du Destin. Vous la possederez, à mesure que vous travaillerez avec ardeur à l'acquerir. Le Vice pareillement est le pur effet de la volonté libre. Ne l'imputez aucunement à Dieu, qui n'est point Auteur du mal, mais à vous-mêmes uniquement; s'il vous arrive de faire un choix, dont vous aïez à vous repentir.....

Son discours fini, le Predicateur jette à la ronde sur tout l'auditoire ses premiers billets; qui reglent simplement l'ordonnance de cette maniere de lotterie. Chacun s'empare de celui qui tombe à ses pieds; mais sans oser l'ouvrir, jusqu'à la permission donnée. Ensuite le Ministre de la Parque descend; & range les seconds par terre. Disette, abondance, force, beauté, noblesse, rôture, santé, maladie, exil, esclavage, liberté, l'etat même des animaux, doux, & feroces; tout se rencontre dans ces derniers. Rien de ce qui regarde l'âme ne s'y trouve; parceque du bon, ou du mauvais usage de sa liberté, depend son bonheur, ou sa misere.....

OUBLIONS toutes les autres Sçiences, mon cher Glaucon; pour nous appliquer seulement à celle de bien vivre. Reflechissons attentivement sur tout ce que dans le cours de nos En-

* On peut voir l'explication de cet emblême, dans la vie de Platon, de Mr. Dacier.

LIVRE DIXIEME.

tretiens nous avons dit; pour voir si nous en avons decouvert les vrais principes. Puisqu'il y va de tout pour nous; apprenons l'estime que nous devons faire des avantages de la fortune, des belles qualités soit du corps, soit de l'esprit; & connoissons avant tout les dispositions interieures, qui les feront servir de moïens, pour nous conduire à la vie heureuse. Ne jugeons telle, croïez moi, que celle, qui dans toutes ses parties, sera marquée au coin de la justice; & regardons les aveugles, qui ne la font point entrer dans les plans de felicité, qu'ils se forment à l'infini, comme de touts les hommes les plus miserables. C'est un fait certain, qu'il n'est point de gens qui passent plus doucement la vie, que ceux qui la pratiquent; & qu'elle prepare les plus solides consolations, pour l'heure de la mort. Conservons en le souvenir. Qu'il soit ineffaçable de nôtre esprit; & qu'il nous guide, jusqu'au tombeau. Craignons autrement que l'amour cruellement rongeur de la puissance, & des richesses, ne nous suive au delà même du trepas, & ne fasse encore aux enfers nôtre supplice. N'aïons point la detestable fureur d'exercer nôtre tirannie sur nos semblables, & de nous plaire à voir autour de nous un deluge affreux de maux, dont nous soïons les auteurs; bien assurés, que si nous nous livrons aux inspirations abominables d'un cœur mauvais, dur, inhumain, quelques rigueurs qu'ils eprouvent de nôtre part, leurs souffrances n'egaleront pas les nôtres. Comptons enfin que la Vertu, jointe avec une honnête mediocrité, vaut mieux infiniment que le Vice, avec son incommode, & pernicieuse abondance.

POUR reprendre le fil de la narration du Revenant de l'autre monde; il ajoûta que l'Interprete venerable de Lachesis, avoit dit ces courtes paroles, avant que de faire aller aux lots. " Premier, " dernier à choisir; qui sçaura faire un choix prudent, & se " conduire ensuite selon les regles de la sagesse, aura des jours au " moins tranquilles." Le numero, qui parut d'abord, souhaita pour son partage un vaste empire; où sa volonté fût la suprême loi. Son ambition, & son ignorance, le perdirent. S'il avoit eu l'œil de la Parque; il se feroit vu lui-même à table, dans l'action horrible de manger ses propres enfants, & dans l'execution journaliere de mille autres crimes enormes, de même genre. Après quelque retour sur les avertissements salutaires du grand Prêtre; il est vrai qu'il condamna son insigne folie; de ne pas mieux les avoir mis à profit. Mais il s'en prit à la Fortune, aux suggestions des mauvais Genies, à tout, plutôt que de s'en accuser lui-même. C'etoit neanmoins un des nouveaux arrivés du Ciel. Avant que d'aller y prendre sa place, il avoit gouverné passablement une Republique, où les mœurs n'etoient pas extraordinairement dereglées. Un naturel assez bon, mais denué des preservatifs de la Philosophie, & par consequent facile à corrompre, ne l'avoit conservé que par une espece d'heureux hazard à la Vertu. Le croiroit-on? Parmi les âmes, descendues d'enhaut, il s'en trouve encore un plus grand nombre, qui font des vœux en etourdies, que parmi les autres. La raison en est, que celles-là ne furent point à l'ecole de la souffrance; & que la Süeur ne leur baigna point le front. Au contraire, les pelerines de mille ans, rendues sages par le souvenir de leurs maux, & de ceux de leurs compagnes, reflechissent beaucoup, avant que de choisir. De là vient que souvent elles passent dans un etat meilleur; ouvrage de leur circonspection, secondée pour l'ordinaire suffisamment par la fortune. En effet tout homme, qui s'emploie serieusement à philosopher, après son retour sur la terre, à moins que cette Deesse insolente ne le foule absolument aux pieds, aura d'heureux jours. Il sera dispensé, pour grand surcroît, de ce long voïage, où l'on a si fort à monter, & si fort à gemir.

L'envoïé du Monarque des Enfers, assûra que jamais spectacle ne fut plus curieux; sur-tout à l'endroit, où les âmes formoient leurs divers souhaits. Ils etoient communement le fruit des habitudes, qu'elles avoient conservées de la vie precedente; & fournissoient aux spectateurs dequoi pleurer, dequoi rire, & dequoi s'etonner tour à tour. Celle d'Orphée, par haine contre le sexe, qui l'avoit mis à mort, &

pour

LIVRE DIXIEME. 317

pour ne pas naître d'une femme une feconde fois, voulut animer le corps d'un Cygne. Thamyris eut pareillement de vieilles raifons, pour ne defirer que d'être fait Roffignol. Tel oifeau melodieux, plus fage, fut bien aife d'être homme. Le celebre Ajax, fils de Telamon, dans l'apprehenfion d'avoir encore des armes à fe laiffer ravir par quelque nouvel Ulyffe, pria qu'on le fit Lion. Echauffé de même, par un fouvenir cuifant de fes travaux militaires, Agamemnon demanda le plumage, le bec, & les ferres d'une aigle. Atalante, qui n'avoit autrefois rien admiré comme un Athlete, armé du cefte, en fouhaita les mufcles. Epée, connu de fon fiecle pour femme artificieufe par l'efprit, importuna, pour en obtenir jufqu'au fexe même. Therfite, à l'ecart, mecontent de fa figure impertinente, commençoit à fe transformer en Singe. Ulyffe parut en dernier lieu. Las de fes courfes vagabondes, & des immenfes fatigues, auxquelles fon ambition l'avoit expofé, fur la terre, & fur l'onde, chercha longtemps; & faifit enfin avec empreffement un billet de rebut; dont l'etiquette etoit, *la vie privée*. Ces metamorphofes, quoique fort etranges, l'etoient beaucoup moins pourtant que d'autres, qui fe faifoient remarquer par deffus tout. Les bons devenoient animaux, amis de l'homme; & les mechants, Sangfues, Serpents, Loups, Tigres.

A la clôture, toutes les âmes, par files, de nouveau fe reprefenterent devant Lachefis. A fes ordres, accoururent en foule touts les Genies. De fes mains, chacune reçut le fien; pour l'accompagner durant tout le cours de fa vie nouvelle; & pour l'infpirer, conformement au choix qu'elle venoit de faire. L'Ange tutelaire la conduifoit à Clothon; qui confirmoit le tout, par un tour du fufeau myfterieux, & le lui faifoit toucher. Il la menoit enfuite à la troifiême des Parques; dont les doigts tordent un fil, qu'aucune force ne peut rompre; & la ramenoit enfin aux pieds du thrône de la Neceffité.

De là toutes s'acheminoient, avec leurs Conducteurs, vers les campagnes arides, & brulées par les ardeurs continuelles du Soleil,

où

où le fleuve Lethé roule ſes foibles ondes. Le defaut d'ombre les obligea, vers le ſoir, d'aller ſe refraîchir, ſur les bords de l'Amelite. Son eau, claire, & tranquille, à des proprietés fort ſurprenantes. Aucun vaſe ne la peut contenir. Il en faut boire. Mais on n'eſt point du nombre de ceux, que ſauve des perils du Monde la ſageſſe, quand on en fait excés ; & l'on perd la memoire, lorſqu'on en boit ſans meſure.

Vers le milieu de la nuit, continua le Nouvelliſte reſpectable de l'autre Monde, après que le ſommeil eut repandu les plus aſſoupiſſants de ſes pavots ; on entendit un grand tonnerre, ſuivi d'un tremblement de terre fort long ; qui ſervent comme de Signaux, pour les embraſſements les plus tendres des Epoux. On n'avoit pas voulu permettre, pour une raiſon que l'Hiſtoire n'apprend pas, qu'il ſe deſalterât, comme les autres. Il dit, en finiſſant, qu'il ne pouvoit rendre aucun compte de la maniere, dont il s'etoit retrouvé dans ſon corps ; & que, le matin, il avoit eté parfaitement ſurpris de ſe voir etendu ſur le bucher, d'où les Aſſiſtants venoient de l'entendre faire ſon reçit.

CETTE fable, mon cher Glaucon, s'eſt, par un bonheur inſigne, conſervée juſqu'à nos temps. Nous trouverons nôtre ſalut, dans une religieuſe exactitude à mettre en pratique les inſtructions importantes, dont elle eſt remplie. Si nous nous en faiſons des regles inviolables de conduite ; nous preſerverons ici nôtre âme de toute ſouillure ; & nous traverſerons les fleuves de l'Enfer, ſans peine, ſans peril.

SI vous m'en croïez, mes chers Amis, vivement perſuadés qu'elle eſt immortelle, capable dans une autre vie de joüir de touts les biens, d'être accablée de touts les maux ; nous vivrons de ſorte, à pouvoir nous promettre, qu'à l'a fin de nôtre carriere, elle prendra ſon vol directement vers le Ciel. Nous pratiquerons, dans touts les moments qui nous ſont donnés, la Juſtice ; & nous nous efforce-

rons

LIVRE DIXIEME.

rons de croître en sagesse; pour être en paix avec nous-mêmes, en faveur auprès des Dieux, tout le temps que durera nôtre premiere course. Quand la mort l'aura terminée; couverts d'une gloire, infiniment preferable à toute celle, qui fait tant de jaloux aux jeux Olympiques, chargés des fruits de la Vertu; nous commencerons le delicieux voïage de mille ans; avec les marques de nos victoires, qu'elle nous aura mises en main.

F I N.

www.ingramcontent.com/pod-product-compliance
Lightning Source LLC
Chambersburg PA
CBHW071613220526
45469CB00002B/331